释韬举略

孟祥青教授论安全

孟祥青 著

中国友谊出版公司

图书在版编目（C I P）数据

释韬举略：孟祥青教授论安全 / 孟祥青著．-- 北京：中国友谊出版公司，2014.9
ISBN 978-7-5057-3410-4

Ⅰ．①释… Ⅱ．①孟… Ⅲ．①国家安全－中国－文集 Ⅳ．① D631-53

中国版本图书馆 CIP 数据核字 (2014) 第 160624 号

书名 释韬举略：孟祥青教授论安全
著者 孟祥青
出版 中国友谊出版公司
发行 中国友谊出版公司
经销 新华书店
印刷 北京潮河印刷有限公司
规格 710×1000 毫米 16 开
27.75 印张 385 千字
版次 2015 年 1 月第 1 版
印次 2015 年 1 月第 1 次印刷
书号 ISBN 978-7-5057-3410-4
定价 48.00元
地址 北京市朝阳区西坝河南里 17 号楼
邮编 100028
电话 （010）64668676

目录
Contents

一、论国家利益与国家安全

Contents

二、国际安全形势与周边环境

三、关于海洋安全问题

Contents

四、论美国战略调整与中美关系

五、论新科技和军事变革

一

论国家利益与国家安全

LUN GUO JIA LI YI YU GUO JIA AN QUAN

中国安全，两难与出路

对外安全战略的制定和实施，是当前中国面临的一个十分重大而又紧迫的任务。但与发展战略、外交战略相比，又是一个相对薄弱和滞后的课题。进入21世纪，中国内外安全环境发生了一些新的变化，使中国对外安全战略面临着一系列两难选择。

中国对外安全战略面临一系列两难选择

影响中国对外安全战略选择的因素很多。从外部世界来看，在全球化的大背景下，一方面，国际社会要求“全球治理”的呼声日高，整合的趋势加强，以合作安全为核心的新安全观越来越深入人心。另一方面，权力政治恶性膨胀，美国的单边主义和强权政治盛行。

从国内来看，一方面，以加入WTO为标志，中国的改革开放迈上了新台阶，全方位、多领域、多层次并主动与国际经济贸易规则接轨的开放时代已经到来，中国的国内发展、稳定与亚太地区的和平、繁荣越来越密切联系在一起；另一方面，中国的改革正处在攻坚阶段，国家正经历新旧体制的转型，原有的矛盾未完全解决，新的矛盾不断产生。“台独”势力不断玩弄政治手段，拒不承认“一中”原则，继续向分裂的方向发展。21世纪初，对中国来说，既充满希望和机遇，也面临巨大困难和风险。

因此，中国对外安全战略既要服从、服务于中国崛起、民族复兴、国家统一的根本利益，“把国家的主权和安全始终放在第一位”；同时，又必须兼顾全面开放、与国际体制接轨的战略需要。中国的对外安全战略面临一系列两难选择，如：既要把本国的安全利益放在首位，又要兼顾亚太地区乃至世界的和平与稳定；既要成为国际社会的重要成员，又要竭力避免被推到国际社会矛盾的焦点位置；既要积极参与国际体系，又不被体系捆住手脚而丧失独立自主地位；既要按照一定的国际规则办事，做一个负责任的大国，又要防止被西方国家“西化”；既要广泛开展国际经济和安全合作，又要避免在主权和安全上付出过高的代价。也就是说，中国的对外安全战略将受到多种复杂因素的制约，中国只能在限制中寻找出路，在一系列两难中做出选择，并在多重复杂矛盾中把握好平衡。这就决定了中国在选择自己的对外安全战略时，既不能走全球主义的极端，也不能走国家主义的极端，而只能走中间路线，获取相对安全利益，追求相对安全目标。“9·11”事件表明，那种“绝对安全”的理念和政策行为是短视的，从长期的角度看是不可能实现的。

中国只能走“自主合作”式的安全道路

共和国成立以来，从国家安全的角度看，中国的国际角色经历了三个时期的重要变化：一是从上世纪50年代到60年代末，这是中国基本游离于世界体系之外的时期。无论从主观诉求还是客观条件来看，这时的中国没有也不大可能融入普遍意义上的国际社会。二是从70年代初到80年代末，

是中国初步参与国际体系并在两个超级大国的争霸中处于战略主动地位的时期。在美苏等大国眼中，中国是一个贫弱但可以借助的重要战略力量。这一时期，中国的外交政策经历了两次重大调整，开始初步参与国际体系，但这时的参与还只是个别的、被动反应式的。在这种背景下，中国的作用在某种程度上超出了其自身所拥有的实力和能力，甚至被部分放大。但不管怎样，在美苏争霸的格局中，中国的次要角色地位没有改变，几乎没有哪一个战略力量把中国真正看作是主要竞争对手或威胁。三是从90年代至今，是中国崛起和广泛参与国际体系并越来越被各类国家视为竞争对手或潜在威胁的时期。随着苏联解体和冷战的结束，中国同以美国为首的西方国家共同抗苏的战略基础不复存在，虽然彼此间在许多问题上的共同利益增多，但其紧迫性大不如前；1992年以后，中国改革开放的步伐明显加快，经济持续稳定增长，综合国力大大提高。同时，中国积极开展多边外交，全面参与国际体系，在地区乃至全球事务中的作用不断增强。在这种背景下，源于西方的"中国威胁论"产生了，并主要在中国的周边国家中盛行，从而对中国构成了有形或无形的战略压力。中国越来越处于国际社会的基本矛盾之中，处在国际斗争的前沿位置。树大招风，中国失去了两极格局时期的部分战略空间和主动性。

随着中国崛起，21世纪初中国的国际角色发生了三个重大的、也是必然的历史转变：第一，中国正由一个十分落后的发展中国家变成一个迅速崛起的、并对地区和世界事务越来越具有重要影响力的大国；第二，中国正由国际体系的反对者、旁观者变成一个积极参与者和改造者；第三，中国正由一个过去被国际社会忽略和偶尔借重的对象变成一个既被重视，又被借重，同时又加以防范和制约的对象。而印度、东盟等国却成为大国竞相拉拢的对象。所以，中国已不可能置身于大国矛盾之外了，而越来越成为别人可以利用的矛盾之一。中国在外部安全上的压力增大，战略选择的余地缩小。

近代国际关系产生以来，主要国家特别是大国都在不同历史时期通过自己的实践做出过不同的对外安全选择，归纳起来主要有三大类型：霸权主导型、均势稳定型，制度安全型。但这些类型在理论和实践中都存在很大缺陷。中国国际角色的转换，决定了中国既不能走“封闭内敛”的老路，更不能选择“霸权”战略；既不能仅仅依靠国际力量均势（包括多极化）来获得安全，也不能仅仅凭借国际制度来获得安全。中国只能选择可以将独立自主与国际合作兼顾起来的对外安全战略。这种战略可称之为“自主合作型”安全战略。

“自主合作型”安全战略的基本内涵有四：一是必须坚持独立自主的安全原则，不能做任何国家的附庸。二是独立自主决不意味着固步自封，自我封闭，这一原则要与时俱进，有所发展和创新，必须在融入国际体系中坚持独立自主，在坚持独立自主中融入国际体系。三是倡导以“互信、互利、平等、协作”为核心的新安全观，在安全主体上，坚持主权安全；在安全内容上，维护综合安全；在实现途径上，努力推动合作安全。四是以合作促和平，以斗争促合作。

必须首先高度重视自己的政策调整和行为方式

共和国成立以来，中国面临外部威胁的特点有三：一是威胁主要来自周边大国；二是以军事威胁为主，兼有综合威胁；三是对中国构成的威胁程度既取决于威胁者本身的政策和行为，也取决于我们自己的应对方略。半个世纪以来的历史证明，中国周边安全环境的优劣同国际总体局势的变化既有相一致的地方，但更有不同步的时期。造成这一现象的原因相当复杂，但中国自身的政策调整和行为方式对中国安全环境的重大影响不容忽视。在很多时候，中国安全环境的改善往往不是因为外部世界发生了剧变，而是因为中国自身战略的重大调整。如70年代的“一条线、一大片”政策，使中国从孤立的状态中摆脱出来，并使苏联对华的现实威胁最终未能导致战争；80年代，实行“更加独立自主的和平外交政策”，同一切国家进行交往，在和平共处原则基础上同所有国家发展友好关系，虽然两极格局未变，国际局势紧张，中国的周边环境在短期内却有了根本改善；90年代初，冷战结束，国际总体局势缓和，但中国发展环境由于西方的联合制裁而困难重重。1992年，邓小平南方谈话，不仅推动了国内的改革开放和经济发展，而且在国际上重新树立起中国的改革形象、开放形象，最终置以美国为首的西方国家对华经济制裁于无用之地，困难的安全局面很快得到改观。在国际上，中国在树立“和平、合作、负责任大国”形象方面一次比一次明确、进步，外交实践中的多边性质一次比一次突出，参与国际体系的力度也一次比一次加大。而与此同时，并未丧失独立自主的地位。

实现自主合作，还必须把握好独立自主与参与国际合作的平衡度，处理好国际规则与国内体制之间、融入国际制度与改造国际制度之间这两大关系，同时解决“三大难题”：1.中国总体上的弱势地位造成在国际合作中的相对不利处境；2.地区安全机制中近年来出现的某种共同对付中国的倾向；3.国际规则中一些不公正、不合理，甚至损害中国利益的情况。

实现自主合作，既要在全球范围内注重全球性的经济、安全制度，更要在周边积极推动公正、合理、平衡的地区安全机制的建立和完善。周边和亚太地区是中国的安全屏障，对外经济交往的重要对象和外资引进的主要来源，也是中国成为世界强国的出发地和战略依托地。所以，积极经营好周边，是实现自主合作安全战略的关键所在。

总之，中国在未来世界中的地位和作用不仅仅取决于自身国力的增长（当然这是最根本的条件），而且还取决于对外安全战略的选择，取决于参与和改造国际体系的能力以及自主合作的实现程度和效益。参与国际体系确实面临许多难题，但所有的困难都只能通过参与来解决，不能通过回避甚至逃避来应付。

（《环球时报》，2002年6月13日）

未来10年是中国脆弱的10年

我想谈两个问题：一是未来10年，中国与世界交往中面临的主要挑战有哪些；二是如何看待并如何应对这些挑战。

第一，未来10年中国与世界交往中面临的挑战会较多，并且充满着不确定因素。但总体看来主要挑战可能有以下十个：

第一大挑战，随着中国经济继续增长，中国可持续发展的内在矛盾和结构性问题会日益突出，在国际社会面临的压力也会增加。即中国经济发展带来的结构性矛盾凸显。

第二大挑战，中国的国际地位不断上升，在国际舞台的作用日益增强，但国际社会对中国的要求也会越来越高，越来越多。中国在国际社会中的"另类形象"更加凸显，压力增大。

第三个挑战，随着更深地融入国际体系，中国外交理念和外交行为方式也将面临新的变化，中国如何提出自己的改革方案以及为国际社会所普遍接受的倡议或制度安排，不仅考验着中国智慧，也检验着中国外交成效。

第四大挑战，中国在过去30年偏重于经济外交，而未来中国的安全环境会更加复杂，中国如何平衡和处理好经济外交与安全外交的关系紧迫地提上了战略日程。

第五大挑战，在新能源和气候变暖问题日益受到国际社会普遍关注的背景下，新能源外交和气候外交的影响力也日益上升，也是中国外交面临的新挑战。中国在国际社会中承担的责任将会越来越多，西方发达国家正在碳排放方面对中国提出日益苛刻的要求，这将是未来10年中国外交需要解决的新课题。

第六大挑战，中国周边地区潜在热点问题更加复杂，不排除出现激化甚至冲突的可能。南海、东海、朝鲜半岛问题以及西部边疆地区都有可能出现新的危机，继续困扰我国外交。

第七大挑战，宗教极端势力、民族分裂势力、国际恐怖势力将是未来10年中国国家安全面临的重大威胁。与此同时，两岸之间的和平发展能否长期化、固定化、法律化也是今后面临的挑战之一。导致两岸关系紧张的根源尚未消除，是以台海局势出现反复的可能性不能排除。同时，两岸面临的统一压力也会增加，这些都会影响到中国与美国等大国及中小国家的关系。

第八大挑战，中国国内问题的国际化，国际问题的国内化趋势更加明显。传统与非传统安全威胁相互交织、渗透的特点更加突出，能否建立起相对完善的危机管控机制，提高危机反应、危机决策、危机处置的能力，是国家安全面临的重大考验。

第九大挑战，如何通过软实力来扩大中国的影响力、提高中国的国际地位紧迫地提上了战略日程。中国的软实力还需要继续提升，尤其是中国在国际社会中的文化影响力远远不够，意识形态方面更是无法形成有效的影响，如何提升中国的软实力，扩大中国文化的感染力和吸引力，尤其是学会运用软实力来增信释疑，扩大交往，是中国外交面临的新课题。

第十大挑战，如何改善我国家利益拓展的方式是面临的又一大挑战。中国国家利益的拓展是大势所趋，中国经济持续稳定发展，国家利益向外拓展是不可避免的。而在国家利益拓展的同时如何化解“中国威胁论”，消除其他国家对中国的疑虑和猜忌，减少矛盾与摩擦，是中国外交面临的重大课题。

以上是我谈的第一个观点。

第二，如何正确看待并应对这些挑战和问题？

未来10年是中国崛起的关键10年，从过去已走过的道路看，中国今天的崛起和历史上大国的崛起有相同之处，但更有不同之处，最大的不同，也是最本质的不同，就是我们中国走的是和平发展之路，“国强必霸不适合中国”。但历史的经验值得注意。历史上大国崛起中的一些经验教训和规律性特点也需要我们认真总结和汲取。

在500年的世界历史中，大国崛起一般都经历了三个重要的历史时期：大国崛起的准备期、大国崛起的摩擦期和大国崛起的接纳期。而每一个失败的国家都败在第二个时期，即大国崛起的摩擦期。到了这个时期，来自于内外的反崛起力量开始联合打压新兴崛起力量，如果顶不住压力，战略选择发生重大失误，败就败在这个时期。我们要看到，新中国成立以来特别是改革开放前20年，我们顺利度过了第一个时期，即大国崛起的准备期。现在我们正在经历第二个时期。这个时期也被称为“关键期”、“转型期”、“矛盾凸显期”，也是危机频频爆发的时期。有人说，美国当年经历这个时期有65年，德国、法国、英国经历了40～45年，日本经历了30年，中国可能还要经历5～10年。我认为这个看法过于乐观了，中国可能至少还要经历20年左右。所以未来10年很可能是中国崛起最困难的时期，也可能是内外安全压力持续增大的10年。中国所经历的这个阶段也可叫“将起未起的阶段”，我们还走在崛起的路途之中。我看到网络上有个形象的比喻说：1949年是社会主义救了中国；1979年是资本主义救了中国；1989年是中国救了社会主义；2009年是中国救了资本主义。我在想，10年以后会怎样？我们到下一个10年再相聚时，是中国拯救世界？还是世界拯救中国？抑或是中国自己拯救自己？对未来10年的挑战我们要有充分的思想准备和战略准备。

总体上看，未来10年是中国脆弱的10年，既是脆弱发展期，也是脆弱安全期。内忧与外患并存，机遇和挑战同在，但内忧大于外患，机遇大于挑战。关键在于我们的主观努力，主观努力的关键在于我们能否持续做出正确的战略选择。人们常说，细节决定成败，这没有错，但这应该是有条件的，这个条件就是：只有在战略选择正确的情况下，细节才能决定成败。同理，以上挑战说到底还是在我们自己，最大的挑战来自于内部，最大的敌人也是自己。做出正确的战略选择并坚持不变，是立于不败之地的根本，也是我们化挑战为机遇，化不利为有利的法宝。还是小平同志当年那句话：办好自己的事情。

（在《环球时报》创刊十周年会上的发言，2009年7月23日）

树立新安全观与建立国际新秩序

一、安全观的变化及其特点

1.安全概念及新安全观的产生。

在国际政治中，安全是一个最基本的概念，也是一个基本的价值。人们通常认为，安全是有序的人类存在的前提条件。一般来说，一个人要生存，必须有安全的自然条件；一个社会要生存，除了必要的自然条件外，还必须有安全的社会条件，包括一个能保护全体社会成员的国家；而一个国家要生存，除了必须具备种种安全的国内条件之外，还必须具备安全的国际环境。对于国家来说，追求安全在任何时候和任何情况下都是最重要的事情，它构成了自身存在的最根本的理由。也就是说，在国家所要做的所有事情当中，安全具有最优先的地位。

但是，什么是安全，什么是不安全，这是国际政治理论中争论最多的问题之一。一是关于国家安全含义的界定，二是关于国家安全范围的界定。但一般来讲，安全应包括客观状态和主观感受两个方面，简单地说，所谓安全就是客观上不存在威胁，主观上不存在恐惧。然而，在古代，甚至在本世纪之前，人们还未明确使用过“国家安全”和“国际安全”这样的概念。在中国，思想家很早就提出了追求安全的思想，但没有使用过“安全”这个词。如《易经》中有这样的说法：“是故君子安而不忘危，存而不忘亡，治而不忘乱，是以身安而国家可保也。”这里讲的其实就是安全，而且主要讲的是国家安全。这个思想后来演变成一个成语，即“安不忘危”。与此相近的说法是“居安思危”。英国学者曼戈尔德（Peter Mangold）在《国家安全与国际关系》一书中指出，从词源上讲，“国家安全”是个美国概念，尽管在第四任美国总统麦迪逊（J.Madison）的著作中可找到有关的思想，但它的出现只是近几十年的事。据他考证，“国家安全”的现代用法最早出现在美国专栏作家李普曼（Walter Lippmann）1943年的著作《美国外交政策》（*US Foreign Policy*）中。二战结束后，这个提法才成为国际政治中的一个常用的标准概念，成了取代诸如军事事务、外交政策、外交事务等较陈旧词汇的新提法。此后，又相继出现了两个相关的概念，即“国际安全”与“世界安全”。这三个概念表现了安全的不同层次。简言之，“国家安全”是就单个国家而言，“国际安全”是就若干国家而言，“世界安全”则是就全球国家而言。在这里，每一概念都有自己的理论基础和政治假定，都对应于特别价值、威胁和迎接挑战的能力。在国际政治中，讲安全是不可能把“国家安全”、“国际安全”和“全球安全”截然分开的，因为这三者之间有着密切的关系。

从国际政治的角度看，存在着两种很不一样的安全观念，即传统安全观和新安全观。传统安全观是到目前为止仍占支配地位的安全思想。它的基本要点是：国际关系——不论古代、近代、现代——始终是无政府状态的，它缺少、也不可能具有各国内部那种强有力的统治秩序与权威，从而，这种无序和不安的状态给各国带来了种种现实和潜在的威胁——对领土边界的威胁，对民族生存的威胁，对国家主权的威胁，对各国统治本国的权力的威胁等等。在这种情况下，各国主要依靠自身的力量并且根据“自助”（self-helping）的原理，规划本国在国际角斗场上或“搏斗拼杀”、或“韬晦含光”、或“合纵连横”的战略或策略。如结盟制裁、确立均势、加强实力、军备竞赛以及偶尔地或部分地借助国际组织和国际法的力量或威望。这种安全观的一个基本出发点是：自身越强大，安全就越有保证，至于他人的安全需求，它是不太考虑的。说得严重一点，旧的安全观是以制约和压倒对方为基础的。一旦大家都这样考虑，便形成了一种恶性循环的局面，即所谓的“囚犯困境”：各国都在增强自己的相对实力，而国际和平变得越来越缺乏保障。其中，这种安全观的核心内容是军事安全。

近些年来，尤其是两极格局瓦解之后，世界战争尤其是核大战威胁越来越小，军备竞赛的吸引力逐渐下降，而全球经济和跨国公司的发展、各国经济的相互依赖、尤其是区域内经济合作及一体化的加快，以及生态环保、信息爆炸、难民救助、制止走私贩毒、打击恐怖主义等“全球性问题”的出现，给世界带来了许多新气象、新因素和新趋势。军事威胁的相对减轻和非军事性挑战的出现，孕育、推动了一种新安全观的逐渐形成。概括地讲，它的主要思想是国际关系及国际格局，不是传统现实主义者所认为的那样稳定不变的，而是不断进步、朝着人类发展的“高级方向”慢慢演化的，国际关系虽然仍没有克服无政府状态，但到了现代，它建立了越来越多的协调机制，出现了争取和平与发展的强烈氛围；国际组织和国际法尽管尚无法与国内政府和法律相提并论，但它们毕竟变得比从前更有效和有力；随着边界作用的下降和主权意识的相对淡化，国际政治与国内政治的界限越来越模糊，很多全球性问题以及各国国内的一些矛盾已经不能用传统的治理办法和思路加以解决。在这种新形势下，安全观必须加以扩展、转换和充实，它所应当分析回答的，不止是与旧时的军事冲突和外交斗争相关的内容，而且要有对全球化时代新现实新问题的关注和探讨，如经济安全、金融安全、贸易安全、货币安全、信息安全、文化安全、生态安全、跨国犯罪（如贩卖毒品）与安全、民族主义与安全、移民（包括难民）与安全、社会矛盾与安全等等。

2.安全问题的若干变化。

在上述国际形势变化的背景下，安全问题发生了四个重大变化：

一是安全领域的扩大化。随着冷战的结束以及两极格局的解体和经济全球化的迅猛发展，国际竞争的重点由军事转向以经济为基础、以科技为先导、以军事为后盾的综合国力上来，经济发展成为世界绝大多数国家的中心任务，并成为一个国家实现其战略目标的基础与核心。在这种背景下，除了国家的生存利益外，国家发展利益日益突出，也就是说，国家的主权和生存权的经济分量、生态环境分量和科技分量所占的比重加大了。主权和生存权已经不光是一个政治概念，而且是一个经济概念，甚至是一个文化概念了。一个国家经济实力弱，成为最大的不安全因素。所以，经济安全、金融安全、信息安全、生态环境安全、资源安全、文化安全等一系列新的安全概念相继产生。安全在内容上已大大扩展了。

二是各安全领域的相互关系更加复杂化。过去，往往一个国家在政治和军事安全上出问题，要危及这个国家的经济和其他利益。现在则出现了一个相反的变化，一个国家的经济实力弱，经济安全受到威胁，甚至金融领域出现问题，就会影响到国家的政治稳定，牵动军事安全。

三是维护安全的手段多样化。过去主要是依赖军事力量，现在则需要采取包括军事、政治、经济、科技、文化、外交等手段在内的各种综合措施，才能有效地维护国家安全。如当今世界各国、特别是第三世界国家面临的经济安全问题，往往不取决于动用武力，而是在经济的相互交往中，经济安全或受到侵犯，或得到维护。

四是维护安全的方式合作化。随着国际经济相互依存程度的日益加深，国家间利益的交叉和重叠部分越来越多、越来越大，所谓“你中有我，我中有你”，安全已不再是一种“零和”选择，即不再是损人利己的关系。非敌非友、亦敌亦友，合则两利、斗则两伤，双赢俱损等这样一些反映共同安全、合作安全的新观念日益深入人心，越来越多的国家达成了有关共

识，这给维护安全的方式也带来了深刻的变化。

3. 传统安全观与新安全观的不同特点。

第一，传统安全观认为，安全是“可分离的”，是一种单边行为，即基本是一个国家自己的事情，国家只能通过自己的努力去获得安全；新安全观则认为，安全是普遍的，涉及多方，是一种多边性质的安全。一国的安全不仅是自己的事情，而是以他国的安全为条件，离不开他国的支持与合作。

第二，传统安全观认为，安全是竞争性的，存在一个明显对手，双方之间处于竞争、敌对状态。安全是通过竞争、斗争而获得的，是一种“零和”游戏；新安全观则认为，安全是合作性的，安全并无明显的敌方，非敌非友，亦敌亦友，在某一领域可能是尖锐对抗，而在另一领域也可能是合作伙伴，竞争不妨碍合作，合作中有竞争等等。而获取安全的主要方式是合作而不是对抗。

第三，传统安全观认为，安全是狭窄的，一般限于军事领域；新安全观则认为，安全是综合性的，不仅局限于军事领域，而且扩大到了经济、政治、文化、环境和社会问题的方方面面。

第四，传统安全观认为，安全感建立在“相对”基础上，只有使对手屈服或彻底打败对手时，才能有真正的安全；新安全观则认为，安全感的获得要通过一定的组织、机制和制度建设，通过与对手的某种妥协、合作来获取，把对手“置于死地”的做法不会使自己获得真正的安全。

用新安全观的标准衡量，当今世界正处在新旧交替的转型时期，两种安全观激烈碰撞、斗争，导致国际安全环境错综复杂。这是造成国际安全态势两种矛盾的现象同时存在、有时甚至并行发展的主要原因之一，如和平与战争、缓和与动荡、合作与对抗、多边与结盟、军控与扩散的危险同时并存等等。真正树立新安全观是一个长期复杂的斗争过程，它的确立必须建立在公正合理的国际新秩序的基础之上。

二、国际新秩序及其斗争

冷战结束以来，建立国际新秩序已经成为国际社会各个国家都在谈论和关注的一个热门话题，而且各个国家、尤其是一些主要大国都提出了各自的主张和设想。因为各国的主张和设想主要是从本国的国家利益出发的，都希望能建立有利于本国的国际新秩序，由此在国际舞台上引发了一场建立什么样的国际新秩序的重大斗争。

1.提出建立国际新秩序的背景。

什么是国际秩序？国际秩序是国际社会中的行为主体（主要是主权国家和国家集团）处理相互之间关系的准则和行为规范，它要求国际社会中的行为体应该如何行事，反映了国际法的基本要求。

国际秩序有其不同范围的层次性和不同领域的多侧面性。从不同范围的层次性来说，大体上可分为全球性和地区性两个层次。全球层次的国际秩序是要解决国际社会面临的共同任务，比如全球性的安全、和平与稳定，世界性的经济繁荣和发展；再比如超越国界的、在一国或区域范围内难以解决的生态环境的保护、自然资源（特别是海洋和空间资源）的利用，反对国际恐怖活动和走私贩毒等国际犯罪活动等等，因而要确立对国际社会所有成员具有普遍指导意义的原则、规范和协调保障机制。从不同领域的多侧面性来说，基本上可以分为政治秩序和经济秩序两个大的侧面：政治秩序大体上包括国际社会中行为主体之间在政治和外交、安全、社会文化等领域的规则和行为规范，而经济秩序则大体上包括行为主体之间在产业分工、商品贸易、货币金融等方面的制度和行为规范。当然，无论是不同层次还是不同侧面的国际秩序，都是既相互区别又相互联系的。

那么，这种国际秩序又是怎么建立和形成的呢？一般说来，国际秩序的形成和建立，是国际社会中各行为主体相互斗争、相互妥协的产物，因此，它往往主要体现大国和强国的利益和需要，主要是大国和强国的实力和利益的反映。但是，广大中小国家如果能为维护自身利益而团结一致，进行坚持不懈的斗争，那么，它们的利益也能得到某种程度的体现。所以，一定的国际秩序总是和一定的国际格局相联系的，是建立在一定的国际格局的基础之上的。

什么是国际新秩序？它是相对于国际旧秩序而言的。以往的国际旧秩序带有殖民主义和帝国主义的鲜明特征。就政治领域的旧秩序来说，它是以霸权主义和强权政治作为支配国际关系的准则和国际行为规范。其特征是大国主宰世界，划定势力范围，在国际事务中以大欺小、恃强凌弱、以富压贫，大多数国家和民族处于从属或不平等地位。战后国际政治旧秩序的主要表现形式是：美苏两个超级大国为争夺世界霸权而划分势力范围，组织军事政治集团，在国外建立军事基地，进行对抗和“冷战”，严重威胁世界和平乃至人类的生存。这种旧的国际政治秩序一方面引起国际局势持续紧张，战争危险长期存在，损害广大中小国家的利益，激起世界各国人民的普遍反对；另一方面，长期进行军备竞赛，使其国家经济陷入困境，既影响了本国经济的增长，也影响了世界经济的发展。就国际经济旧秩序来说，其特征是：以不合理的国际分工为基础的资本主义国际生产体系，使大多数发展中国家的单一经济结构长期得不到根本改变，并在资金、技术、工业品等方面严重依赖外部世界，工业化进程艰难，南北贫富差距愈拉愈大；以不等价交换为基础的国际贸易体系，使发达国家通过压低原材料和初级产品价格，提高工业品价格，剥削广大发展中国家，发达国家对工业品生产和世界市场的垄断，使发展中国家蒙受重大经济损失并长期处于经济落后状态；以垄断为基础的国际货币金融体系，使国际金融市场和国际金融组织内少数发达国家处于支配地位，广大发展中国家处于基本无权的状态。

随着冷战结束，两极格局解体，新的多极格局正在形成之中。因此，建立在两极格局基础之上的国际秩序已经和当今的国际形势不相适应，要求建立与正在形成之中的多极格局相适应的新秩序。这就是提出建立国际新秩序的基本动因。

世界格局的多极化趋势早就开始形成，因此，中国的领导人邓小平早在1988年就提出，既要建立国际经济新秩序，也要建立国际政治新秩序。

到90年代初的海湾战争之后，美国、日本、欧洲以及亚非拉的许多发展中国家也相继提出各自的建立国际新秩序的主张和设想。

2.各方对建立国际新秩序的设想。

要建立什么样的国际新秩序？世界各国都有自己的主张和设想。

美国主张建立一个以美国为领导，以西方联盟为主体，以美国和西方价值观为基础，以对付地区冲突为重点，以美国的军事力量为保障，以寻求全球霸权为目标的新秩序，实际上，美国是要建立它所谋求实现的“单极世界”基础上的国际新秩序。

欧盟和日本则谋求建立“大国共管”或美日欧为主导的新秩序，很明显，这是不同意美国独霸世界。欧盟和日本要求增强自身的国际地位和在国际事务中的发言权，从而形成“多极”制衡的局面，建立由西方大国“合作管理”的新秩序。

西方大国围绕建立国际新秩序的矛盾和斗争，实质和焦点是争夺建立国际新秩序的主导权。

然而，西方大国在建立新秩序问题上，基本的方面是一致的，尤其是在对待发展中国家的态度上，企图继续维持富国、强国对穷国、弱国的变相控制和主导地位。从这个意义上讲，西方大国主张建立的新秩序，在本质上仍是旧秩序的翻版。因此，它必然与广大发展中国家的愿望和要求相对立。

广大发展中国家是国际旧秩序的直接受害者，它们迫切希望建立和平、稳定、公正、合理的国际新秩序。它们主张，国际政治新秩序应当结束针对发展中国家的各种形式的霸权行为和强权政治，消除发展中国家的动荡、纷争和战乱，给予广大中小国家以实质上的而不仅仅是形式上的独立与平等；国际经济新秩序应当改善发展中国家的经济状况，解决在公平和平等基础上的生存和发展问题。中国也是一个发展中国家，因此，广大发展中国家的这些主张和要求，与中国的主张是基本一致的。

早在1988年邓小平就提出，应当以和平共处五项原则为基础建立国际政治经济新秩序。因为这些原则符合联合国宪章的宗旨，在实践中行之有效，已成为国际社会公认的准则。这些年来，这种主张作为中国政府的正式立场，在国际社会的各种场合反复阐述过，尤以江泽民同志在1995年10月24日联合国成立50周年特别纪念会议上所作的演讲中，阐述得最为系统、具体和明确。

首先，互不干涉内政应当是国际新秩序的首要原则，各国有权根据本国国情独立自主地选择自己的政治制度、经济模式和发展道路，别国无权干涉。在国际交往中决不允许把自己国家的社会制度和意识形态强加于别的国家。

其次，必须保证所有国家的平等地位，各国不分大小、强弱、贫富，都是国际社会的平等成员，每个国家都有维护自己平等地位的权利，也有义务承认和尊重别国的平等地位。为此，必须摒弃某些国家以大压小、以强凌弱、以富欺贫的强权政治和霸权行为。

第三，必须以和平方式解决国家之间的一切分歧或争端，通过对话协商增进相互了解和信任，通过双边、多边协调合作逐步解决彼此间的矛盾和问题，而不应诉诸武力或以武力相威胁。

第四，应当在平等互利基础上加强和扩大经济、科技、文化的交流与合作，促进共同发展与繁荣，反对经济贸易交往中的不平等现象和各种歧视性政策和做法，更不允许动辄对别国进行“经济制裁”。

第五，要有相应的保障机制，以发挥协调国与国之间、各国的国家利益与国际社会整体利益之间关系的作用，保证新秩序的原则得到实施、新秩序的目标得以实现。在这方面联合国应当也能够发挥自己独特的重要作用。

中国为推进建立这样的国际政治经济新秩序进行了不懈的努力。

3.围绕建立国际新秩序的斗争。

建立什么样的国际新秩序，对于任何一个国家来说，都不是一种超然于各国国家利益之上的抽象存在，而是作为其基本的外部条件，自觉不自觉地或者是被迫接受和生存其中，与其国家利益休戚相关的客观现实。因此，各国都将建立国际新秩序看作是争取解决与其自身利益相关的各种国际问题的机会和途径，而由于各国的历史、文化、社会制度和经济发展模式不相同，所追求的现实国家利益也不尽相同，所以各国所提出的建立新秩序的主张和构想有着较大的差距，有些是根本对立的。但从本质上看，大体上可分为两类，即美、欧、日等西方国家（北方）的主张和广大发展中国家（南方）的主张。

在建立国际新秩序问题上的这两类主张，近年来的斗争和较量越来越激烈。以美国为首的西方国家，在建立国际新秩序问题上打出了“两张牌”：一是在国际政治生活中打出的“人权牌”，特别是在地缘战略上的关键地区，以“人权高于主权”为幌子，推行“新干涉主义”，企图突破发展中国家维护国家安全的最后一道防线，最实际的事例就是科索沃战争，其基本目的是要将“新干涉主义”敲定为国际法原则，使之披上合法的外衣，为它们推行“新霸权主义”开辟道路。二是在国际经济生活中打出的“人性牌”，特别是在与它们竞争激烈的劳动密集型出口产业，以所谓的劳工、环保标准为由，制定“新规则”，卡住发展中国家的“发展生命线”，为发达国家具有绝对优势的资本与商品输出铺路。它们将经济新秩序问题纳入它们的冷战后战略设想之中，极力将对发展中国家的经济援助、资金转移和贸易优惠与政治“民主化”、经济自由化、社会价值观西方化等挂钩，试图利用世界市场一体化和经济全球化的发展，强行推广经济自由化，进行资本主义生产方式和美国模式的扩张。

需要特别指出的是，科索沃战争后，新干涉主义成为国际关系中一个热点问题，美国和西方国家的一些人正试图以此作为指导未来国际新秩序的主要准则。那么，它能否成为新秩序的指导原则呢？我们不妨作一个具体分析：

一是对新干涉主义要保持足够的警惕。原因有二：（1）新干涉主义有其较为久远的历史和理论基础。干涉问题是伴随近代国际秩序中的国际法体系的产生发展而来的，国际法学界对干涉的合法性和前提预定一直存在争论，而且某些惯用说法也比较模糊。当前西方理论界对干涉的定义基本上是沿袭奥本海的说法，即干涉是对另一国家内部事务的“专横干预”，他们中的一些人认为，只要干涉符合以下条件就是道德的，即帮助第三国反对干涉、推动被干涉国的社会政治和经济发展、人道主义的干涉、保护本国的安全利益。（2）联合国等国际组织在人权问题上的某些实践为西方某些人鼓噪新干涉主义提供了一些借口或空当。依据《联合国宪章》第二条第七款规定：“本宪章不得认为授权联合国干涉在本质上属于任何国家国内管辖之事件。”但联合国的不少实践却突破了这一条法律限制。特别是近年来，一些人有意曲解联合国宪章的立法初衷，以人权挑战主权。

二是新干涉主义虽可得逞一时，但却难以肆虐一世。因为新干涉主义挑战的是近现代国际秩序中确立起来的行之有效的主权原则。这一原则是现代国际秩序的法律基石。即使主张新干涉主义的西方国家，从保持本国主权的角度考虑，也不可能让新干涉主义完全吞食主权原则。更何况广大发展中国家的反对和联合国宪章的限制，要完全通过联合国搞新干涉主义不大可能。此外，实施新干涉主义需要一系列的技术保障，特别是军事手段的可靠性。科索沃战争已经暴露出高技术军事手段的某些致命弱点。因此在一段时期内，新干涉主义将更多地运用政治和经济等“软手段”，即使是军事干预，其主要矛盾也将主要指向没有战略威慑能力的中小国家。

总之，新干涉主义将引起越来越多国家的警惕，特别是广大发展中国家的抵制和反对。非洲国家明确指出，“主权是我们防止出现不平等世界规则的最后防线”，因为它们从自身经历中懂得，正是有了国家主权，人民才获得享有人权和逐步改善人权状况的机会；正是有了国家主权，自己才得以立足于世界民族之林，才得以抵制国际霸权对本国主权和人权的侵犯；正是有了国家主权，才能对政治制度、经济模式和发展道路作出自主的选择，在经济全球化的发展进程中趋利避害。

广大发展中国家清楚地看到，在当今国际社会中，北强南弱、西强东弱的战略态势是客观存在，但它们也认识到，世界格局多极化或多元化趋势是难以逆转的历史性潮流。随着多极化进程的发展，各国之间的相互制约作用将大为增强，以致任何一个国家都难以独断专行、一家说了算，任何国家都不可能自居于国际组织之上、超越国际准则和国际法自行其是，从而避免由一两个大国操纵和支配国际法、国际准则以及各方面的国际“游戏规则”的制定，通过世界各国的平等协商加以解决；虽然大国在国际事务中有可能发挥更大的影响力，但在政治上、法律上，大小国家一律平等，小国的地位和作用不容忽视，其要求和利益将得到尊重。这必将大大促进国际政治经济新秩序的建立。

历史和现实都告诉人们，建立国际新秩序，最大的障碍是超级大国的霸权主义。广大发展中国家懂得，建立一种和平稳定、公正合理的国际新秩序，是一个长期的历史过程，但现实的斗争也是难以回避的。在这一斗争过程中，由于西方国家之间的利益冲突的客观存在，发展中国家还是有矛盾可以利用的。只要广大发展中国家相互理解各自不同的处境，从维护共同利益出发，通过地区合作、跨地区协调和全球性磋商，以泛地区、次地区和跨地区组织为依托或纽带，加强南南合作和南北协调，是完全可以为建立和平稳定、公正合理的国际新秩序有所作为的，是能够为促进地区和世界的和平与发展作出自己的贡献的。

（2000年9月）

关于“非传统安全”的几个问题

一、“非传统安全”的由来和背景

非传统安全威胁自古就有，但它作为国际政治范畴的概念以及上升到国家安全的战略层面，只有二三十年的历史。“非传统安全”是相对传统安全而言的，指除了军事、政治和外交冲突以外的其他对主权国家及人类整体生存与发展构成的威胁。又称“新安全威胁”。

这一概念产生的确切时间已很难查证。大体上，它是在20世纪70年代初“罗马俱乐部”报告面世后逐渐萌生、冷战结束后的近十余年得到强化的。当时，欧洲的一批知名学者、工程师和科学家，在“罗马俱乐部”名义下，发表了《增长的极限》、《人类处于转折点》等著名报告，率先提出了“可持续发展”的思想，预警了人类社会面临的某些非军事性灾难（如生态退化带来的灾变）。两极对抗格局的终结，一方面使国际社会遭受全面军事对抗和整体毁灭的可能性大大下降，另一方面使过去不太引人注目的新安全威胁受到重视。非传统安全问题的突出，还直接与全球化进程的加速有关。严格地讲，非传统安全中的多数实例并非始于今日，譬如说，恐怖主义古已有之，国际冲突则一直与国际体系相伴，生态污染更直接与近代以来的工业化相关，但是，全球化时代的特殊环境和条件，如新的全球性贸易和人员往来、各种信息传播手段的改进、大规模杀伤性武器的扩散、国际法和国际规范的强化等等，使得这些对人类正常活动和国际社会正常交往的威胁变得日益严重，有些看上去甚至逼近失控的边缘。

二、非传统安全的特点

与传统安全威胁相比，非传统安全威胁的最大特点就是安全威胁的“非典型性”，概括起来主要有以下几点：

一是安全内容的广泛性。

非传统安全威胁的范围更加广泛，表现形式更加多样，其内容涉及经济安全、金融安全、生态环境安全、信息安全、资源安全，恐怖主义、武器扩散、疾病蔓延、跨国犯罪、走私贩毒、非法移民、海盗、洗钱等。不仅如此，非传统安全威胁遍及全球。传统威胁最大规模的爆发就是两次世界大战，一战波及31国，二战波及61国。而近年来，非传统安全威胁在全球范围内愈演愈烈，几乎无一国家能够幸免，这是传统安全威胁所不能比拟的。从生态环境的日趋恶化到全球气候变暖，从亚洲金融危机到全球范围内股市的动荡，从突发的海上原油大面积泄漏事故到大规模杀伤性武器的扩散，从恐怖主义分子制造的“9·11”事件到电脑黑客袭击造成网络大面积瘫痪，从艾滋病在全球的肆虐到此次“非典”的爆发，无不显示出非传统安全威胁的广泛存在。

二是造成的危害空前巨大。

非传统安全威胁所造成的损失和危害空前巨大，有时并不亚于一场传统意义上的局部战争。人们比较熟悉的典型事例有：超大型油轮严重泄漏的事件和切尔诺贝利核电站事故等难于挽回的生态污染，东亚、拉美以及俄罗斯近些年先后爆发的货币金融危机，少数电脑黑客近几年制造的跨国性网络攻击事件，影响巨大的某些国际恐怖主义袭击（如“9·11”事件和巴厘岛爆炸事件），一些国家内部矛盾诱发的地区冲突和国际干涉（如库尔德族所在的跨国区域出现的多种对峙与麻烦），以及“艾滋病”、“埃博拉病毒”和“非典”等病魔的传播。非传统安全威胁有时甚至可以造成比传统的战争破坏更可怕的灾难。众所周知，亚洲金融危机使一些国家经济倒退了十数年，“9·11”袭击仅在几个小时内便令美国遭受几百亿美元的直接损失，迄今为止，对美国和世界经济造成的损失不可估量，以至于事件发生两年多后，给世界形势带来的影响以及在人们心理上留下的创伤仍没有消退。就“非典”而言，估算其给中国以及地区经济带来的损失还尚需时日，但它给社会造成的巨大冲击是毋庸置疑的。还有非洲当代的某些瘟疫直接导致了一些地方难民潮涌、国将不国的恶果。正因为这样，非传统安全问题引起了国际社会日益增长的关注和各国政府的高度重视。

三是影响的跨国性。

跨国性是非传统安全问题的一个重要特点。非传统安全威胁的产生具有明显的跨国性特征，它不是某个国家存在的个别问题，而是关系到其他国家甚至是整个世界的问题；不仅对某个国家构成安全威胁，而且可能对其他国家的安全也带来不同程度的危害。随着经济全球化进程的加速、交通和信息方式的变革，以及人员流动的大量增加，我们居住的地球正日益成为一个“全球村”。人们在充分享受全球化带来的方便、快捷和利益的同时，也不得不面对其作为“双刃剑”所带来的负面效应。在全球化的世界中，一个国家的灾难很可能带来一个地区的灾难，“唇亡”则“齿寒”。

四是极大的不确定性。

第一，与传统的国家安全威胁相比，它们好似蒙面杀手，多半“来无影去无迹”；第二，杀伤力强大且带有突发性，事先不易察觉，从爆发到蔓延的时间很短，往往令人感到措手不及；第三，非传统安全类型很多，其内部的衍生、分裂仍在继续，因而对它们的认定和界说并不容易；第四，其形态、边界和活动规律往往难于确定，有时事态看上去相当孤立，有时又“牵一发而动全身”，使追踪和应对它们的努力变得相当困难。

五是造成的根源相当复杂。

与传统的国家安全威胁相比，它们发生的形态及蔓延的层次更加复杂多样。它们不一定来自某个主权国家，也可能由非国家行为体如个人、非政府组织或集团所为；多半不发生在国家之间，但又对国家的主权和安全构成巨大挑战；既可以针对国家和政府，也可能瞄准社会和个人，还可能带来邻国区域的动荡和全球性的不安。与传统的国家安全威胁相比，非传统安全威胁更多植根于社会体制、发作于国家内部，有着深刻的体制性结构性根源，某种意义上讲是对既有结构和安排的惩罚——譬如说恐怖主义是对南北世界日益悬殊的经济差距的惩罚；生态灾难和地区冲突是对旧的发展模式和政治安排的惩罚；“非典”在中国流行是对落后的饮食习惯和生活方式的某种惩罚等等。从国际关系角度观察，某些非传统安全的肆虐，不仅引发社会危机和政府失信，危及民众生命财产和国家间贸易，而且孕育出一些新的冲突源和致成国际关系新的紧张。不妨说，它们是对现存的不合理、不公正的国际政治和经济秩序的特殊惩罚。

六是传统安全威胁和非传统安全威胁互相转化。

非传统安全威胁和传统安全威胁的区分并不是绝对的，在非传统安全威胁和传统安全威胁之间并不存在一个绝对的、一成不变的界限，两者经常相互交织在一起，互为补充，彼此影响，并对主权国家的安全形势产生“合力”。非传统安全威胁和传统安全威胁的相互交织增强了事态在局部领域、局部地区和局部阶段发展的不确定性，成为当今国际形势和国家安全形势的一个重要特点。

三、应对非传统安全的思考

一是改变传统安全观和主权观，树立新的立体安全观和主权观。

第一，立体安全观的第一要义就是不仅要防御外部，更要完善自己，这是维护安全，应对非传统威胁的根本途径。综合安全观只是平面的安全观，仅仅树立综合安全观是不够的。非传统安全问题的突出要求我们必须树立“立体安全观”，即不仅把安全从传统的军事领域扩大到非军事领域

（如经济安全、金融安全和生态安全等），而且应该更进一步认识到，“国家安全”不只是一种对外的、单纯防御性的东西，还应当包含受保护的主体自身自由而健康的发展和内部各种利益团体的良性互动，如政治开明与民主程度、民族融合与团结程度、社会安定与稳定程度、经济发展与开放程度等“健康指数”。说到底，国家安全与否越来越与国家精神文明、物质文明和政治文明三大文明的协调进步与否密切联系在一起。毫无疑问，国际上的各种干涉势力和干涉企图是始终存在的，但“苍蝇只叮有缝的鸡蛋”；受干涉国家能否捍卫自身的安全，关键要看后者有无团结一致、同仇敌忾的政治和社会基础。反之，即便装备了各种先进武器和技术，哪怕“武装到牙齿”，仍无法避免受国际干预甚至被托管的厄运。此类事例在现实中比比皆是，事实证明，内忧往往是外患的温床。也像毛泽东所说，内因是变化的根据，外因是变化的条件；鸡蛋而不是石头才能孵化出小鸡。

同理，“主权”这一古老而重要的范畴，在全球化时代必须予以充实和完善，赋予新的内涵和实现机制。古典的主权概念最早是强调君主拥有至高无上的权力，要求世俗权与神权分离，表达资产阶级上升时代的期待；然而，它开始时主要是一种对外的东西，并没有重视本国普通百姓的权利，尤其没有强调君主权力来自民众的认可。在那个时代，不管统治者是暴君还是开明君主，主权并不因此受到质疑和挑战。在当代，国家的权力与权利（合法性），不仅具备国际法认可的质的规定，而且首先是与社会尤其是基本大众的权利联系在一起，它尤其重视个人自身的各种权利，包括生存权、发展权、表达权、参与权，以及法律面前人人平等的内容；没有好的国内人权状况，不尊重百姓的基本权利，国家及其政府就可能在国际上遇到麻烦。

代表时代特征的主权观和安全观，必须放在一种全面的人权观之下加以透视。从广义讲，它也是国家与社会关系的重新建构过程。一方面，我们应当坚守主权命题的当代有效性，坚决抵制西方霸权主义者谈论的所谓“人权高于主权”等谬论，反对主权问题上的虚无主义和绝对主义，因为它们要么贬抑主权对于当代国际关系和国际法的基石作用，无视广大发展中国家捍卫主权的内在权利和动因，要么试图以西方价值观念取代人类共有的、各国平等基础上的丰富思想和文化。另一方面，我们同样要重视的是，新的主权观应当超越旧式的纯粹法理的层面，以更加丰富的层次、更加多样的内涵和更有动态感的形态，给国家在国际社会的新角色以更好的理论及政策说明。与西方少数别有用心者的鼓吹不同，新的主权观念应当是与人权观念有机结合的，应当同时具备政治安全、经济社会等多层面的内容，应当给所有国家而不仅仅是少数发达国家实现自身愿望的机会。与新安全观一样，新主权观应当与“进步性”紧密联系起来；换句话说，一个国家能否捍卫自己的主权，既要看它防范外部势力干涉的军事和经济实力准备得如何，又要看它国家内部的各项“健康指数”提高得怎样。符合全球化要求的新主权观和安全观的逐步建立，预示着国家的逐渐成熟与兴盛。结论是：在讨论非传统安全时，必须将之建立在新人权观和新主权观的基础之上。

第二，立体安全观的第二要义，就是不仅要树立经济发展安全的思想，更要树立社会各个领域协调发展、全面进步的安全新理念。

长期以来，我们把邓小平提出的“发展是硬道理”片面理解为经济发展是硬道理，更甚至把经济狭隘地看作“GDP”的代名词，发展是硬道理在很多人脑海里变成了“GDP是硬道理”，在实际工作中，长期忽视各个领域的协调发展和社会的全面进步，虽然GDP增长的速度很快，但社会其他一些关系到国计民生领域的发展却严重滞后，不仅造成了社会发展新的失衡，也严重影响了社会稳定。如公共卫生领域某些方面长期的缺失或缺位，是“非典”肆虐的直接原因。所以，物质文明、精神文明、政治文明三大文明一起抓，经济发展、社会保障、政治民主各个领域协调发展，共同进步，才是应对非传统安全威胁的有效途径。

二是改变研究战略问题的传统模式，探讨新的安全研究方法和范式。

传统的国际关系和国际战略无法充分解释非传统安全现象，很难说明新的变化。人们必须探索新的研究范式和思考角度。举例来说，过去人们主要关注的是所谓“高级政治”，如战争与和平、外交结盟或势力均衡等等，研究对象通常是以国家为单元的行为体，国际关系实际上只是国家间关系，安全研究几乎等于国家战略研究，至多加上一些外交行为研究和国际组织研究，就连我们通常所做的“战略模拟”所采集的各种数据、指标，也是局限于政府及领导人的层面，显然用上述方法和模拟研究非传统安全，得出的结论不可能是准确的。

非传统安全概念经常要涉及金融贸易、环境保护、信息工程乃至社会日常生活的各种局部细节，因而被视为“低级政治”，过去很少受到重视；特别是非传统安全的载体比较复杂，它们不一定是国家政府，而可能是比国家单元小的社区和个人，或者是跨国界的组织（如所谓NGO）及其行为，追踪和分析起来都比较困难。从某种程度上说，非传统安全现象的出现，越来越模糊了传统的高级政治与低级政治的界限，模糊了技术类、器物类问题与体制性、结构性问题的界限，模糊了国家安全与社会安全的界限，从而对研究者的思维、视野和分析工具都有更高要求。全球化时代的特殊条件和环境，还令非传统安全范畴自身不断发生衍变和扩张，一方面诱发和激化了传统的矛盾与冲突，另一方面把某些旧式的安全威胁变成新式的安全威胁；所以，非传统安全的研究，还要求对“变化”、“关联”、“互动”、“复杂”和“不确定”等术语所表达的特质，保持高度的敏感，用全新的方式加以追踪和分析。

三是开展紧密的国际合作，是应对非传统安全威胁的有效途径。

由于非传统安全威胁的跨国性和全球性特征，一国努力往往难以应对，不能不更多借助于多边机制的努力和国际社会的参与，包括多种非政府组织和跨领域、跨学科力量的加入。所以与应对传统安全威胁不同，非传统安全威胁的性质和特点决定了必须积极参与国际合作，借助国际社会的共同力量防范和消除威胁。

四是建立并不断完善国家危机应急反应机制，争取把一些非传统威胁消灭在萌芽之中。加速改革，构筑应对非传统安全威胁的制度性机制。

四、当前中国面临的非传统安全挑战

1. 在80年代以前，中国面临的安全挑战主要来自于传统的军事威胁（50年代的美国，60年代的美、苏、台、印，70年代以后的苏联）。

2. 中国对非传统威胁的最早感悟是在70年代，人口的迅速膨胀与资源的矛盾越来越突出，不得不实行计生政策。

3. 90年代中期以后，东亚金融危机很快蔓延到整个亚洲和俄罗斯、拉美等地区，导致全球金融动荡，并对中国造成了较大的冲击，非传统安全威胁开始上升到国家安全战略层面并引起政府和民间前所未有的高度重视。

4. 从90年代中后期到现在，中国国家安全最突出的特点是：传统威胁与非传统威胁出现了同步上升的新情况，这在其他大国和新中国历史上都是从未有过的现象（历史上看，传统威胁突出的时候，往往非传统威胁就会下降，反之亦然），也是造成我安全压力增大的主要原因。

5. 进入21世纪，中国面临的非传统威胁有不断增多的趋势，如各种社会问题造成的不稳定、体制结构性矛盾越来越突出、资源与发展矛盾凸显、信息安全威胁上升、恐怖主义的新挑战、环境保护压力加大等等，是当前和今后一段时期，我面临的主要非传统威胁。

（2003年7月）

科学的实力观及综合国力的协调发展

冷战结束后，国内学界迎来了研究综合国力的热潮，有关成果可谓汗牛充栋。但直到今天，人们的看法仍然是莫衷一是。我国的综合国力到底应包括哪些要素？经济、科技和军事实力在综合国力中的地位和作用究竟如何？怎样处理好经济发展和国防建设的关系？如何看待我国国力中的“软实力”？这些问题已经不单单是理论或学术层面的争论了，某种程度上也影响到崛起的中国国家战略选择和政府的宏观决策。

我国综合国力发展中的缺失

90年代后的中国，经济发展迅速，人民生活水平普遍提高，经济实力大增。但与此相伴的发展问题也随之变得日益突出。这些问题归纳起来就是四个“失衡”：

一是经济与社会的发展失衡。经济的高增长与公共卫生领域的落后、社会保障制度的缺失、城乡差别的扩大、地区差异的加剧、社会收入的悬殊之间形成巨大反差；

二是经济与自然的和谐失衡。尽管近年来各级政府以前所未有的关注和投入努力改善我国的生态环境，但仍然未能从根本上扭转“局部改善，总体恶化”的态势；

三是“硬国力”与“软国力”的发展失衡。多数专家认为，“硬国力”至少要涵盖经济、军事、科技和资源四大部分，而“软国力”则应包括政治（政治结构的稳定性、政府作用与效率、法制化程度、民主化程度）、社会（民族宗教问题、社会福利与社会保障、社会公平与社会稳定）、公民素质（公民受教育程度、生理与心理健康水平、道德养成）与国际影响力（地缘位置与周边环境、外交能力、国际交流）。改革开放20多年来，同“硬国力”所取得的举世瞩目的成就相比，我国“软国力”的发展却严重滞后：政府在公共管理中的越位或缺位现象普遍存在，打造一个“精干、民主、高效、廉洁”的政府，仍是任重而道远；公民的心理健康水平和道德素养是一个长期被忽视的问题，甚至相当一部分人不认为它是我国综合国力构成中的要素之一。国内媒体炒得沸沸扬扬的马加爵杀人案，在真相大白之后，人们惊异地发现，他既不是一个天生的杀人魔王，也不是一个天生“冷酷无情”的人，但他却有着严重的心理健康缺陷。作为一个贫困的大学生，贫困、孤独、自卑、猜疑，心理上的扭曲最终使他走上了犯罪的道路。“马案”再次给我们敲响了警钟，它表明：一个国家、一个民族的心理健康和道德养成，直接影响着国民的整体素质，从而在根本上制约着国家的创新能力及这种能力的后劲；

四是经济与军事的发展失衡。国外专家认为，一个国家的军费开支占其GDP的比例，只有保持在6%以下2%以上的限度才算是比较合理的水平。而我国目前的军费开支占GDP的比例仅为1.5%，在世界大国中是最靠后的国家之一，也低于3%这一世界平均水平。80年代中央关于国防军队建设服从、服务于国家经济建设、“军队要忍耐”的决策，保证了国家工作重点的顺利转移和经济的优先发展，是那个时期所能做出的唯一正确选择。但毋庸讳言，与经济所创造的奇迹相比，国防建设明显落后了。李登辉、陈水扁等“台独分子”如此嚣张，敢于不断挑战“一中”底线，不能不说与我军事威慑的力度不够有关。

军事实力是一国综合国力强弱的最终体现

首先应该指出的是，各国的国际地位和地缘环境不同，发展阶段各异，各单项实力在综合国力中的位次存在较大差别。小国在发展综合国力时一般更加重视经济发展和民众的富裕程度，科技作用相对较低，这是因为小国的自主研发能力较弱，并主要依附于大国所致。而那些地缘安全环境较好、发达程度较高、基本没有外患的中小国家，军事实力在其综合国力中的作用就相对较小，而经济、金融、劳动就业、公民福利等是其综合国力的重要构成。但对一个大国来说，尽管冷战的结束使军事竞争的优先地位成为历史，合作安全观日益深入人心，但军事在综合国力中的特殊功效没有改变。这种特殊作用突出表现在三个方面：

第一，军事实力仍然是国家强大与否的最重要指标之一。历史的发展一再证明：基于现实主义理论之上的军事崇拜虽然已经过时或只在极少数霸权国家中尚有市场，但不能否认，大国在外交舞台上的攻守进退，其背后的支柱仍然是军事实力以及这种实力所形成的强大威慑力。历史的经验一再表明，仅有军事实力，无法支撑国家的长治久安，但没有强大的军力，国家就会成为一个跛足者，走向强大就是一句空话。否则，作为第二大经济强国的日本就不会这样千方百计、不遗余力地向军事大国目标迈进了。

第二，军事实力仍然是决定大国国际地位和发言权的最重要因素之一。当今世界已经发生了巨大的变化，但无政府状态和实力政治的本质未变。这就是为什么在冷战结束之初一度下降的军事地位近年来又明显回升的根本原因。所以，只要国际形势局部动荡的一面还在发展，以国际恐怖主义为代表的"三股势力"没有消除，霸权主义、单边主义和强权政治的干涉仍然存在，即人类的共同利益还未大于或超越于民族国家的主权利益，军事实力的强弱就会在相当程度上决定着大国的国际地位和作用。在一定条件下，它比经济和科技的作用更加直接和有效。

第三，军事实力仍然是维护国家主权和安全最后的、也是最可靠的保障。在当今世界综合国力的竞争中，经济是基础，科技是先导，而军事则是牢固的后盾和最终的保障。美国兰德公司的一份报告做了如下的注解："什么是最重要的国家实力？关于国际政治中大国崛起的权威研究表明，国家实力最终是两个因素互动的产物：一个国家在某一特定时期主导经济创新周期的能力；它利用主导成果创造有效的军事能力，反过来加强了现有经济优势，造就了稳定的政治秩序，既维持着自身的战略优势，同时也有利于总体的国际体系。”[1]显然，这是关于军事实力定位的、典型的美国式表述，但也不无道理。约瑟夫·奈在《美国霸权的困惑》一书中认为，（军事）安全就像是氧气，当氧气充足的时候，人们不会感觉到它的存在，而一旦氧气不足，人们就再也不可能干任何其他事情了。形象地勾画出了军事在国家安全中的保障作用。

但愿人们不要等到氧气不足时再考虑军事实力，因为到那时，亡羊补牢为时已晚。

关键在于树立“科学的综合实力观”

当前，全国上下正在掀起一个学习、贯彻“科学发展观”的高潮，其实，如同“科学的发展观”一样，对我国综合国力的认识也应树立科学的观念。

何谓“科学的综合实力观”？简言之，就是综合实力在全面、均衡、协调的基础上共同发展、进步的理念。经过20多年的改革开放，我国的国民生产总值已居世界第六位，人均国民收入突破了1000美元大关。这标志着我国的经济实力跨上了一个新的台阶，同时也意味着国家安全将进入一个高风险期。因此，在已经具备了较雄厚的经济基础的情况下，强调并落实全面、均衡、协调的综合实力观显得尤为重要。这既是中国国家的基本特征所决定的，也是近年来我国安全形势变化的特殊需要，同时，还是和平崛起的根本保障。

中国国家的基本特征概括起来就是：“发展中的、尚未完全统一的、社会主义的大国。”作为发展中国家，我们有着相同或相似的产业结构调整上的难题和大量的社会问题、有着法制化和民主化的共同压力，还有公民素养和道德缺失方面的挑战；作为尚未完全统一的国家，台湾问题始终是中国发展和安全的一块“短板”，只要这一问题不解决，中国战略资源的持续流失和在国际上授人以柄的总体弱势地位就无法获得根本上的改善；作为当今世界继苏联之后事实上最大的社会主义国家，中国客观上承

①［美］阿什利·泰利斯等著，门洪华译，《国家实力评估》，第26页，新华出版社，2002年。

受着来自西方国家西化和分化的最大压力；作为一个正在崛起中的大国，“中国威胁论”恐怕并不会以我们的和平愿望和祈求以及永不称霸的政策宣示而彻底消除，中国这棵“树”还未大，但“风”已至的现实，超出了我们主观愿望和能力所能驾驭的范围。所有这些都说明，中国正在由过去那种国际体系外的愤怒和反对角色，日益变成国际体系内的积极参与和改造角色，其后果必然是对现有国际秩序造成一定的冲击和挑战，尽管这个过程有可能避免历史上屡屡出现的战争更替而实现和平崛起，但也只是可能性，而没有必然性。所以，和平崛起的目的不是什么和平，而是崛起，和平只是一种手段，否则我们很可能会犯自我麻痹、自我“缴械”的错误。更何况，进入21世纪初，我国安全环境的突出变化，在于传统和非传统安全威胁同时上升，相互交织，互相渗透。这从根本上注定了中国的国力发展只能走一条全面、协调、平衡的路子，而不能此重彼轻，更不能舍此顾彼。当然，这并不意味着政治、军事、经济、科技、资源、社会、国民素养等的投入和关注完全等同，它们的发展可以有先有后，但某一实力的发展决不能严重滞后于其他力量的进步，否则，就可能造成新的比例失调，损害国家总体安全。

对中国来说，科学的综合实力观还意味着，单项实力之间的相互兼顾和更完善的协调极为重要，这关系到综合国力的合力效应能否最大化的问题。所以，经济作为基础和科技作为先导的一面决不能动摇。但必须看到，国力中软实力和硬实力中的军事实力则是标志国家强弱的外在体现，某种意义上也是最终的体现。这就如同一艘航母，如果把母舰本身比喻为国家的

经济和科技力的话，舰载战斗机，则是国家强弱的最直接表现形态，母舰是重要的战斗平台，是显示战力的基础，没有母舰，谈不上航母的威力，但如果没有先进的舰载机，母舰就会变成一堆废铜烂铁。

当前，要做到综合实力全面、均衡、协调发展，仅仅依靠常规定式是不行的，必须在一段时期内集中有限的人力、物力、财力，采取超常措施和手段，将某种实力过去的缺失弥补回来。也就是说，我们必须在经历必要的补课期来缩小综合实力差距之后，才谈得上全面、协调、平衡地发展。这不仅需要智慧，更需要战略决心和国家意志。

有人担心，如此一来，不是为“中国威胁论”提供口实了吗？其实，“威胁论”反映了任何大国在崛起过程中必经的困境，是外部世界对新崛起国家由不习惯到习惯、由反对、遏制到逐步接受的过程，大可不必看得过重。更何况，这10多年来，我们就是在“威胁论”、“遏制论”中发展壮大的，如果同几年前相比，现在这种“威胁论”不是上升而是下降了，这当然同我们的和平外交政策与中国在国际社会中扮演的负责任大国角色有关，但国际社会通过同中国打交道，不管是出于无奈、还是自愿，适应并接受中国崛起的现实，也是“威胁论”下降的外部原因。尤其对中国军事实力的增长，外部世界的敏感度更高一些。但如果拿我们70年代就已提出的四个现代化目标来衡量，国防现代化应是题中应有之义。国际社会本应把中国军力的发展视为正常，但问题的关键在于我们自己是否从内心把此看作理所应当。如果我们自己都缩首畏尾，理不直气不壮，好像一讲发展军力，就损害了我们的和平形象，就难以融入国际社会，那怎么能够指望国际社会能适应并接受我们呢？只要我国的国防现代化保持在积极防御所规定的合理、足够的水平上，我们就应该理直气壮地去强调和投入，就大可不必过多地顾及“中国威胁论”的鼓噪。历史和现实的辩证法都一再证明：能战方能言和，谈和更需备战。在实力政治仍占主导地位的当今世界，在陈水扁之流公开、不断挑衅一个中国原则的形势下，在我国防实力与我军肩负的使命相比仍然存在差距的情况下，强调这一点尤为重要。

（2004年3月28日）

中国新安全观

安全观念即对国家安全的基本看法或主张。一般认为，有什么样的安全观就有什么样的安全战略。安全观在很大程度上决定着一个国家的安全战略，是观察一个国家安全战略甚至外交战略的重要视角。谈三个问题：

一、传统安全观及面临的挑战

就当今世界而言，存在着两种截然相反的安全观念，一是传统安全观，二是新安全观。

所谓传统安全观，是指以军事安全为核心，主要采取单边行为、通过对抗的方式和武力的手段维护国家安全的理论和主张。这种安全观有三大特征：

安全是一个国家自己的事情，国家只能通过自己的努力去获得，而不能求助于别国或国际社会；

国家安全存在一个明显的对手，国家间安全关系是对抗性的敌对关系，是一种“零和关系”。你之所得，就是我之所失，反之亦然。所以，要获得真正的安全，就要制服甚至打败对手；

安全所涉及领域比较狭窄，一般只限于军事，军事安全决定其他安全。

这种安全观统治了世界很久很久，可以说，自从民族国家体系形成以来，不管它出于不自觉的本能反应还是自觉的理性选择，各个国家所主张的都是这种安全观，直到现在也没有退出历史舞台。

传统安全观的主要依据是什么呢？一是实践中依据的是国际社会的无政府状态和霸权周期的现象，二是理论上依据的是西方现实主义学派的权力政治理念。认为国际关系——不论古代、近代、现代——始终是无政府状态的，它缺少、也不可能具有各国内部那种强有力的统治秩序与权威，从而，这种无序和不安的状态给各国带来了种种现实和潜在的威胁，如对领土边界的威胁，对民族生存的威胁，对国家主权的威胁，对各国统治本国的权力的威胁等等。在这种情况下，各国只能主要依靠自身的力量并且根据“自助”（self-helping）的原理，规划本国在国际角斗场上的行为，采用要么“搏斗拼杀”、要么“韬晦含光”、要么“合纵连横”等战略或策略。如国际关系中主要国家特别是大国最常使用的一些战略模式，像结盟制裁、确立均势、加强实力、军备竞赛等，都是无政府状态下的谋求安全的传统选择。

到了本世纪三四十年代，西方现代国际关系学开始形成，其重要标志就是现实主义理论和学派的诞生，这种理论将西方大国几百年的外交战略进行总结分析，提出了著名的所谓“权力政治”的理论。这一理论为传统安全观提供了重要的依据。

现实主义学派集大成者，著名的西方国际关系理论大师汉斯·摩根索有一句名言：“只要世界在政治上还是由国家所构成，那么国际政治中实际上最后的语言就只能是国家利益。”19世纪在英国主持内政和外交达30多年之久的帕麦斯顿也曾说过：“没有永久的朋友，也没有永久的敌人，只有永恒的利益。”这句话成为西方国家100多年来不变的信条。

二、新安全观的产生及特点

到20世纪下半期，即二战后直到冷战结束，国际形势发生了越来越重大的变化。

这种变化主要有：

第一，国际组织大量出现。全球的、地区的、次区域的，还有大量的NGO。（8200多各种政府非政府国际组织）同时，国际法作用逐步增强。

虽然国际组织和国际法不能与国内机构和国内法相提并论，但同过去相比，毕竟更加有效，更加有力。国际制度包括机制、组织、规则，虽然很不完善，也有很不公正之处，没有从根本上改变国际社会的无政府状态，但毕竟使国际社会有序的一面加强，协调能力加强，使多边安全合作成为可能。

第二，核武器的产生和扩散使战争的性质发生质变，越来越多的国家认识到，核战争面前没有胜利者。仅仅依靠军事手段获得国家安全的理念受到质疑。就像1963年古巴导弹危机的时候，美国的核武器贮存量能摧毁各个社会主义国家750次，苏联拥有的核武器则能摧毁北大西洋地区450次，美苏都能把整个地球摧毁几十次。核武器的产生和发展成为制约世界战争的重要因素。同时，科技的进步，也使得使用武力手段的成本大大增加，促使各国考虑采用其他非武力的方式解决国家间的分歧和争端。

第三，世界经济的相互依存加深。70年代以后，世界经济的发展使各国之间愈益形成“你中有我，我中有你”的关系。特别是随着两极格局走向瓦解，制约经济全球化的障碍日益消除。冷战结束后，经济全球化迅猛发展，各国间的关系更加紧密，依存加深。它带来了三大变化，一是促使非军事领域的安全问题和全球性安全问题凸显，经济安全、金融安全、信息安全、环境安全、恐怖主义、国际犯罪等安全问题都会影响到整个国家的安全，安全问题越来越综合化，复杂化；二是维护安全的手段多样化，仅靠军事手段已经不行了，其他手段更加有效也更为经常使用；三是国内安全和国际安全相互影响，相互制约。一国的安全问题会很快波及地区乃至世界，地区和国际安全问题会直接影响国内的稳定。

第四，和平发展成为世界主要潮流，军事威胁相对降低，发展问题突出。各国都把发展经济提上战略议程，使国际竞争的重点由过去的军事转向以经济为基础、科技为先导、军事为后盾的综合国力上来。经济竞争、科技竞争日趋激烈，促使非传统领域的安全问题和全球安全问题日益突出。

第五，国际社会努力寻求解决“安全困境”的办法和途径。国家对安全的追求，总是同其他国家或国际体系发生双边或多边安全关系，从而形成了安全关系的互动效应，即一个国家的安全总要受到另外一个国家或若干国家行为的强有力影响。

国家为安全采取行动可以有两种选择，一是增强自己的力量，二是削弱自己的力量。国家增强自身力量如果对别国产生了威慑作用，使之减少了敌意，那么就会使自己更安全；但如果产生了挑衅作用，使之增加了敌意，则会使自己更不安全。与此相类似，国家削弱自己的力量如果产生和解作用，使对方减少敌意，就会使自己更安全；相反，如果产生引诱作用，使对方增加敌意，那就会使自己更不安全。所以，不论国家采取何种战略，都要冒某种风险。一般来讲，国家在现实政治中多采取增强自己力量的方式，削弱力量的做法很少见。诚然，选择的结果只有在实践后才会知道。而且，即使事后知道最初的选择是不明智的，也无法知道换一种选择是否会有更好的结果。人们通常认为，犯力量有余的错误比犯力量不足的错误要好些，因为奉行绥靖政策远比奉行挑战政策更危险。国家安全问题上的这种两难选择，西方学者称之为“安全困境”（security dilemma），核心是国家间的恐惧感和不信任。冷战时期的“两超”就是这种心态。军备竞赛不断升级，就是这种状态的反映。

这样一种紧张状态，用德国“铁血宰相”俾斯麦（Bismarck）的话说，很像同在一个车厢里的陌生人之间的关系，每一个人都不间断地注视着其他人，当一个人把手放入口袋的时候，他旁边的人也准备好自己的左轮枪，以便能够首先开火。“安全困境不可能消除，但可以改良”，办法是使相关国家组成为安全体系（security regimes），在这个体系中，各国认同一定的准则、规则和原则。这就是合作的方法，以国际安全确保国家安全。

在上述背景下，自从70年代以来，特别是冷战结束后，安全问题发生了四个重大变化：

安全领域的扩大化。经济安全、金融安全、信息安全、生态环境安全、资源安全、文化安全、人的安全等一系列新的安全概念相继产生，几

乎无所不包。安全在内容上大大扩展了。

各安全领域的相互关系更加复杂化。过去，往往一个国家在政治和军事安全上出问题，要危及这个国家的经济和其他利益。现在则出现了一个相反的变化，一个国家的经济实力弱，经济安全受到威胁，甚至金融领域出现问题，就会影响到国家的政治稳定，牵动军事安全。

维护安全的手段多样化。过去主要是依赖军事力量，现在则需要采取包括军事、政治、经济、科技、文化、外交等手段在内的综合措施，才能有效地维护国家安全。如，当今世界各国、特别是第三世界国家面临的经济安全问题，往往不取决于动用武力，而是在经济的相互交往中，经济安全或受到侵犯，或得到维护。

维护安全的方式合作化。随着国际经济相互依存的日益加深，国家间利益的交叉和重叠部分越来越多，越来越大，所谓“你中有我，我中有你”，安全已不再是一种“零和”选择，即不再是损人利己的关系。非敌非友、亦敌亦友，合则两利、斗则两伤，双赢俱损等这样一些反映共同安全、合作安全的新观念日益深入人心，越来越多的国家达成了有关共识，这给维护安全的方式也带来了深刻的变化。

新安全观有四个特点：

安全是普遍的。涉及多方，是一种多边性质的安全。一国的安全不仅是自己的事情，也要以他国安全为条件，离不开他国的支持与合作。

安全是合作性的。安全并无明显的敌方，非敌非友、亦敌亦友，在某一领域可能是尖锐对抗，而在另一领域也可能是合作伙伴，竞争不妨碍合作，合作中有竞争等等。而获取安全的主要方式是合作而不是对抗。

安全是综合性的。不仅局限于军事领域，而且扩大到了经济、政治、文化、环境和社会问题的方方面面。

安全感的获得是通过一定的组织、机制和制度建设。通过与对手的某种妥协、合作来获取，把对手“置于死地”的做法不会使自己获得真正的安全。

三、中国倡导的新安全观及主要依据

中国倡导的新安全观可以从两个方面来认识。首先，就中国与外部世界安全关系而言，中国倡导的新安全观可以概括为四点，也是核心内容：互信、互利、平等、协作。

互信——思想基础。各国通过对话协商增进相互了解和信任，摆脱意识形态束缚和冷战思维偏见，互不猜疑敌视。

互利——物质基础。在实现本国安全的同时，也要充分考虑和尊重别国的安全利益。

平等——政治基础。各国不分大小强弱贫富都是国际社会平等的一员。

协作——途径。不结盟、不对抗、不针对第三国。以信任取代猜疑，以对话取代对抗，以和谈取代冲突，以互谅互让取代争夺，以人类共同安全取代联盟集团安全。而不是委曲求全，也不是凌驾于别国之上，更不是损害人类共同安全。

中国新安全观的内涵有四：一是强调安全的同等性；二是强调安全的普遍性；三是强调安全的合法性；四是强调安全的制度性。

其次，把外部安全关系与内部安全结合起来，中国的新安全观是主权安全、综合安全、合作安全三位一体的安全观。具体内容是：

第一，安全主体上，中国是主权安全论者。国家是生存和发展的最基本的安全主体，而主权又是国家存在的根本标志。国家享有主权（独立权、管辖权、平等权、自卫权）是国际法的基本准则。主权安全就是指国家的主权独立和领土完整、人民安宁，这是一个国家存在的根本标志和理由。中国等一些发展中国家的主权来之不易，而且经常受到某些西方大国侵犯，同时本身的主权安全又没有完全解决，如中国还是一个未完全统一的国家，所以更要把主权安全放在重要地位。

当然，这并等于说，我们不承认主权的变化，不承认人权的价值。国家主权的内涵不是一成不变的，在当代条件下，几乎没有一个国家能在不参与国际合作的条件下生存发展，从而出现了西方所谓的“主权让渡”的现象。但是，这样的“主权让渡”是有限的、部分的、次要的；而且，在承担国际条约义务而限制主权的同时，国家也获得了相应的权力，而行使和维护这些权力又使主权得到了增强。参与国际合作的主体都是主权国家，如果各国为参与国际合作而牺牲自己的核心主权或全部主权，国际合作本身也就不存在了。因此，只要国家还存在，作为其基本属性的主权就谈不上过时。

美国等西方国家大谈“主权过时论”，主张“人权无国界”、“人权高于主权”、“内战非内政”、“各国内部不得使用武力”等，并不是真正关心别国人权，而是为其干涉别国内政，推行“新干涉主义”寻找借口，是为其称霸世界的战略服务的。事实上，从其战略利益和霸权需要出发，美国在人权问题采取多重标准。对本国人权问题视而不见；对其盟国的人权问题睁一只眼，闭一只眼；对一些发展中国家特别是像中国这样的社会主义大国的人权问题是两只眼睛睁得大大的，甚至用放大镜来看（目前共187个联合国会员国，美国2000年人权报告点了192个国家，中国部分有85页之多。美国在前不久召开的人权委员会改选上的落选不是偶然的）。

第二，在安全内容上，中国是综合安全论者。主要包括政治安全、经济安全和军事安全，社会安全、信息安全、金融安全是从政治、经济安全派生出来的。并认为经济安全是核心，是国家经常面临的安全问题。但这并不意味着军事安全不重要了，军事安全依然是国家安全的支柱。

第三，在安全的维护方式和途径上，中国是合作安全论者。我们认为，合作安全的目的是实现国际安全合作。必须具备几个条件：

安全合作的物质前提是共同利益。各国经济持续发展，经济交流合作的扩大，加深了各国利益相互依存，为安全合作提供了物质基础。

安全合作的政治基础是相互信赖。中国据此提出了一些安全合作原则，其中最为重要的一条是不针对第三方，以避免相互猜疑。另一个重要原则是不干涉内政，超越意识形态、政治制度和文化上的差异，相互理解，减少不必要的障碍和误解。

作为安全合作的实践，1997年中国同中亚三国（哈、吉、塔）以及俄罗斯共同签署的《边境裁军协定》，使五国7000公里长的边境线形成了一个共同安全带。

综上所述，我国要实现现代化国家这一目标，需要长期稳定的国际安全环境特别是周边安全环境；作为正在崛起中的大国和安理会常任理事国，中国对地区和世界和平与稳定负有责任；目前，我们作为一个尚未完全统一的国家，必须坚持国家安全的主权原则。这也是中国新安全观的应有之义。

（2005年3月15日）

当今中国的国际角色与国际形象

一个人的社会地位变化，将导致角色的改变，形象的树立就显得尤为重要。一个国家更是如此，伴随其在国际社会中地位和作用的变化，角色也会随之改变，树立何种形象和怎样树立形象，在很大程度上成为能否发挥应有作用和实现根本利益的重要条件。

进入21世纪后的中国，特别是2005年的中国，在地区和世界的影响力进一步扩大，作用显著增强。如何应对“中国崛起”，几乎成为全球的热门话题。与此相伴随的“中国威胁论”或“中国机遇论”也不绝于耳。这一切说明，当今中国的国际角色已不同于以往，不仅和冷战时期比有很大差别，即使同上世纪90年代比也不尽相同。21世纪的中国，在国际上只能树立“和平、发展、合作”这一负责任大国的形象，只能扮演“参与、遵守、改造”的积极角色，走和平理性的中间外交路线，而别无他途。

建国后中国国际角色的重大变化

建国以来，中国的国际角色经历了三个时期的重要变化：

从50年代到60年代末，这是中国基本游离于世界体系之外的时期。无论从主观诉求还是客观条件来看，这时的中国没有也不大可能融入普遍意义上的国际社会，更不可能成为其中的重要成员。

从70年代初到80年代末，是中国初步参与国际体系并被两个超级大国竞相拉拢而逐渐处于战略主动地位的时期。这一时期，中国的外交政策经历了两次重大调整，并开始初步参与国际体系。但这时的参与还只是个别的、被动反应式的。特别是80年代上半期，中国实行了更加独立自主的和平外交政策，在发展同美国关系的同时，积极改善同苏联的关系，使中国在中美苏“大三角”中起到了“四两拨千斤”的作用，地位越来越有利，成为美苏竞相拉拢的对象。在美苏等大国眼中，中国是一个贫弱但可以借助的重要战略力量。在这种背景下，中国的作用在某种程度上超出了其自身所拥有的实力和能力，甚至被部分放大。但不管怎样，在美苏争霸的格局中，中国的次要角色地位没有改变，几乎没有哪一个战略力量把中国真正看作是主要竞争对手或威胁。

从90年代至今，是中国崛起和广泛参与国际体系并越来越被各类国家视为合作对象和竞争对手（或潜在威胁）的时期。随着苏联解体和冷战的结束，中国成为当今世界唯一的社会主义大国，被西方国家看作“共产主义的最后堡垒”，“和平演变”的主要对象；中国同以美国为首的西方国家共同抗苏的战略基础不复存在，虽然彼此间在许多问题上的共同利益增多，但其紧迫性大不如前，并且与此伴随的摩擦、矛盾凸显出来；1992年以后，中国改革开放的步伐明显加快，经济持续稳定增长，综合国力大大提高。同时，中国积极开展多边外交，全面参与国际体系，在地区乃至全球事务中的作用不断增强。在这种背景下，源于西方的“中国威胁论”产生了，并主要在中国的周边国家中盛行，到20世纪末，呈现出市场扩大、内涵广泛等新特征，从而对中国构成了有形或无形的战略压力。中国越来越处于国际社会的基本矛盾之中，处在国际斗争的前沿位置。“韬光养晦”也好，“决不当头”也罢，都无法摆脱“树大招风”的命运，中国失去了两极格局时期的部分战略空间或主动性。

随着中国崛起，21世纪初中国的国际角色发生了三个重大的、也是必然的历史转变：第一，中国正由一个十分落后的发展中国家变成一个迅速崛起、并对地区和世界事务越来越具有重要影响力的大国；第二，中国正由国际体系的旁观者、反对者变成一个积极参与者和改造者；第三，中国正由一个过去被国际社会忽略和偶尔借重的对象变成一个既被重视、又被借重，同时又加以防范和制约的对象。相反，印度、东盟等国却被大国竞相拉拢，他们都在利用中美矛盾、中日矛盾从中渔利。所以，中国已不可能置身于大国矛盾之外了，而越来越成为别人可以利用的矛盾之一。这种角色的转换意味着中国在外部安全上的压力增大，外交政策选择的余地相对缩小。

中国国际形象曾深刻影响着中国的外部环境和外交成效

近代以来的中国史是一部充满血与泪的历史，“积贫积弱”、“东亚病夫”、“任人宰割”、“内忧外患”就是那时中国的国际形象。为了民族生存，中国人民苦苦奋斗了100年，才走上了民族解放和独立的道路。旧中国的上述形象使之在国际舞台上既谈不上安全，更谈不上发展。

新中国建立以后，伴随国际角色的转换，中国的国际形象也处在不断的变化之中，并对安全与发展环境产生了极大影响，对外交政策实施的成效关系重大。

50年代至70年代，中国的国际形象具有三重性：一是“不怕鬼、不信邪”的“孙悟空”形象，“天马行空，独往独来”。无论是50年代的“联苏抗美”，还是70年代的“联美反苏”，抑或是60年代的“打倒帝修反”战略，在一定程度上防止了外敌对我大规模的军事入侵，维护了中国的独立、主权和安全；二是“神秘”、“封闭”的“与世隔绝”形象。两极格局和冷战对峙，帝国主义的封锁包围，以及中国国内“左倾路线”的盛行，半自给自足和

半封闭的社会状态，使中国在国际上一度被视为“另类”，充满“神秘”与“封闭”色彩。特别是60年代，中国国内大搞以“阶级斗争为纲”和“反修防修”运动，左的思潮甚嚣尘上，最终导致“文化大革命”的历史悲剧，从而对外交政策产生一系列负面影响。在“打倒帝修反”的思想指导下，“文革”初期的中国外交陷入困境，中国与国际社会渐行渐远，一度成为“国际社会的孤儿”，外部环境严重恶化，错过了邓小平同志曾经指出的发展机遇；三是“好斗”甚至“好战”的形象。无须回避，五六十年代毛泽东关于“帝国主义和一切反动派都是纸老虎”、“原子弹也是纸老虎”的系列谈话，不仅在国际社会，也在国际共运内部引起很大争议和质疑。赫鲁晓夫曾指责中国是“一只好斗的公鸡”，美国曾诬蔑中国“原子弹在握，仇恨在心”。后来，“立足于早打、大打、打核大战”等口号，也使包括第三世界在内的一些国家对中国存有疑虑，西方舆论借机宣传“中国好战”。显然，这对中国创造良好的外部环境，特别是在国际社会倡导“和平共处五项原则”是不利的。

80年代以后，邓小平同志适时地对中国外交政策进行了重大调整，新政策被称作是“更加独立自主的和平外交政策”。而在国际舆论看来，这次调整的主要内容是改变“联美反苏”政策，在美苏间纵横捭阖。调整的性质是突出中国外交的“和平性”。这一期间，邓小平同志在有关讲话中多次强调，形象问题十分重要，要树立中国的和平形象，显然是有的放矢的。80年代初，邓小平同志又对世界战争的可能性问题作出新的判断，进而提出“和平发展的时代主题”观，与强调“和平形象”相辅相成。中国外交在两极格局的“寒冬”中迎来了“春天”，使70年代末做出的“工作重点转移”和“改革开放”的重大战略决策具有了国际依据和外交支撑。正是80年代中国在国内积极进行改革开放，在国际上大力倡导“和平发展时代主题”观，极力推广中国的和平形象，才使中国的安全环境在冷战后期的80年代有了很大改善，我所倡导的“和平共处五项原则”重放异彩，理更直，气更壮。

80年代的中国，生气勃勃，开始勇敢地走向世界，很多国际媒体有意无意间与当时的苏联相比较，普遍把中国描绘成“天使”一般。1988年，作为中国领导人，邓小平的照片第一次上了美国《时代》杂志的封面。中国“改革开放”与“融入世界”的和平形象展现在世人面前。

1989年以后，西方国家联手制裁中国、冷战结束和苏联解体，加强了西方对华和平演变的战略企图。我外部环境和国内发展出现了新的困难。中国向何处去？不仅国人关心，世人也关注。在国内，有人公开提出“两个中心论”的主张，既要“以经济建设”为中心，也要以“反和平演变”为中心。甚至出现怀疑、否定改革开放的言论。理论界、思想界一度混乱，国际形象受到损害。在这种形势下，1992年，邓小平发表南方谈话，这不仅仅是思想上的又一次拨乱反正，再次吹响中国改革开放的进军号角，而且也是向世人表明：中国不会倒退，在坚持“四项基本原则”的基础上，改革开放，和平发展，实现中华民族的伟大复兴是当代中国的唯一正确选择。在此前后，邓小平又提出了“28字战略方针”，倡导“不以意识形态定亲疏”、“不搞意识形态争论”，和谁都友好，同谁都搞好关系的“全方位”外交理念，使中国的“和平发展”、“改革开放”形象得以恢复。国际制裁很快被打破，中国经济再度驶上了持续健康发展的快车道。

90年代，是中国经济快速发展的十年，也是中国国际地位和作用日益增强的十年。也正因如此，“中国威胁论”开始出现并蔓延。20世纪末，“中国威胁论”呈现出三个新特征：一是市场有所扩大。不仅存在于发达国家，也存在于发展中国家；不仅存在于周边大国，也存在于周边中小国家。二是内涵更加广泛。“中国威胁论”已不单指中国崛起可能带来的潜在“威胁”，诸如“军事威胁论”、“环境威胁论”、“能源威胁论”、“人口威胁论”等不一而足。三是散布“中国威胁论”的政治目的有所加强。日本以所谓“中国威胁”为借口，加强与美国的军事同盟，加速政治大国和军事大国的步伐。美日实质性军事合作关系明显强化，联合制华的暗流涌动。周边一些中小国家对中国疑虑、担心、防范的心态普遍存在，从而对中国构成有形或无形的战略压力。

显然，“中国威胁论”也有不同的情况，个别国家制造并散布这一谬论，具有险恶的政治用心。但多数发展中国家主要基于担心和疑虑，感受到了来自中国快速发展的压力。所以，除了揭露少数国家的险恶用心以外，有必要更深入地做“释疑解惑”的工作，以中国新角色和新形象以及外交上的实际行动继续改善国际环境，为实现我们的发展目标服务。90年代中期，明确倡导以“互信、互利、平等、协作”为核心的新安全观，是中国在国际舞台上扮演新角色和树立新形象的开始，而“和谐世界”的提出，则是这种新角色和新形象的发展和完善。

“和谐世界”与新角色、新形象

自上世纪90年代中期以来，中国不仅是新安全观的倡导者，也是新安全观的践行者，在地区和世界事务中，以自己的行动向世人展示着“和平、发展、合作”的新形象，在国际舞台上扮演着“参与、遵守、改造”的新角色。这一切努力虽然还不足以消除带有冷战思维的“中国威胁论”，但近年来，国际社会“中国机遇论”明显上升，“威胁论”相对下降的事实表明，中国作为负责任大国的新形象日益被世人了解和认同，中国所扮演的新角色也不断被世人所接受。中国积极参与国际体系，遵守国际规则，履行规则的义务，接受规则的制约，并在参与中努力改造规则中的不合理不公正部分，与各国一道共同推动公正合理的国际新秩序的建立。

进入21世纪后，国际社会对中国的关注程度进一步增强，对中国的期望值也不断提高。有人把刚刚过去的2005年称为“中国崛起年”，因为这一年几乎各种国际会议都在谈论“中国崛起”，西方媒体史无前例地对中国的发展进行大篇幅、立体式报道，中国问题研究也成了国际学术界的热点。

也是在同年，中国政府郑重提出了“和谐世界”的主张，这既是中国国内“和谐社会”理论向国际社会的自然延伸，反映了外交作为内政的继续，与内政的高度统一，更表明中国外交的自信和成熟。这是继“和平共处五项原则”、“不以意识形态定亲疏”、“文明的多样性和包容性”等主张之后，中国“世界观”的新丰富和新发展，实际上明确了以“互信、互利、平等、协作”为核心的新安全观所要努力的方向和目标。

“和谐世界”的主张作为中国外交自信和成熟的突出表现，是一个更加理性，更带有大国责任意识的主张，也更加容易为不同宗教信仰、不同文化背景、不同社会制度、不同发展模式的各国人民所接受。它为中国的新形象和新角色加了新的注脚，完成了21世纪中国在国际社会的角色定位和形象定位。这是改善我国外部安全环境和发展环境所必不可少的重要条件。

“软实力”理论的创立者、美国前助理国防部长约瑟夫·奈，在2006年元旦以《中国软实力崛起》为题发表文章指出：“美国国会在其近来报告专注于中国经济与军事力量崛起的同时，对中国软实力崛起注意力则少得多。但在全球资讯时代，诸如文化、政治价值观念和外交等软实力来源都是强权形成的要素之一。这方面的成功并不只是何者的军队战胜，也在于何者的说辞能打动人心”，中国“外交新政策连同‘和平崛起’的口号，有助于缓和外界疑虑并减少他国相互结盟以制衡中国崛起的可能性”。他还指出：“英国广播公司近日针对22国进行民调，发现将近半数的受调者认为，中国的影响力属正面；相比之下，对美国抱持相同看法者为38%。”

中国外交只能在新角色新形象基础上走更加理性的中间路线

影响中国外交选择的因素很多，需要综合考虑，统筹兼顾。

在全球化的大背景下，一方面，国际社会要求“全球治理”的呼声日高，整合的趋势加强，以合作安全为核心的新安全观越来越深入人心。另一方面，现实主义的权力政治恶性膨胀，单边主义、霸权主义、强权政治盛行。

从国内来看，一方面，以加入WTO为标志，中国的改革开放迈上了新台阶，全方位、多领域、多层次并主动与国际经济贸易规则接轨的开放时代已经到来，中国的国内发展、稳定与亚太地区的和平、繁荣越来越密切联系在一起；另一方面，中国的改革正处在攻坚阶段，国家正经历新旧体制的转型，原有的矛盾未完全解决，新的矛盾不断产生，两种矛盾交织并发。台独势力拒不承认“一中”原则，继续向分裂的方向发展。21世纪初是中国实现第三步走战略目标的关键时期，也是既充满希望和机遇、同时面临困难和风险的时期。

因此，中国外交必须在各种矛盾中寻找平衡，在利益取舍中探求出路：既要服从、服务于中国崛起、民族复兴、国家统一的根本利益；“把国家的主权和安全始终放在第一位”，同时，又必须兼顾全面开放、与国际体系接轨的战略需要，做一个负责任的大国；既要以本国利益为最高原则，又要兼顾亚太地区乃至世界的和平与稳定；既要成为国际社会的重要成员，又要竭力避免被推到国际社会矛盾的焦点位置；既要积极参与国际体系，又不被体系捆住手脚而丧失独立自主的地位；既要按照一定的国际规则办事，做一个负责任的大国，又要防止被西方国家“分化”、“西化”；既要适应全球化的趋势，广泛开展国际经济和安全领域的多边合作，又要避免在主权和安全上付出过高的代价。也就是说，21世纪中国外交将受到多种复杂因素的制约，中国只能“戴着镣铐跳舞”，在限制中寻找出路，在两难中做出选择，并在多重复杂矛盾中把握好平衡。这就决定了中国外交只能走更加理性的中间路线，以新形象和新角色获取相对安全利益，追求相对安全目标。

（2006年1月）

构建和谐世界与中国的国际角色

2005年9月15日，胡锦涛在联合国成立60周年首脑会议上发表题为《努力建设持久和平、共同繁荣的和谐世界》的讲话，正式、全面提出了构建和谐世界的主张。这既是中国外交一个新内涵，也是一种新的理念。

一、"和谐世界"主张的具体内涵

"和谐世界"的内涵至少包括五个方面：

首先，"和谐世界"是中国宝贵外交遗产的继承，是中国、印度等国在20世纪50年代倡导的著名的和平共处五项原则在新时期的发扬光大，它理所当然地包括五项原则的全部内容。

其次，"和谐世界"是20世纪90年代以来中国"新安全观"等重大理念的延续，是对话求安全、合作谋发展之类共赢思路的深化，它理所当然地包括了"新安全观"（互信、互利、平等、协作）的全部内容。

倡导多边主义，实现共同安全。和平是实现发展目标的根本前提。联合国的诞生就是为了争取实现持久和平，为了"欲免后世再遭今代人类两度身历惨不堪言之战祸"，和平成为一个最崇高的理想和目标。联合国不断壮大，从成立之时的51个成员国扩展到了今天的191个，表明世界各国人民对和平的渴望。但是60年过去了，如何实现和平，如何实现共同安全仍是一个亟待解决的课题。冷战结束十多年后，战争的硝烟并未彻底散尽。各种争端与纷争此起彼伏，局部冲突接连不断，单边主义时有发生，联合国作为维护世界和平的最重要的集体安全机制的权威也不时受到严重冲击。因此，反对侵略，反对战争，维护国家主权就至关重要。要实现和平就需要树立互信、互利、平等、协作的新安全观，要坚持多边主义，通过协商与对话解决国际争端。

第三，针对目前的国际形势和重大矛盾，“和谐世界”特别强调不同文化、地域、民族和国家之间进行对话和加深理解的紧迫性，特别看重保持全球社会、政治和文明形态之多样性的必要性。

尊重多样性原则是建立和谐世界的前提。正如胡锦涛所说，文明多样性是人类社会的基本特征，也是人类文明进步的重要动力。在人类历史上，各种文明都以自己的方式为人类文明进步作出了积极贡献，强求一律，只会导致人类文明失去动力、僵化衰落。我们应该尊重各国自主选择社会制度和发展道路的权利，推动各国根据本国国情实现振兴与发展；应该加强不同文明的对话和交流，以平等开放的精神，维护文明的多样性，促进国际关系民主化，协力构建各种文明兼容并蓄的和谐世界。

胡锦涛说，我们应当尊重各国自主选择社会制度和发展道路的权利，相互借鉴而不是刻意排斥，取长补短而不是定于一尊，推动各国根据本国国情实现振兴和发展；应该加强不同文明的对话和交流，在竞争中取长补短，在求同存异中共同发展，努力消除相互的疑虑和隔阂，使人类更加和睦，让世界更加丰富多彩；应当以平等开放的精神，维护文明的多样性，促进国际关系民主化、协力构建各种文明兼容并蓄的和谐世界。总之，只有坚持包容精神，承认世界文明的多样性，才能实现和谐社会。关于“和谐世界”的论述充分体现了中国传统文化对世界的贡献。中国文明中有许多值得认真汲取并发扬光大的思想，“和而不同”的思想就是其中之一。胡锦涛在这里提出的包容思想，就是“和而不同”的思想的延伸。“合作”、“双赢”等现代语汇走上历史舞台。上世纪90年代后，不满足于双边往来的中国开始参与到亚太经合组织（APEC）、东盟“10＋1”、上海合作组织等区域经济和政治组织中。2001年加入世界贸易组织（WTO），即是一次重要的跨越，大大加强了中国与世界的联系。

还有，“和谐世界”充分注意到南北世界差距扩大的严重后果，要求建立更加公平合理的国际经贸安排。

另外，“和谐世界”当然需要抵制少数国家的霸权主义，推动国际关系的民主化进程。

“和谐世界”主张具体应该包括：（1）强调集体安全，肯定联合国的作用和多边主义的价值；（2）发展优先，重点是最不发达国家特别是非洲国家的经济发展问题，同时强调了发达国家的责任问题；（3）经济优先，在政治关系中去意识形态化；（4）在国际关系中共谋双赢，寻求持久和平与共同繁荣。

二、提出“和谐世界”主张的重大背景

1.世界呈现出矛盾多样化的趋势，“和谐世界”主张是缓解世界矛盾紧张态势的一种新尝试。

从全球范围观察，新千年伊始，全球总体上保持稳定，但国际政治并没有形成世人期待的积极变化，相反出现了令人忧虑的一些苗头。一方面，冷战时期被掩盖的传统矛盾重新抬头（局部冲突加剧、边界纠纷不断等等），另一方面，随着经济全球化加速发展，或者出现了新问题，或者老问题有了新情况，各国内部和世界范围的贫富分化加剧，恐怖主义威胁经济全球化等等。在此背景下，西方世界依靠其政治、经济、军事强势地位，强行推广“民主”，少数处于强势位置的国家或国家集团实施的霸道政策和单边主义也引发了不满和反弹。结果，恐怖主义和霸权主义同时对当今世界的和平发展构成了重大威胁。

此外，随着人类工业化和现代化的巨大进展，人和自然的矛盾也变得日益突出，不和谐的现象在2005年表现得尤为明显。2005年是地球灾难频发的一年。从袭击美国的飓风到南亚大地震，再到波及几大洲的禽流感，人们不禁要问：人与自然和谐了吗？在科技高度发达的今天，灾难依然笼罩着地球村，实现人与自然和谐相处任重而道远。

2005年灾难缘何多？究其根源，可谓是仁者见仁，智者见智。但是越

来越多的研究证明，全球变暖“灼伤”地球村已是不争的事实。

由环保组织世界自然保护基金会12月发表的一份报告称，2005年将成为有史以来气候最糟糕的一年，因为气温比往年高，北极圈冰层融化比往年剧烈，大西洋飓风也比往年肆虐。2005年还是亚马孙河流域几十年来最干燥的一年。

美国威斯康星大学可持续发展与地球环境中心教授乔纳森·帕茨在2005年2月发表的一份报告中说，全球气候变暖并不是平缓发生的，而是表现为极端天气发生的频率增加。近年来，全世界热浪、风暴、洪水和干旱发生的次数明显增加，人们应该警惕气候变暖带来的公共卫生危机，特别是热浪和空气污染导致的疾病和大规模传染病等。

世界自然保护基金会气候变化监测小组负责人斯蒂芬·辛格说：“苏格兰的雪消失、意大利蜜蜂减少、西班牙农作物歉收、德国森林面积下降、英国海平面上升，这些都是气候变化造成的危险征兆。”

那么，全球变暖谁之过？研究证明有自然因素，更有“人祸”的作用。人类在过去几百年对自然的征服和统治变成了对自然的掠夺和破坏，对自然资源无节制地消耗，造成污染物大量排放、自然资源枯竭和生态日趋恶化。全球变暖是人类亲手破坏与自然原有的和谐的结果。恩格斯曾忠告：千万不要过分陶醉于对自然界的胜利之中。因为对于每一次这样的胜利，自然界都报复了我们。

频繁的灾难，唤醒了人类的良知。人类进一步认识到人与自然的关系犹如毛和皮的关系，“皮之不存，毛将焉附？”

2005年人类向控制全球变暖迈出了历史性的一步，经过多年努力，旨在减少全球温室气体排放的《京都议定书》2月正式生效，11月世界气候变化会议通过议定书执行规定，这意味着今后各国减排温室气体已有法可依。

人与自然和谐的重要性是在受到破坏之后才被人类所认识。我们只有一个地球，地球村是我们目前生活的唯一家园。解决像全球变暖这样世界性的问题，需要各国共同努力。无论是发达国家，还是发展中国家，都要善待地球，共同保护人类的家园。

这些消极势头蔓延和强化，有可能造成国际关系的持续紧张，危及世界的和平与发展。中国作为联合国安理会常任理事国之一，有责任呼吁国际社会采取行动遏制这些消极现象的滋长，和谐世界的设计应运而生。我们认为，建立和谐世界的主张，是缓解上述世界矛盾紧张态势的一种新尝试。

2.外交是内政的延续，“和谐世界”主张是中国新一届政府对内建立“和谐社会”目标的自然延伸。

外交是内政的延续。和谐世界的提出，首先是中国政府执政哲学在外交领域的自然延伸，是传统和谐思想与现代双赢观的有效结合。

这一倡议一定程度上受到中国国内建构和谐社会的启发。中国作为一个持续快速发展的大国，目前既面临着前所未有的战略机遇期，也处于少有的多种矛盾和困难的并发期。中共十六大以来，科学发展观与和谐社会的指导方针逐步化为全面建设小康社会、顺利实现现代化的具体思路，正在取得扎实的进展。

中华文明历来注重社会和谐，强调团结互助，中国人早就提出了“和为贵”的思想，追求天人和谐、人际和谐、身心和谐，向往人人平等、人人相亲、天下为公的理想社会。

今天，中国提出构建和谐社会，就是要建设一个民主法制、公平正义、诚信友爱、充满活力、安定有序、人与自然和谐相处的社会，实现物质和精神、民主和法制、公平和效率、活力和秩序的有机统一。

为了实现我们的发展目标，中国根据本国国情和时代要求，明确了自己的发展理念，这就是树立和贯彻“以人为本、全面协调、可持续发展”的科学发展观，统筹城乡发展，统筹区域发展，统筹经济社会发展，统筹人与自然和谐发展，统筹国内发展和对外开放，更加注重解决民生问题，更加注重克服发展的不平衡性，更加注重解决发展中存在的突出矛盾，致力于走科技含量高，经济效益好，资源消耗低，环境污染少，人力资源优势得到充分发挥的新兴工业化道路，推进经济建设、政治建设、文化建设和社会建设协调发展，努力实现生产发展、生活富裕、生态良好的文明发展格局。

三、中国在构建“和谐世界”中所扮演的新角色

“和谐世界”的提出还有一个重大背景，即中国国际角色的转变。中国为什么在现在而不是过去提出？这不仅反映出中国政府的自信、更加开放和成熟理性，也反映出今天中国的国际角色已经变了。这个新角色就是“参与（国际体系）、遵守（国际规则）、改造（国际秩序）”。与此相关的新形象就是“和平、发展、合作”。

“角色”即作用和定位。“国际角色”即在国际上的作用和定位。

2005年是中国改革开放以及经济发展取得重大成就的一年，也是中国国际地位和作用不断增强的一年，同时又是引起国际社会高度关注的一年。有人把2005年称为“中国崛起年”。如何应对“中国崛起”成为全球的热门话题，随之而来的“中国威胁论”或“中国机遇论”不绝于耳。正是在这种背景下，胡锦涛主席代表中国政府在联合国成立60周年首脑会议上郑重提出建立“和谐世界”的倡议。

建国以来，中国经历了一个由基本游离于世界体系之外到初步参与体系再到全面参与体系的历史过程。中国的国际角色经历了三个时期的重要

变化：

从50年代到60年代末，这是中国基本游离于世界体系之外的时期。

50年代，“一边倒”的外交政策虽然使百废待兴的新中国建立了初步的工业基础，也获得了安全上的基本保障，既是必要的，也是必需的。但那时无论从主观诉求还是客观条件来看，中国没有也不大可能加入普遍意义上的国际社会（直到1971年以前，中国还没有恢复在联合国的合法席位），更不可能成为其中的重要成员。60年代，中国国内以“阶级斗争为纲”和实行“反修防修”，“左”的思潮甚嚣尘上，最终导致“文化大革命”的历史悲剧，从而对外交政策产生一系列负面影响。“文革”初期的中国外交陷入困境，中国与国际社会渐行渐远，一度成为“国际社会的孤儿”。

从70年代初到80年代末，是中国初步参与国际体系并被两个超级大国竞相拉拢而逐渐处于战略主动地位的时期。

这一时期，中国的外交政策经历了两次重大调整，一次是从60年代的“既反帝又反修”改变为70年代初的联美抗苏、团结第二世界、依靠广大第三世界的“一条线、一大片”政策；第二次是从“一条线、一大片”调整为80年代中期的“更加独立自主的和平外交政策”。这是中国国际地位和作用日渐增强的20年，是中国国际角色发生变化的20年，也是两极格局走向瓦解、多极化兴起并发展的20年。在这20年中，中国从基本游离于国际体系之外开始初步参与国际体系。但这时的参与还只是个别的、被动反应式的参与，主要表现在经济贸易一些领域和地区的开放、安全机制上的被动应对、以双边为主的活跃外交等方面。虽然80年代中国实行了改革开放，但由于时间较短，中国的落后状况尚没有实质性改变。特别是80年代上半期，由于中国调整外交战略，实行更加独立自主的和平外交政策，也由于美苏在全球范围内新一轮的激烈争夺，中国在发展同美国关系的同时，积极改善同苏联的关系，使中国在大三角关系中逐步处在最有利的位置，成为美苏竞相拉拢的对象，中国真正起到了四两拨千斤的作用。中国的战略空间扩大了，战略回旋余地扩大了。在美苏等大国眼中，中国是一个贫弱但可以借助的重要战略力量。在这种背景下，中国的作用在某种程度上超出了其自身所拥有的实力和能力，甚至被国际社会放大。但不管怎么说，这时的国际体系仍然是两极格局，美苏矛盾是国际社会的主要矛盾，美苏互为争霸的对手，并视欧洲为战略重点地区；中国作为落后国家的状况没有根本改变，80年代的改革开放是有限的，发展程度也是有限的；同时，中国作为国际社会的次要角色没有根本改变，在美苏争霸的格局中，中国只是处在偏锋侧翼，几乎没有哪一个战略力量真正把中国看作是主要竞争对手或威胁。

从90年代至今，是中国崛起和广泛参与国际体系并越来越被一些国家视为竞争对手或潜在威胁的时期。

这一时期，“中国威胁论”的调门越来越高，也是美日等国家遏制中国、进军亚太的借口。清华大学国际传播研究中心主任李希光教授从美国媒体对华报道的视角，把尼克松访华30年以来的中美关系分为三个阶段，这三个阶段从另一种视角可以看出中国的国际角色变化的影响。70年代的浪漫化（蓝色的海洋，这个东方文明古国充满了神秘色彩，并为西方所向往）、80年代的天使化（还是两极和冷战时期，所以和当时苏联这个所谓“邪恶帝国”比，中国的改革开放带来的初步的变化令美国人陶醉，也充满着演变中国的希望）、90年代的妖魔化（两极解体冷战结束，中国竟然还在坚持社会主义，同时中国的经济发展如此之快令美国人惊异，在美国人眼里，中国成了当年的苏联）。李希光在描绘美国媒体过去30年对华报道的演变过程时作了一个形象的比喻：在70年代，美国记者在北京一下飞机，他对接他的翻译说，“带我去采访动物园，看大熊猫。”在80年代，美国记者在北京一下飞机，他对接他的翻译说，“带我去迪斯科舞厅。”在今天，他一下飞机，对翻译说，“带我去见法轮功。”

“在此期间，中国加入了联合国体系中几乎所有重要的政府间国际组织，……中国在政府间国际组织中的席位从1977年的21个增加到1996年的51个。更令人惊奇的是，中国在非政府组织中的席位从1977年的71个猛增到1996年的1079个。中国广泛参与联合国体系的另一个标志是中国签署和加入了许多多边协议和条约。这样，中国在其现代历史上第一次最终加入了以联合国为中心的全球体系，并广泛参与国际组织的各种活动。”而在同一时期，美国加入的政府间和非政府间国际组织分别是64个和2418个，日本分别是63个和1970个，俄罗斯分别是62个和1300个。也就是说，从融入国际体系的速度和数量上看，中国同当今世界强国和大国相比都毫不逊色。[①]

江忆恩在《美国学者关于中国与国际组织关系研究概述》中认为：“从历史的角度看，过去的二三十年里，中国参与国际组织的速度增长很快。在20世纪60年代，中国实质上尚未有意识地参与政府间国际组织，但到90年代，中国已经成为大部分政府间国际组织的成员。事实上，中国参与的政府间国际组织的绝对数目是美国参与的80%。”[②]20世纪的国际组织，其发展速度是惊人的。根据国际组织年鉴的统计，全世界各种国际组织有2.8万多个，其中政府间国际组织有4000多个，非政府间国际组织有2.3万多个。在这2万多国际组织中，90%是二战结束后发展起来的。国际组织的广泛建立，是人类社会的一大创举，也是人类社会的文明成果。[③]

概括起来，21世纪初中国的国际角色发生了三个重大的也是必然的历史性转变：一、中国正由一个十分落后的发展中国家变成一个迅速崛起的并对地区和世界事务越来越具有重要影响力的大国；二、中国正由国际体系的反对者、旁观者变成一个积极参与者和改造者；三、中国正由一个过去被国际社会忽略和偶尔借重的对象变成一个既被重视、又被借重，同时又加以防范和制约的对象。今天，中国的国际角色既不同于冷战时期，也不同于冷战结束后初期。中国已由国际战略棋盘上的次要角色越来越被视为主要合作伙伴或竞争对手。

“参与、遵守、改造”角色，既是中国新时期国家利益的根本要求，

---

①［美］伊利莎白·埃克诺米、米歇尔·奥克森伯格主编，《中国参与世界》，第50页，新华出版社，2001年1月。

②《世界经济与政治》，2001年第8期。

③王逸舟，《全球政治与中国外交》，第248页，世界知识出版社，2003年12月。

也是经济全球化以及和平发展合作大趋势的客观反映。它与和谐世界的理念是相辅相成的。它意味着三点变化：一、中国外交既要以国家利益为最高准则，也要兼顾国际主义义务；二、中国经济既要保持快速健康的发展，又要对世界经济的稳定繁荣作出贡献；三、中国选择的发展道路和模式既要有利于中国国力的提高，又要兼顾人类的生态保护和资源科学有效的开发利用；四、中国的改革开放既要考虑中国国情，也要考虑世情。最终保证中国的和平崛起。

韩国媒体把“和谐社会”评为2005年国际形势十大关键词之一。英国《经济学家》也撰文指出，中国现在最喜欢的用词是“和谐世界”。在这样一个世界里，拥有不同观点的国家能够和平共处。

“和谐”是一年来最引人注目的中文词汇之一。2005年，中国用自己的言行向世界展示了致力于和平发展建立“和谐世界”的决心。

2005年，中国在努力发展自身的同时，也致力于承担更多国际责任。胡锦涛出席了联合国成立60周年大会，并进行了50多场外交活动。胡锦涛在联合国发表讲话，呼吁把联合国作为国际社会努力打击恐怖主义、解决争端和冲突的“核心”，提出了建立“和谐世界”的理念。胡锦涛还宣布了一系列对发展中国家的援助措施，许诺对穷国展开零关税贸易，提供职业培训和100亿优惠贷款及优惠出口买方信贷，中国将给予同中国建交的39个最穷国家大多数商品零关税待遇。（中国将在今后三年内向发展中国家提供100亿美元。中国还将通过优惠关税、减免债务、人员培训等方式帮助这些国家加快发展。）

2005年是灾害频发的一年。中国在印度洋海啸发生后展开了建国以来最大的一次国际救援行动；之后又与南亚人民在大地震中并肩战斗；作为发展中国家，中国还向遭受卡特里娜飓风袭击的美国送去了救灾物资；中国还积极参与防治禽流感的国际合作，2006年1月在北京举行了禽／人流感防控国际筹资大会。

中国的发展已经成为亚洲振兴的重要组成部分。自1996年以来，中国对亚洲经济增长的贡献率达到44%。2004年，中国同亚洲的贸易额达

6650.3亿美元，占当年中国对外贸易总额的57.6%。抓住中国发展的机遇，扩大同中国的互利合作，已经成为其他亚洲国家的普遍选择。

15年来，先后15次参与联合国维和行动，共派出3000多名非作战部队、警察分队和民事官员。在伊拉克和苏丹达尔富尔等问题上坚持原则，发挥了建设性作用。

在地区事务中，中国倡导的六方会谈历经五轮，在2005年取得阶段性成果——通过了首份《共同声明》，使复杂敏感的朝核问题的解决向前迈进了一大步。中国还参加了首届东亚峰会，支持东盟在峰会中发挥主导作用，支持东亚合作保持透明和开放，反对搞封闭的、排他的，和针对任何特定一方的东亚合作。

在一些存在争议的领域，中国领导人创造性地提出“搁置争议、共同开发”的方针，并积极付诸行动。

（2006年4月24日）

国家利益与国家安全

在当代，国家是国际交往中的基本行为主体。在纷繁复杂的国际关系中，国家间的互动无论在什么情况下、无论采取何种方式，都有一个最基本的驱动因素，这就是国家利益。国家利益是一种客观存在，只要有国家，就会有国家利益。通常认为，由于国家利益决定国家中居于支配地位的价值与政策取向，并且决定国家的基本需求和具体的国家目标，因此，国家利益是解释一个国家对内、对外政策和行为的关键。

一、国家利益是制定并实施国家安全战略的根本依据

1.国家利益是制定安全战略目标的根本出发点和归宿。

“国家利益”是国际关系理论研究的核心概念之一，也是国家安全战略研究的基础概念，是国家制定安全战略目标的重要依据和决定因素。换句话说，安全战略目标是以国家利益（主要是安全利益）为外在表现形式的，有什么样的利益，就有什么样的目标。一个国家不论其主观愿望如何，客观实力怎样，制定安全战略，首先必须对国家利益做出清醒的判断。

作为国家大战略的安全战略，其基本结构可以概括为目标+手段，而目标是核心，也是安全战略的关键，目标选对了，战略就成功了一半。但如何正确地选择目标?

主要依托以下三个因素：

A 对国家利益——包括现实利益和长远利益——的判定。这是国家战略的根本出发点、依据和指导原则。

B 对国家实力——包括可运用的所有资源和手段——的掌握。这是安全战略制定与实施的基础，也是最大的制约因素。

C 对内外安全环境——包括面临的主、客观环境和主要威胁——的评估，这是实施安全战略的又一制约因素。

三个因素中，第一个因素表明自身的追求与愿望（需要和需求，即need和want），后两个因素表明对实现这一追求和自身愿望所受到的限制：前者属于对“能够干什么”的估计，后者属于对“允许干什么”的衡量。

换句话说，安全战略目标是以国家利益（主要是安全利益）为外在表现形式的，有什么样的利益，就有什么样的目标。利益是目标的方向，有时一个国家的战略目标就是用利益来表述的。如实现现代化既是我们的根本利益，也是我们的战略目标。一个国家不论其主观愿望如何，客观实力怎样，外部环境如何，制定安全战略，首先必须对国家利益作出清醒的判断。所以，国家利益是筹划安全战略的根本出发点。

对于任何一个主权国家来说，不管它的阶级性质如何，不管它对内是为哪一个阶级或阶层谋取利益的，在作为一个独立的主体对外进行国际交往这个层面上，它的基本职责或义务始终都是尽可能多地获取“好处”，这是其自身生存和发展所必须做的事情。而“安全”是最基本的“利益”，是一个国家生存和发展的首要条件。所以，谋求国家利益也是安全战略之归。

国家战略的具体内容在不同的时代条件下是不同的，但万变不离其宗：这个宗就是国家利益，从这个意义上说它是战略之根、战略之本、战略之源，也是战略之归。

2.对国家利益的误判必然导致安全战略的重大失误。

一个国家的决策者对国家利益的判断，在很大程度上决定着安全战略目标的确定和实施，也成为安全战略成败的关键性因素。历史上，对国家利益误判导致战略目标迷失，给国家安全造成严重危害的案例可谓屡见不鲜。

比如，以美国发动的越南战争为例。这场战争几乎使美国陷入灭顶之灾。美国在越南战争中曾经派遣军队达54万之多，投下了700万吨炸弹——比二战在整个欧洲用的还多。持续十多年的战争行动，使5.8万多美国军人丧生，伤残无数，消耗了3000多亿美元。为这场战争美国国内也陷入分裂，在镇压反战运动过程中，1970年5月8日在俄亥俄州和肯特州大学校园内杀死杀伤13名学生。这场战争不但使美国陷入“越南泥潭”，而且多年困于“越南战争后遗症”不能自拔。越战后，美国不得不在全世界实行收缩，与苏争霸落入下风，国内民众对政府失去信任，这些与经济长期不景气交织在一起，使美国陷入了战后发展的低谷。美国为此付出了沉重代价，至今这仍是缠绕他们的一场噩梦。现在看来，美国为此付出的代价至少有四：一是在美苏争霸中陷于被动，由美攻苏守变为苏攻美守；二是使美国经济陷于衰落；三是长期战争使美国国内陷于分裂；四是造成了“越南战争后遗症”，使美国长期陷于噩梦之中。那么美国得到了什么？这场战争与其国家利益到底是什么关系？

美国学者有过大量论述。有人指出，美国卷入越南战争是伦理价值决定外交政策的结果，是道德利益代替了国家利益的结果。有人断言，这同美国的国家利益其实并不相干，充其量，国家利益在促使美国卷入战争的考虑中只是个次要的动机。《大战略》一书的作者科林斯（美国国防大学的一名将军）认为，美国的失败是夸大了所谓“共产主义侵略”，忽视美国国家利益的结果。他直截了当地指出：“本国国家利益被忽视，孜孜以求的是‘建立一个具有强大政府的、独立的越南’”。这时的美国政府把美国主要的安全利益定位在“制止共产主义侵略，建设一个有生存能力的南越和维持美国的国家信誉及民主理想”上。

美国颇有影响的著名记者威廉·曼彻斯特说：“为什么这样多见解不同的美国人，包括四位总统（两个共和党总统和两个民主党总统）都认为有义务拯救西贡政府？这个国家，不管怎么说，远在亚洲，离我们五千英里，在遥远的印度支那半岛一片到处是稻田和茂密的丛林的原始土地上。然而，十多年来，华盛顿的历届政府却一意孤行，甚至不顾美国国内的安宁，力图使一些大可怀疑的人物在越南保持统治。”①

为什么非要这样做？曼彻斯特说这是“有关越南战争的不解之谜”。其实，这个谜底之一就是对国家安全利益判断的重大失误。

这种由于不惜一切追求既定利益目标、反使自己的更大利益遭受损失的现象，在国家行为中屡见不鲜。这说明，确定恰当目标，与恰当的估计和使用力量是紧紧联系在一起的。

可见，利益判断的失误造成目标的迷失，不仅不能维护和扩大国家利益，反而严重损害了国家利益。

二、国家利益的内涵与主要特征

1.国家利益及客观分类。

一般认为，“国家利益”是保障国家生存、发展与安全的全部物质条件和精神条件的总和。

以不同的标准为尺度，国家利益可分为不同类型。按利益属性划分，国家利益可分为物质利益和精神利益；按内容划分，国家利益可分为生存利益、发展利益和安全利益；按领域划分，国家利益可分为政治利益、经济利益、军事利益、文化利益；按时间段划分，可分为近期利益、中期利益、长远利益；按利益主体划分，可分为共同利益、冲突利益和交叉利益（协调利益）；按利益强度划分，可分为核心利益、重要利益和一般利益。不同的划分，体现着对特定时期国家利益中所含矛盾的不同认识与处理侧重。所有划分都出于同一个目的：从多方面对国家利益的复杂性进行缜密的认识和审视。

---

①［美］威廉·曼彻斯特，《1932～1972年美国实录》，第1288页，商务印书馆，1980年10月。

比如美国学者唐纳德·纽克特赖因（Donald Nuechterlein）在20世纪70年代提出了“国家利益强度分析”理论，[②]填补了国家利益纵向层次分析的空白。他以美国的国家利益为个案研究，把不同的国家利益在受到外部威胁时对国家造成损害的程度分为四个等级：

第一级：国家的生存利益（survival interest）。它是国家最根本的利益。国家如果失去了生存的条件，便无其他利益可言。对国家生存利益的最大威胁，主要是外部力量的入侵或毁灭性攻击；

第二级：国家的重大利益（紧要利益）（vital interest）。它包括任何严重影响国家政治、经济和人民福祉的事项；

第三级：国家的主要利益（major interest）。经济和意识形态的争论、分歧、纠纷等均属于主要利益范畴；

第四级：国家的次要利益（peripheral interest）。一般指事态发展涉及某种国家利益，但其产生的任何后果都不会对国家造成全局性的不利影响。

这种划分在战略决策中的重大意义是：

第一，此种分析方法可以避免以前在国家利益决策上的缺陷，即对国家利益的分析要么太粗，粗到把国家利益的概念变得抽象和笼统；要么把一切有关国家安全和发展的内容都放到国家利益之中，国家利益变成了一个令决策者难以判断和选择的大杂烩。

第二，此种分析方法可使决策者在国家决策的过程中有先后选择，避免在利益的判断和选择的决策中出现轻重缓急的重大失误。

第三，此种分析方法有其自身的灵活性，可以随着国际形势和一个国家的国际地位变化有所调整，但不影响其内涵和层次的改变。

准确把握国家利益越来越取决于几个重要因素：一是国家决策机制的民主化和科学化程度；二是领导人的综合素质和战略眼光；三是民族的战略思维传统。

② “The Concept of National Interests : A time for New Approach”, Orbis, vol.23, no.1 (spring 1979), pp.73–92.

2.对国家利益的主观认识与判断。

国家利益既是客观存在，又是主观意识对客观存在的理解、判断与认定。

（1）不同国家对自己的国家利益有不同的认定。如美国霸权利益的认定，中国发展利益的认定等。

（2）同一个国家在不同时期对自己的国家利益也有不同的认定。如新中国建立前与建国后，改革开放前与改革开放后等。

（3）即使是同一国家在同一时期，不同阶层、不同社会集团对国家利益的认定也不尽相同。比如美国。

任何利益都要通过目标去实现。国家利益的主观选择与认定，在确定利益目标时表现得最为明显。当国家实力较强时，容易将利益目标定得过高，把原本属于上一层次的利益目标向上提升，出现滥用武力的倾向；当国家实力较弱时，又容易将利益目标定得过低，甚至把原本属于国家核心利益的内容下降到次要利益层次，放弃对决，躲避挑战。

由于重大利益与主要利益的区分涉及动武界线，对大多数国家来说，这是国家利益强度层次中争议最大、最难区分的部分，不同的国家对这两个层次的利益都有不同的标准、实施不同的划定。即使在同一个国家，不同的历史时期、不同的执政集团针对不同的实施对象，也会出现前后互相矛盾的界定方法。如海外贸易对多数国家来说，不会是重大利益，但对日本来说就不一样。因为它是没有战略

资源的国家，又是贸易立国的国家。

这里便涉及一个“利益基线”问题。不管利益目标多大多小，都应有一个利益基线，而且必须坚守这个利益基线（即主权独立，领土完整，民族尊严），否则，国家安全的风险会从另外层面陡然升高，即人民可能推翻政权。

那么如何尽可能判断准确呢？判断的标准主要是该利益在国家发展和安全中的地位、该利益受到威胁的程度，以及该利益在时间上的紧迫性。

3.国家利益的不变性、变动性及其影响。

国家利益是不断变化发展的，既有历史的稳定性，也具有阶段动态性。国家利益的历史稳定性由特定历史阶段国家生存与发展的基本需求决定。国家利益的阶段动态性则由国家生存发展的阶段特征、质量需求以及国家力量保障这一需求实现的能力水平决定。

国家利益的阶段动态性既可表现为收缩，也可表现为拓展。是收缩还是拓展，国家战略能力在其中扮演着重要的角色。国家战略能力来源于国家土地、矿产、人口等资源要素，也来源于国家政治、经济、科技、军事等机制要素，还来源于国民素质及精神状态、领袖集团素质、战略筹划与决策能力等精神要素。

不同历史时期，构成国家战略能力的各要素在推动国家利益拓展中所起的作用并不相同。

（1）资本主义诞生之前，国家利益拓展主要依赖于军事征服能力。曾经横跨欧亚大陆的罗马帝国、波斯帝国、蒙古帝国、奥斯曼帝国无不如此。军事征服能力在当时的利益拓展中扮演至关重要的角色。

（2）资本主义诞生之后，国家利益拓展除去军事征服能力之外，出现了资本征服的需求。国际资本开始以坚船利炮为开路先锋，以势力范围为支配空间，力图穿透国家边界掠夺资源、占领市场，以新的利益要求完成拓展。美式霸权主义依托武力和资本实力的全球扩张，在国际政治中更是前所未有。美国对自己的势力范围提出“门罗主义”，拒绝其他列强进入与染指；对别人的势力范围则提出“门户开放”，要求机会均等、利益共享。“9·11”事件后美国国防部发布的《四年防务评估报告》将“确保美国的安全和行动自由”、“确保获得重要市场和战略资源”、“阻止敌对势力控制关键区域”等列为“永久性的国家利益”，通过阿富汗战争和伊拉克战争，美式国家利益拓展更将军事征服与资本征服运用到极致。

（3）世纪之交，在经济全球化、社会信息化的推动下，出现了一种不依托军事征服、也不依靠资本征服实现国家利益拓展的模式和道路。其关键推动力量既来源于通过综合优势形态表现出来的国家战略能力，更来源于突飞猛进的科学技术发展推动的全球化进程。全球化进程使经济要素的跨国流动成为不可阻挡的世界性潮流，国与国之间的联系日益紧密，关系日益加深。

这种环境下，一是呈现出国家利益拓展的普遍性。过去利益拓展是大国、强国的专利，今天众多中小国家通过经济相互渗透，彼此利益都在向对方延伸、拓展；二是这种利益拓展呈现出非零和、非对抗的相互交融特性，通过相互延伸的利益结成相互依存的关系，使共赢成为依存各方的理性选择；三是这种利益拓展由国家间利益交织推动国家间利益融合，带动单一国家的经济关系向地区和全球范围扩展，直接推动和加速了经济一体化的进程。

国家利益的变动性说明，国家利益观必须与日俱进，传统的国家利益观已经越来越不适应全球化时代的客观要求，倡导新的国家利益观已提上战略日程。

三、国家利益与国际责任相结合，探索全球化时代实现国家利益的新途径

1. 全球化时代的国家利益观。

一国利益与全球利益息息相关。

绝对权力导致绝对腐败，绝对安全观导致绝对的不安全，相对安全利

益的追求应成为新的理念。

国与国之间的利益竞争向良性竞争的方向发展，追求共赢、双赢应成为主要利益目标。

2.谋求利益、维护安全的基本原则。

——各种局部利益必须服从于国家利益。国家利益是利益体系中的最高利益，局部利益必须服从国家利益。但是，在判断国家利益的过程中，要兼顾各种局部利益，不允许因局部利益损害国家的整体利益，更不能因个人或集团的私利偷换国家利益。

——全力抓住国家的核心利益和根本利益。因为核心利益在国家利益诸因素中居主导地位，决定了它是制定国际战略的基础和基本依据，是国家战略的主要战略目标。当然，核心利益不是一成不变的，它也会随着国内外客观条件的变化而发生转移现象。我们一定要审时度势，把准时代的脉搏，摆正核心利益与一般利益之间的关系，不能本末倒置，也不能有本无末。

——国家的主权和安全要始终放在第一位。谋求国家利益的过程也是一个不断化解安全风险的过程，从这个意义上说，谋求国家利益的本质是谋求大安全。

——将国家利益与国际责任和义务相结合。不把自己的利益凌驾于别国利益之上；在利益竞争中不搞零和游戏；通过国际合作特别是多边合作获取国家利益；发扬新国际主义精神，维护人类共同安全与繁荣。

3.实现利益的主要途径和手段。

——坚持科学发展观，防止国力发展的严重失衡，在协调、有序、均衡、全面的基础上，提高国家的战略能力。

——融入国际制度，利用双边特别是多边机制，谋求国家利益。

——倡导“新安全观”，提倡和谐世界理念，推动建立公平公正合理的国际新秩序的建立。

（2006年11月17日）

“和谐世界”与中国国家安全战略

“和谐世界”这个概念确实比过去的“多极化”和“建立国际新秩序”的提法要好，它的包容性更大。但在我们谈论和谐的时候，有几个问题需要厘清。一是和谐是否等同于和平。有人说和谐肯定不等于战争，“和”者乃“谐”，所以和谐一定等同于和平。二是和谐是否等同于安全。三是和谐是否等同于大同世界。我认为和平不简单等于和谐，和谐不完全等同于安全。追求和谐不能取代追求安全，而追求安全一定是追求和谐的基本条件之一。

一、“和谐世界”与和平及安全的关系

“和谐世界”作为一种新的外交理念，也是新的外交目标，同时这也是对新安全观的丰富和发展，可视为新安全观的目标。“互信、互利、平等、协作”是新安全观的核心，互信是思想基础，互利是物质基础，平等是政治基础，协作是实现途径，“三个基础”加“一个途径”，正好缺少目标。“和谐世界”就是树立新安全观要达到的目标，尽管很遥远，但要不断追求。而且关键在于追求的过程，目的是微不足道的，过程就是一切。大力倡导“和谐世界”理念的过程就是不断塑造我国国际形象的过程，是我不断融入国际体系，参与多边合作的过程，是不断提高我国际影响力和地位的过程，也是逐步改造旧世界、努力建立新世界的过程。所以，对“和谐世界”的理解和把握关键在于对推动这一理念过程的理解和把握。“和谐世界”没有必要讲得很清楚，在这个问题上的战略模糊反而

对我们更有利。而在这个过程中应该有意识并主动地同解决我国的国家安全重大问题结合在一起，并加以统筹。从大的方面看，就是新时期我外交战略必须同我安全战略更紧密地结合。

1.和谐不能简单地等同于和平。

和谐的内涵很丰富，双赢共荣，包容和民主，文明的多样性。和睦相处是一种和谐（人与人、人与自然、自然与社会等），力量对比的平衡也是一种和谐。历史上和谐是相对的、暂时的，不和谐是绝对的、长久的。有时和平能够带来和谐，但有时战争或者紧张同样也带来过和谐。如1648年后建立的威斯特伐利亚体系就是均势和谐。平衡也是一种和谐。这是在欧洲30年战争后建立起来的均势。另外，只有和平，不能叫和谐。

2.和谐不完全等同于安全。

有时安全是在和谐中获得的，在这种条件下，和谐等同于安全。如人与自然的和谐其中一点就是人类不能过度地消耗大自然的资源，否则就会遭到大自然的报复和惩罚。所以人类要免于一些非传统安全威胁必须谋求人与自然的和谐。在和谐中，我们获得了安全。但有时安全是在不和谐中获得的。如冷战时期利用美苏争霸这一不和谐的国际形势，在两极之间纵横，维护了国家的主权和安全，80年代初形成的战略大三角使中国起到了四两拨千斤的作用。我们要尽可能追求安全中的和谐，但二者不能完全统一时，应把安全放在首位，而不是把“和谐”放在首位。

3.“和谐世界”是我们外交的一面大旗，要高高举起，但不能因此忽略甚至代替我们的安全目标。

阎学通曾提出过一个看法，即和平不等于安全，有一定道理。因为和平是没有战争的状态，而安全是没有或者很少受到威胁的状态。显然，没有战争的和平状态不一定就是没有或者很少受到威胁的状态。在没有战争的和平状态下，一个国家的安全状态可划分为三个等级：比较安全、脆弱

安全和不安全。在战略机遇期内，我国将很可能处在没有大规模战争的总体和平条件下的脆弱安全状态之中，甚至不排除局部出现不安全状态，如朝鲜半岛和台湾海峡。过去邓小平讲“落后就要挨打”，就是说落后就没有安全。那么现在的问题是，经济发展了，生活富裕了就一定会获得安全？事实证明不一定。落后有落后的安全问题，发展有发展后的安全挑战。我国目前处在落后的安全问题还未完全解决的情况下，又出现了发展后的新的安全挑战，如非传统安全威胁的上升，特别是两类安全相互交织、渗透，在一定条件下可能互相转化等。这些都是过去不曾遇到的新问题、新挑战。而应对这些挑战，更为经常使用的手段不是军事，更何况一些非传统威胁也无法依靠军事解决。

所以外交战略和策略在维护国家安全中的地位不是下降而是提高了，关键在于我们有无这种强烈的意识和相应的举措。因此，如何将和谐世界的理念与我国安全战略相结合是摆在我们面前的重大而又紧迫的课题。

二、“和谐世界”理念的最大挑战来自于安全威胁

构建和谐社会也好，和谐世界也罢，对我国来讲最大挑战莫过于安全挑战。进入21世纪后越来越复杂化是我安全环境的最主要特点。复杂化主要表现在几个方面：第一，不稳定不确定因素明显增加，且带有突发性和难以预测性；第二，两类威胁同时存在，相互交织，在一定条件下可能转化；第三，威胁源和威胁点多元且复杂；第四，国内安全问题的国际化和国际安全问题的国内化趋势日益显现。众所周知，全面建设小康社会时期，也是我国家利益不断拓展的时期。未来五到十年，随着中国入世“后过渡期”的结束，中国作为“全球性”国家的特征将更加明显，这无疑将

大大提高中国的国际地位。但与此同时，我与相关国家或地区的矛盾和摩擦也会随之增多。如果按照可能性程度划分：一是我与发达国家，特别是与美国、日本和欧盟的经济贸易纠纷将有增无减；二是我在东海、南海与存有争议的日本以及东盟的越南、菲律宾、马来西亚、印尼等国家的海洋权益和岛礁之争可能会更加突出，其摩擦或冲突的频繁性可能仅次于经济贸易；三是我在发达国家以及周边国家的企业和华人的安全及权益保障问题将提上国家外交的战略议程，成为与相关国家外交磋商的重要议题之一；四是我与周边国家的政治、外交纠纷仍然不少，其特点将可能是由上述三类问题引发或演变而来；五是我与周边国家围绕资源开发、海洋权益和领土主权问题而导致的小规模的军事冲突的可能性不能排除，但基本在可控的范围内。

所以，随着我国家利益的继续拓展，我与周边国家和地区的摩擦和冲突在今后一段时期将可能有所增多，安全环境更加错综复杂。相互纠葛在一起，具有“剪不断，理还乱”的特点，处理起来更加棘手。将使我安全选择余地有限，制约因素增大。长期以来，我国外交的首要目标是维护和平与稳定的周边环境。但是，我们也必须看到，“和平”和“安全”是两个既相联系，又相区别的概念。没有和平，安全难以保障；但有了和平，安全也不一定得到保障。改革开放以来，我们已经历了20多年的和平建设时期，但局部威胁并没有消除，并时重时轻。确保战略机遇期和中国崛起，需要营造既和平又安全的周边环境。这应该成为我们新的安全目标。

三、“和谐世界”的外交理念必须同我安全目标紧密结合

改善安全环境既取决于我与相关国家安全互动关系，也取决于我们的政策选择，包括体制改革，同时树立科学的“综合国力观”，保持国力协调、有序、均衡、全面发展，也十分重要。而国力协调、有序、均衡、全面发展本身就是在追求和谐。所以，如果说追求和谐世界更加遥远，比较困难，那么追求和谐社会则要现实得多，这是倡导和谐世界的基础。

经过20多年的改革开放，我国的国民生产总值已居世界第4位，人均

国民收入突破了1000美元大关。这标志着我国的经济实力跨上了一个新的台阶，同时也意味着国家安全将进入一个高风险期。今后五到十年，我综合国力将进一步增强，但与此相伴随的发展问题也将随之日益突出，并引起安全上的新挑战。这些问题归纳起来就是四个“失衡”：经济与社会的发展失衡；经济与自然的和谐失衡；“硬国力”与“软国力”的进步失衡；经济与军事的协调失衡。从而在根本上制约着国家的创新能力及这种能力的后劲，也在根本上影响着我安全环境的改善。

如同“科学的发展观”一样，对我国综合国力的认识也应树立科学的观念，即综合国力在协调、均衡、有序、全面发展基础上共同提高、进步的理念。在已具备较雄厚经济基础的情况下，强调并落实科学的综合实力观尤为重要，这既是我国的基本特征所决定的，即中国是一个发展中的、尚未完全统一的、正在崛起的、社会主义的大国，也是近年来我国安全形势变化的特殊需要。此外，还是和平发展的根本保障。

当前，要做到综合国力协调、有序、均衡、全面发展，仅仅依靠常规定式是不行的，必须在一段时期内集中有限的人力、物力、财力，采取超常措施和手段，将某种实力过去的缺失弥补回来。也就是说，我们必须在经历必要的补课期来缩小综合国力差距之后，才谈得上协调、有序、均衡、全面发展。

四、倡导“和谐世界”理念与维护国家安全时必须处理好的几个关系

1.倡导“和谐世界”与我国家的主权安全始终要放在第一位的关系。

追求和谐应该是追求经济、政治和安全的平衡。倡导“和谐世界”理念归根结底是要处理好国际利益和国家利益的关系问题。二者从根本上是统一的，但也常常发生矛盾。现在世界上存在着很多不和谐现象，不仅有霸权主义、干涉内政、恐怖主义、不平等不公正的秩序等，也有人类面临的非传统威胁上升的问题，像能源紧张、环境污染等。而这些问题又都和

中国快速发展有关，在短期内无法有效解决。如何树立从我做起、从现在做起的新形象，同时又能维护我国家利益，是一个值得研究的课题。

2.倡导“和谐世界”与拓展我国国家利益的关系。

拓展国家利益是新时期中国发展之必然，也是国家安全之必须。在我外交战略中应积极主动地筹划21世纪中国国家利益的拓展问题。一个国家的安全边界不是领土边界，而是利益边界。利益拓展到哪里，安全能力和手段就应该紧紧跟上，去保护拓展的利益。在全球化时代，国家利益拓展是自然的，而且已经不是大国强国的专利，中小国家也是如此，即利益的互相延伸和共融。全球化时代利益的拓展不再是殖民扩张，更不是血与火的征战，而是互利平等的交流与合作。外交在其中起到举足轻重的作用。一是外交应为利益的拓展开辟途径。外交的拓展也是利益拓展的一个方面；二是外交应为利益的拓展保驾护航。军队的护航是在暗处，而外交的护航则在明处。如何相互协调配合，是新时期需要探讨的重大问题；三是外交应为我军维护世界和平作出更大贡献做好准备。

进入21世纪，中国外交应该更多体现的是平衡外交，即在经济、政治、安全外交之间努力寻找平衡点，因为中国面临的复杂国际国内环境使得三者之间有时相互一致和相互推进，但也有相互矛盾和制约的一面。这就需要保持平衡，以争取更大的国家利益。

3.倡导“和谐世界”与做负责任大国的关系。

以新的国际角色妥善处理好国家利益与国际责任的关系，始终是我外交面临的重大课题之一。

进入21世纪，中国的国际角色发生重大转变：第一，中国正由过去极为贫困、十分落后的发展中国家，变成一个迅速崛起并对地区和世界事务越来越具有重要影响力的大国。第二，中国正由国际体系的愤怒者、反对者、旁观者变为积极参与者和改造者。第三，中国正由过去被国际社会忽略和偶尔重视的对象，变成一个既被重视、又被借重、又被防范和制约的对象。简单地说，今天的中国已经成为被各战略力量既视为潜在或主要竞争对手又视为合作伙伴的国家。“和谐世界”理念的提出完成了中国在21世纪的角色和形象定位，意味着中国在国际上只能树立“和平、发展、合作”的负责任大国的形象，只能扮演“参与、遵守、改造”的积极角色，即：参与国际制度，遵守国际规则，改造国际体系，走中间理性的外交路线。因此，中国外交需要在各种矛盾中寻找平衡，在利益取舍中探求出路：既要服从、服务于民族复兴、国家统一的根本利益，“把国家的主权和安全始终放在第一位”，同时又必须兼顾全面开放，与国际体系接轨的战略需求，融入国际制度；既要以本国利益为最高原则，又要兼顾亚太地区乃至世界的和平与稳定；既要成为国际社会的重要成员，又要竭力避免被推到国际社会矛盾的焦点位置；既要积极参与国际体系，又不被现有国际体系捆住手脚而丧失独立自主地位；既要按照一定的国际规则办事，做一个负责任的大国，又要防止被西方国家“分化”、“西化”；既要适应全球化的大趋势，广泛开展经济和安全领域的多边合作，又要避免在主权和安全上付出过高的代价。中国只能“戴着镣铐跳舞”，在限制中寻求出路，在两难中做出选择，在复杂矛盾中把握好平衡。

总之，新的角色要求中国外交必须协调、处理好国家利益与国际责任的关系。目前国际社会、特别是一些大国要求中国承担更多、更大国际责任和义务的呼声很高。随着中国日益成为全球化进程中的重要一员，随着中国国力的不断增强，中国有责任、也有义务对世界和平和发展作出更大的贡献。但“有所作为”的基本方针不能改变，“以国家利益为最高准则”、量力而行、量入为出的基本原则不能改变。“负责任”不能简单地被理解为对某个大国负责，也不是只对某些国家或集团负责，而首先是对13亿中国人负责，是对世界和平与稳定、人类的发展负责；同时“负责任”的领域必须坚守自主选择权，不受外部压力左右；并且要循序渐进、量力而行，既要防止某些大国“捧杀”中国，头脑发热，也要防止一些小国“傍大款”心理的产生。这将是中国外交和安全战略长期面临的重大课题之一。

（2006年12月）

公共危机预警机制及其构建

按照国际社会的一般看法，公共危机是指在社会生活中突然发生的、严重危及社会秩序、给社会造成重大损失的事件。而美国学者罗森豪尔特认为，社会公共危机是指“对一个社会系统的基本价值和行为准则架构产生严重威胁，并且在时间压力和不确定性极高的情况下，必须对其作出关键决策的事件”。我国学者认为公共危机是由于某些无法预测的因素诱发产生的对公共安全、公共利益形成重大威胁的事件。

公共危机预警机制是指在危机演变的不同阶段中，对可能引起危机的各种要素及其所呈现出来的危机信号和危机征兆进行严密监测，对其发展趋势、可能发生的危机类型及其危害程度作出合理科学的估计，并向有关部门发出危机警报的一套运行体系。

公共危机预警机制是一种“事前防范行为”，它以最小的社会成本解决重大公共危机事件，它可以提高政府执政能力，提高政府公信力。然而从近来一系列重大公共事件可以看出，我国地方政府大都采取“事后补救行为”，以较大的社会成本解决公共危机，造成公共资源的严重浪费。

一、建立危机预警机制的目的、作用和意义

建立危机预警机制的目的有两个：一是及时搜集和发现危机信息，对搜集到的信息进行快速分析处理，然后根据科学的信息判断标准和信息确认程序对爆发危机的可能性作出准确的预测和判断；二是及时向公众发布危机可能爆发或即将爆发的信息，以引起有关人员，或全社会的警惕。

要及时搜集和发现危机信息，首先要对危机进行监测。危机监测包括危机监视和危机预测两项内容。危机监视是指对可能引起危机的各种因素和危机的征兆进行严密的观察。危机预测是指对未来可能发生的危机类型及其危害程度作出估计。监视和预测是相辅相成的。危机监测是危机预警的前提条件，没有危机监测就不可能及时搜集和发现危机信息，更不可能发出危机预警信号，当然也谈不上进行危机预控和制定危机处理计划。

科学的危机预警机制是应对危机、战胜危机的法宝。有很多灾害，尤其是自然灾害，人类至今还不能对其进行有效的控制，如地震、海啸、台风等。但是，人类可以对危机进行控制，对危机造成的损失进行控制。人们控制危机，减少损失的主要方法就采取“防”和“避”。例如，人们为了减少地震造成的损失，修建抗震的建筑。同时，人们利用不断改进的技术对地震进行监测，对即将发生的地震进行预报，人们知道了要发生地震，就会在政府和专业人士指导下采取有效措施来予以防范。大量的事实证明，发出预警信号，是减少损失最有效的方法。有些灾害，如洪涝灾害，人们虽然可以通过引洪、泄洪、改道等办法来部分控制灾害的破坏性，但是发出预警信号，让人们避开危险地区，仍然是减少损失的有效方法。因此，危机预警在对危机进行预控、减少危机损失，防止危机扩大或升级等方面有着不可替代的作用。但是，由于危机具有突发性、紧急性和高度的不稳定性，加之危机的先兆可能很微小，很不容易察觉，很容易被忽略，因此，其预警工作难度很大。有时候，也可能危机征兆出现的频率很高，以至麻痹了人们的神经，未能引起人们重视。也可能从危机先兆出现，到危机爆发的时间很短，有关部门来不及作出反应；还可能预报不准确造成损失，给从事预警预报工作的工作人员带来巨大的压力。可见，要做好预警工作，既十分重要，难度也非常大。

在现实生活中，有大量的事实证明，不重视危机预警，就会受到严厉的惩罚。例如预警机制的缺失是2004年12月发生的印度洋地震海啸灾难酿成惨剧的一个重要原因。其预警机制缺失的主要表现：第一，没有建立起高效的危机预警监测系统，在印度洋沿岸，竟然没有一个海啸预警中心，无法搜集海啸即将来临的宝贵信息。此次大海啸来临时，科学家和气象监控网络已记录到了印尼地震的数据，但在海啸发生的印度洋地区，由于没有部署监控海浪的传感器，科学家无法判断海啸的袭击方向，只能任由海啸袭击前的宝贵预警时间一点点流逝。第二，没有建立起开放、灵敏、准确的信息搜集和信息传递系统和信息确认系统，也未建立相关的制度，自己无法搜集和传递海啸来临的信息，即使搜集到信息，也没有制度来保证有关部门发出预警警报。据泰国《国家报》报道，泰国气象局在收到信息时因为担心会给旅游业造成重大损失而没有发布海啸预警。第三，预警机制的缺失，还造成印度洋沿岸国家在与其他国家分享信息时渠道不畅。此次海啸前，美国地质调查局检测到地震后，试图通知印度洋沿岸各国做好准备，可竟然无法找到与这些国家沟通的途径。地震震中在海底，震波传递到海岸一般需要20分钟到2小时。这次海啸从苏门答腊到斯里兰卡用了半小时，到印度1.5小时，到泰国1小时，到马尔代夫2小时，而在大多数地方，人们跑到安全地方只要几分钟。显而易见，如果印度洋沿岸各国建立有预警机制，或者与国际海啸预警系统有密切的联系，就可以在最短时间内获得预警信息，就能够赢得宝贵的逃生时间。如果当地居民和游客又经过了必要的宣传和培训，加之当地政府组织得力，人们完全有足够时间逃生。大部分的死亡完全可以避免。

2004年12月27日的《曼谷邮报》援引泰国气象厅前预报专家他玛萨罗·史密斯的话说，虽然地震很难预测，但地震引发的海啸却具有可预测性。气象局有1个小时的时间发布紧急预报，从而疏散人群，但他们没有做到。气象厅首席天气预报员卡塔武滴·马莱罗加纳西里说，气象厅在26日上午9时通过电视和广播发出了泰国南部海域可能发生大浪的预报。但是这一警报来得太晚了，此时第一波海啸已经席卷了泰国南部安达曼海沿岸地区。泰国总理他信在视察旅游胜地普吉岛时也明确表示，过去我们没认识到，现在认识到了预警机制的重要性，无论有没有外国的支援，我们都要建立预警机制。建立预警机制需要花费数百万美元，但与海啸灾难造成的损失相比，只是九牛一毛。

由此可见，能够准确捕捉到危机的征兆，并从这些征兆中预测到危机的可能发生，并迅速作出反应，对可能爆发的危机采取预控措施。同时，按照法定程序，对公众，或者对特殊群体发布危机的有关信息，引起公众的警觉，是减少危机损失，防止危机演变为惨剧的关键。

二、危机预警的主要特征

快速性。即危机预警系统的第一要务就是建立灵敏快速的信息搜集、信息传递、信息处理、信息识别和信息发布系统，这一系统的任何一个环节都必须建立在“快速”的基础上，失去了快速性，危机预警机制就失去了任何意义。因为危机预警尚未发出，危机很可能已经大规模爆发，根本来不及发布危机预警警报，也不可能实施预控。危机预警这个“报警器”就没有发挥任何作用。

准确性。现代社会的信息复杂多变，危机预警不仅要求快速搜集和处理信息，更重要的是要对复杂多变的信息作出准确的判断。判断是否正确，关系到整个危机管理的成败。要在短时间内对复杂的信息作出正确判断，必须事先针对各种危机制定出科学、实用的信息判断标准和确认程序，并严格按照制定的标准和程序进行判断，避免信息判断及其过程的随意性。

公开性。即危机信息一经确认，就必须客观、如实地向社会公开发布信息。因为战胜危机需要动员全社会的力量，隐瞒危机信息，社会上必然小道消息满天飞，无法形成政府和社会的良性互动，其后果是，政府的形象会受到损害，民众的非理性行为反而会受到变相鼓励。然而在实践过程中，有些领导人往往把个人的威望和利益放在首位，为了自己的“政绩”，采取欺上瞒下的方法，故意隐瞒危机的事实真相，结果往往是既害了国家，害了老百姓，又害了自己。SARS危机爆发时，少数领导人的教训应当引以为戒。事实证明，坦诚可以获取信任，务实则会赢得认可。领导人在关键时刻的果断务实作风，会得到人民的一致好评。

三、危机预警的关键是建立高效的信息系统

由于公共危机的种类很多，每一种危机的预警技术和预警方法都不尽相同，因此，危机预警的种类也很多，危机预警种类的多元化决定了危机预警内容的多元化。而建立高效的信息系统是危机预警的关键环节，这个信息系统应当包括：

1.危机预警综合信息系统。

由于危机预警信息系统存在事实上的多元化，而每一种危机预警的信息搜集和信息处理都具有一定的专业性，这样，危机预警就会出现混乱。因此，为了避免产生混乱，国家和每个地区都需要建立一个危机预警的综合信息平台。这个平台既是危机预警的综合信息中心，又是公共危机管理的指挥联动系统。该系统是一个高科技的指挥调度中心，采用现代计算机技术，先进的指挥调度通信系统和信息化管理系统，将地方的公共危机管理的指挥中心与其他危机预警系统连接起来，把所有的政府部门、各种专业救援机构和非专业救援机构都纳入这套智能化信息处理和通讯平台之中。

该系统具有四项基本功能：

第一，综合信息系统直接与公共危机管理的指挥中心挂钩，是指挥中心直接下属的工作平台，它负责搜集辖区内有关公共危机的所有信息，经过分析整理后直接向公共危机管理指挥中心汇报，并将指挥中心的决定和

预警信息对外发布，也负责将反馈信息及时传送给指挥中心。

第二，综合信息系统也是指挥中心与广大民众直接沟通、直接联动的信息交流平台，它把传统的报警系统和特号服务系统110、119、120、122整合为“一号拨入”的社会联动系统，并一并纳入危机指挥联动系统之中，构成一个很大的信息互动平台。这样，各种与危机有关的信息就能通过这个平台迅速传递到危机管理的指挥中心，并利用这个系统对各种分离的信息与资源进行完整的系统分析和系统集成，为指挥系统决策提供依据，为各方面的信息交流提供平台，为多方协调提供便利，为发布预警信息提供保障。平时，这一联动平台还可以为民众提供便捷快速的综合服务。

第三，该系统是指挥中心与其他危机预警系统的互动平台，也是危机管理的指挥中心与其他所有的政府部门、各种专业救援机构和非专业救援机构实现互动的智能化平台。通过这套系统，就能充分利用现代化的科学技术，整合现有的危机管理资源，建设一个高效统一、反应敏捷、安全可靠的指挥、应急联动与社会综合服务系统，以提高我们应对各种危机事件的快速反应能力、指挥调度能力和防范处理能力，并通过共享指挥平台和基础信息，为危机管理提供技术保障、信息保障、协调保障和指挥保障。

第四，这套系统同时也是突发群体事件、骚乱事件、恐怖活动事件等危机的直接预警系统。这套系统的功能虽然很多，但我们在这里主要把它视为公共危机的“预警总部”。

2.气象灾害预警系统。

气象灾害不仅是影响我国最广泛的严重自然灾害，也是我国经济建设、社会稳定敏感度最大的自然灾害。根据长期统计分析，危害我国的气象灾害种类很多，细分可达几十种乃至上百种。其中危害最大、范围最广、持续时间较长的是：干旱、雨涝、热带气旋、寒潮与冻害、冰雹等。气象灾害的信息搜集、信息传递、信息处理、信息识别和信息发布都有很强的专业性，非专业组织一般很难胜任。

我国气象灾害预警、预报体系已经初步形成，国家气象局根据灾害管理规律对灾害进行及时预报。我国在灾害预报体系建设方面，已经形成了由地面气象站、高空探测站和新一代气象雷达组成的气象监测预报网络。

3.地震灾害预警系统。

地震常常给人类带来巨大的损失，震惊中外的唐山大地震就是典型的一例。地震灾害的信息搜集、信息传递、信息处理、信息识别和信息发布都有很强的专业性，非专业组织一般很难胜任。目前，我国已建立了地震灾害预警系统，由国家地震局负责管理。由48个地震台组成的国家数字地震网、23个省级区域数字遥测地震台网，和56个地壳运动观测网络、400多个站台组成了我国的地震前兆观测网络和预警系统，负责对地震灾害的监测、数据分析和预警、预报工作。

4.海洋灾害预警系统。

海洋灾害是一种主要由大气强烈扰动，或由海洋水体本身剧动在海上或海岸发生的灾害。它主要指风暴潮（台风和温带气旋）、巨浪、海冰、海雾、大风，及地震海啸、赤灾害等。目前，我国已经建立了监测海洋的器测和遥测站点，海洋站103个，验潮站104个，辅助船站213个，水文气象站123个，由国家海洋局负责管理。

需要建立预警系统的方面还很多，这里就不再一一列举。现在，我国已经形成了地下、地面和空间的灾害全方位预测网络，持续监测地壳、地面、大气、水体、海洋和生物动态。同时，也使用了各种先进的设备和技术，借助各种科学仪器进行科学的观察监测，运用各种数理、逻辑、类比、外推等最先进的预测理论和方法，还建立了一系列的规章制度，来保障危机预警工作的顺利进行。如民政部的《自然灾害情况统计制度》（民发〔2004〕21号）规定，重大灾情发生后7小时内将初步情况报民政部，灾情稳定之前执行24小时零报告制度，报告要及时、准确、客观。对不及时报灾或瞒报、虚报灾情的人员和事件要进行严肃处理。

5.经济危机预警系统。

经济危机包括财政危机、金融危机、资源危机和全面的经济危机。现代经济危机的一个重要特征，就是关联性很强，扩散很快。经济系统内各要素的相互影响越来越大，一种危机往往会迅速向其他方面扩散，同时经济危机也会向经济领域以外传递，向社会、政治等领域扩展，演变为社会危机和政治危机。因此，建立经济风险的预警指标和分析体系等监测、预警机制，提高公共风险的分析和预警能力十分重要。

经济领域是一个很庞大的体系，每个系统都有其自身的特殊性，因此，经济的每一个领域都要建立自己的监督管理信息系统，利用现代科技手段和信息技术搜集、整理有关风险和危机的信息，通过实时的监测，不放过任何危机征兆的蛛丝马迹，对搜集到的各种信息，要采用时间序列分析、同级组水平比较分析、模型分析和专家判断等方法进行高效的定性和定量分析，增加监管信息的准确性，提高监管效率。一旦发现危机征兆，必须立即发出早期预警信号，以便迅速采取措施，把危机消灭在萌芽状态。

以金融系统为例，亚洲金融危机以后，全世界金融界都在研究对付金融危机的预警系统，现在已经开发出很多模型。我国也在金融领域建立了两套预警系统，一套是对付突发事件的预警系统，防止各种突发事件给金融系统造成重大冲击；另一套是对付金融系统本身的风险，即对付金融危机的预警系统，因为这两种危机性质完全不一样。不少专家认为，我国目前正处在社会转型期，由于社会上存在的一些不平等因素引起社会两极分化日益加剧，导致的社会购买力总量相对偏低，很容易引发金融危机，甚至引发一种以生产过剩为特征的现代经济危机。因此，强化和完善经济危机预警系统，提高我们抗风险的能力，防止金融危机、经济危机的发生是我们亟待解决的现实课题。

6.社会动乱预警系统。

7.军事危机预警系统。

四、建立危机预警机制方面的问题和对策

1.尽快建立我国危机预警的综合信息系统。

我国目前很多领域都已经建立了自己的危机预警系统，但至今还没有建立全国性或地区性的综合信息系统。各信息系统各自管理，各自为政，弊端丛生。

第一，缺乏统一协调，统一指挥，没有直接面对危机管理指挥中心的综合信息系统，在危机管理实践中，往往形成一盘散沙，效率低下。

第二，我国目前危机预警系统的高度分散，虽然符合行业分工、专业技术特点的需要，但各部门分别组建自成系统的监测、预测、预报网络，也造成了网点重复建设、设备重复购置、浪费惊人的现象十分突出。

第三，由于没有综合信息系统，缺乏与全体民众直接沟通、直接联动的信息交流平台，无法把传统的报警系统和特号服务系统110、119、120、122整合为“一号拨入”的社会联动系统，一并纳入危机指挥联动系统之中，构成一个很大的信息互动平台。没有广大公民的直接参与，危机预警的灵敏度和效率就会大大降低。危机预警网络不健全，或者反应迟钝，效率低下，就不能达到预警的目的，预警机制就失去了存在的意义。因此，我国亟待建立危机预警的综合信息系统。

2.建立社会心理预警机制。

我国虽然已经建立了众多的危机预警机制，但过去缺乏对社会心理研究的重视，也未建立起高效的社会心理预警机制。目前我国正处于社会转型期，制度变迁促使利益分化加剧，利益调整的难度加大，许多人对这种巨变缺乏足够的认识和思想准备，心理失衡现象大量增加，这样就形成了利益冲突的土壤。加之一些地方政府在制定公共政策时，比较注重发展效率和发展的激励机制，忽略了公平公正的普世价值。社会上出现了一些分配不公现象，弱势群体处于明显的不利地位，再加上少数不法官员与资本勾结，滥用权力，贪污腐败，谋取私利，侵犯了弱势群体的利益，

引起部分群众的强烈不满，致使近年来突发群体事件大量增加。据公安部2004年统计，劳资关系、农村征地、城市拆迁、企业改制重组、移民安置补偿等问题，是酿成“群体性事件”的直接原因。另外，由于境外敌对势力的挑动和分裂势力的策划，各种骚乱和恐怖活动也时有发生。因此，我们可利用公安、国安系统已经建立起来的预警网络平台，增加社会心理监测和预警系统，利用社会心理行为监测指标和分析模型，以及先进的数字化技术、遥感技术和网络通讯技术，定期或不定期地预测民众可能出现的个体、群体以及区域性的社会心理行为，以便及时发现突发事件的早期征兆，有针对性地采取相应的科学措施，防止危机扩大。

3.不断运用先进技术，改进危机预警系统。

危机预警系统是一个高科技的信息系统，技术是否先进对系统的效率至关重要。这个系统应该是一个集话音、数据、图像为一体，以信息网络为基础，且各分系统有机互动为特点的整体。系统应包括：（1）通信系统，主要有数字集群无线通讯系统、电子系统，即完成系统与各电信公司之间语音的传输、交换和分配，以及主叫号码和主叫地址的自动查询和传输等。（2）报警、求助系统，预警系统采用计算机辅助系统（CTI技术、实现预、接、报警系统与电子地图系统的联动），统一接听和处理报警、求助信息，可自动快速显示报警人的详细地址、附近的警力和救助资源的分布。（3）多媒体人机交互指挥平台，具有大屏幕、多通道、多级别语音通信与调度功能、智能控制联动等多种集成功能和综合网络数据库信息调用功能。（4）领导决策指挥系统和决策支持系统，包括决策分析系统、决策支持系统、决策支持技术等。（5）信息综合查询系统：包括信息系统、综合信息库、各种图文传送等功能。（6）预警系统，即通过信息采集，及时准确地对各种突发危机事件做出预测、预报和预警。此外，该系统还应当包括GPS子系统与GIS子系统、信息发布交互平台、监控与记录、安全子系统、电源子系统、遥测、遥控子系统、无线指挥通讯系统、统计分析子系统等。这样，该系统就能为公共危机预警和指挥、管理提供强大的技术支持。

4.建立一套完备的信息搜集、信息管理和信息发布制度。

要建立高效的危机预警系统，仅有先进的信息搜集和信息分析技术是不够的。除了技术支撑，还要有制度保障。因此，必须建立一套比较完备的信息搜集、信息传递、信息汇报、信息分析、信息处理和信息识别，以及信息发布的制度。（1）要对信息搜集机构的组织、职能、权限、运行程序和方式、权力监督、责任作出详细规定。（2）要建立信息搜集程序制度、信息传递和信息汇报制度，既要保证信息搜集的准确，又要保证信息搜集的高效；在信息传递和信息汇报时既要保证效率，又要保证安全，防止出现漏报、瞒报，以及泄密的行为发生。（3）建立严格的信息分析、信息处理和信息识别程序，既要保证效率高，又要保证结果正确，防止信息处理过程中的随意性，要建立严格的责任制度。（4）建立严格的信息发布制度。任何有关危机的信息，都关系到社会的稳定，不能随便发布，更不能泄密。第一，要建立信息快速反应制度，在危机爆发前，信息量往往会猛增，各种信息都会按照各自的渠道迅速传递，而且应急处理时间紧迫，任何错误的信息都可能造成巨大的损失。因此，政府必须掌握信息主动权，对与危机有关的信息进行权威发布，引导广大群众积极参与，主动配合政府实施的危机管理，避免出现小道消息漫天飞的不正常现象。第二，要通过立法对危机预警制度进行严格规定，要对危机预警的机构，及其发布预警信息的权限、程序和责任作出详细规定。因为危机预警信息的发布事关重大，任何错误的预警信息都可能造成巨大的损失。在预测到危机可能爆发时，国家行政机关可依法决定和宣布该国的某一地区或某些地区进入预警期，或者发布某些预警信息，向公众发布可能受到威胁或者损害的警告或者劝告。决定和宣布预警期或公布预警信息的国家行政机关有权按照法律、法规的规定采取紧急预控措施，但不得擅自扩大自己的职权，侵犯公民的基本权利。在危机预警期间，国家对媒体的报道可进行适当的管理和引导，设置一定的信息“防火墙”，在充分保障老百姓信息知情权的前提下，防止媒体的非理性行为造成不必要的负面影响。第三，预警信息的发布要有连续性。宣布预警期或发布预警信息的国家机关要及时向全社会发布有关危机变化的新信息，让公众随时了解事态的发展变化，以便主动参与和配合政府的危机管理措施，提高危机管理的效率。危机警报解除后也要在第一时间向社会公开发布信息，使社会尽快恢复正常秩序。

5.加强危机预警的理论研究。

政府要加大对危机预警理论研究的财政投入，加快危机预测，预警设施、设备的科学研究和攻关，不断提高危机预警能力，完善危机预警机制。

（2007年10月）

以“新安全观”为指导　构建马克思主义国家安全理论

冷战结束以后，国内外掀起了研究国家安全问题的热潮，许多教学科研单位先后成立了“国家安全研究中心”、“战略研究所”、“能源安全研究所”或“国防研究所”等机构，一批有分量的成果应运而生。但是，上述研究尚存在一些不足：重问题探讨，轻理论构建；重现实跟踪，轻规律把握；重应用理论，轻基础理论；重西方观点介绍，轻马克思主义指导。加之国家安全理论在学科体系中长期被置于国际关系理论一部分的地位，许多高等院校没有专门的课程设置。而马克思主义国家安全理论的构建和研究就显得更加滞后和相对薄弱了。

首先，在国内，对是否存在完整系统的“马克思主义国家安全理论”存在分歧。持疑义者认为，经典理论家马克思和恩格斯是以实现全人类的解放为己任，他们的名言是：“工人无祖国”，“全世界无产者联合起来”，没有也不可能有“国家安全”的思想；列宁虽然领导俄国人民走上了社会主义道路，但他曾寄希望于以欧洲革命的成功来巩固第一个苏维埃政权；第一代领导核心毛泽东虽为维护新中国的主权、独立和领土完整付出了巨大的努力，但却没有使用过“国家安全”的概念；邓小平，特别是第三、四代领导集体提出了“国家安全”和“新安全观”的思想，但正处在不断的发展和完善之中。因此，“马克思主义国家安全理论”似乎还构不成一个完整系统的体系。

其次，据专家考证，“国家安全”是一个西方概念，确切地说是美国一位专栏作家在二战后期正式提出并使用的，并在以后的西方国际关系理论发展中得到确认和普遍重视，由此形成了不同的学派和政策。战后美国等西方大国的对外战略很大程度上受到西方安全理论的指导或影响。所以，一些学者认为，这些理论是现成的，可以为我所用，没有必要再去创建一套自己的理论体系。

第三，目前学术界有关国家安全的理论研究成果已经不少，特别是“新安全观”的理论文章汗牛充栋。但这些文章中的大部分，解释政策较多，研究问题较少；宣传色彩较浓，观点争鸣较少；原则阐述较多，政策操作较少。所以，对具有里程碑作用的“新安全观”多停留在口号宣传之中，系统的理论架构尚不为学界所重视。

鉴于此，特别是随着21世纪初我国国家安全形势的日益复杂化，急须构建有中国特色的马克思主义国家安全理论体系，并尽快使它进入高校、进入课堂、进入国家安全研究的中心视野。

一、统一思想认识，构建马克思主义国家安全理论

马克思和恩格斯作为科学社会主义理论的奠基人，他们科学预见了人类社会发展的必然方向，并为无产阶级和全人类的解放提出了一整套科学的理论指南。他们处在自由资本主义时期，面临的主要任务是探索资本主义灭亡规律和寻求无产阶级解放的真理。面对资本主义一统天下的格局，他们没有也不可能就如何维护国家安全提出理论主张和预见。相反，他们探讨的主要问题是如何使“全世界无产者联合起来”，实现社会主义和共产主义革命的“共同胜利”。所以，马克思恩格斯明确提出“工人无祖国”的思想，并认为国家将在革命胜利后“立即开始消亡”。1891年，恩格斯在为马克思的《法兰西内战》所写的导言中说：“国家再好也不过是在争取阶级统治的斗争中获胜的无产阶级所继承下来的一个祸害；胜利了的无产阶级也将同公社一样，不得不立即尽量除去这个祸害的最坏方面，直到在新的自由的社会条件下成长起来的一代有能力把这全部国家废物抛

掉。”①

列宁面临的时代背景和历史任务同马克思恩格斯有所不同。列宁处在资本主义从自由向垄断发展的时期。在他看来，帝国主义是资本主义的最高阶段，是最腐朽的资本主义，帝国主义就是战争，也是无产阶级革命的前夜。在“战争与革命”思想的指导下，列宁领导俄国人民冲破了帝国主义的“薄弱链条”，首先在一国取得了社会主义革命的成功。十月革命的胜利开创了人类历史的新纪元，也极大地丰富并发展了马克思恩格斯关于社会主义“共同胜利”的思想，是把马克思主义与俄国实际相结合并与时俱进的产物。在这种情况下，如何维护并巩固世界上第一个新生的无产阶级政权，就成为列宁首先面对的新的重大课题。一方面，列宁在国内开展镇压叛乱和反革命运动，丰富并发展了无产阶级专政的理论。另一方面，列宁认为，一个国家虽然可以利用帝国主义统治的薄弱链条获得无产阶级革命的成功，但要最终取得社会主义的胜利是不大可能的，而必须有赖于“世界革命”的支援。所以，列宁为新生的苏维埃国家制定的对外关系最高准则就是从“世界革命论”出发的“国际主义”。

应该说，列宁的“无产阶级专政”和“一国胜利”的思想已经奠定了社会主义国家的安全理论基础。它主要体现在三个方面：一是作为第一个社会主义国家，在面临国内复辟势力的反攻倒算和帝国主义联合干涉、包围的恶劣环境下，无产阶级的首要任务就是巩固新生的苏维埃政权。所以，列宁的国家安全思想是同苏维埃政权安全的思想密切联系在一起的，是不可分割的有机整体。也就是说，这时的国家安全的主题是政权安全；二是在新生政权没有巩固，随时面临复辟危险的时候，实现政权安全（即国家安全）的手段必须是、也只能是加强无产阶级专政。这体现在列宁的战时共产主义一系列的思想和政策中；三是在一国取得胜利的情况下，通过联合全世界无产者，互相支持、互相援助，进而推动“世界革命”，成为巩固新生苏维埃政权的特殊途径和手段。

① 《马克思恩格斯选集》，第3卷，第13页，人民出版社，1995年。

可见，作为第一个社会主义国家的苏俄不仅面临国家安全现实严峻的挑战，也面临理论上的困惑和难题。列宁虽然没有明确使用过“国家安全”概念，但国家安全的思想已渐成雏形，概括起来就是“政权安全、无产阶级专政和支援世界革命”，从苏俄国家安全的核心到实现的主要手段和途径，构成了在当时历史条件下所能构成的一个整体，也为后来社会主义国家安全理论的产生奠定了基础。

应该指出的是，列宁以后的苏联领导人以国际主义为标榜，行大国沙文主义和“国际专政”、霸权主义之实，把别国的革命和建设纳入苏联的战略轨道，让别国利益服从苏联的安全利益，不仅严重损害了社会主义国家形象，也使社会主义国家安全思想发生了严重扭曲。

新中国成立后，中国国家安全经历了历史性的考验，既有沉痛的教训，又积累了成功的经验。中国几代领导人在历经艰难险阻、抵御国内外各种风浪和威胁、维护国家安全的丰富实践中，形成了富有时代特点、具有中国特色的国家安全理论思维，成为建国后各个历史时期维护中国国家安全的行动指南。

毛泽东时代，中国要解决的最紧迫的安全课题是新中国的生存安全

问题。毛泽东国家安全思想最具代表性的理论特色就是关于“人民民主专政”和“战争与和平”的思想体系，并集中体现“独立自主”和“无产阶级国际主义义务”的思想当中；体现在外交战略的制定和调整上；体现在一些涉及国家主权安全的重大战略决策之中。而“独立自主”和“战争与革命”的理论是毛泽东安全思想的结晶。同时，50年代的“一边倒”政策，70年代“联美抗苏”的“一条线、一大片”战略，反映出毛泽东在建国后不同的历史条件下应对国内外形势变化维护国家安全的智慧和谋略。这些思想成为站起来的中国人民维护国家安全、抵御帝国主义侵略、建设强大国防的锐利武器。

邓小平时代，中国结束“十年内乱”，步入经济现代化建设和融入世界经济体系的快车道，国家安全问题的要害是“抓住机遇，加速发展”。邓小平安全理论就是以“和平与发展”为轴心的安全思想体系。而这个体系的理论基础就是“国家利益为最高准则”。

在社会主义运动史上，在马克思主义理论中，第一个明确提出马克思主义国家利益观和国家安全观的人就是邓小平。1989年10月，邓小平对来访的美国前总统尼克松说：“考虑国与国之间的关系主要应该从国家自身的战略出发。着眼于自身长远的战略利益，同时也尊重对方的利益，而不去计较历史的恩怨，不去计较社会制度和意识形态的差别，并且国家不分大小强弱都相互尊重，平等相待。这样，什么问题都可以妥善解决……我们都是以自己的国家利益为最高准则来谈问题和处理问题的。”[②]在许多场合，他还反复强调“要始终把国家的主权、安全放在第一位”。

虽然新中国建立以后，党中央做出的重大战略决策，其背后的根本动因和归属都是国家利益。但在理论界，“国家利益原则”常常被批判为“资产阶级狭隘的民族利己主义”，从而一度成为理论上的“禁区”，由此也把无产阶级国际主义和维护本国的国家安全对立起来，使得建国后的相当长时期，在我国权威的字典、《辞海》中找不到“国家利益”和“国

② 《邓小平文选》，第3卷，第330页，人民出版社，1993年。

家安全"的词汇。所以，邓小平关于社会主义国家也要以自己的"国家利益为最高准则"和把"国家的主权和安全始终放在第一位"的论述具有石破天惊的意义和作用，从而奠定了中国社会主义国家安全观的基础。

邓小平的安全理论具有四个特点：一是把国家利益的最高原则和国家安全的首要地位视为一个不可分割的有机整体。也就是说，没有国家利益最高原则的前提，就不会理直气壮地树立国家主权安全首要地位的思想；二是强调维护自己的国家利益和国家安全的同时，不损害别国的利益和安全，这同西方损人利己、不择手段的利益、安全观具有了本质区别。这些思想体现在邓小平提出的"和平解决国际争端"，把本国利益和全人类利益结合起来，反对"以大欺小、以强凌弱、以富压贫"的一系列论述当中，从而提出了通过和平方式寻求国家利益和安全的新思想；三是明确提出，发展国家关系不以意识形态定亲疏，不论是发达国家还是发展中国家或是社会主义国家，都要加强来往交流，建立正常的国家关系，以便为中国的改革开放创造一个长期稳定的和平环境，从而把维护中国安全和维护国际和平有机地结合起来；四是指出在和平发展时代主题和改革开放的新形势下，要紧紧扭住经济建设这个中心不动摇，发展是核心，只有在经济发展、人民生活水平不断提高的条件下，国家安全才有保障，从而大大拓展了国家安全内涵，经济发展成为新时期国家安全的重要内容。邓小平的安全思想指引站起来的中国人民摆脱贫困、走向富裕，并为中华民族的振兴创造了有利的国际条件，奠定了坚实的物质基础。

邓小平时代之后，中国的发展进入一个新的历史时期。特别是进入21世纪，我们处在20年战略机遇期当中。随着中国国力的日益增强和中国国际角色的改变，中国国家安全的主题也在发生深刻的转换。在站起来和富起来之后，中国怎样应对强起来的安全问题？崛起的中国安全课题究竟是什么？中国第三代领导集体提出了"三个代表"的重要思想。这个思想既是中国继续推进现代化的政治方略和思想指南，又是新世纪中国维护国家安全的理论精髓。这个理论的安全涵义，就是营造和平与稳定的外部环境的同时，高度关注社会主义中国的制度安全问题。通过制度创新，着重解决好执政党自身和国家政权内部的安全隐患，以确保党和国家在中国崛起的国内外政治风浪中从根本上立于不败之地。

在如何维护长期和平稳定的国际环境方面，第三代领导集体在邓小平国家安全观的基础上，进一步提出“摒弃冷战思维，树立新安全观”的思想。江泽民在“七一讲话”中明确指出：“各国应遵守联合国宪章的宗旨和原则以及公认的国际关系基本准则，各国的事务应由本国政府和人民决定，世界上的事情应由各国政府和人民平等协商，反对一切形式的霸权主义和强权政治。国际社会应树立以互信、互利、平等、协作为核心的新安全观，努力营造长期稳定、安全可靠的国际和平环境。各国应加强经济技术的交流与合作，逐步改变不公正不合理的国际经济秩序，使经济全球化达到共赢和共存的目的。”③所以，第三代领导集体的新安全观可以概括为：顺应冷战后世界发展的大趋势，站在21世纪的战略高度，从国家的根本利益出发，以和平共处五项原则为基础，以“互信、互利、平等、协作”为核心，协调、兼顾政治、经济、国防、科技、信息等综合安全利益，运用多种手段维护国家的长治久安和营造安全可靠、长期稳定的国际和平环境，实现中华民族的伟大复兴。第三代领导集体的新安全观，在安全主体上是主权安全，在安全内容上是综合安全，在安全途径上是合作安全。它既突破了传统的安全观，具有涵盖领域广、涉猎内容多的“综合安全”特征，又突出了主权安全在我国国家总体安全中的特殊地位，是既适应世界潮流又符合我国复杂环境现实的大安全观念，而且将内部安全和外部安全有机地结合起来，同以霸权主义、强权政治为基本内容的“冷战思维”针锋相对，是和平的、合作的安全观念。

概括起来，第三代领导集体的综合安全思想主要有四个特点：一是把政治安全视为综合安全的首要，二是把经济安全看作综合安全的基础，三是把国防安全作为综合安全的支柱，四是把信息安全当作综合安全的关键。同时，特别强调了内部安全与外部安全的相互交织性以及传统安全

---

③江泽民，《论“三个代表”》，第184页，中央文献出版社，2001年。

与非传统安全的相互渗透性特点，提醒全党要警惕霸权主义和强权政治将非传统安全问题引入传统安全领域，使非传统安全威胁上升为传统安全威胁。并鲜明地指出，我国面临的主要威胁是传统安全威胁，即霸权主义和强权政治对我国主权和领土完整的干涉和侵犯，但维护国家安全的关键还在于内部，在于制度创新。江泽民认为，现在我国国家安全形势中既有内忧，又有外患，而且两者交织在一起。但内忧外患，内部是最重要的，保持国家长治久安，关键还在国内。只要我们内部团结一致，国力不断增强，就无懈可击，任何国外敌对势力都奈何我们不得。这些重要思想不仅阐明了我国国家安全面临的主要威胁，而且也正确地指出了维护我国国家安全的根本出路，为筹划国家安全战略指明了方向。

以胡锦涛为总书记的党中央进一步提出建立“和谐世界”的主张，这不仅是对我国宝贵外交遗产的继承，是和平共处五项原则在新时期的发扬光大，也是对“新安全观”的极大丰富和发展。2005年9月15日，中国国家主席胡锦涛在联合国首脑会议上发表了题为《努力建设持久和平、共同繁荣的和谐世界》的重要讲话，深刻指出：“我们应该尊重各国自主选择社会制度和发展道路的权利，相互借鉴而不是刻意排斥，取长补短而不是定于一尊，推动各国根据本国国情实现振兴和发展；应该加强不同文明的对话和交流，在竞争比较中取长补短，在求同存异中共同发展，努力消除相互的疑虑和隔阂，使人类更加和睦，让世界更加丰富多彩；应该以平等开放的精神，维护文明的多样性，促进国际关系民主化，协力构建各种文明兼容并蓄的和谐世界。”[④]为此，胡锦涛提出含有“四个坚持”的四点建议：坚持多边主义，实现共同安全；坚持互利合作，实现共同繁荣；坚持包容精神，共建和谐世界；坚持积极稳妥方针，推进联合国改革。他说：“和平是人类社会实现发展目标的根本前提。没有和平，不仅新的建设无以推进，而且以往的发展成果也会因战乱而毁灭。无论对于小国弱国还是大国强国，战争和冲突都是灾难。因此，各国应该携起手来，共同应

④胡锦涛，《努力建设持久和平、共同繁荣的和谐世界》，《人民日报》，2005年9月16日。

对全球安全威胁。我们要摒弃冷战思维，树立互信、互利、平等、协作的新安全观，建立公平、有效的集体安全机制，共同防止冲突和战争，维护世界和平与安全。”⑤

以胡锦涛为总书记的中央集体为适应国际社会转型的重大趋势，及时提出了对内构建“和谐社会”、对外力促“和平发展”的战略构想，并将二者紧密结合在一起，而“和谐世界”正是二者之间的结合点。如果说“和谐社会”的主张体现了中国富民强国的国家理想的话，“和谐世界”则体现着中国的世界理想，是国际新秩序的重要标志。

“和谐世界”是中国政府在国际场合一个新的重大倡议和主张，其内涵至少包括三个方面：首先，强调集体安全，肯定联合国的作用和多边主义的价值。“联合国作为集体安全机制的核心，在保障全球安全的国际合作中发挥着不可替代的作用。其作用只能加强，不能削弱。联合国宪章确定的宗旨和原则，对维护世界和平与安全发挥着举足轻重的作用，已经成为公认的国际关系基本准则，必须得到切实遵循。安理会作为联合国维护世界和平与安全的专门机构，其维护世界和平与安全的权威必须得到切实维护。”⑥其次，发展优先，重点是最不发达国家特别是非洲国家的经济发展问题，同时强调了发达国家的责任问题。“发展事关各国人民的切身利益，也事关消除全球安全威胁的根源。没有普遍发展和共同繁荣，世界难享太平。经济全球化趋势的深入发展，使各国利益相互交织、各国发展与全球发展日益密不可分。经济全球化应该使各国特别是广大发展中国家普遍受益，而不应造成贫者愈贫、富者愈富的两极分化。联合国应该采取切实措施，落实千年发展目标，特别是要大力推动发展中国家加快发展，使21世纪真正成为‘人人享有发展的世纪’。”“发达国家应该为实现全球普遍、协调、均衡发展承担更多责任，进一步对发展中国家特别是重债穷国和最不发达国家开放市场，转让技术，增加援助，减免债务。发展中

⑤同上。
⑥同上。

国家要充分利用自身优势推动发展，广泛开展南南合作，推动社会全面进步。中国将尽自己所能，为推动各国共同发展作出积极贡献。”[7]另外，在国际关系中提倡包容，寻求双赢，建立持久和平与共同繁荣的世界。“文明多样性是人类社会的基本特征，也是人类文明进步的重要动力。在人类历史上，各种文明都以自己的方式为人类文明进步作出了积极贡献。存在差异，各种文明才能相互借鉴、共同提高；强求一律，只会导致人类文明失去动力、僵化衰落。各种文明有历史长短之分，无高低优劣之别。历史文化、社会制度和发展模式的差异不应成为各国交流的障碍，更不应成为相互对抗的理由。”[8]

“和谐世界”的主张是20世纪90年代中期以来中国提出的“新安全观”等重大理念的延续，是对话求安全、合作谋发展等共赢思路的深化。

“新安全观”的丰富和发展为我国在21世纪抓住战略机遇期，迎接来自安全方面的各种严峻挑战，继续营造对我有利的安全环境提供了理论依据和行动指南。

概括起来可以说，马克思、恩格斯的“国家学说”和“世界体系”思想为马克思主义国家安全理论奠定了一定基础，特别是他们的辩证唯物主义和历史唯物主义的基本观点、立场和方法为国家安全理论研究提供了科学指南；列宁为使第一个苏维埃政权能在帝国主义的封锁包围中生存下来，提出了如“战时共产主义”和“新经济政策”等一系列主张，其中孕育着政权安全、主权独立以及“世界革命”的思想内涵；毛泽东、邓小平等老一代中国领导人，在维护中国主权、独立和领土完整的伟大实践中，有许多精辟的论断和主张，也有过许多大的手笔，特别是邓小平关于“国家利益最高准则”的论述在理论上突破了一大禁区，在实践上开辟了理直气壮维护国家安全利益的先河；第三代领导核心在马克思主义发展史上第一次明确提出了“新安全观”，具有里程碑的意义；以胡锦涛为总书记的

⑦同上。
⑧同上。

党中央进一步提出建立"和谐社会"、"和谐世界"的主张，极大地丰富并发展了"新安全观"，使马克思主义的国家安全理论有了一个比较完整的形态。

很显然，从经典理论家到新中国历代领导人，国家安全思想十分丰富，客观上存在一个比较完整系统的理论体系，但需要挖掘和整理。其中，马克思恩格斯的方法论、列宁的政权安全思想、毛泽东在国家安全问题上的重大决策、邓小平的"国家利益最高准则"论述、江泽民的"新安全观"，加上胡锦涛的"和谐世界"主张，国家安全理论构成了一个从方法论到主要内涵，从目标到手段，从军事安全到制度安全再到经济安全，从传统安全到非传统安全的比较完备的理论体系。

二、以"互信、互利、平等、协作"为核心，突出"新安全观"在马克思主义国家安全理论中的里程碑地位和作用。

虽然经典理论家为我们提供了国家安全理论的科学方法和一些重要思想，但应该承认，"新安全观"第一次比较完整系统地充实了马克思主义国家安全理论。在安全主体上，"新安全观"突出主权安全，强调始终把国家的主权和安全放在第一位；在安全内容上，"新安全观"倡导综合安全，即以制度安全为本原、经济安全为基础、科技安全为先导、军事安全为后盾，兼顾社会安全、环境安全、信息安全、能源安全等传统与非传统安全在内的大安全观；在安全途径上，"新安全观"主张以合作、对话、交流求安全，反对在国际争端中使用武力或以武力相威胁，不把本国的安全凌驾于别国之上，提倡双赢、共赢。这种安全观的核心是"互信、互利、平等、协作"，是"主权安全、综合安全、合作安全"三位一体的安全观。同时，"新安全观"的目标是建立"和谐世界"，以实现人类社会的共同安全。主要手段是平等交流、互利合作。主张在和平共处五项原则基础上国家不分大小、强弱、贫富都是国际社会平等的一员。反对霸权主义、强权政治。这些思想不仅极大地丰富了马克思主义国家安全理论，而且也填补了这一理论体系中的一些空白，具有里程碑的作用和意义。所以，以“互信、互利、平等、协作”为核心，创建马克思主义国家安全理论体系的条件业已成熟。

“互信、互利、平等、协作”，实际上回答了如何通过国际交往实现国家安全的新的途径，提供了一个新的思路。进一步说，新的历史时期，各国谋求国家安全应该本着互信、互利、平等的精神，通过协作的方式达到“共赢、共存”，实现普遍安全。

众所周知，近年来，国家安全越来越呈现出国际化的趋势，表现为：一是在开放的环境下国内政治、经济、社会等越来越多地受到来自国际的影响，一些源自国际经济、政治、军事、文化等领域的“不安全因素”会不时地渗透或波及国内；二是一国的发展与稳定也对国际环境产生影响；三是国家间的安全关系已不再是过去那种“零和关系”（即一方所失必为另一方所得）。因而国家的外部安全问题不再纯属一国事务或由一国的政策所能解决。安全因素多样化、安全利益多方化、安全关系多边化、安全问题国际化，是当前国家外部安全格局演化的基本趋势。所以，“中国是国际大家庭的一员。中国离不开世界。中国的改革开放和现代化建设，需要一个长期的国际和平环境，需要同各国发展友好合作关系。世界也需要中国。世界的和平发展，需要中国的稳定和繁荣。”⑨而要和平，要发展，就必须维护世界各国的普遍安全，就必须按照民主、平等、公正、合理的原则处理国际事务，必须摒弃冷战思维，反对集团政治，以和平方式解决国家之间的分歧或争端，不诉诸武力或以武力相威胁，以对话协商促进建立相互了解和信任，通过双边、多边协调合作寻求和平与安全。这是大势所趋，人心所向，符合历史发展的潮流。这就深刻揭示了后冷战时代国家安全与国际安全之间的辩证互动关系，阐明了我国的稳定与繁荣同世界的和平与发展的不可分割的制约关系，从而表明在新的历史条件下，维护我国的国家安全与推动世界的和平与发展实质上是一个问题的两个方面，缺一不可。只有确立起普遍安全的意识，才能真正创造对我有利的国

---

⑨江泽民，《让我们共同缔造一个更美好的世界》，《人民日报》，1995年10月25日。

际安全环境。

普遍安全是通过协作达成的，因此就有了“协作安全”的问题。各国之间要能够在安全关系上实现协作，必须做到互信、互利、平等。

所谓“互信”，就是各国通过对话协商，增进相互了解和信任，摆脱意识形态的束缚和冷战思维的偏见，互不猜疑、互不敌视，不人为地以别国为假想敌，不人为地迎合某种势力的需要去刻意制造一个敌人，这是各国和平共处和安全保障的前提。实力对比的变化本身并不对世界安全构成威胁，对世界安全构成威胁的，是变化了的实力对霸权主义和强权政治的竭力追求。要做到互信，就必须摒弃冷战思维。所以，互信是实现协作的思想基础。

所谓“互利”，是指在全球化发展的今天，一个国家、一个地区的安全越来越依赖于世界整体安全的实现。“互利”要求在实现本国安全的同时，也充分考虑和尊重别国的安全利益，让所有相关国家的安全利益都得到切实的保障，从而实现安全利益的共享。随着经济因素在国际关系中的作用增强，经济安全越来越成为国家和国际安全的重要基础，所以，要达到安全利益上的共享，就必须努力做到经济上的互利。以经济上的互利为纽带连接安全上的共赢、共享。为此，江泽民指出，“各国在经济交往和全球及区域经济合作中，应当平等互利、优势互补、相互促进，而不应相互排斥，不应采取任何形式的贸易保护主义或歧视性政策，更不应动辄采取制裁的做法。……发达国家有责任帮助发展中国家发展经济，缩小南北差距。这不仅是实现共同发展的重要条件，也是维护世界和平稳定的要求。”[⑩]所以，互利是实现协作的物质基础。

所谓“平等”，就是指国家不分大小、贫富、强弱，都是国际社会平等的一员，都享有和平与安宁、保护自己安全利益的平等权利，在国际安全事务中具有平等的发言权，反对任何国家谋求霸权、推行强权政治，也反对由一个或几个国家主宰世界安全事务。国际安全应建立在维护所有国

⑩《江泽民在德国外交政策协会和德国经济亚太委员会联合举办的演讲会上的演讲》，《人民日报》，1995年7月14日。

家安全的基础之上，大国、强国对世界安全应比小国、弱国负有更大的责任，承担更大的义务，同时也更应尊重小国、弱国的安全需求，任何安全问题的解决都应听取各方的意见，坚决反对以大欺小，恃强凌弱。所以，平等是实现协作的政治基础。

作为实现安全的新的途径和方式，协作就是不结盟、不对抗、不针对第三国，就是以信任取代猜疑，以对话取代对抗，以和谈取代冲突，以互谅互让取代争夺，以人类共同安全取代联盟集团安全。协作安全并不是靠牺牲本国的安全利益来委曲求全，也不是把本国的安全利益凌驾于别国之上，更不是为维护本国安全利益不惜损害人类共同的安全利益。它是在共同利益基础上的相互尊重、相互信任，通过经济交往、政治谈判、军事对话等和平方式求得共同安全。协作安全的具体内涵有五点：

一要强调安全的同等性，认为各国在维护国家安全方面享有完全同等的权利和平等的地位。所有国家，都不能以牺牲别国的安全来换取自己的安全，安全应是“双赢”、“共赢”，而不是“零和”，任何国家都不能将本国的安全凌驾于他国的安全之上；

二要强调安全的普遍性。主张安全是多边性质的，一国的安全不仅仅是自己的事情，也要以他国安全为条件，离不开他国的支持与合作，那种我行我素的“单边主义”不仅对国际安全造成严重损害，而且最终也难以行得通；

三要强调安全的合作性。认为安全并无明显的敌方，获取安全的主要方式是合作而不是对抗，各国只有在联合国宪章的宗旨及和平共处五项原则的基础上，通过双边、多边的磋商、协调、对话与合作，才能有效保证彼此的安全；

四要强调安全的机制性。国际社会和相关地区安全感的获得必须通过一定的机制和制度建设，并由此建立起码的相互信任，以加强安全领域的对话、沟通、交流和协商。

中国政府在许多场合深刻论述了协作安全的思想，并在外交实践中付诸实施，积极推动协作安全关系的建立。

联合国作为世界上最大的集体安全组织，最初成立的主要目的是防止新的世界大战的爆发。但是，同60年前相比，今天的国际形势已经发生巨大变化，爆发新的世界性战争的可能性越来越小。相反，随着世界多极化、经济全球化和社会信息化的发展，人类已经处在了和平与发展的时代，各国利益交叉，相互依存日益加深，在这种情况下，联合国的作用只能加强，不能削弱。中国是联合国的创始会员国，也是安理会常任理事国，不仅坚持维护安理会权威，加强集体安全机制，并且在国际事务中，为实现这一目标作出了不懈的努力。中国自1989年首次向联合国维和行动派遣军事人员以来，已经参与了联合国14项维和使命，有多名年轻的中国军人为联合国的维和事业献出了宝贵的生命。今天，在世界许多热点地区，有近千名中国军人、警察和民事官员战斗在维和第一线。

中国努力改善同亚太地区和世界上所有国家的政治关系，发展同世界各国和地区的经贸联系，不仅有利于中国的安全环境，也为地区和全球的稳定作出贡献。在冷战后短短的十年中，中国实现了同亚太地区所有国家的关系正常化，同西方国家改善了关系，同世界各国和地区的经贸联系日益深化，在国际上不当头、不树敌。

中国通过互谅互让、平等协商、共同减少军事力量、建立信任措施等和平方式，解决了同俄罗斯、中亚各国间的边界争端。这充分体现出中俄等国以新的安全观念和途径解决安全问题的立场和主张具有强大的生命力，是对促进地区乃至世界和平与安全的真正贡献。本着同样的精神，中国同越南达成了陆上边界和北部湾划界协议，同印度的边界争端也通过谈判和建立信任措施而得到控制。在南海领土争端中，中国本着“搁置争议、共同开发”的立场，采取了十分克制的态度，使之保持较为平静的态势。特别是2001年6月，“上海合作组织”正式宣告成立。这个在中俄等有关国家共同推动下，由“上海五国”会晤机制发展而来的多边地区安全合作组织，是新安全观成功实践的结晶，是建立在新安全观基础上的一种全新的地区安全模式。会议发表的《上海合作组织成立宣言》和《打击恐怖主义、分裂主义和极端主义上海公约》，以及首次响亮提出的以“互信、互利、平等、协商、尊重文明多样、谋求共同发展”为基本内容的“上海精神”，标志着由五国共同倡导的新型安全观的最后成形。“‘上海五国’进程，是当代国际关系中一次重要的外交实践。它首倡了以相互信任、裁军与合作安全为内涵的新型安全观，丰富了由中俄两国始创的以结伴而不结盟为核心的新型国家关系，提供了以大小国家共同倡导、安全先行、互利协作为特征的新型区域合作模式。它所培育出来的互信、互利、平等、协商，尊重文明，谋求共同发展的‘上海精神’，不仅是五国处理相互关系的经验总结，而且对推动建立公正合理的国际政治经济新秩序也具有重要的现实意义。”⑪

在地区安全合作中，中国坚持“与邻为善、以邻为伴”，奉行“睦邻、安邻、富邻”的周边外交政策，积极推动亚太地区各种安全对话合作机制的发展，积极参与联合反恐、海上搜救、打击海盗、打击制贩毒品等非传统安全领域的合作。除上海合作组织以外、“10+1”、“10+3”等日益成为促进地区安全与发展的重要机制。

事实证明，以多边主义为主要内容的协作安全思想和实践，适应了冷战后世界和平与发展的时代潮流和全球化的大趋势，是应对各种安全威胁，实现共同安全、普遍发展目标的有效途径。它不仅有利于我国的安全与稳定，也促进了亚太地区和全球的和平与发展。

（2007年12月）

⑪《江泽民在“上海合作组织”成立大会上的讲话》，《人民日报》，2001年6月16日。

GDP 世界第二不改中国发展中国家地位

2010年第二季度，日本GDP总值为1.28万亿美元，中国同一季度的GDP为1.33万亿美元，中国已超过日本，成为世界第二大经济体。8月16日，日本官方证实了这一消息。过去四年中，中国的GDP先后超过意大利、法国、英国和德国，每一次超越都引起了全球舆论的高度关注，也激发了中国民众的自豪感。GDP总量的提升是一件关系到国家地位的大事情。作为衡量一个国家经济总量最重要的指标，GDP的世界排名在政治、军事、经济、外交和文化等领域，产生的影响十分深远。这一成就的取得来之不易，凝聚着13亿人民同舟共济的汗水和心血。但这一变化并不意味着中国国力已跃居世界第二，更不意味着中国已成为世界一流强国。对中国人来说，这仅仅是一个新的开端，中国作为发展中国家的地位将长期不会改变。

GDP 总量不是国家强盛与否的最重要标准

改革开放以后，中国通过制度变革，释放了潜在生产力，中国经济持续高速增长。1979～2008年，年平均增长率达到9.8%，比同期世界经济平均发展水平快6.8个百分点。1960年中国GDP总量只有600多亿元，经过50年左右的发展，到2009年则扩大了500多倍，达到了33万多亿元，这个速度和成就可以说世界罕见。中国GDP总量排名也从1978年的第11位，到2009年的第3位，发展到今年第二季度的第2位。一个国家的强盛，人民生活水平的提高，固然不单纯是GDP总量的提高，但没有总量的扩大，也谈

不上人均GDP的提高。从这个意义上说，GDP总量的提高是一个基础，将会为进一步的改革和创新提供良好的条件。事实上，GDP及其增长率作为重要的宏观经济指标，一直是评判一国经济发展潜力的重要变量之一。这也是跨国公司金融危机后，继续看好中国市场并将其作为战略重心的原因之一。

但是，GDP超过日本成为世界第二，并不说明中国综合国力排在全球第二。衡量一个国家发达程度的指标很多，GDP总量固然重要，但它不是最重要的标准，国际社会公认的两大指标，一是人均GDP，一是社会发展的总体水平和程度。而在这两个方面，中国与日本等发达国家的差距仍然较大。2009年，中国人均GDP仅为3600多美元，而日本已达39000美元，中国不及日本的1/10、美国的1/13、卢森堡的1/28；在科技水平方面，中国的科技发明和创新明显滞后于世界主要发达国家。中国仍处在技术引进和鼓励创新的阶段；国际贸易虽然具有较大的顺差，但产品竞争力只局限在中低档水平，且质量效益有待进一步改进；中国的软实力仍有待迅速提高；中国企业的国际化程度及管理水平仍存在着较大的发展空间。中国作为世界工厂和第一大出口国，主要依靠廉价劳动力，通过大量产品的微薄利润，为经济总量作贡献。如果再考虑到低工资、高污染和社会保障、福利水平不高、地区差异贫富差距较大等诸多因素，中国的经济发展质量仍然处在发展中国家阶段。特别是技术创新能力不强，这也是日本有学者说中国越发展越离不开日本的主要原因。中国品牌、技术的缺失，导致中国在全球生产链布局中处于低端地位。

另外，从历史发展的角度看，南宋的GDP高于蒙古，1820年的大清王朝GDP世界第一，但同样免不了覆灭和战败的命运。因此，GDP世界第二并不意味着中国是第二大强国，中国的发展中国家地位没有改变，这不是自谦，是事实。

GDP 世界第二面临的风险和挑战

从国际发展经验来看，人均GDP3000美元左右，是一个经济起飞国家发展的关键阶段。在这个阶段，既充满新的机遇，又面临着各种社会风险，往往是产业结构快速转型、社会利益格局剧烈变化、社会矛盾凸显、政治体制改革压力加大，国家将进入重要敏感期和高风险阶段。人均3000美元也是工业化进程中一个最关键的时期，这一时期以消耗大量的物质产品为主，能源及矿产资源的消耗相当多。在这个阶段，人们开始进入到一个住宅和汽车的消费时期。人均GDP3000美元是工业化的一个门槛，是一个很难爬的坡。

中国从秦汉以来一直到清代早中期，都是世界上经济总量最大的国家。但那时候是农业社会，相对来讲，农业社会增长当中的资源约束会小一些。现在，我们像西方一样走上了工业化道路，工业化所需要的资源量非常大，比如石油、天然气、有色金属等的需求越来越大。一方面，在工业化的道路上，中国早晚会成为世界上经济规模最大的国家，但资源瓶颈对我国经济发展的严重约束已经凸显。而另一方面，中国的工业化还没有完成，资源消耗仍会继续增加，人口众多、资源短缺的矛盾将进一步激化。中国不可能再走西方工业化的老路，探索新的发展道路的过程将会是非常艰难的。

包括日本在内的发达国家的历史经验表明，GDP增长到一定水平，老百姓的幸福感就会下降。原因在于，当老百姓对生活的要求开始超越温饱，向福利、教育等更多层面扩展，人们的需求就会发生变化，民生问题因而凸显。数据显示，过去十年，中国的平均工资水平要比GDP的增幅更大，但不少人并没有感觉更幸福，要求增加收入的呼声甚至比以往更强烈。一面是“蜗居”的抱怨，一面是“地王”的涌现；一面是就业难，一面是民工荒……当收入、就业、住房、养老、医保、环保等问题成为中国百姓饭桌上热议的话题，中国GDP的增长进程，也将面临更加复杂的挑战。

过去，日本的成功为中国的发展提供了不少可以借鉴的经验。今天的日本正在遭遇很多发展难题，比如消费动力不足、老龄化、泡沫经济等等。这些问题同样是中国已经或将要面临的挑战，其难度甚至比日本还要大。因为日本是在已经基本建成相对比较公平的分配体制，并有了相当的经济积累之后才面临这些问题；而我们则是在仍有1.5亿人收入低于国际贫困线，福利保障方面的积累还远远不够的情况下遭遇这些挑战。

GDP总量的提升并不必然会带来质量的提升，一个更加完善的分配体制更不会自己从天上掉下来。没有公平的分配，也就很难有GDP数量和质量的持续提升。

在今年第二季度GDP总量超过日本之前，中国曾多次“被第二”，或者被预测很快成为第二。中国经济总量的变化总是引来国际社会的最大关注，还有作为老大的美国的异常关心。1987年之前，苏联是仅次于美国的GDP第二，但在冷战中分崩离析了；日本跟随苏联之后成了经济总量全球第二，1985年《广场协议》后，也一蹶不振了。现在中国刚刚在一个季度GDP成为第二，就引来众多评论和警惕的眼光。而且“中国责任论”、“中国威胁论”和“中国扩张论”等心怀叵测的议论，被放到了GDP第二的篮子里。不少国家认为中国已经不是发展中国家，理由就是GDP总量排在世界第二。就连中国最近援助巴基斯坦，都被美国等国家横加议论，从友谊和国力方面指责中国的不是。因此，中国应该清醒地认识到世界第二的风险，韬光养晦，沉着冷静，踏踏实实发展经济。中国在暂时取得GDP总量世界第二后，仍有艰巨的路程要走。

（2010年9月5日）

坚持奉行防御性国防政策是和平发展的必要保障

在新版白皮书第二部分——“中国和平发展的总体目标”中，明确提出：“实现国家现代化和人民的共同富裕是中国和平发展的总体目标”，“全面建成惠及十几亿人口的更高水平的小康社会是中国和平发展的中长期目标”，“实现‘十二五’规划是中国和平发展的近中期目标”。这也是2005年第一版白皮书以来，中国政府第一次郑重对外明确“三大目标”。而坚持奉行防御性的国防政策是创造和平国际环境和有利外部条件、实现“三大目标”的必要保障。

一个国家的国防政策是国家利益和国家安全形势的能动反映，走和平发展道路，离不开“和平发展的对外方针政策”和“防御性国防政策”这两大基石。尤其是一个国家其战略意图如何、国防政策性质如何、武装力量如何使用等一系列问题，对于走什么样的道路更起到了风向标的作用。新版白皮书再次明确国防政策防御性质，具有重大意义。

一、坚持奉行防御性国防政策是和平发展的基本途径和手段之一

防御性国防政策的本质是军事上的自卫性和战略上的后发制人，集中体现在新时期中国国防的目标和任务上，概括起来就是“三维一化”，即维护国家主权、安全和发展利益；维护社会和谐稳定；推进国防和军队现

代化；维护世界和平稳定。

新时期中国防御性国防政策的本质集中体现在以下三个方面：

一是维护国家利益与反对军事扩张相统一。中国的国防政策以维护国家利益为根本出发点，防备和抵抗侵略，反对分裂，维护统一，保障国家发展利益，对于任何侵犯中国主权和领土完整、企图分裂国家的行为，中国武装力量都将作出坚决、正义的自卫回应。同时，中国始终将发展的基点放在国内，从不依靠战争和侵略来谋取经济上的“超额利润”。武力掠夺、武力胁迫已不符合时代发展潮流，和平稳定的安全环境才是可持续发展的前提条件，我们强调在互利共赢、共同发展中维护与实现国家利益。坚决反对霸权主义和侵略扩张，反对在处理国际关系时以强凌弱、滥用武力，不谋求对领土之外的地区控制权或势力范围。

二是主张和平解决争端与不损害自身核心利益相统一。改革开放三十多年的实践表明，努力创造和平国际环境和有利外部条件，主张通过对话或非军事手段妥善解决国际争端，防止因个别问题激化甚至发生武装冲突而干扰大局，是推进和平发展进程、保持经济快速发展的重要历史经验。中国武装力量将化解危机、遏制战争、维护和平作为重要任务，坚持在国家外交大局下统一行动，从未以武力威胁作为解决国际争端的筹码。同时，主张以和平方式解决争端，以不损害或牺牲中国的核心利益为基本前提，军事力量始终是维护国家核心利益的最终保障。

三是推进国防现代化与促进地区安全合作相统一。建设现代化的国防，既是保障国家现代化发展的基本需要，也是中国履行国际义务与责任的现实需要。特别是随着综合国力的增强，国际社会对中国的期望越来越高，中国所肩负的国际义务与责任也越来越大。加强国际军事合作、打击恐怖主义、维持全球战略平衡，都需要中国国防现代化能够及时跟上国际军事发展步伐，推进国防现代化是中国正当、合理和客观的现实选择。同时，中国以经济建设为中心的基本国策，决定了经济建设与国防建设必然是协调发展的关系，国防现代化不可能走穷兵黩武的道路。睦邻友好的周边政策，也决定了中国必然要充分考虑周边国家的安全关切和感受，坚持以促进地区共同安全、合作安全为重要目标，注重加强军事互信和军事合作，绝不参与任何形式的地区军备竞赛，更不会争夺所谓“地区霸权”，令自身陷入“安全困境”的泥潭。

历史已经并将继续证明，中国奉行防御性国防政策绝不是权宜之计，而是由中国的和平发展道路、根本任务、对外政策和历史文化传统所决定的，不论现在还是将来，不论发展到什么程度，中国都永远不称霸，永远不搞军事扩张。这既是中国政府向国际社会作出的庄严承诺，也是中国政府基于国家根本利益和时代潮流所作出的战略选择，体现了中国防御性国防政策的一贯性和恒定性。

二、推进国防现代化是中国实现和平发展的必要保障

近年来，随着中国人民解放军现代化水平逐步提高，特别是一些新型武器装备先后研制或列装，引起了国际社会的一些猜测和议论。有人炒作“中国军事威胁论”，有人对中国防御性国防政策提出质疑，还有人无端指责中国军费不透明等等。以上议论中，别有用心者有之，疑虑和担忧者有之，但更多的则属于不明实情。

新版白皮书明确指出：“推进国防现代化是中国合理的国家安全需求，是中国实现和平发展的必要保障。”和平发展不能仅靠良好愿望，没有安全就谈不上发展。近代中国沦为列强的俎上鱼肉，国防能力孱弱是个重要原因。如今，中华民族饱受欺凌的时代早已成为历史，中国国防安全形势基本稳定。但是，种种不稳定和不确定因素也在增多，若干现实的和潜在的威胁尤其不容漠视。恐怖主义、分裂主义和极端主义势力依然为害，跨国犯罪活动有加剧势头。有的大国加强军事同盟和军力部署，明显含有针对中国的战略意图。“中国面临复杂多样的传统和非传统安全挑战。”同时，中国也是当今世界地缘环境最复杂的大国之一。中国背陆面海，领土广阔，海洋面积大，陆地边界2.2万公里，大陆海岸线1.8万多公里。邻国多，强邻多，领土领海争端多，非传统安全威胁多，潜在热点多，分裂主义、恐怖主义、极端主义活动猖獗。“中国军队现代化的根本

目的是捍卫国家主权、安全和领土完整，保障国家发展利益。”

近年来，西方国家有一种舆论认为，中国军队的较快发展是在为日后实行海外军事扩张积蓄力量。这种看法毫无根据，也是绝对站不住脚的。一个国家的军事能力，只说明它有什么，并不意味它准备干什么；搞不搞侵略扩张，取决于它的国家政策和战略意图。中国历史上的明代，郑和曾率领当时世界上最强大的船队“七下西洋”，给亚非两洲30多个国家和地区带去的不是武力征伐，而是友好交往与文明交流。中国是爱好和平的社会主义国家，和平发展是中国的战略抉择，并已经上升为国家意志，转化为国家规划和大政方针，落实在中国发展进程的广泛实践中。“开弓没有回头箭”，中国将坚定不移地沿着这条道路走下去，不会因任何干扰所动摇，更不会因任何利诱所改变。不错，中国当前和今后的发展的确面临包括能源紧缺在内的种种“瓶颈”，不过，13亿中国人完全能够依靠自己的勤劳与才智，主要通过国内的改革创新，靠加快转型解决发展过程中出现的各种问题。中国永远不会像当年殖民主义国家那样，奉行“商业走到哪里，军队就跟到哪里”的信条，依靠军事扩张去实现自身的发展。

三、新型武器装备和作战平台的发展不会改变防御性的国防政策

无须回避，近来，中国研制和试验了包括第四代战斗机和航空母舰在内的新型武器装备平台。中国利用一艘旧航母改建而成的试验和训练舰已经完成试航任务。这是中国在真正拥有自己的航空母舰道路上迈出的重要一步。尽管这只是一个漫长旅程的开端，却引起国内外一些人对中国防御性国防政策发展走向不必要的担心和无端猜测。

航母被世人称为“海上巨无霸”，是一种具有强大威力的现代化舰艇，既是海上多兵种联合作战的核心，也可以成为一种战略威慑力量，因而被认为是一国综合国力的象征，一国海军实力的标志。但无论其多么重要，都不可能成为改变国防政策根本性质的理由。原子弹的威力和意义比航母大得多，中国从拥有它的第一天起就始终奉行在任何时候和任何情况下都不首先使用核武器、不对任何无核国家和无核地区使用或威胁使用核武器的核政策。这是中国防御性国防政策的最好体现。

毛泽东明确提出我们的战略方针是积极防御、决不先发制人。彭德怀把战略防御和后发制人与战争的正义性联系起来。邓小平强调就是将来现代化了也还是战略防御，都显示出这一理念深远的政治意义和战略价值。1945年4月，毛泽东在回答八路军、新四军之所以能够战胜国民党顽固派制造的三次反共军事摩擦的经验时，曾风趣地谈到：我们的方针，第一条就是老子的哲学，叫做“不为天下先”，就是说我们不打第一枪。战略防御和后发制人是中国博大精深的战略文化传统中的一颗璀璨明珠，它不会因形势、环境和实力的变化而改变，更不会因武器装备和作战平台的发展而改变。

四、合理适度的国防开支与中国国家安全需要相适应

中国坚持国防建设与经济建设协调发展的方针，根据国防需求和国民经济发展水平，合理确定国防经费的规模，依法管理和使用国防经费。随着国家经济社会发展，中国国防费保持适度合理增长。近些年，中国所以

增加军费，有多方面的客观原因。

首先，上世纪整个80年代到90年代中期，为集中国家财力用于经济建设，军费投入一直实行紧缩，国防建设积累下很多实际困难亟待解决。军人生活待遇低就是其中明显的一个现实。这几年的军费增长，实际上带有“追补”的性质，以保证国防和军队现代化建设能有正常的发展活力。其次，从海湾战争到伊拉克战争再到利比亚战争，新军事变革在世界范围内加速发展。相形之下，中国的国防现代化建设尚处在机械化半机械化阶段，如不着力推进中国特色的军事信息化变革，与当代军事领域的发展水平差距拉得过大，中国的防卫能力就会失去有效性，和平发展就难有可靠的保证。搞军事信息化是要花大钱的，美军一架F-22隐形战机就是上亿美元，一个全球信息栅格建设项目高达数百亿美元。对于中国这个国防现代化程度比较低的发展中国家来说，要在底子薄、起步晚的基础上搞军事信息化建设，不能不在一段时期里适当加大军费投入。再次，中国奉行不结盟的政策，不跟任何国家搞军事同盟。这就决定了中国不可能像世界上那些军事结盟国或者某些小国、附庸国那样，可以从发达大国盟友那里低价获得高新技术和装备。中国只能主要靠自力更生，这自然要加大中国国防现代化的建设成本。另外，中国还是一个尚未完全统一的国家，分裂主义势力的挑衅迫使中国不得不做应有的准备。再有，遂行非战争军事行动需要增加投入。中国军队的职能使命在不断拓展，不仅要应对传统的战争威胁，还要应对非传统安全威胁，不仅要提高打赢未来信息化条件下局部战争的核心能力，还要提高遂行非战争军事行动的能力。近年来，军队的非战争军事行动任务繁重，投入较大，这里包括了非战争军事行动能力建设投入，保障抗震救灾、亚丁湾和索马里海域护航、抗洪抢险、国际救援等行动。第六是随着国际油价和国内物价上涨，中国的军费也不能不“水涨船高”。需要指出的是，尽管中国的国防开支近年呈增长态势，但中国年度国防费占国内生产总值的比重相对保持稳定，占国家财政支出的比重还略有下降。可见，“中国国防开支是合理适度的，是与维护国家安全需要相适应的，中国不会也无意同任何国家搞军备竞赛”。

五、提高军事透明度、加强国际军事交流，以实际行动践行和平发展

伴随着世界军事变革的步伐和国家改革开放的历程，中国军队也正在以更加自信自强、开放进取的姿态面向国际社会：提高军事透明度、加大国际军事交流力度、拓宽对外传播渠道。

自1998年以来，中国政府七发国防白皮书，其宗旨是向世界阐述中国防御性国防政策的本质。早在2002年的国防白皮书中，中国第一次在政府文告中提出了“和平发展”的理念。《2010年中国的国防》白皮书又从中国的发展道路、根本任务、对外政策和历史文化传统四个方面，阐释了奉行防御性国防政策的客观依据和历史必然。七部国防白皮书，一部比一部内容丰富，一部比一部开放透明。

近年来，中国全方位发展对外军事关系，深化同各国军队的务实交流与合作，努力营造互信互利的军事安全环境。中俄两军战略互信与务实合作不断深化。中美两军关系经受波折，但双方仍保持了有效的对话和沟通。中欧军事关系继续拓展。加强与周边国家的军事关系。发展与非洲、西亚、拉美、南太平洋等地区发展中国家的军事交往。

2008年建立国防部新闻发言人制度以来，先后多次召开以抗震救灾、海上护航、国际人道主义救援、航母平台改造和试航等为主题的新闻发布会，及时发布重要信息。加大公共外交力度，多次组织国内外媒体赴作战部队参观采访。依托国防部网站等平台，及时提供国防和军队建设的有关情况。

以上事实既表明了中国军队的开放、透明、自信，也展现出中国军队和平之师、文明之师的形象。中国军队以自己的行动履行着维护世界和平与推动地区安全合作的责任，诠释着防御性的国防政策，实践着和平发展的战略构想。

（2011年9月5日）

设立国安委：有效维护国家安全的战略之举

2013年11月12日闭幕的中共中央十八届三中全会做出诸多重要决议，其中，设立国家安全委员会引人瞩目，引发广泛热议。2014年1月24日，中共中央政治局召开会议，研究中央国家安全委员会设置等事项。会议决定，中央国家安全委员会由习近平任主席，李克强、张德江任副主席，下设常务委员和委员若干名。中央国家安全委员会作为中共中央关于国家安全工作的决策和议事协调机构，向中央政治局、中央政治局常务委员会负责，统筹协调涉及国家安全的重大事项和重要工作。（据新华社、《人民日报》，2014年1月25日）至此，呼之已久、酝酿多年的我国国安委正式成立。设立国安委，是党中央改革和完善国家安全机制的重大措施，是有效维护国家安全的战略之举，也是2013年我国国家安全领域的重大事件之一。这一决定与成立“全面深化改革领导小组”相伴而生，是中国整体改革与发展重要组成部分，是对既有安全体制机制及安全战略的深化、完善和提升，在我国改革和发展继往开来的历史上具有里程碑意义。

一、设立国安委已成为世界很多国家完善并加强国家安全机制建设的普遍做法

在当今世界，设立国安委或类似机构的国家或地区越来越多，据不完全统计，大概有40多个[①]。除人们熟知的美国国家安全委员会、俄罗斯

① 据朱建新、王晓东著《各国国家安全机构比较研究》一书统计，时事出版社，2009年4月第1版。

联邦安全会议、日本国家安全保障会议、法国国防委员会、德国联邦安全委员会、印度安全委员会等大国安全机构外，其他很多中小国家也都相继建立了国家安全机构。如1962年韩国设立国家安全保障会议，1999年巴基斯坦成立国家安全委员会，1995年以色列成立国家安全委员会，1973年乌拉圭成立国家安全委员会，1989年伊朗建立最高国家安全委员会，1991年波兰将原有国防委员会更名为国家安全委员会，2004年荷兰组建国家安全委员会，2005年沙特组建国家安全委员会。其他国家如埃及、南非、墨西哥、巴西、智利、厄瓜多尔、泰国、马来西亚、菲律宾、阿富汗、伊拉克、土耳其、保加利亚、乌克兰、白俄罗斯、捷克、阿尔及利亚、新西兰等也都设立了国家安全委员会。苏联解体后，仿照俄罗斯的做法，许多独联体国家，如哈萨克斯坦、土库曼斯坦、吉尔吉斯斯坦、塔吉克斯坦、乌兹别克斯坦、格鲁吉亚等都先后设立了国家安全委员会。[②]

此外，还有一些国家的国防委员会，类似于安全委员会，因为其职能超出了军事。如阿根廷国防委员会，由总统领导，成员有副总统、内政部长、外交部长、国防部长和经济部长，另设军事委员会，由国防部长、联合参谋部参谋长和陆海空三军参谋长组成。这一军事委员会相当于别国的国防委员会，而国防委员会相当于别国的国家安全委员会。再如阿联酋最高国防委员会，由总统任主席，成员有副总统、总理、外交部长、国防部长、财政部长、内政部长、武装部队总司令和总参谋长。这一类型的国防委员会超出了国防，覆盖了国内安全。[③]

2013年年底，日本设立的“国家安全保障会议”，下设一个“国家安全保障局”，并下设“总括”、“战略”、“情报”3个功能任务部门和“同盟友好国”、“中国／朝鲜”、“其他地区”3个地区事务部门共6个部门，对中、朝具有特别的针对性。其职能基本类似于美国的国家安全委员会。

---

②同上。

③朱建新、王晓东，《各国国家安全机构比较研究》，第26页，时事出版社，2009年4月第1版。

上述国家所设立的国家安全机构，称谓（叫法）不同，成立的具体背景原因迥异，而且职能作用也不尽一致，但在建立和发展过程中，有几个共同性特征。

首先是大多数国家的国安委是在冷战后设立的。

这反映出冷战结束后，国际安全环境发生重大变化，国家安全由传统的军事安全向非传统安全领域拓展，国家安全越来越具有综合性、国际性、立体性等复杂特点的重要背景。

众所周知，最早设立国家安全委员会的国家是美国，成立于1947年。在随后一段时间，世界各国没有随即模仿，多数国家的相应机构仍是国防委员会或军事委员会。而从1989年苏东剧变到现在，已有30多个国家先后成立了国家安全委员会。在这么短的时间内，如此多国家对安全机构进行调整和改革，在当代世界历史上是十分罕见的。一个共同的大背景是，冷战结束后，国家安全从传统的军事领域向非传统领域拓展，一国安全面临的挑战不仅来自于传统的军事威胁，而且越来越来自于经济、金融、能源、恐怖主义、走私贩毒、国际犯罪等非传统领域。近年来，网络、太空、海洋、生态环境等新安全威胁也在上升。所以，面对新威胁和挑战，各国不得不把应对安全威胁挑战的机构进行改革，即把原有的仅仅限于军事领域的国防委员会改组为应对传统与非传统威胁的国家安全委员会。

其次是各国国安委的基本职能不尽相同，但都是国家安全战略筹划的高级机构，是国家安全制度设计中的顶层安排，一般由国家最高领导人担任首脑。

每个国家的国情不同，体制不同，面临的地缘政治环境和主要威胁挑战也不大一样，国安委的具体职能有一定差别。总体上看，大概有三种性质，即协调机构、咨询机构和决策机构。但这三种性质的机构并不是绝对的，并没有严格的界限划分，有的国家的机构甚至三种职能都兼而有之。

一是协调机构。作为最早建立国安委的美国，根据1947年《国家安全法》的规定，安全委员会的“主要职责是帮助总统协调美国的军事政策和外交政策”，1949年被划归为美国总统行政机构一部分。美国国安委前二三十年的作用基本体现在咨询方面，近似于咨询机构；到尼克松时期，国安委权力膨胀，总统赋予自己安全事务助理（安全顾问）以指挥政府部门的权力；里根当总统后，重新确立以协调为主的功能，主要是协调内政、外交、军事、情报各方面的政策，全面有效地维护美国安全；“9·11”以后，总统对国安委的倚重更大，甚至有了一定的决策功能。但总体上看，美国的国安委仍然是一个协调和咨询机构。属于协调型国安委的还有吉尔吉斯斯坦、乌兹别克斯坦、塔吉克斯坦等。

二是咨询机构。主要有印度、韩国、哈萨克斯坦、委内瑞拉等国的安委会。他们与美国安委会具有很大不同，它们不是权力机构，仅是总统或内阁的咨询、顾问机构或秘书班子，仅就国家安全问题拟制政策方针和咨询意见，提交最高决策机构或总统总理决策。如印度1998年成立的由总理领导的国安委，就是一个典型的咨询机构。韩国宪法第91条规定：“为制定与国家安全有关的对外政策、军事政策和国内政策，在国务会议审议前，备总统咨询，设国家安全保障会议。”哈萨克斯坦共和国宪法规定：安全会议是哈共和国总统直属的咨询协商机关。④近年来，咨询型安委会有改为美国模式的动向。

三是决策机构。上述协调型、咨询型安委会在法律上都不具备决策权力。而俄罗斯、伊朗、沙特、土耳其、巴基斯坦、波兰、乌拉圭、智利等国的安委会，则是国防与安全领域的最高决策机构，成员通常包括总统（国王或王储）、总理、各部部长等，实行委员会集体负责制度。

俄罗斯联邦安全会议是俄罗斯国家安全最高决策机构，1992年根据俄罗斯宪法、安全法和总统命令建立，其职能是审议重要的国家和社会安全建设，制定统一的国家安全政策，总统任会议主席，俄罗斯总理、上下议会议长（即国家杜马和联邦委员会主席）、内务部、联邦安全局、对外

---

④朱建新、王晓东，《各国国家安全机构比较研究》，第31页，时事出版社，2009年4月第1版。

情报局等一系列强力部门的首脑都是联邦安全会议的成员。在俄罗斯联邦安全会议中，领导层起提纲挈领作用，由常设机构秘书处负责日常事务性工作。因此，会议秘书一职十分重要，担此大任的不是俄罗斯政坛上重要的政治家，就是具丰富国际和安全领域经验的专家型人物，如俄罗斯联邦安全局首任局长帕特鲁舍夫·波拉丹诺维奇大将、俄前外交部长谢尔盖·伊万诺夫等。俄罗斯联邦安全会议的主要任务是确定社会和国家的重要利益，明晰内部和外部对安全对象所构成的威胁；制定保障俄联邦安全的主要战略方针，组织起草联邦专项安全计划；向总统提出建议，以便就俄联邦内外政策中保障个人、社会和国家安全方面的对内对外政策问题做出决定；负责起草总统决定；起草战役性决定，防止出现可能导致重大社会政治、经济、军事、生态和其他方面后果的非常局势，并组织消除这种局势；向总统提出实行、延缓或取消紧急状态的建议等。近年来俄罗斯出台了一系列涉及国家安全的战略性文件，如俄罗斯战略安全构想、对外政策构想、联邦军事学说、北极战略、海洋战略，每一个文件的审议、出台，乃至监督执行，都是由俄罗斯联邦安全会议负责的。此外，早在叶利钦担任总统时，安全会议就做出过应对北约东扩、科索沃战争、打击车臣分离

主义和恐怖主义等重大决策。普京任总统后，俄罗斯远东地区的发展、北高加索地区的安全应对决策也是通过安全会议才成形实施。因此，俄罗斯联邦安全会议是一个跨部门的决策、监督、执行机构，是俄罗斯安全决策的中枢神经。

伊朗根据1989年4月修改的宪法，建立最高国家安全委员会，取代原来的最高国防委员会，由总统、内政部长、外交部长、新闻部长和武装部队总参谋长、伊斯兰革命卫队司令和总统指定的2名代表组成。国防与安全决策由最高安全委员会做出，而不是像美国那样由总统做出。

从以上可看出，各国安委会职能不同，但都是国家安全机制中的高级机构，都是国家安全顶层设计中的高级制度安排。特别是近年来出现了一个新趋势，即咨询性机构越来越向协调型和具有一定决策功能的机构转变，其根本目的是为了提高决策的快速反应能力和高效率。

第三是国安会在维护国家安全中始终发挥着重要作用。

作为决策型的国安机构在国家安全中具有至高无上的决策权力，即使是协调型和咨询型的安全机构，也在各国安全战略筹划中始终发挥着重要作用，扮演着举足轻重的角色。

按照法律规定，美国的国安委只是个协调和咨询机构，但近年来总统对其越来越为依赖。当年美国建立国安委的具体原因和动力有二，一是源于二战时期的教训，二是源于战后美国全球战略的需要。战争中美国陆军、海军各自为政，各情报系统分离，成为沉痛的教训。杜鲁门总统说过："如果政府能够有一个互通声气的情报机关，那么日本偷袭珍珠港，即使不说不可能，至少也要困难一些。"[5]缺乏一个协调机构，是美国战争经验总结的重要结论。也是美国随即建立国安委的重要考虑。此外，战后美国成为世界轴心，利益全球化导致安全问题增多，也成为设立国安委的基本动力。其他国家的安委会几乎都在冷战结束后设立，主要是为了应

⑤［美］哈里·杜鲁门，《杜鲁门回忆录（第二卷）》，第65页，三联书店，1974年。

对变化了的安全形势，表现出明显的时代特征。正因如此，不管如何演变发展，安委会的作用都始终没有下降，最高决策者对其也越来越为依赖。

以美国为例，国安委在制定国家安全战略方面，尤其在应对重大危机时发挥了不可或缺的协调和咨询作用。自从1947年设立了国安委后，美国国安机制在不断调整和改革。比如，到艾森豪威尔当总统期间，艾森豪威尔的制度创新在于建立了“总统国家安全事务特别助理”（又称为国家安全顾问）制度，人选由总统自行任命，无需通过参议院批准。该助理负责管理国安委办公室，执行跨部门政策协调功能并直接向总统负责和报告。一些赫赫有名的美国精英都曾担任过这一特殊职位，比如邦迪服务于肯尼迪总统、罗斯托服务于约翰逊总统、基辛格服务于尼克松总统、布热津斯基服务于卡特总统等等。这时，在国安体制中，出现了两个系统，一是总统的私人系统，一是委员会系统。对于明智的总统而言，他们需要同时依赖私人顾问系统（国安委办公室及国家安全顾问可整合入这一系统）和正式委员会系统。这两大系统的情报和建议有着不同的分量和价值：私人顾问系统更加可信，对总统更加忠诚，所提建议可以超脱部门利益，但也有剑走偏锋的视野局限；正式委员会系统更为正规和全面，情报和建议更具综合性，但也存在部门化的缺陷。总统正好借此兼听则明，取长补短，相互验证，从而做出最优决策。在艾森豪威尔之后，“9·11”事件之前，美国这一正式委员会系统与总统的私人顾问系统等两大系统构成总统安全战略与决策的共同支柱。

“9·11”事件是继珍珠港事件之后对美国人的安全观及其制度体系构成冲击的最重大事件。在此刺激下，美国国会相继通过了《爱国者法案》（2001）和《情报改革与预防恐怖主义法》（2004），对美国的安全体制进行了重要改革，同时优化了安委会的职能与结构。前一法案涉及授权美国情报机构对公民进行监听和检查，后一法案则提供了美国在新安全形势之下进行安全体制改革的法律依据，是二战以来最重大的安全体制改革，设立了国家情报主任，成立了国家反恐中心。

当然，所有的改革都没有突破1947年《国家安全法》的基本框架，而是对该框架的完善与扩展，其中国安委依然处于核心位置。国安委之所以能够对美国安全决策起到重要作用，制度设计上的一个关键点就在于它有效整合了美国的各种情报搜集与执行机构。《国家安全法》及其关联法律在1947年之后经历了多次修改，要点在于完善和提升国家安全决策的整体性与协同性。经过半个多世纪的磨合，国安委的基本职能与机构网络已经日益巩固并深深镶嵌入美国的宪政体制之内，几十年来，美国面临的几乎所有重大危机事件都会经过国安委讨论、协调和应对，最典型的远有上世纪60年代初的古巴导弹危机事件，中期有本世纪的“9·11”事件，近期有2013年叙利亚化武危机事件。国安委的作用已经不可取代。

二、我国设立国家安全委员会是大势所趋，安全所需

设立国安会的建议和想法不是始于今天，而是呼之已久，酝酿多年。早在1981年，中共中央决定恢复“中央外事工作领导小组”，该小组下设办事机构——“国务院外事办”。2000年9月，中共中央决定组建“中央国家安全领导小组”，与“中央外事工作领导小组”合署办公，两块牌子，一套机构。

在我国现有职能部门中也有许多涉及各领域的安全部门，如安全部、公安部、外交部、武警、军队、还有一些临时的机构，如抗震救灾指挥部等。同时我国也有预警、防范、处置恐怖组织、邪教组织、严重犯罪的相关机构，但上述机构重点都不在“顶层设计”上，这些机构分散在政府、军队各个职能部门中，各司其职，缺乏统一协调和集中管理。

面对日益严峻的安全形势，国家安全体制机制与国家安全需要不相适应的矛盾日益突出。1983年成立的国家安全部，实际上是国家安全执法机关，承担原由公安机关主管的间谍、特务案件的侦查工作，是国家公安机关的性质。国家安全机关虽然与涉及安全的有关部门建立了相关工作协作体系，但没有具体工作协调机制，有关部门各自为战，协调整合不足，缺乏强有力的决策协调机制。2000年设立的中央国家安全工作领导小组，是一个议事协调机构，其组成人员长期是由国家主席任组长，中央政法委书

记和中央军委副主席任副组长，成员包括负责涉外事务的国务委员，以及中宣部、公安、台办、外交、中联部、总参等部门领导，和中央外事工作领导小组合署办公，宪法规定“领导和管理国防建设事业”的国务院却没有主要领导参与。这样一种架构，显然偏重于传统安全和涉外安全，对国家综合安全兼顾不够。

正如习主席所说：“我们的安全工作体制机制还不能适应维护国家安全的需要，需要搭建一个强有力的平台统筹国家安全工作。”设立国家安全委员会，加强对国家安全工作的集中统一领导，已是当务之急。所以现在成立的国安委就是要让国家安全“捏紧五指攥成拳”，加强各相关部门之间的协调，发挥合力，整合资源。同时，在应对重大危机上也能大大提高效率，在第一时间作出反应，提出应对方案。

在经济全球化不断发展的当今，国家安全已不再是传统意义上的单纯军事安全，而是包括军事、政治、经济和环境等因素在内的综合安全；国家安全的国内与国际界限也不再是泾渭分明。国家安全的范畴越来越广泛，领土安全、军事安全等传统安全威胁和恐怖袭击、网络攻击等非传统安全交织；政治安全威胁没有减少，经济、文化、信息、金融安全以及能源、气候和公共卫生安全威胁上升，人类正面临着越来越多的全球性安全挑战。国际安全形势呈现出安全问题整体性更加明显、安全问题综合性更加突出、安全与发展的关联性更加密切、国内国际安全问题的互动性更加显著等新的特点和趋势。因此，国家安全的维护需要在安全观念、组织结构和运作机制上适时调整，才能应因时代的需求。

改革开放30多年以来，随着我国的快速发展，我国国家利益大大拓展，远远超出了国土范围。所面临的内外安全环境更加多元和立体，呈现出生存与发展安全问题相互交织、传统与非传统安全威胁相互交织、国内与国际安全挑战相互交织的前所未有的复杂局面。一方面，我国的传统安全威胁并未消除，近年来还有所发展。如国家的领土主权、海洋权益、国家统一等面临着严重挑战。另一方面非传统威胁也接踵而至，如三股势力猖獗、能源通道面临挑战、国内经济金融风险加大、生态环境恶化、国内矛盾频发、社会不稳定因素增多等。一方面，我国的生存安全如政治制度安全仍然面临着威胁，另一方面发展带来的新安全挑战也在增多。当前，我国的内忧仍然不少，但外患也未消除。而上述威胁和挑战都呈现出相互交织、相互影响、相互渗透，甚至相互转化的新特点。如国内问题的国际化和国际问题的国内化趋势都在发展。内忧处理不好就会直接影响我外部安全环境，外患应对不当就会直接冲击国内的发展和稳定。像钓鱼岛问题、南海问题都是如此。要应对如此复杂的局面，需要建立国家安全的统一决策和协调机制，加强顶层设计，强化统一领导。

同时，近年来，涉及国家安全的重大危机事件呈现多发和突发态势。无论国内还是国外涉及我国国家安全的重大事件，往往事发突然，影响重大，在反应和处置方面的要求也越来越高。诸如发生在新疆、西藏的恐怖袭击和民族分裂主义的骚乱活动，在海外出现的类似利比亚那样的中国公民大撤离、全球金融危机、朝鲜半岛核危机，以及东海、南海的撞船、撞机和岛礁磨擦等突发事件，在应对和处理方面都具有很强的应急性，需要国家从整体上做出快速反应。而设立国安委，将会大大提高这种快捷有效应对的能力。

在国家安全力量建设方面，世界发达国家已经走在前面。他们进行国家安全力量建设的共同特点是：体制结构向决策集中化与机构分散化相统一的趋势发展，形成“小核心、大范围”的力量配置，最高决策机构趋于小型化以快速应对安全危机，咨询机构分散则有利于科学决策；决策程序向规范化和灵活性高度统一的趋势发展，以立法的形式保证机构的稳定和决策的权威，同时通过合理的机制和组织设置保证高度的灵活性，满足应对危机的需要；跨部门的协调机制进一步增强，统一调配和使用资源，维护国家利益。长期以来，我国在国家安全力量建设上相对滞后，主要原因是：虽然有了安全领导机制，但安全决策体制结构不够健全；虽然制定了《国家安全法》，但相关法律体系还不完善；虽然拥有不少的决策辅助机构，但作用发挥还不够充分。国家安全力量建设不协调、不统一、不平衡、效益不高的问题还比较突出。设立国家安全委员会，有利于在国家安全委员会的统一筹划协调下，有序推进国家安全领导体制机制的法律保障体系建设，健全国家安全决策机构，建立并完善相对独立的决策咨询体系，有效整合信息情报系统，不断提高安全力量的建设和使用效益。

总之，设立国家安全委员会反映了我国新时期的战略自信、战略清醒和战略定力，将为我国的和平发展提供新的保障。这一举措不是谋求世界霸权，而是为了完善国家安全体制和国家安全战略，充分利用和积极主动塑造我国发展的战略机遇期，从而更好地和平发展。国家安全委员会的成立只是第一步，它将在磨合中成长。但毋庸置疑，它的设立将提振士气，开创国家安全新局面，助推我国赢得优势，赢得未来，并实现我国与世界的共赢。

三、我国国家安全委员会基本定位：国家安全的最高"决策和议事协调机构"

在十八届三中全会上，习近平主席就《中共中央关于全面深化改革若干重大问题的决定》向全会所作的说明中明确指出："国家安全和社会稳定是改革发展的前提。只有国家安全和社会稳定，改革发展才能不断推进"。"当前，我国面临对外维护国家主权、安全、发展利益，对内维护政治安全和社会稳定的双重压力，各种可以预见和难以预见的风险因素明显增多。而我们的安全工作体制机制还不能适应维护国家安全的需要，需要搭建一个强有力的平台统筹国家安全工作。设立国家安全委员会，加强对国家安全工作的集中统一领导，已是当务之急。国家安全委员会主要职责是制定和实施国家安全战略，推进国家安全法治建设，制定国家安全工作方针政策，研究解决国家安全工作中的重大问题。"[⑥]2014年1月24日召开的中央政治局会议上，研究决定中央国家安全委员会的设置以及基本构成，并明确新设置的国安委是"中共中央关于国家安全工作的决策和议事协调机构，向中央政治局、中央政治局常务委员会负责，统筹协调涉及国

⑥习近平，《就<中共中央关于全面深化改革若干重大问题的决定>的说明》，《十八届三中全会文件汇编》，人民出版社，2013年12月第1版。

家安全的重大事项和重要工作。”根据以上文件，我国国安委的基本性质和定位已经十分明确，即：它是国家安全的最高决策机构，也是议事协调机构，具有最高的权威性。

作为最高的决策和议事协调机构，国安委将统筹国内与国外两个安全大局。习近平主席指出：“我国面临对外维护国家主权、安全、发展利益，对内维护政治安全和社会稳定的双重压力。”主权、安全、发展利益应包括我国的领土完整、国家统一、海洋权益、海外利益、战略通道、我国可持续发展的良好周边和国际环境等方面。政治安全涵盖的范围包括政权安全、社会稳定、民族团结、战略机遇期的维护等。所以，国安委将兼顾对内和对外两大方向，统筹传统与非传统两大安全，是一个集决策、议事、应急、协调、综合于一体的大安全委员会。其具体职能有四：

一是制定和实施国家安全战略。

国家安全战略是关于国家安全目标、方针、途径和手段等宏观和长远的筹划，是综合运用国家军事、外交、政治、经济和文化等多种手段应对威胁和挑战的顶层设计，旨在保障国家生存和发展的根本利益。国家安全战略具有宏观性、长远性和统领性等特征，规范并从根本上指导着一个国家的外交战略、军事战略等具体安全领域的战略，是国家安全的顶层战略。美国最早提出并制定国家安全战略。我国对国家安全战略的研究起步较晚，大概起始于改革开放。党的十六届四中全会报告首次提出“国家安全战略”概念，但长期以来，我国没有系统的国家安全战略，实际上是由军事战略代行国家安全战略的部分职能。随着国内外安全形势的复杂变化，军事战略越来越难以满足国家综合安全需求，迫切需要从宏观和整体角度规划和指导，制定和实施国家安全战略紧迫提上了议事日程，并成为国安委的第一大职能和任务。

二是推进国家安全法治建设。

1993年，我国制定了建国以来第一部《中华人民共和国国家安全法》，并初步形成了包括《宪法》、《刑法》、《保密法》、《国防法》等在内的国家安全法律体系。但《国家安全法》主要是隐蔽战线反间谍侦查方面的法律，是一部“狭义”的安全法。随着国家安全的日益综合化和复杂化，需要一部名符其实并能全面反映国家综合安全、大安全的法律，并需要通过军事、政治、外交、经济、文化、科技、信息、生态、情报等领域的国家安全立法来完善整个国家安全法律体系。只有这样，才能真正推进国家安全的法制建设，这是国安委的又一项重大任务和职能。

三是制定国家安全工作方针政策。

在制定国家安全战略基础上，要实施这一战略就必须制定相应具体的安全工作方针政策。包括安全工作程序、原则和细则等。还应包括应对国内外重大安全危机突发事件的政策原则，解决突出社会矛盾促进国内社会稳定的政策，打击三股势力维护民族团结政策，涉及国家统一、领土争端、海洋权益等方面的政策，信息网络安全、太空安全、海洋安全等方面政策以及周边地区安全政策等等。

四是研究解决国家安全工作中的重大问题。

长期以来，在应对和处理国家重大安全事件时，各个职能部门往往是“铁路警察各管一段”，但近年来的一些重大突发事件又常常带有综合性特征。如三股势力在新疆和西藏制造的恐怖袭击事件，背后都有深刻的国际背景，仅仅依靠国内的一些强力部门是不够的，还需要情报、外交等部门予以密切配合。类似的情况会越来越多。而国安委则是一个跨部门的最高决策和议事协调机构，将集合公安、国安、军队、武警、外交、交通、经济、情报、外宣办、国新办、涉港澳台等相关部门。作为国安委的主要职能之一，研究解决国家安全工作中的重大问题，天经地义，顺理成章。

目前，我国新设立的国安委具体机构和参加的部门、人员尚未公布，但可以肯定的是，随着国安委的正式运作和不断完善，我国的国家安全将更有保障，维护安全的优势和效益将不断显现。

（2014年2月7日）

三个甲午年：中国命运的三大转折

2014，又逢甲午年。

1894年甲午战争的失败，让中国受压迫的屈辱历史在半封建半殖民地的社会中达到了顶峰。这场战争成为压垮处于极度衰落中的清廷的“最后一根稻草”。之后的一个甲子，中国陷入苦难的深渊。也因为这段历史，自此的120年间，甲午年就成为了对中国人有特殊含义的年份。

1954，第二个甲午年，取得了抗美援朝战争胜利的新中国，洗刷了近百年的耻辱，中国人民站了起来，扬眉吐气。

2014，第三个甲午年，经过30多年的改革开放，中国已经义无反顾地走在了崛起的道路上，特别是党的十八届三中全会作出全面深化改革的重要决定，中国吹响了再次出发的“集结号”。中国从来没有像今天这样越来越接近于实现民族复兴、国家崛起的伟大目标，也从来没有像今天这样越来越迈向世界舞台的中心。

三个甲午年，中国历史命运的三大转折，不能不让我们掩卷深思，感慨万千。

1894 年甲午战争：救亡图存的起点

1894年的甲午海战是近代日本侵华的肇始。

作为隔海相望的邻国，日本多山环海，资源匮乏，自然条件的限制造成了其国内经济比较倚重对外的经贸交往，注重发展海运，其民族性格当中一直都有强烈的对外扩展的海权意识，而近在咫尺的中国则是其首选目标。早在16世纪，统一日本的丰臣秀吉就产生了“天皇居北京，秀吉留宁波府，占领天竺”的念头，计划以武力征服朝鲜、占领中国，进而夺取印度，在亚洲建立以日本为中心的大帝国。为此，于1592年和1597年两次发动侵略朝鲜的战争，但囿于国力的原因，均无功而返。但此后，开疆拓土必先自吞并中国始，成为日本的信条。

近代自美国的佩里利用武力敲开日本的国门之后，日本人不仅派遣大量的学生到西方国家虚心求教，探求国家强盛之道，而且也派人到中国探求晚清政府失败的原因。通过睁开眼睛看世界的真实对比，日本认识到西方在政治、经济、文化、军事等方面的全面优势，对西方文明的拜服，促使国内产生了以福泽渝吉、横井小楠、佐藤信渊、吉田松阴等为代表，鼓吹“脱亚入欧”、“对外扩张”的一批思想人物，在思想层面做好了理论准备。

通过“明治维新”近一代人的努力，日本不但继承了西方扩张主义的思想，也逐渐建成了近代民族国家的体制，形成了强大的国家力量，确立了海外扩张的国策。明治天皇即位当年就制定了日本的“大陆政策”：第一期征服中国的台湾；第二期征服朝鲜；第三期征服中国的东北和内蒙古地区；第四期征服全中国；第五期征服南洋、亚洲乃至全世界。

为配合扩张需要，日本一方面出兵琉球、台湾，将对外征服的目标计划转变为具体军事行动，虽然最终以失败告终，但对自身的军事实力有了较为清晰的认识。自此之后，日本在军事体制方面完成了较为全面的改革，于1878年成立参谋本部，实现了军政、军令的统一，同时大幅加快扩军备战步伐，通过发行海军公债筹资的方式实施造舰计划，颁布帝国宪法，颁布征兵令，实现了军国主义化的全民皆兵制度，为对外扩张奠定了基础。另一方面，在甲午海战前的1886年，日本即派遣间谍对清政府统治下的中国社会民情、人口分布、军营位置、山川地理作了详尽的侦查。在军事部署上，制定了以夺取制海权为主的海军战略，组建了进攻性的联合舰队，并组织了多次海军大规模对抗演习和陆海军联合大演习，为其对外侵略扩张作了充分的准备。

反观清政府，两次鸦片战争的惨痛失利使清廷认识到了加强海防的重要性，但在政府高层始终存在着“海防”和“塞防”之争，制约了海军的建设发展。虽然以李鸿章为代表的洋务派提出“居今日而欲整顿海防”的建议最终得到清政府采纳，但从维护清王朝统治地位为根本出发点的军事变革，从一开始就决定了其不会从本质上触动封建制度的基础，而更多的只能停留在“另立海军”的“器物”层面，对西方先进的军事理念、军队编制体制、军事训练只是选择性的接纳，尤其是对缺乏军队运用和发展的长远规划，对现代海战中“制海权”的认识几近于无，而且在海军力量的建设和运用上，基于畛域、地域观念的海军力量设置，极大削弱了海军的整体作战力量。在对海军舰队的运用上，也将海军的作用局限于“拱卫京畿”，这种消极防御的战略思想严重束缚了海军进攻力量的发挥，以此为指导的清政府军队刚一开战就处于被动挨打的境地。同时，在朝野上下弥漫的贪腐之风，也严重打击了士气和作战能力。

仅从双方战前的各项准备来说，可以说大战未至，胜负已分。

而北洋水师的全军覆没让日本“赌博式”的侵华计划得以奏效，战后日本逼迫清政府签订《马关条约》，割让台湾、琉球群岛等地，加剧了帝国主义列强分割在华利益的狂潮；赔款4亿两白银，为其4年国民生产总值之和，沉重的割地、赔款条约成全了日本的快速崛起，刺激了日本以战养战的扩张野心，也成为了压垮清廷的“最后一根稻草”。以此为节点的60年，“驱逐日寇、抵抗侵略”成为了中华民族救亡图存的主旋律，日本取代欧美列强成为中国最主要的侵略者后，其对中国的奴役和压迫，对中国人民的掠夺和残杀，是中华民族近代史上最为黑暗的一页，而二战后日本对其滔天罪行的无理诡辩和对应归还中国钓鱼岛等争议领土的百般阻扰和抵赖，是中日关系始终难以改善的根本原因。

1954 年再逢甲午年：走向复兴的开端

1954年甲午年是中华民族实现独立、走向复兴的真正开端。这个甲午年之所以具有节点性质的意义，源于三件事情：其一是抗美援朝战争

（1950～1953年）的结束；其二是和平共处五项原则（1953～1954年）的提出和万隆会议（1955年）的召开；其三是新中国第一部宪法（1954年）的诞生。

抗美援朝战争虽然只是一场二战后的现代化局部战争，但却奠定了中国半个多世纪的和平发展基础，是中国近代史上最为光辉的一笔。1949年成立的新中国，西藏和沿海少数岛屿还未解放，大股土匪活动猖獗，严重危害社会稳定，基层政权尚未完全建立，已经建立的基层政权还不巩固；国民经济建设任务繁重，以1950年为例，粮食、棉花、钢分别为2400亿斤、1420万担、60.6万吨，产量仅相当于1936年以前最高生产水平的63%、86.5%、83.6%；军事上，解放军精简整编工作刚开始，军队武器装备基本上是小米加步枪的水平，海军、空军和装甲兵部队都在组建过程中，部队没有现代化装备，也没有现代化战争经验，且解放军大部分部队已投入恢复国民经济的生产建设，没有打仗的准备。反观美国，1950年其工农业生产总值2848亿美元，钢产量8772万吨；军事上，拥有强大的海军和空军，全面掌握着战场的制海权和制空权，同时还拥有原子弹和其他世界上最先进的武器。

在敌我力量如此悬殊的情况下，选择和平还是战争，成为摆在新中国领导人面前的一道难题。但正如毛泽东指出的那样："我们认为应当参战，必须参战，参战利益极大"，"对中国，对朝鲜，对东方，对世界极为有利"，反之，"不参战，损害极大"。历史雄辩地证明了抗美援朝战争，我们收获了"利益极大"。

首先，中国出兵朝鲜洗刷了百年耻辱。抗美援朝战争打断了美国遏制中国链条中最重要的一环，冲破了美国对我的战略包围，粉碎了其妄图征服全部朝鲜进而扩大侵略的计划，捍卫了朝鲜人民共和国，保障了中国的安全，不仅使朝鲜成为中国友好邻邦，巩固了中苏关系，也洗刷了中国百年耻辱，使西方国家特别是美国认识到中国的意志和力量，缓解了打压中国的势头，奠定了新中国在国际社会中的大国地位，为我们赢得了半个多世纪的和平建设环境。

其次，抗美援朝战争使中国获得了苏联的信任和援助。为了支持中国，苏联帮助中国建立起完整的工农业生产体系，使新中国不仅没有因为战争影响经济建设，反而在战争期间积极开展国内经济建设的恢复和发展，为大规模经济建设的进行准备了条件。1952年中国的工农业生产大部分都超过了抗战以前的最高水平，使新中国得以按预定计划从1953年起实施国民经济建设的第一个五年计划；同时苏联的援助还使志愿军武器装备有了突破性的改善和加强，空军、地面炮兵和高射炮兵都有了明显的发展，有力促进了中国军队的现代化建设。

再次，抗美援朝战争推动了新中国领导人思想认识的巨大飞跃。高强度的军事对抗改变了革命战争年代一切为了战争的观念，领导层首次将国防建设与经济建设、科教文化事业放在同步并进的位置上。具体来说，一是采取了“边打、边稳、边建”的正确方针：打，就是志愿军在朝鲜的作战；稳，就是稳定国内政治秩序和经济秩序；建，就是国内建设的恢复和国防力量的建设；同时根据战争的进程及时调整军事斗争方针，在停战谈判开始后，迅速实行了“精兵简政，增产节约”，有效兼顾了战场和国内建设；二是加深了对现代军事科学的认识，朝鲜战争开启的现代局部战争新样式，使领导层认识到现代战争胜败的主要因素是军队的质量，而不是人员、装备的数量，全军因此掀起了现代化、正规化和系统学文化的高潮，毛泽东也明确提出了建设现代化国防的问题，并将其作为国家建设的重要内容。

1953年12月31日，在同印度政府代表团谈话时，周恩来总理首次提出按照“互相尊重领土主权、互不侵犯、互不干涉内政、平等互惠、和平共处”五项原则，作为处理两国关系的准则。1954年，周恩来又先后访问印度和缅甸，并与印度总理尼赫鲁、缅甸总理吴努分别发表“联合声明”，双方一致同意以和平共处五项原则作为指导中印、中缅两国关系的基本原则。至此，和平共处五项原则正式宣告诞生，在国际关系史上是一个伟大的创举，从而掀开了新中国外交崭新与辉煌的一页。“和平共处五项原则”的提出，标志着新中国外交的成熟，它超越了意识形态和社会制度的差异，以其包容性和开放性逐渐得到了国际社会的广泛认可，成为解决国与国之间问题的基本原则，从而为国际关系的发展作出了巨大贡献。

1955年召开的万隆会议是在美苏冷战对抗格局已经形成的背景下，新中国参加的一次重要多边会议。建国之初，美国对“一边倒”向社会主义阵营的新中国政治上不予承认，军事上封锁包围，经济上遏制孤立，并拉拢英、法、印度、澳大利亚等国家在外交发起“不承认”新中国的运动，刻意在国际舞台上宣传中国的“好战”形象，阻塞了新中国通过双边关系改善国家间关系的渠道。在这种情况下，借助多边外交舞台，打开外交局面，营造和平的外部环境，为新中国的经济建设提供保障是我们的现实需要，而万隆会议的召开正好为我们提供了这样一个契机。会议期间，周恩来总理代表新中国第一次完整提出“和平共处五项原则”，并表达了和亚非国家开展经济合作的愿望，对新中国了解国际环境的发展变化，宣传中国的政策和主张，对中国打开外交局面具有重大意义。而通过万隆会议所反映出来的“和平共处十项原则”、“求同存异精神”和“南南合作”等理念，在两极格局下创造了新的合作模式，时至今日仍然发挥着重要作用。

第一，拓展了中国的发展空间。万隆会议期间，中国与各国平等发言，共同协商，尤其在华侨国籍、领土争端和意识形态等敏感问题上消除了与会各国的疑虑，让世界看到了中国和平发展、友好交往的意愿。中国代表团提出的“求同存异”精神，主张超越意识形态，尊重各国政治制度，掀开了亚非国家间合作发展的新篇章。周恩来总理纵横捭阖、进退有度，展现出卓越的外交艺术和个人魅力，为新中国在国际上树立了自尊自信、和平自处的崇高形象，为我国赢得了众多朋友，展示了中国的和平友好形象，中国的对外政策进一步为亚非各国所了解，中国的国际地位明显提高。在此之后的10年时间，与新中国建交的国家由18个猛增到49个，成功地突破了美国的外交封锁。

第二，推动了国际关系多极化发展。万隆会议达成的“万隆会议十项原则”和以“团结、平等、合作”为特征的“万隆精神”增进了亚非各国的了解，增强了亚非国家维护地区和世界和平、开展经济合作的自觉意识。万隆会议后，亚非国家在国际事务中所处的地位越来越重要，有力地推动了国际政治力量向多元化方向发展。以此为开端，参加过万隆会议的部分亚非国家，又成为不结盟运动、77国集团的忠实参加国，开启了南南合作的新阶段。这对于发展中国家争取完全的独立，促进发展中国家间的经济合作，巩固和加强发展中国家在国际经济关系中的地位，建立国际经济新秩序，都具有重大意义。

第三，为中国进入联合国奠定了基础。在万隆会议十项原则的影响下，亚非民族解放运动的发展迅猛异常，非洲和拉美地区众多国家先后获得独立，1960年就有17个非洲国家获得独立，被称为“非洲年”。会议之后，中国与非洲开始增进了解，并对这些国家寻求独立提供物质上的援助，大批非洲国家摆脱殖民统治，宣布独立并先后进入联合国，增强了广大发展中国家在联合国中的力量。同时广大亚非拉国家也积极支持中国恢复联合国合法席位。正因如此，在1971年第26届联合国大会上，在广大亚非拉国家的支持下，以压倒多数票通过了恢复中华人民共和国在联合国的合法席位的议案。正如毛泽东所说，中国恢复联合国合法席位是“非洲黑人兄弟把我们抬进去的”。

1954年宪法是新中国诞生后的第一部宪法。新中国成立之初，在全国范围内，军事行动和土地改革都未完成，由于不具备普选和召开全国人民代表大会制定宪法的条件，过渡期间一直采用《中国人民政治协商会议共同纲领》作为全国人民共同的政治基础。制定中国历史上第一部社会主义类型的宪法，不仅可以驳斥国际敌对势力对新中国的攻击，也有利于中国更好地开展建设事业，为此斯大林曾经三次对毛泽东和刘少奇提及制定宪法的必要，但由于当时制定的宪法属过渡时期的宪法，如果对过渡时期总路线的一系列重要内容不解决，制定宪法就无从谈及。直到1953年12月，经过长时期的酝酿并确定下过渡时期总路线后，宪法制定才最终提上日程。这部由毛泽东亲自挂帅，参加讨论人数达1.5亿人（占当时全国人口的四分之一）的宪法第一次以根本法的形式，记录了在共产党的领导下，全国人民经过长期革命斗争而取得的胜利成果，确认了人民群众成为国家主人的事实，规定了人民民主专政制、人民代表大会制、民族区域自治制、生产资料共有制等各项具有中国特色的政治制度、经济制度和其他的基本制度，是中国共产党人依法治国的开端，具有里程碑式的意义。其后宪法虽几经修改，但它所规定的主要内容，都是对1954年宪法的继承和发展。对此毛泽东曾说过："这个宪法使人民有一条清楚的轨道，使全国人民感到有一条清楚的明确的正确的道路可走。"

2014 又逢甲午年：由富到强的节点

2014年是中国新的甲午年，因为特殊的年份和敏感的钓鱼岛争端，日本不可避免的仍然是我们必须关注的对象。但中国已成为世界第二大经济体，综合国力的增强、国际地位的提升和自我挖骨疗伤的改革勇气，已经注定了我们的使命任务不能也不仅仅再局限于"战胜日本"。然而，随着美国加快推进"亚太再平衡战略"，日本右翼势力的迅速抬头，在扩军修宪的道路上越走越远，又让我们不得不时刻"警惕日本"。在这样一种特殊的背景下，如何重新定义甲午年，怎样规划好今后60年的建设蓝图，需要我们对自身的根本利益和发展目标、对日斗争方针和国际定位有一个清醒的认识。

第一，坚定不移地实现中华民族伟大复兴的"中国梦"和"强军梦"，这是21世纪我国的根本利益，也是最大利益。

以习近平为总书记的党中央再次重申"两个一百年"的奋斗目标，并把实现中华民族的伟大复兴定义为"中国梦"，对于我们在错综复杂的国

际形势下，把握国家建设发展的主线具有重大意义。“强军梦”是“强国梦”的应有之义，“强国梦”蕴含着“强军梦”，“强军梦”支撑着“强国梦”。实现中华民族的伟大复兴，必须有强大国防力量作后盾。否则，再繁荣的经济，再灿烂的文化，也会成为一堆瓦砾。所以，强军是历史的警示，时代的呼唤，和平的需要，军队的使命所在，责任所系。

不可否认的是，与新世纪头十年的高速发展相比，我们所面临的内外形势发生了较大的变化。从反恐战争中脱身的美国为了维持其霸权地位，遏制中国发展势头，加快推进“亚太再平衡战略”，导致我国周边安全形势持续紧张；在后金融危机时代，随着我国的经济结构调整和产业转型升级，我与世界各主要经济体的贸易摩擦明显增多。从国内来看，来自于国际恐怖主义、极端宗教主义和民族分裂主义等三股势力的威胁有所上升，恐怖袭击活动进入新阶段。发生在天安门的“10·28”暴力袭击事件，呈现出恐怖活动有向内地蔓延的新趋势。贫富差距扩大，拆迁占地、官民纠纷等引发的群体性事件不断，导致一些群众“仇官、仇富”的不满情绪在增长。在水污染、土地污染没有得到根治的情况下，空气污染显著加剧，“雾霾”天气已经严重影响了工农业生产和日常生活。微博、微信等新型多媒体技术的应用，使网络信息的传播速度和数量上实现了倍增，正是利用这一特性，西方敌对势力着力在国内培养网络大V，通过网络攻击我国的社会制度，污蔑党政机关，大肆传播谣言，扰乱社会思想，分裂公众意识，社会意识形态领域的斗争趋于激烈。上述种种情况的出现，既有国内外敌对势力敌视、围堵中国的背景，也与我国30多年工业化进程中积累的矛盾、问题集中爆发有关；既是经济全球化负面因素的集中体现，又是任何社会改革发展所必经的阵痛。但任何事情皆是相辅相成，危险中蕴含着机遇，痛苦中也孕育着新生。新的甲午年我们需要反思和总结，但却不能一味地纠结和抱怨。我们需要增强信心和勇气，而不能颓废和消极，因为我们又站在了一个新的历史节点上。党的十八届三中全会做出全面深化改革的重大决定，“中国梦”、“强军梦”的实现已经指日可待。

2014年，这个甲午年是我们迈向新征程的起步之年，更是关键之年，我们需要坚定发展的理想信念，更需要壮士断腕的改革勇气。正如党的十八大报告所指出：“我们要准确判断重要战略机遇期内涵和条件的变化，全面把握机遇，沉着应对挑战，赢得主动，赢得优势，赢得未来，确保到2020年实现全面建成小康社会的宏伟目标。”而这才是对甲午年最好的注释和解答。

第二，我与日本围绕着历史问题和海洋权益的斗争是长期的、复杂的，斗争的结局取决于综合国力的较量，而历史已经并将再次证明，时间在我们一边。

提及甲午年就离不开日本。由于日本政府“购买”钓鱼岛所引发的争端，又让新的甲午年承载了更多的责任和使命。在钓鱼岛危机的持续发酵之中，中国政府和人民展现出的维护国家主权和安全的坚定决心和意志，让日本始料未及。安倍政府否认历史、参拜靖国神社、解禁“集体自卫权”、扩军备战、推动修改和平宪法等一系列倒行逆施的言行，其主要目的就是要让背负着战败国历史包袱的日本彻底摆脱这一地位，成为所谓“正常化国家”。所以，升级钓鱼岛事态，制造东海紧张局面，搞坏中日关系都是安倍实现其政治野心的“抓手”、借口和筹码，短期内不会有大的改变，我们必须做好与日本打“持久战”的准备。

纵观人类历史，领土争端的解决都经历了漫长的过程，都伴随着长期、艰苦的斗争，其间充满了曲折、反复，有的延续百年甚至千年。而解决领土争端也有过各种模式，既有兵戎相见，也有和平谈判，但不论哪种模式，都必须以实力为后盾。如果没有强大的综合国力，没有强大的国防和军事力量，即使是和平谈判也只能是被动地接受强权的条件。当年周恩来总理说过，“战场上得不到的东西也休想在谈判桌上得到。”今天重温，仍具有现实意义。我们爱好和平，但不惧怕战争；我们走和平发展道路，但绝不以牺牲国家的主权和安全为代价；我们坚持和平发展的国家战略，但前提是必须要有基本的安全保障。因为，没有国家安全就谈不上和平发展。

钓鱼岛问题，历经中日甲午战争和第二次世界大战以及冷战，折射出激烈的国力较量和残酷的国际政治斗争现实。既涉及中日之间100多年的历史恩怨，又涉及当今错综复杂的亚太战略格局。中日钓鱼岛争端既是硬实力的较量，又是软实力的博弈。扎扎实实做好我们的本职工作，不断提升包括军事实力在内的综合国力，方是解决钓鱼岛问题乃至最终解开中华民族甲午年心结的根本之路。

第三，积极适应我国国际角色的转变，做一个负责任的大国，为地区稳定和世界和平作出更大贡献。

如果说1894年甲午年是清王朝由衰到亡的节点，那么新的甲午年就是中国由富到强的节点。而要实现国家的强大，我们不但需要日益增强的综合国力和国防实力，也要做一个“负责任的大国”，为国际社会提供更多的公共产品，宣传“中国理念”，发出“中国声音”，提出“中国方案”，发挥“中国作用”。

随着中国崛起，今天我国的国际角色已经发生三个重大的、也是必然的历史转变：正由一个十分落后的发展中国家变成一个迅速崛起、并对地区和世界事务越来越具有重要影响力的大国；正由国际体系的旁观者、反对者变成一个积极参与者和改造者；正由一个过去被国际社会忽略和偶尔借重的对象变成一个既被重视、又被借重，同时又被加以防范和制约的对象。可见，今天我国的国际角色已不同于以往，由“旁观、反对、被动”

变为“参与、改革、主动”，即加入并遵守国际制度，改革不合理的国际秩序，主动提出建设性意见并发挥建设性作用。

国际角色的转变使中国与外部世界的互动关系日趋复杂，使外部环境变化与我国内部政策调整越来越紧密相关。“中国因素”成为影响国际形势发展变化的重大因素。所以，做一个负责任的大国，不仅有利于我国的根本利益，也有利于维护地区稳定和世界和平。中国过去、现在和将来都将继续为国际社会承担应该承担的责任和义务，为世界和平与发展作出更大的贡献。这也是时代赋予这个新甲午年的新内涵、新精神。

（《参考消息》，2014年3月5日）

二

国际安全形势与周边环境

GUO JI AN QUAN XING SHI YU ZHOU BIAN HUAN JING

参与多边安全合作：既是挑战，也是机遇

从广义上讲，多边安全合作既包括了国际安全制度，也涵盖了地区多边安全对话与合作。它作为当今世界多边外交的重要舞台，作为国际安全形势发展的主要趋势，已经为越来越多的国家所重视，并有越来越多的国家参与其中。中国作为一个正在崛起的发展中的大国，从实现自身利益的主观诉求和维护世界和平地区稳定的客观需要的角度出发，参与多边安全合作是大势所趋、人心所向，这种参与对中国来说既是挑战，也是机遇。认真研究中国在多边安全合作中的实践及其现实面临的诸多难题，充分认识这种参与的必然性和战略内涵，思考中国应采取的对策，对21世纪中国国家安全战略的选择具有重大的理论意义。

一、多边安全合作：中国后来居上

新中国成立后，在帝国主义的封锁包围下，中国政府就艰难地开展了以第三世界国家为重点的多边外交活动。1971年第26届联大恢复中华人民共和国的合法席位是一个重要的转折点，从此，联合国就成为中国多边外交活动的主要舞台。但是，在改革开放之前，中国的多边外交无论从深度和广度上讲都十分有限，如果不是从一般意义上而是从“国际制度”的角度理解，中国的多边外交在80年代以前几乎是空白。它真正起始于20世纪70年代末，逐渐成型于80年代，90年代以后得到发展。

80年代以来，对内改革、对外开放的基本国策和实现现代化的战略目标，使中国从根本上摆脱了“闭关自守”的困境，也正是这一基本国策

的成功实践，奠定了中国加入国际体系的坚实基础。邓小平的两句名言："当今世界是开放的世界"，"中国的发展离不开世界"，为新时期中国的多边外交扫清了障碍，打开了大门。"在此期间，中国加入了联合国体系中几乎所有重要的政府间国际组织……中国在政府间国际组织中的席位从1977年的21个增加到1996年的51个。更令人惊奇的是，中国在非政府组织中的席位从1977年的71个猛增到1996年的1079个。中国广泛参与联合国体系的另一个标志是中国签署和加入了许多多边协议和条约。这样，中国在其现代历史上第一次最终加入了以联合国为中心的全球体系，并广泛参与国际组织的各种活动。"[①]而在同一时期，美国加入的政府间和非政府间国际组织分别是64个和2418个，日本分别是63个和1970个，俄罗斯分别是62个和1300个。[②]也就是说，从融入国际体系的速度和数量上看，中国同当今世界强国和大国相比都毫不逊色。

中国融入国际社会的过程实际上也是广泛开展多边外交的过程，而且随着国力的增强和国际地位的提高，中国对国家利益有了更加明确的界定，外交政策作了较大幅度的调整。随着国际战略格局和国际体系的变化，中国对国际制度的认知也不断深化，经历了一个由表及里、由浅入深的过程。中国的多边外交领域越来越广，内容也越来越丰富。从逐步加入重要的国际经贸机构、政治机构，评估并遵守国际经贸规则、法规、惯例，到越来越重视国际安全制度、地区多边安全对话与合作，积极探索建立公正、合理的多边安全机制，中国的多边外交日益走向成熟。

对中国来说，国际多边安全合作是一个相对陌生的领域，经历了一个从冷眼旁观、被动回应，到高度重视、积极研究论证并结合国情逐步参与的过程。虽然起步较晚，但参与的进展较快。在维护地区和平与稳定、防止军备竞赛和大规模杀伤性武器扩散等方面，"中国扮演着一个重要的角

① [美] 伊利莎白·埃克诺米、米歇尔·奥克森伯格主编，《中国参与世界》，第50页，新华出版社，2001年1月。

② [美] 伊利莎白·埃克诺米、米歇尔·奥克森伯格主编，《中国参与世界》，第49页，新华出版社，2001年1月。

色”[③]，发挥了建设性的作用。特别是冷战结束以后，中国对多边安全合作的态度趋向积极，参与的力度在不断加大。

2000年5月，中国同其他四个核武器国家共同发表联合声明，宣布所拥有的核武器不瞄准任何国家。中国积极支持有关国家在自愿基础上建立无核武器区的努力，并承诺向无核武器国家和无核武器区提供积极和消极安全保证。1999年7月，中国同东盟就《东南亚无核区条约》议定书案文达成一致，并在五个核武器国家中率先承诺签署修改后的议定书。中国支持巩固和加强国际核不扩散体制，于1992年3月加入《不扩散核武器条约》，并于1998年12月同国际原子能机构签署了旨在加强保障监督体系有效性的附加议定书，承诺向国际原子能机构申报与无核武器国家进行核合作的有关情况。中国于1996年9月24日条约开放签署之日签署了《全面禁止核试验条约》，作为条约的首批签约国，中国正积极参与条约组织筹委会工作，认真落实国内各项履约准备。目前，中国政府已完成了必要的准备工作，并已将条约正式提交全国人民代表大会审议批准。中国对谈判缔结《禁止生产核武器用裂变材料条约》（简称《禁产条约》）持积极态度。1994年1月，中国正式向美、俄、英、法四国提出了《互不首先使用核武器条约》草案。1993年1月签署了《禁止化学武器公约》，并在1996年12月批准了该公约。中国忠实履行了公约规定的各项义务，按时、完整地递交了初始宣布和年度宣布，接受了公约组织的多次核查，参加了该组织的各次执行理事会会议和缔约国大会。中国还积极支持公约组织的工作，曾数次与该组织合办视察员培训班、研讨会等。1998年6月，中国国家石油和化学工业局又在第三类监控化学品控制清单上增加了10种化学品。中国早在1984年11月就参加了《禁止生物武器公约》，作为缔约国，中国认真、全面地履行了自己所承担的义务，并逐年向联合国报告与《禁止生物武器公约》有关的建立信任措施方面的资料和情况。中国虽然不是导弹及其技术控制制度（MTCR）成员国，但于1992年2月承诺，遵守

③［美］伊利莎白·埃克诺米、米歇尔·奥克森伯格主编，《中国参与世界》，第94页，新华出版社，2001年1月。

MTCR当时的准则和参数，并于1994年10月重申这一承诺，承担了不出口内在性能至少达到300公里射程和50公斤有效载荷的地对地导弹的义务。1996年4月中国政府郑重宣布暂停出口不符合《特定常规武器公约》新修订的《地雷议定书》所规定的杀伤人员地雷，并于1998年批准这一议定书。1999年10月，中国向联合国秘书长递交了履行该议定书的国家报告。中国从1992年到1997年参加了联合国常规武器转让登记。只是从1996年起，由于“个别国家无视联大有关决议的规定，开始在登记册中以所谓‘脚注’形式登记其向台湾出售武器的情况。”“违反了登记册记录主权国家之间合法的武器转让的特性，导致登记册的政治化，严重损害了登记册的完整性和权威性”。“中国被迫从1998年起暂停参加登记”。④

对中国作出的上述努力，国际社会有目共睹，并给予了较高的评价。美国研究亚太安全的学者、中国问题专家保罗·埃文斯和阿拉斯泰尔·伊恩·约翰斯顿（江忆恩）评价说：“毫无疑问，中国在国际安全机制的参与程度经过20世纪80和90年代有了显著的提高，中国对于多边军控协定的参与，其所有符合条件可能签署的协定的比例，从80年代早期开始迅速增长。这不简单地是国际安全机制数目增长的作用，中国参与速度的增长比新的国际安全机制增长的速度还要快。比如，从1982年到1996年，全部的条约数目从9个增加到14个，提高了55%。中国从加入2个机制增加到12个，跳跃了500%。……除了加入条约数目的显著增长外，其他指标也表明中国在国际安全机制中参与率的迅速提高。比如，中国向纽约的联合国裁军署（第一委员会）提交的工作文件，从1983年的0份迅速上升到1988年的3份再到1997年的17份。同样递增的态势，还表现在中国向日内瓦军控会议提交的工作文件上。”⑤江忆恩和另一位学者在《中国与军备控制》一文中指出：“中国参与到国际军备控制活动中来的速度确实加快了：在1970年，它签署了各项军备控制协议中的10%～20%。到1996年，这个数

④ 国务院新闻办，《中国的国防》，《人民日报》，1998年7月28日。国务院新闻办，《2000年中国的国防》，《人民日报》，2000年1月17日。

⑤［美］阿拉斯泰尔·伊恩、约翰斯顿·罗伯特·罗斯主编，《与中国接触：应对一个崛起的大国》，第307～308页，新华出版社，2001年5月。

字已经上升到85%～90%。”⑥

当然，中国对多边安全合作的贡献不止表现在军控领域。90年代以来，中国开始积极地参与地区多边安全对话与合作。1993年8月，江泽民主席明确表示，中国愿意就区域安全问题开展“多形式、多渠道和多层次”的对话与磋商。此后，中国参加了东盟地区论坛框架下的所有第一和第二轨道的多边安全对话活动。1996和1997年，中国与俄罗斯及中亚三国共同签署有关边境地区相互信任和裁军的协议，从而为以多边形式通过安全对话解决彼此之间的共同安全问题开创了成功的范例。2001年6月，在中国和俄罗斯以及中亚等有关国家共同推动下建立的《上海合作组织》，使这种多边安全对话进一步向机制化、成熟化的方向发展。1998年3月，中美日举行非正式安全对话，此举对于稳定和发展东亚三个最主要国家间的安全关系、进而带动整个东亚的区域安全合作具有深远影响。

在多边安全合作领域，中国后来居上。中国的参与不仅树立了一个良好的、负责任大国的形象，在维护国际安全和地区稳定方面，尽了自已作为一个大国应尽的责任和义务，也为改善本国的外部安全环境、维护国家的根本利益和长远利益创造了条件。

二、参与多边安全合作：中国面临的困难及挑战

经过20多年的努力，无论从速度和规模上看，中国对多边安全合作的参与都已达到了相当的程度，特别是作为一个发展中国家，中国已经承担的某些国际责任和义务超出了自己的身份，甚至超出了本国主要利益的范围，在很大程度上是对国际社会作出的贡献。尽管如此，某些西方发达国家，特别是美国经常对中国进行指责，对中国有限的军事发展反应过敏，在军控领域和地区多边安全合作中，向中国提出过高的要价，批评中国“不透明”，认为“面对日益增多和复杂的国际军备控制议题，在很多情况下，中国在军备控制方面的举动是设计最有效的办法，避免把它的军事

⑥［美］伊利莎白·埃克诺米、米歇尔·奥克森伯格主编，《中国参与世界》，第105～106页，新华出版社，2001年1月。

能力摆到桌面上来，并且尽可能地保护和加强自己的实力”。[⑦]

这种指责有失公允。在改革开放的20多年中，中国以经济建设为中心，为了保证经济持续稳定增长，也为了维护地区和平与稳定，中国军队处于“忍耐”时期，军费开支始终保持在超低水平。即使到90年代末，国际和地区安全形势发生新的变化，美国等发达国家的军费开支节节攀升的情况下，“1998年、1999年和2000年，中国国防费占同期国家财政支出的比重分别为8.66%、8.20%和8.29%，都低于前几年的水平。2000年中国国防费折合为146亿美元，只相当于美国的5%，日本的30%，英国的40%，法国的48%，德国的64%。中国国防费占国内生产总值的比重也低于美国、韩国、印度、英国、法国等国家。[⑧]更何况，中国军队是在尚未完成现代化任务、军事装备同发达国家相比十分落后的情况下参加到国际军控领域的合作之中的，承担了许多应由发达国家承担的义务。中国有限的军事能力世人皆知，不会对任何国家构成威胁，根本无需“设计最有效的办法避免把它摆到桌面上来”。如果连这种防御性的有限的军事能力都不允许保护，而成为国际军控的主要对象，那么，国际军控制度的公正性与合理性就无从谈起。

冷战结束后，美国奉行“绝对军事优势”的政策和战略，不顾国际社会的强烈反对，研制和部署国家导弹防御系统和战区导弹防御系统，并进行外空武器试验，真正是“尽可能地保护和加强自己的实力”，达到“增强自己，限制别人”的目的。也正因如此，包括中国在内的许多国家有理由对美国等国的军控政策和某些做法表示怀疑，尤其是中国有着受西方侵略、欺辱的历史。

新中国成立后，又经历了西方大国和霸权主义的军事包围、政治封锁和经济制裁。直到20世纪90年代，美国等一些国家仍抱着冷战思维不放，对中国的“西化”、“分化”和遏制战略不仅没有改变，在某些方面还变

⑦［美］伊利莎白·埃克诺米、米歇尔·奥克森伯格主编，《中国参与世界》，第124页，新华出版社，2001年1月。

⑧国务院新闻办，《2000年中国的国防》，《人民日报》，2000年10月17日。

本加厉。在这种情况下，中国不可能毫无顾忌地参与多边安全合作，更不可能不对国际军控机制保持一定的警惕。

众所周知，由于多边安全合作不同于经济、贸易等领域的多边外交，它涉及各国国家主权的核心部分和最为敏感的军事安全，因此其合作的深度和广度在很大程度上受到制约。特别是当今世界多边安全合作的主导权大多掌握在西方大国手中，所制定的规则更多地考虑强国的利益，很少或没有兼顾弱国和中小国家的利益。某些大国竭力构筑对己有利的全球或地区多边安全机制，并经常利用防扩散、军备透明度、两用技术出口控制、条约核查等机制限制别国，甚至干涉别国内政，以此作为实现本国战略利益的工具和手段，这就给多边安全合作蒙上了阴影，也使多边安全合作的公正性与合理性大打折扣。

近年来，国际军控与裁军的焦点越来越转向所谓“军事透明度”问题。所谓“军事透明度”就是指各国对军事事务互相公开和开放的程度，它包括交换军事情报、公布军事预算、建立军售与军事财产登记制度、建立政府或军队高层热线电话和联合危机控制委员会，事先通报并邀请其他国家派员观察军事活动和军事演习、现场检查军事部署、开放天空、现场核查裁军等一系列内容。它是二战以后主要在西方国家的倡导和推动下的一项多边外交举措，是建立信任与安全措施的重要内容之一，是国际军控与裁军领域的重要组成部分，其目的在于消除导致有关各方猜疑、恐惧、紧张和敌视的动因，减少因情况不明和误解引发的偶发性对抗行动，促进军备控制，增进有关国家和地区的安全。适当的军事透明度和安全信任措施的建立，对于维护世界和地区和平稳定具有促进作用，这也是冷战后地区多边安全合作兴起的一个重要原因。

但是，西方国家从自身的战略利益出发，常常把重点放在军事透明度措施和限制措施上，使军事透明度在促进国际信任、缓和紧张的国际关系、帮助各国确立合理军备水平的同时，又带有明显的展示军事强国的强点，暴露军事弱国的弱点，从而增强军事强国的威慑力，削弱军事弱国的防御能力的一面。实质上，西方大国，特别是美国大力鼓吹以增加军事透明度和建立信任与安全措施为主要内容的地区多边“合作安全”，真实意图是进一步掌握和控制发展中国家的军备发展情况，维护美国等西方发达国家的军事优势，并达成更高层次上的军事威慑和“不战而屈人之兵”的战略目的。

也正因如此，强国一定的“军事透明”是威慑的一种手段，弱国一定程度的不透明也是威慑的一种手段。更何况，到目前为止，包括美国在内的任何一个国家从来也没有真正做到“军事透明”。在这种情况下，中国不可能完全按照发达国家的意愿、标准、时间表搞“军事透明”。

与此同时，参与地区多边安全合作意味着主权的自我约束和自主让渡，必然对中国国家安全构成挑战。主要表现为，在具体安全政策上的自主权受到制约，军事行动上的自由权受到限制，国防建设的保密性面临威胁等等。就亚太地区而言，当前美国等西方国家以及区域内一些国家酝酿建立的多边机制，有明显针对中国的一面。在一些领土、领海争端问题上，中国作为当事一方，不可能全然超脱其外。如近年来，东盟成员发展军事合作，提高东盟的整体防御能力，有助于加强东南亚地区的和平与稳定，推动亚太地区的多极化进程和亚太多边安全机制的建立。但是，必须看到，“冷战后东盟积极发展各自的军事力量和加强彼此间的军事合作，背后也受某种所谓‘中国威胁’因素的影响。特别是与南沙争端有关的东盟国家，如越南、马来西亚、菲律宾、印尼等，发展海、空军力量带有一定的防备中国的考虑，同时也有防备其他争端方的意图，这对在该地区建立信任措施是不利的。”⑨

上述这些，都给中国参与多边安全合作带来了两难，使中国在一些国际安全制度中处于事实上的不平等地位，制约着中国的进一步合作。同时，也是造成中国国内理论界和学术界在此问题上的认识千差万别、看法各异的原因之一。

---

⑨陆建人，《东盟国家的安全合作及几点看法》，《战略与管理》，1999年第4期。

三、从战略的高度深化对多边安全合作的认识

国际安全制度和地区多边安全合作尽管存在着许多不公正、不合理之处，虽然中国面临着一系列挑战和难题，但我们仍然应该从战略的高度来深刻认识和把握这一趋势。

"多边安全合作"既指世界范围内的国家所建立的、用以规范和处理国家之间相互安全关系的国际安全制度（主要是军备控制体系），也指地区性多边国际安全合作安排。通常以国际会议、协定、宣言或组织为表现形式。由此形成的规则体系，可以在国家间安全关系上"界定行为规范、制约国家活动、帮助国家的期望值趋同"。[⑩]一旦建立和运行，就会对国际社会或地区的安全和稳定发挥重要作用，并对有关国家的国际地位、安全环境、安全政策产生重大影响。正因如此，当今世界越来越多的国家都更加重视"多边安全合作"，并积极探讨能够掌握主动权或主导权的、有利于已的国际或地区安全合作模式。

多边安全合作是国际安全形势发展的一个重要趋势，是当前和今后相当长时期国际安全斗争的重要内容，也是各国开展多边外交的新的舞台。

作为维护地区乃至世界长治久安的新途径，作为解决"安全困境"的新方法，多边安全合作得到越来越多国家的青睐。参与多边安全合作是中国融入国际社会的重大步骤，是实现国家富强、民族振兴的主观诉求，是保证国家利益的内在需要，是维护世界和平和地区稳定、改善同世界各国的安全关系、发展同周边国家的睦邻友好合作、增进相互了解与信任的重要途径，也是中国新时期独立自主和平外交政策的新体现和新发展。

对中国来说，参与多边安全合作既是新的挑战，也是难得的历史机遇。在一定意义上也需要解放思想，克服思想认识上存在的诸多误区和片面性。我们不能只看到西方大国借多边安全机制推行霸权主义政策的一面，看不到或很少看到它代表着和平发展的时代潮流，体现着大多数国家

⑩秦亚青，《国际制度与国际合作：反思新自由制度主义》，《外交学院学报》，1998年第1期，第43页。

的愿望，而且在一定程度上也具有遏制霸权主义、促进国际安全新秩序形成的积极意义；不能只看到它是有关国家特别是西方大国用来束缚其他国家的工具，而看不到或很少看到它对参加各方都会起到一定的约束作用；不能只看到一些国家争夺主导权的争斗，而看不到或很少看到参与有关规则的制定对维护国家外部安全环境、实现安全利益所具有的意义；不能只看到参与进去可能会失去在一些具体问题上的自主权，而看不到或很少看到这种参与也将使国家在更大范围内和更长远的时期得到安全保障。

随着各国建立地区安全机制的呼声日益增高和筹建步伐的不断加快，参与多边安全对话合作机制，已经不是一个选择的问题，而是一个无法回避的客观事实；不是一个应急性的权宜之计，而是一种具有战略意义的深谋远虑。对于中国来说，与其被动地回应，不如主动地参与；与其左顾右盼，不如当机立断；与其把关注点放在防范自己受约束、受损害上，不如更多地考虑如何在多边安全机制中发挥建设性的作用，通过提出自己的构想和参与制定“游戏规则”，争取对己有利的主动地位。从战略的而不是策略的层面上思考多边安全机制对中国的影响以及中国在其中的角色定位，从国家和世界的长远利益出发，筹谋21世纪中国的国家安全。

四、态度积极，行动审慎

当前，国际社会多边安全合作机制的建立方兴未艾。中国面临的压力很大，难题不少，任务相当艰巨。但只要有明确的目标、正确的战略指导和充分的理论准备，中国就能变压力为动力，变挑战为机遇。在加强理论研究和论证的基础上，根据自己作为发展中国家并处在弱势地位的现实，时刻保持必要的警惕性和敏感性。在参与的方式、内容、步骤、时间等方面，以当时的处境和情况自主作出选择，而不能迫于压力被动地或毫无准备地匆忙行事。力争做到：态度积极，政策周密，行动审慎，万无一失。

同时，参与多边安全合作还应该与构筑对己有利的地区安全圈结合起来，与建立公正合理的国际经济政治新秩序结合起来，与国家的崛起和振兴目标结合起来，使这种参与更具有长远的战略意义。

在对待安全合作中的“信任措施”和“军事透明度”等具体问题上，更要努力做到：以我为主，循序渐进，趋利避害，力争改革。在政策上，既要有所为，又要有所不为；在内容上，既要有所透明，又要有所不透明；在步骤上，既要有所跟，又要有所不跟；在方式上，既要有所合作，又要有所斗争。总之，必须坚持从中国的客观处境出发，从维护国家安全的现实需要着眼，权衡利弊，循序渐进，决定取舍。

总之，只要准确地把握好参与多边安全合作与坚持独立自主原则之间的“平衡度”，就能在多边安全合作中维护国家的根本利益和长远利益，不仅不会损害，反而会进一步增强中国的国家安全。

（2001年10月）

世界地缘政治形势的新变化、新趋势及思考

一、冷战结束后世界地缘政治格局的重大变化

1.欧亚大陆的海陆均势地缘政治格局被打破。

众所周知，传统地缘战略是以海权国家、陆权国家相对均势和力量对比相对平衡为基础而构建的。两个欧亚大陆的海权国家或国家集团与陆权国家或国家集团之间，围绕着欧亚大陆的主导权展开争夺，甚至以战争方式打破原有的平衡，建立起新的秩序和平衡。但不管怎样变化，欧亚大陆的主导权总是在属于欧亚大陆两大洲的国家轮换交替，没有哪一个国家或国家集团能在欧亚大陆长久地保持其霸权地位。无论英国、德国、法国、日本、俄罗斯，虽然都有过雄霸一方的实力，但从未控制过对方，欧亚大陆的地缘政治格局也未产生过根本性的改变。

然而，苏联解体和冷战结束，却打破了传统的欧亚大陆地缘政治均势格局，原因是美国成为当今世界唯一超级大国，它在冷战结束后的十多年里，综合实力大幅度提升，其在欧亚大陆的影响力比过去任何时候都大，欧亚大陆没有任何一个国家或国家集团能够和美国相抗衡，几乎所有的欧亚大陆国家都不同程度地感受到美国地缘战略的影响。这种影响是以往欧亚大陆地缘政治史上任何一个朝代或任何一个国家所无法比拟的。美国在欧亚大陆的西端通过强化以它为首的北约，约束着英法德三个欧洲大国；在东端与日本加强军事同盟，通过重修美日安保条约约束日本。这样使美

国成为历史上第一个同时控制欧亚大陆两端的大国。通过两个军事同盟，美国又可以遏制俄罗斯和中国这两个目前欧亚大陆上的最大国家。

为了成为21世纪欧亚大陆的长期霸主，美国在冷战结束后很好地利用了三次国际大动荡的机会和四场大规模局部战争，向欧亚大陆的“心脏地带”渗透。三次动荡是指：1989～1991年的东欧剧变和苏联解体；1997～1999年东南亚金融危机和全球经济动荡；2001～2003年，美国发生“9·11”恐怖袭击事件所引发的全球安全形势的新变化。美国先是紧紧抓住第一个历史动荡提供的机遇，从政治上逼垮了它的冤家对手——苏联，为两极争霸的历史画上了一个句号，确立美国唯一大国的地位。90年代下半期，它又通过第二个历史动荡，即利用亚洲金融危机和科索沃战争给这些地区造成的持续不稳定，充分发挥了美国作为国际资本“避风港”的作用，吸收了来自亚洲、欧洲危机各国大量的“资金难民”，使美国出现了高投资、高增长、低通胀、低失业的良性经济运行局面，推动了美国经济的轮番上涨，从而使美国在经济上与它的两个西方对手——欧盟和日本拉开了距离。进入21世纪，美国遭遇到前所未有的恐怖袭击，美国大幅度调整安全战略，把反恐作为第一要务，同时借助反恐极力推行单边主义和新的扩张政策，并提出“先发制人”打击战略和“新帝国”构想，使美国的势力范围扩展到历史上任何帝国都未曾达到的程度，地缘优势更加明显。

以上国际政治、经济和安全形势的三次大动荡又都伴随着美国发动的大规模局部战争。冷战后，美国通过打海湾战争试图控制中东；通过打科索沃战争试图控制东部欧洲；通过打阿富汗战争试图控制中部亚洲；通过打伊拉克战争试图控制整个伊斯兰世界。1991年的海湾战争使美国得以在海湾地区保持长期的军事存在；1999年的科索沃战争使美国军事力量进入至巴尔干地区。这两场战争使美国巩固了被布热津斯基称为“欧亚大陆的巴尔干”的南线力量。2001～2002年的阿富汗战争使美国在阿富汗周边及中亚9个国家中建立了13个军事基地，实现了历史上美国在大陆腹地、在中亚地区广泛建立军事基地的零的突破。2003年的伊拉克战争已经催生了美国全球军力的重新部署和重大调整，针对恐怖主义和未来不确定威胁的一面更加突出，新的部署使美军的力量将具有全球化、前沿化、小型化、机动化和快速化的新特点。

美国上述行动凸显出美国建立“新帝国”的野心，其背后隐藏着美国地缘战略的更深战略意图，即重新整合欧亚大陆，并进而使美国的力量达到世界的每一个角落，确立21世纪的世界霸主地位，从而打破了欧亚大陆长期以来的海陆均势地缘格局。

2.亚太地区地缘战略地位呈上升趋势。

亚太概念是对亚太地区自然地理范围的概括，同时也是对亚太地区政治、经济、军事以及文化等客观现实的反映，是一般地理概念与地缘因素相结合的产物。尽管理论界和学术界对这一概念有不同的解释，但一般认为，亚太包括亚洲和太平洋的所有国家和地区，以及北美、中美、南美的太平洋沿岸国家。在这一广袤的地域内共有75个国家和地区，人口占世界人口的66%以上，面积占地球的45.6%。亚太是世界上地理范围最大、人口最多、经济发展最快和多样性最鲜明的地区。

20世纪下半叶，世界发生的最深刻的变化之一，就是亚太地区经济的崛起，它使欧亚大陆的力量分布由西重东轻向东西均衡发展，使世界政治战略重心开始了由欧洲向亚太的转移。

政治上，亚太已成为全球主要政治力量角逐的中心。冷战时期，亚太除朝鲜半岛外，不存在欧洲那样分别以美苏为首的北约和华约两大军事政治集团严重对峙的局面。两极对峙主要体现在中美之间50～60年代的激烈对抗，其后在亚太政治中占主导地位的是美苏中三角格局。美苏虽然在欧洲严重对峙，但却在欧洲以外的美苏之间的方方面面中间地带进行激烈争夺，亚太地区是美苏争夺的重点之一。同时，与战后欧洲格局四十余年基本未变的状况不同，亚太掀起了空前规模的民族解放运动，发生了翻天覆地的变化。中国革命的胜利，连同一系列新独立国家的出现，为亚太战略格局注入了一股新的因素，形成了亚太独特的多元政治结构。新中国自成立后就成为影响亚太战略格局举足轻重的力量。

随着两极的解体和冷战的结束，亚太的国际政治地位不仅没有下降，反而日益上升。亚太作为美、日、俄、东盟等主要战略力量的地缘战略交接区和利益交汇点，其地缘战略地位极为重要。作为世界上唯一一个超级大国，美国在其新的亚太战略中，对以东亚为核心的亚太地区高度重视，强调全面积极地参与亚太事务，扩展其在亚太的影响。俄罗斯在向西方“一边倒”未获实效后，开始推行强有力的“东方政策”。日本在执行了一个多世纪的“脱亚”政策后，又重新“返回亚洲”。继德、英、法相继宣布新亚洲政策后，欧盟制定了《走向亚洲新战略》，加强了与亚太国家特别是东亚国家的经济政治联系。1996年3月召开的亚欧会议，是历史上第一次亚洲和欧洲国家元首和政府首脑级聚会。它标志着亚太政治上的崛起，预示着东亚将可能成为一个能与欧美并驾齐驱的全球战略中心。

在经济上，亚太已成为全球主要经济力量竞争的中心。二次大战后，欧洲转变政策，在两个集团的基础上，又形成了平衡对立的经济体系和市场。亚太国家基本上是按各自的国情分别进行经济建设的，因而在经济上呈现出多元化结构，发展极不平衡。亚太的动荡和多元化造成发展水平的参差，但也给地区经济长期增长提供了机遇，不同经济类型各显神通。美国侵朝战争、侵越战争为日本的经济崛起提供了机遇和条件。而美国的市场、亚洲发展中国家和地区的廉价劳动力，加上日本的资金和技术，为70年代后期和80年代亚太繁荣奠定了基础。由此而形成的亚太多层次互补性的经济联系，是亚太经济活力经久不衰的重要原因。

进入90年代，亚太经济持续调整增长，经济规模不断扩大，外贸规模和投资迅速增加，金融实力大大增强。亚太特别是东亚将成为世界的一个经济重心，据统计，东亚在1980～1989年间的经济增长率年均7.9%，1991～1994年世界经济不景气的情况下，东亚经济仍保持了7.7%的高速度。1992～1995年世界出口贸易排序表上前15名中有6个是东亚国家和地区，1993年亚洲吸引外资占世界总额的60%。1997年亚洲金融危机对东亚经济造成强烈冲击，但一些国家在对经济调整和改革后，仅仅用了两年时间就开始出现强劲的复苏势头。亚太已成为美国最大的进出口市场，最大和最有前途的贸易伙伴。美国在亚太地区经营5000亿美元的商业贸易，1992年对外贸易的54.4%是对亚太国家进行的，其中东亚占35.5%。欧洲国家对亚太的直接投资也大幅度增长。中国是亚太经济新的增长点，改革开放20多年来年均经济增长率达9.8%。虽然中国受到亚洲金融危机所带来的巨大影响，但目前的经济总量已跃居世界第6位，2002年吸收外资居世界第1位。

在军事上亚太已成为全球主要军事力量部署的中心。在以雅尔塔体制为基础的两极世界格局中，美苏争霸和两大军事政治集团的尖锐对立，导致了规模空前的军备竞赛、全球范围内的争夺和长期冷战对峙的紧张局面，使世界始终面临世界大战的严重威胁。然而，在美苏势力范围已定且在军事政治领域大体势均力敌的情况下，欧洲战后维持了长期的“恐怖的和平”。美苏将触角延伸到欧洲以外的广大发展中国家，从而引发了大量的局部战争。特别是亚太地区，几十年来不是这里烽烟骤起，就是那里枪声突现，局部战争从未间断过。战后世界大规模的局部战争，除中东战争、两伊战争外，朝鲜战争、越南战争、印巴战争、阿富汗战争等，都发生在亚太地区。美苏两个超级大国的侵略政策的失败，促进了亚太多元结构的发展和军事力量的相对分散。

冷战后的亚太安全总体上相对稳定，但仍存在对地区安全构成威胁的许多不稳定、不确定因素。一些国家推行霸权主义和强权政治，强化军事同盟，进行军备竞赛，加之地缘战略利益分歧、领土争端和民族宗教纷争，使得亚太的军事安全问题依然十分突出。亚太地区在美国全球战略中的地位日益上升，它覆盖被美国视为“国家生命线和转运区”的五大海上咽喉要道区，并拥有世界上7个最大军事力量中的4个。因此美国在亚太地区有5个军事同盟驻军达

十多万人，约占其海外驻军总数的一半。美国还积极在东亚建立战区导弹防御系统，并在“9·11”事件发生前，将其冷战后打赢两场几乎同时发生的大规模局部战争的一场确定在东亚。俄罗斯在亚洲地区部署了约50万兵力，占其现有总兵力的1/3。日本已加快了走向军事大国的步伐，其开支居世界第2位，仅次于美国，其常规武器装备的现代化程度已超过英、法、德等国，居世界第3位。印度和巴基斯坦已拥有核武器和运载工具。东盟国家也在大力发展军事力量，90年代初到1997年年底金融危机爆发前，东盟各国军费年均增长率达10%左右。北约战略重心由防御转向对外干涉行动，并将其目标直接指向中亚地区，也对亚太的稳定安全构成了威胁。此外，北方四岛、朝鲜半岛、台湾海峡、南海群岛和南亚等五大热点问题以及独岛（竹岛）、钓鱼岛和黄海、东海的海洋划界之争，往往是大国利益和矛盾的交汇点，一旦激化将可能引起亚太有关大国之间的对抗。这一切表明，亚太在全球的军事地位更加突出和重要。

3.欧盟的扩大与深化对欧洲地缘政治版图带来重大冲击。

翻开人类历史的长卷，欧洲对于整个世界的影响无疑是巨大而深远的。作为近现代文明的重要发祥地，欧洲曾一度长期独领风骚，雄踞世界的中心，并引领世界文明的浪潮汹涌前行，同时也以其自身无可争议的实力深刻地改变了世界的旧有格局。但二战后，欧洲沦为二流国家，其世界影响急剧衰落。冷战的形成和两大集团的对峙，又使整个欧洲备受分割与离析，欧洲版图略呈破碎。80年代末90年代初，伴随着东欧剧变，苏联解体、冷战结束，欧洲格局也发生了空前的重组与嬗变。欧洲经济共同体这一老牌的区域性经济组织趁势而一跃成为兼具政治整合意味的更大的地区性组织——欧洲联盟；伴随着欧洲统一货币——欧元的发行，欧洲经济一体化加速推进。与此同时，欧盟政治与防务的联合也迈出了新的步伐。

如果从1951年法、意、荷、比、卢、西德6国签订《巴黎公约》，建立欧洲煤钢共同体算起，欧洲联合已走过了50多年的历程。在这50多年中，欧洲联合实现了“三级跳”：第一阶段（1951～1957年），法、德、意等西欧6国在煤钢共同体范围内进行了合作；第二阶段（1957～1992年），上述6国加上英、爱、丹、西、葡、希共12国在欧洲经济共同体范围内进行了经济与政治整合；第三阶段（1992年以后），欧洲联盟取代了欧洲共同体，欧洲“加速一体化”，其成员国也由12国扩大到15国。2004年，欧盟将继续扩大到25国。

冷战结束后，欧洲联合在内部深化和外部扩大两个方面都取得了相当程度的进展。

从内部深化来看，欧共体发展为欧洲联盟，实现了经济与货币联盟这一经济联合的最高目标，并加快了政治与防务的联合步伐。

1991年12月9日，欧共体第46届首脑会议通过《马斯特里赫特条约》，简称为《马约》，规定：欧共体在经济上实现单一货币，成立独立的欧洲中央银行，从而建立欧洲经济货币联盟；同时执行共同外交和防务政策，实行司法协助和警务合作及共同的社会政策，从而建立欧洲政治联盟。按照这一目标要求，欧共体国家必须在经济财政政策方面密切合作，使各国宏观经济指数相互协调与接近。在决定共同的防务政策问题时，主要采用多数表决制的办法，有时也适当考虑英国等国家的一些特殊情况。防务政策方面，西欧联盟隶属于欧共体，担当起防务职能，同时北约仍负责西欧防务。这样，《马约》规定的目标就使欧洲一体化从过去的无国界内部大市场阶段推进到经济货币和政治联盟的更高阶段。1993年11月，《马约》最终被欧共体所有成员国批准生效，欧共体改称“欧洲联盟”。

2002年1月1日，欧元作为法定货币如期在欧元国正式流通，欧洲经济进程进入了一个新的阶段。欧元作为当今世界的三大货币之一，对美元必将构成大的挑战。所以，欧元成功启动将加强欧洲的自主性，并推动欧洲政治一体化的进程，使欧洲成为未来多极世界中的一员。

从外部扩大来看，抓住冷战结束后的天赐良机，向中东欧国家扩张，将中东欧国家纳入欧洲一体化进程，实现大欧洲之梦是欧盟的跨世纪战略。就欧盟方面而言，所有成员国都认为整个欧洲的稳定、安全和繁荣符合自己的利益，东扩乃是地缘政治和经济利益双重选择的结果；而就中东欧国家而言，同样有着历史传统、地缘政治和现实经济利益的多种考量。所以欧盟的东扩可谓是“两厢情愿、双向选择的必然结果”。欧盟的东扩计划大体经历了三个阶段：

第一阶段，为先期准备阶段（90年代上半期），主要是与中东欧国家签署联系国协定，制定入盟标准和实行先期准备战略；第二阶段，制定入盟谈判时间表阶段；第三阶段，为正式入盟谈判阶段。到2002年底，申请加入欧盟的国家有：马耳他、塞浦路斯、土耳其、波兰、捷克、匈牙利、阿尔巴尼亚、拉脱维亚、立陶宛、爱沙尼亚、马其顿、斯洛文尼亚、罗马尼亚、斯洛伐克、保加利亚等15个国家，其中12个来自中、东欧地区和前苏联的加盟共和国，吸收这12国加入欧盟被称为欧盟东扩。

2002年12月13日晚，为期两天的欧盟哥本哈根首脑会议闭幕。欧盟15个成员国和13个申请加入欧盟国家的领导人就欧盟扩大问题经过艰苦谈判和反复磋商后，终于达成了一系列协议，并通过了《主席国宣言》。对波兰、匈牙利、捷克、斯洛伐克、斯洛文尼亚、爱沙尼亚、拉脱维亚、立陶宛、塞浦路斯和马耳他10国而言，历时四年的马拉松式的入盟谈判终于最终结束，从而为欧盟历史上最大规模的东扩谈判画上了句号。根据协议，2004年5月1日起，上述10国将正式成为欧盟成员国。扩大后，欧盟总面积将达400万平方公里，国内生产总值上升5%，总人口将增长25%，达到近5亿。届时，一个囊括25国、近5亿人口的欧盟将出现在世界舞台上。在世界多极化的发展中，欧盟一极的地位将更加重要。难怪欧盟轮值主席国丹麦首相拉斯穆森说，“这是一个历史性时刻。”英国首相布莱尔也宣称，欧盟由15国扩大到25国，将使欧盟发生根本性变化，影响深远。

二、美国的地缘战略及其走向

1.美国地缘战略的发展。

从历史的角度看，美国的地缘战略经历了三个发展阶段：

第一阶段是从美国独立到19世纪末的“门罗主义”阶段。这个时期美国虽然赢得了独立，建立了资产阶级共和国，但还面临英国及其他欧洲列强的威胁。这时美国的首要任务是积聚国力和在美洲大陆扩张领土，而相对安全的地缘环境也有利于美国置身欧洲纷争之外而集中力量在美洲大陆进行扩张。“门罗主义”虽然是1823年提出来的，但它既是对美国早期地缘战略的继承，又是对它的重大发展和理论总结。“门罗主义”包含有

美国对美洲事务拥有合法干涉权的思想，包含有为保护美国在美洲的利益而排斥欧洲列强在美洲的殖民扩张的战略原则，包含有对当时以欧洲为中心的国际事务持“孤立主义”立场和保持“坐山观虎斗”的有利地位的思想。正是在“门罗主义”的旗号下，美国埋头发展国力而成为世界强国之一，沿北美大陆扩张为一个疆域辽阔的国家，并向南美洲扩展势力和影响，把整个美洲大陆变成了自己可靠的战略“后院”。

第二阶段是19世纪末到第二次世界大战前的“门户开放”阶段。19世纪后半期是美国资本主义经济迅速发展的时期。1894年美国的工业生产总值跃居世界首位，成为世界头号经济强国。为了开拓市场和原料产地，美国已不满足于“门罗主义”了，主张应从更广阔的空间视野认识美国利

益的理论应运而生。其中比较著名的是马汉海权论和历史学家、美国第六任总统亚当斯的孙子布鲁克斯·亚当斯的“美国经济优势论”。根据他们的理论，美国把扩张的重点放在了中美洲和亚洲太平洋地区，1898年美西战前后，美国先后攫取了巴拿马运河独自开掘权，霸占了古巴、菲律宾、夏威夷、关岛、威克岛，伸展到美国西海岸以西7000海里、距中国海岸仅700海里之处。这时的美国虽然已是世界头号强国，但其军事力量有限，又是瓜分世界的一个迟来者。日本在甲午战争中打败了清王朝，帝国主义掀起了瓜分中国的狂潮，日俄围绕朝鲜半岛和中国东北的竞争孕育着新的帝国主义战争，东亚的力量对比正在发生巨大变化。在这种复杂背景下，美国政府提出了新的政策——“门户开放”。

所谓“门户开放”政策是1899年9月和1900年2月美国国务卿海约翰在两次致送各帝国主义列强照会中提出来的。“门户开放”的核心是“保全中国，利益均沾”，即维护中国形式上的完整，反对某一列强对中国的独占；承认并接受列强在中国的势力范围，同时要求列强允许美国利益均沾。“门户开放”的特点是采取非武力的“合法方式”来达到扩张的目的。它虽然是针对中国问题提出来的，但不仅仅局限于中国问题上，而是要求列强在美国的利益已经达到或没有达到的一切地方对美国实行开放。此时的美国还未完全摆脱“门罗主义”影响，所以，“门户开放”是美国的地缘战略从“门罗主义”到后来的“杜鲁门主义”、从美洲区域到全球干涉的过渡阶段。这一阶段虽然摇摆于区域和全球之间，但为后来美国着眼于全球的地缘战略提供了经验教训。

第三阶段是第二次世界大战后的“杜鲁门主义”阶段。1947年3月美国总统杜鲁门在一份针对希腊和土耳其问题的国情咨文中宣布：“不论什么地方，不论直接还是间接威胁了和平，都与美国安全有关。”“杜鲁门主义”是美国针对苏联所进行的冷战宣言，实质是推行全球干涉主义，其理论基础是日益成熟的美国地缘战略理论。“杜鲁门主义”虽然是二战后提出的，但却与美国参加二战的经验有关，与二战后大国力量对比消长有关。战后美国成为世界头号强国，霸主榻旁岂容苏联来卧？指导美国对苏联进行冷战的美国版的地缘战略理论，即斯派克曼的“边缘地带”论。由于美国在地理上被欧亚大陆、非洲和大洋洲所包围，欧亚大陆或其东西两端被某一强国控制，就会对美国的安全构成巨大威胁。为了防止来自欧亚大陆心脏地带的危险，美国就要控制边缘地带特别是西欧和东亚。直接促成“杜鲁门主义”出笼的乔治·凯南的八千字电报和总统特别助理克拉克·克利福德的《美国与苏联的关系》一文就是根据麦金德和斯派克曼的地缘战略起草的。为了遏制苏联向欧亚大陆边缘地带扩展，美国采取的主要措施有：维持欧亚大陆均势海上非均势，即利用欧亚大陆各国间的矛盾保持欧亚大陆力量平衡，确保美国的海上力量优势和对海洋的控制；以西欧和东亚为重点，沿整个边缘地带组织联盟，建立和巩固美国在西欧的桥头堡，在西太平洋和东亚形成遏制中苏的新月形包围圈；驻军西欧、东亚，建立遍布世界的军事基地体系，实行前沿军事部署。但此时美国地缘战略的最大失误是遏制中国，不仅失去制衡苏联的重大筹码，而且遭到朝鲜战争和越南战争两次大失败。70年代鉴于苏联咄咄逼人的攻势和西欧、日本复兴以及中国的国际政治地位上升，美国在加强与西欧合作的同时，实现中美关系正常化，从而使苏联处于更加不利的境地，为最终结束冷战创造了条件。

2.冷战后美国的地缘战略构想。

冷战后美国的地缘战略与冷战时期相比没有本质的变化，仍然是控制欧亚大陆边缘地带，维持欧亚大陆均势和海上非均势。维持海上非均势便于其向世界施加影响；保持欧亚大陆均势便于其操纵世界事务。所不同的是冷战后美国成为唯一的超级大国，综合国力遥居世界榜首，并试图建立美国单极领导下的“世界新秩序”。在美国看来，一是在欧洲、日本、俄罗斯和中国四强中，美国难以大左右的是俄罗斯和中国。因为欧洲和美国虽有矛盾但毕竟是美国传统盟友，欧洲还面临协调内部关系方面的困难；日本与美国经济上竞争激烈，但它国土狭小、缺少资源、军事力量不足，且在美国控制之下。俄罗斯与前苏联相比领土面积缩小了、实力减弱了，但它还是苏联“法定继承者”，仍占据欧亚大陆心脏，拥有辽阔的幅员、丰富的资源、发达的科技、强大的军事力量和顽强的民族性，其重振大国雄风是迟早的事。中国文明悠久，经济发展迅速，必将成为世界强国。因此，美把俄罗斯和中国视为防范的重点。二是随着东亚崛起，欧亚大陆的力量分布正从西重东轻向东西均衡发展，美国对欧亚大陆的地缘战略出现了从以欧洲为重点向东西并重的方向转变。90年代以来，美国极力推行北约东扩战略、向中亚渗透和加强美日军事同盟，实际上是趁俄罗斯虚弱之机进一步从西、东、南三个方向挤压俄罗斯的地缘战略空间，把俄牢牢锁定在欧亚大陆腹心；同时，主要从东西两翼防范和遏制中国。美国对欧亚大陆边缘地带的控制是其地缘战略的重要内容，不会轻易改变。从这个意义上说，美国在欧亚大陆没有永久的朋友，只有通过平衡欧亚诸强控制边缘地带从而主宰欧亚大陆并进而独霸世界这一永久的利益。

3.借助反恐战争，美国力图实现地缘战略的新扩张。

2001年9月11日，美国发生了有史以来最严重的恐怖袭击事件。美国随之对其全球战略做出新的调整，美国的新战略可以概括为“反恐当先，借机扩张”这八个字。

首先是反恐当先。在“9·11”之前，美国对恐怖主义威胁并非没有认识，但令其做梦也没有想到的是，国际恐怖主义势力有如此大的能量，居然敢大规模攻击美国本土。因此，对恐怖主义的威胁估计不足、特别是没有料到美国本土会遭到攻击从而成为美国安全上的一大盲区。这一事件对美国战略最大的影响就是把恐怖主义威胁提高到国家安全的首位。2002年1月，布什总统在其国情咨文中指出：“上万名分散在世界各个角落的恐怖分子，成为在我们不知道的时间、地点和目标上随时引爆的滴答作响的定时炸弹。”他把反恐作为美国政府三大任务中的两项，即反恐战争、本土安全和恢复经济，并声称这场战争不会在他的任内结束，但必须在他的任内开始，号召美国民众做好长期斗争的准备。为此，美国采取一系列举措落实反恐：启动了政府战时连续性计划；成立国土安全部和北方战区司令部等等。由此，美国改变了对主要威胁来源的判断。为了保卫美国的核心利益，赢得反恐战争的胜利，它不得不暂时把其他对手放在一边，集中力量对付恐怖主义，并不得不考虑调整与包括中国、俄罗斯在内的其他一些国家的关系，并由此带动了大国关系新的调整。

其次是借机扩张。从历史上看，迄今为止，美国是唯一一个在力量扩张方面没有后退或收缩的国家。“9·11”事件打破了美国的对内安全感，使美国的安全关注从国外转向国内，从专心向外转向内外兼顾。但这并不意味着美国要重新恢复孤立主义。美国在历史上面临第一次重大危机事件之后，尽管在个别情况下也有过短暂的力量收缩，但事后它的扩张反弹总是更进一步。美国新的地缘战略扩张行动充分证明了这一点。“9·11”事件后，美国打着反恐旗号，主要在四个方面采取了地缘战略扩张的具体步骤：

军事进入中亚，实现欧亚大陆的地缘战略连接。中亚是连接欧亚大陆东西两端的战略通道，控制中亚不仅控制了欧亚大陆的地缘制高点，而且可将美国的两洋对进的战略加以连接（西有东扩，东有西进，两洋对进，中间楔入）；中亚和里海周边地区的石油储量约2000亿桶，仅次于中东的波斯湾，居世界第2位，天然气也极为丰富，光土库曼斯坦一国的天然气资源就居世界第4位。2000年，美国决定建设不经过俄罗斯而通过土耳其杰伊汉的管道。早在90年代，美国就有将土库曼斯坦天然气经过阿富汗输送到印度洋的计划。从军事安全利益看，目前，美国在阿富汗周边和海湾地区9个国家中共建立了13个军事基地。众所周知，中亚历来是俄罗斯的势力范围，美国一直认为这里存在一个俄中印伊巴抗美国战略轴心，而这些力量又都是与美国对立的国家，通过阿富汗反恐战争，中亚国家允许美国进入，印巴争相向美国示好，中俄同时拉近与美国的关系，美国认为这是它千载难逢的良机，美国实现了其军事进入中亚的历史性突破。

发动伊拉克战争。试图建立一个符合美国利益的民主的伊拉克政府，进而改造中东国家乃至整个伊斯兰世界，为建立21世纪美国主导的世界新秩序奠定基础。美国虽然轻而易举地推翻了萨达姆，但却深深陷入了战后伊拉克境内混乱和抵抗的泥潭，要实现上述目标仍然可望而不可即。

坚持发展导弹防御系统，抢占军事斗争的制高点。“9·11”事件后，美国不仅没有延缓或取消MD计划，反而加快了这一进程，并成为美国借反恐扩张的典型步骤。美国执意发展MD计划，首先是进一步剥夺俄罗斯仅存的军事超级大国的能力，全面矮化俄的大国地位；其次是建立起对潜在主要对手中国的绝对核优势，保持未来对中国强大的战略威慑力量；第三是成为盟国防止核威胁和生化导弹攻击的唯一打伞人，巩固盟国对美在政治安全上的从属关系；第四是抢占军事科技的新制高点，夺取制天权和制信息权，巩固美国经济军事高科技的龙头老大地位。

调整美军全球的兵力部署。将美军事基地建在世界各个角落，并更加靠近前沿部署，提高美军在全球的机动灵活和快速反应能力，以应对未来包括恐怖主义在内的各种不确定威胁。

“9·11”事件后，美国官方先后发表了《四年防务审查报告》《美国国家安全战略报告》《核态势审查报告》《国防报告》等重要文件，集中体现了布什政府为因应新的变化所进行的全球地缘战略调整。从中可以较为清晰地看出美国以反恐为中心的地缘战略的新特点：

第一，在协调和稳定大国关系的同时，对进行恐怖活动或坚持与美为敌的中小国家和组织，毫不犹豫地进行先发制人的打击。美国安全特别是其本土安全面临的严峻挑战，使布什政府较之执政初期更加强调与其他战略力量中心的共同利益和协调合作。与此同时，美国要坚决对恐怖组织和某些“无赖”或“邪恶轴心”国家进行先发制人的打击。新安全战略强调，“激进主义与技术的结合”是美国面临的“最严峻威胁”。对这类中小国家或政治组织，美国只要认为有必要，即便没有国际社会的支持，也要毫不犹豫地采取单独行动。反恐战争“事关美国的自由和生活方式”，而且这还“仅仅是一场长期的、危险的、全球性战争的开端”。新国防报告直言不讳地说：“就在美国进行反恐战争之时，其他挑战正在地平线上兴起。”显然，美国是把反恐战争视为打击一切坚持与美为敌的国家和势力的“机遇期”，从而准备逐一解决或消弭美国可能遇到的一切对手和挑战。

第二，用装备最新科技成果的传统安全手段解决非传统安全问题，实施攻防兼备的实战威慑战略，准备打目的趋于无限的局部全面性战争。美国新安全战略要求运用拥有高技术武器装备、远程精确打击能力和太空、信息、情报能力的军队，通过保卫本土安全、大规模作战、小规模应急作战等样式来应对恐怖主义、武器扩散等非传统安全威胁。布什政府认为，冷战时期“相互确保摧毁”的威慑战略还是一种消极防御、只能靠以报复相威胁的威慑，现在必须采取积极进攻、攻防兼备的实战威慑战略，在常规实战环境下慑止恐怖主义及各种潜在对手的挑战。按照这一思想，美军将实现由“基于威胁”型向“基于能力”型军队的转变，即不再强调与谁、在何处和何时打仗，而是强调具备对付潜在对手的各种能力；战略力量结构将由核打击与以高技术常规武器为主的非核打击能力、以导弹防御为核心的主动与被动防御系统和反应性强的国防基础能力组成的新“三位一体”，取代由洲际弹道导弹、战略轰炸机和潜射弹道导弹组成的旧“三位一体”。如果威慑失败，美军将采取一切战争样式和手段决定性地战胜对手，包括进行以改变敌对国政权或占领其领土为目的的具有全面性而非有限性的大规模战争。这些变化，充分显现出美国新安全战略的进攻性、实战性、冒险性，以及战争准备趋向无限和绝对的特点。

第三，将地缘政治与地缘经济因素更加紧密地结合在一起，政治和经济两手并用，力求建立符合美国根本利益的地缘战略态势。“9·11”事件既是挑战也是机遇，它使美国能够借机迅速扩张其在欧亚大陆的地缘战略空间和地缘政治影响。防止在欧亚大陆出现一个能与美国平起平坐的强国，是美国至关重要的国家利益和战略目标。美国在以反恐为中心的同时，并没有忘记将欧亚大陆的地缘政治现实向有利于美国的方向转变。美国新防务审查报告和国防报告一再强调：亚洲正成为一个有大规模军事竞赛的地区，从中东到东北亚有一个广阔的不稳定地区，从孟加拉湾到日本海的东亚滨海区是一个特具挑战性的地区，将可能出现一个拥有丰富资源基础的军事竞争者。亚洲在美国安全战略中的地位迅速上升，美国正扩大在亚太的军事部署和强化军事同盟，已是不争的事实。此外，最大限度地获取经济利益，从来都是美国对外政策和安全战略的核心内容。美国新安全战略更加积极地宣扬美式的自由、民主的价值观，推行自由市场和自由贸易，运用地缘经济手段来实现地缘政治目标。在布什政府看来，美国对伊拉克这样一个石油资源丰富、战略地位重要和矛盾冲突尖锐的国家动武，有利于其在新世纪打造一个以美国为主导的地缘战略态势。

美国国家安全战略的根本目标，就是以反恐战争为手段，充分利用目前尚无任何大国的综合国力能与其匹敌以及世界军事力量对比严重失衡这一“战略机遇期”，谋取新世纪长久的政治、经济和军事全面优势，确立和保持美国霸权下的单极世界。

三、世界地缘战略形势发展的大趋势

1.地缘战略争夺的重心正由陆地转向海洋和外层空间。

近代民族国家的疆域意识首先在欧洲国家中确立起来。地理大发现后，欧洲对世界其他地区进行了持续不断的殖民扩张，把世界绝大多数地区攫为欧洲列强的殖民地。但在从18世纪北美独立战争至20世纪60年代持续不断的非殖民化浪潮中，广大殖民地已取得民族独立，殖民体系已土崩瓦解。冷战后因苏联解体而引发的国家分裂浪潮也已基本告一段落。环顾当今世界，虽然国家陆地疆域的局部变更难以避免，但要像殖民主义时代那样灭人国家或大片大片地割人土地似乎不大可能，大国间尤其如此。随着国家间的陆地疆域已相对稳定，随着海洋技术和外层空间技术的发展，国家间围绕海洋权益和外层空间的争夺会日益激烈。特别是占地球表面70%的海洋是各国相互交往的通道、发展经济的资源宝库、未来战争的重要战场。目前人类对海洋的开发利用还是初步的，随着陆地资源的相对短缺和海洋科技的进步，海洋对人类生存发展的巨大意义将进一步显现出来，国家间围绕海洋通道、岛礁归属、海洋划界和海洋资源的争夺必然会加剧。如随着经济全球化的迅猛发展，世界贸易的增长速度不断加快，运输战略通道的安全就日益被各国所重视。而在陆地、海洋、空中三大运输体系中，海洋运输以其便捷、廉价具首要地位。在当今世界海洋运输体系中，北大西洋、北太平洋和北印度洋是最重要的三大战略水道，直布罗陀、苏伊士运河、曼德海峡、马六甲海峡和巴拿马运河是世界上最重要的海上咽喉。今后围绕战略水道和海上咽喉的争夺可能趋于激烈。在陆地交通运输中，输油管道的作用也增强了，90年代下半期围绕里海石油开发和石油管道铺设展开的争夺就是一个例证。

随着20世纪60年代“第三次科技浪潮”的到来，太空技术和海洋生物技术以及相关技术所取得的进展和突破，地缘战略开始出现质的飞跃。就横向而言，人们的视野从陆地扩大到海洋，制海权和对公海、海底资源的争夺愈益成为各国争夺的重点；从纵向来看，从地球表面的争夺趋向对制空权甚至制太空权的争夺，太空和宇宙空间成为大国竞争和对抗的重要场所，各国战略家已经习惯于从宇宙空间来俯瞰和规划国家安全了。由此导致传统的地缘战略思想开始向多维立体化的方向发展，并日益成为大国维护国家安全和推行外交战略的重要指导思想。

2.地缘经济作用上升，传统地缘政治战略越来越趋向于经济化。

冷战结束标志着东西方全面对抗的终结，也使国际关系中的意识形态因素相对减弱；传统意义上按照地缘政治标准界定的对手或敌人，在地缘经济上又可能是相互依存的贸易伙伴；国际竞争的重点已从过去的纯军事竞争转向以经济为基础、科技为先导、军事为后盾的综合国力竞争；长期以来困扰人类的世界大战甚至核大战危险大大降低，非传统的安全威胁日益严重，人类面临的经济、金融、社会、生态环境、恐怖主义、走私贩毒、跨国犯罪等问题变得突出起来。所有这些因素都促成地缘经济作用的上升。

冷战时期的地缘政治关系，更多地是以政治军事划分为主的结盟关系，经济因素虽对国家综合国力产生决定性影响，但对地缘政治影响较小。冷战结束后，经济科技的迅猛发展彻底改变着世界政治的面貌，经济安全正成为国家安全乃至国际安全的主导因素，谋求有利的国际环境和周边环境，全力发展经济科技，力争在21世纪初的国际战略新格局中处于有利地位，是世界各国外交战略的核心内容和追求的基本目标，从而给当今的地缘政治战略打下了深深的经济烙印。地缘政治战略的经济化突出表现在两个方面：

地缘政治战略构成的经济化。当今地缘政治战略的制定和组成，已不再从军事与意识形态角度来考虑，而是越来越以经济地理和经济利益为基础。国家和集团特定的经济利益、对外经济关系和经济区域网络，已经成为决定地缘政治的基本要素。如冷战时期，欧洲共同体在两极对峙的条件下不得不屈居于北约。而当欧洲联盟诞生后，北约已显得略逊一筹，欧盟成了欧洲国家迈向新世纪最具感召力的一面旗帜。美国以北美自由贸易区和亚太经济合作组织为纽带，力图通过组建美洲市场以及与亚太经合组织的衔接，为21世纪初的美国霸权提供国际经济保证。日本政府提出的“欧亚大陆外交”新战略，实际上是要建立一条从里海经由中亚、中国、俄罗斯远东地区，延伸到北海道的能源通道。以经济为本源思考地缘政治战略是地缘政治战略经济化的首要表现。

地缘政治战略角逐的经济化。传统的地缘政治战略较量以军事和意识形态为核心，而经济主导、发展至上的现实，使地缘政治战略角逐的核心转向经济科技，即当今地缘政治战略的竞争主要是经济科技，根本目的是为了谋取科技优势。当“欧洲列车”已经启动时，美国和日本无不感到战略上的忧虑；当东南亚金融风暴越过西南太平洋，席卷韩国、日本、俄罗斯，直逼北美，波及南美时，美国再也不能隔岸观火了；当电子“黑客”有可能取代各种各样的恐怖组织，成为21世纪网上国家重要威胁时，泛地缘的信息安全已迫在眉睫。因此，经济扩展、技术控制比军事打击和意识形态对立更为重要，是调整地缘政治关系、决定地缘政治优势的关键因素。

3. 信息与网络——地缘政治较量的“新边疆”。

1993年，美国总统克林顿提出了“信息高速公路”计划，从此掀起了全球空前的信息革命浪潮。当今世界信息技术迅猛发展，并已经成为一个巨大的新兴产业，网络突破了传统的地理和国界限制，将世界日益紧密地联系在一起，世界面貌发生了前所未有的根本性改变。

网络技术的应用和普及对地缘经济、地缘政治、地缘科技、地缘文化和信息安全等多个方面都已带来了深刻的影响。

从地缘经济的角度看，谁能在信息产业中占据优势，谁就能在日益激烈的国际竞争中获取更高的利润，掌握更多的先机。这是因为以信息产业为代表的高新技术产品成本低、附加值高，成为美国等发达国家获取高额利润的主要途径。如：制造一张光盘的聚碳酸酯原料成本为人民币3元，而微软公司生产的一张加上软件程序的“OFFICE97”光盘售价曾达到8000元，从中获利几千倍。美国在90年代所以能够保持近10年经济连续增长的良好势头，扭转了国力衰退的趋势，重振经济，是同它从80年代下半期开始大力调整产业结构，推动技术创新，重点发展信息经济分不开的。使美国在国际竞争中始终保持了优势地位。

从地缘科技竞争的角度看，谁掌握了网络的主导权，谁就可能控制世界。在未来的综合国力竞争中，经济是基础，但科技是先导，归根到底是科技的竞争。而无论是对传统技术的改造还是创新高新技术，都离不开对信息和网络的充分运用，信息和网络越来越成为科技创新和经济积累的倍增器。

从地缘文化安全看，网络的发展使人们对国家的归属感降低，从而使加强文化建设以及提高国家和民族凝聚力的紧迫性大大增强了。

从地缘政治斗争的角度看，网络成为西方国家干涉别国内政、侵犯别国主权的工具。美国等西方国家利用其在信息和网络技术方面的绝对优势，通过互联网大肆宣传西方文化，倾销其民主价值观，并建立他们的文化霸权和话语霸权，使广大发展中国家和社会主义国家面临严峻挑战。

从国际信息安全的角度看，网络的肌体十分脆弱，网上盗取情报和从事电脑攻击变得比较容易。目前，网络的触角已经伸向了世界各个角落。透过网络，几乎可以深入到任何组织、机构内部，掌握所需信息，使网络成为盗取情报的可靠来源之一。同时，网络天生的弱点使其极易受到电脑病毒的攻击。近年来，电脑“黑客”入侵的事件屡屡发生，不仅严重干扰了网络的正常运行和使用，也给有关方面造成了巨大损失。网络安全成为国家安全的新课题。此外，世界上的三股恶势力——恐怖主义、极端主义和民族分裂主义也借助信息和网络这一平台，大肆从事破坏和平与稳定的活动。经济危机、金融危机也以信息和网络为载体，在全球化的推动下，更具有传染性和破坏性。

信息和网络已经对传统的地缘政治带来巨大挑战，越来越成为地缘政治较量的新领域。

4.东亚可能取代欧洲成为世界地缘战略重心区。

所谓世界地缘战略重心区是指：该地区在一定时期内既是经济、政治、军事和外交中心，又是大国利益交汇点和地缘战略交接区。该地区大国间的合作与对抗、分化与组合对世界其他地区会产生重大影响。在当今北美、欧洲和东亚三大经济实体中，欧洲各国已基本解决了彼此间的重大麻烦，一体化稳步推进，欧洲作为大国角逐中心的时代基本结束。北美在可预见的将来仍然是美国一家独大，无论是北美的加拿大、墨西哥还是南美的巴西在今后几十年内尚无力对美国的独霸地位提出有力挑战。因此，北美成为大国利益交汇点和地缘战略交接区的可能性不大。东亚已基本具备成为世界经济政治中心的条件，同时也是美、日、俄、中四大国利益交汇点和地缘战略交汇区，大国关系没有稳定下来；东亚是民族传统、价值观念、社会制度、经济发展水平差异较大的地区，是东西方文明的交接带，存在一系列尚未解决的世界热点问题；东亚缺少能覆盖全区域的综合性的政治、经济和安全合作机制。如果东亚的问题不能及时很好地解决，随着东亚世界地位的上升，它有可能成为取欧洲而代之的世界地缘战略重心区。

（2003年11月3日）

关于当前中国安全环境的几点认识及对策思考

如何看待当前的中国安全环境，是一个既解决又没有解决的问题，说它解决了是因为中央对此有过明确的判断，即认为是建国以来最好或比较好的时期；说没有解决主要是在学界对这个问题的争论一直没有停止，可谓众说纷纭，莫衷一是。

在我看来，认识当今中国的安全环境也有一个解放思想实事求是的问题，有一个突破传统思维模式束缚的问题。实际上，对安全环境的分析和判断不仅需要定性分析，也需要定量研究；不仅需要有现实主义的理论视角，也需要运用建构主义的分析工具；不仅要有国家主义的眼界，还要有全球主义的胸怀；不仅要有历史的纵向比较，还要有现实的横向分析。概括起来说，必须用新的眼光、新的视角、新的理论范式去看待和思考，才能有新的突破，才可能更接近实际，才可能尽量准确地做出判断和思考对策，去筹划我国的安全战略。所以，我主要谈三个问题：

一、认识和判断我国安全环境的多维度视角

中国安全环境到底怎样，不应该只有一个视角或一种方法，更不应只根据某一个视角或方法得出简单的结论。我们总说中国安全环境更加复杂了，这个复杂性集中表现为用一种理论或方法已很难得出正确的结论，难免出现偏颇甚至极端化，与我国目前安全上的实际状况存在较大差距。事实上，冷战结束后，我国安全环境发生了若干重大变化，而其中最大的变化不在于某一个具体领域的变化，如周边形势是缓和了还是紧张了，我国

安全环境是有利了还是不利了等等，最大的变化在于我国安全环境越来越趋于复杂，越来越难以把握。从不同视角来看，可以有不同的结论。

1.从历史的纵向比较和现实的横向比较来看。

从历史的纵向比较来看，我国安全环境改善很大，但就现实的横向比较而言，严峻的一面不容忽视。改善大表现在：一是世界大战的危险大大降低；二是同周边国家的关系不同程度得到全方位改善；三是陆上边界领土争端通过谈判大部分得到解决。横向比较严峻表现在：一是我在国际安全中总体处于弱势地位；二是同大国比，主权安全问题仍比较突出；三是地缘安全环境相对不利。

2.就传统安全领域来看。

我面临的战争危险和概率互有消长：一方面，外敌对我大规模军事入侵的危险大大降低；另一方面，局部战争的概率增加了，如台海地区。

3.比较传统安全与非传统安全威胁的程度。

一方面，20世纪90年代以来，传统安全威胁经历了一个从下降到回升的过程；另一方面，非传统安全威胁也在逐步上升。目前，两种威胁的挑战同时存在，并交织融合，相互影响和渗透，很难有轻重缓急之分，从而对我国安全形势构成总体性影响。

4.国内安全问题的国际化与国际安全问题的国内化趋势都有不同程度的增长，解决安全问题难度增加了。

5.从现实主义的角度看。

中国要维护安全，只能依赖自己的实力增长，特别是发展军事实力，但这在当今世界上又会引起“中国威胁论”的反弹，反过来不利中国的安全环境改善，从而导致新的安全困境。而从建构主义的角度分析，安全的改善也有一个观念认同的问题，有一个与周边国家和世界互动的过程。

几点重要结论：

第一，对安全环境不能简单地从有利与不利或者机遇和挑战的两分法角度分析，要有三维法甚至四维、五维的分析方法，才能更加全面和客观。

第二，对中国安全环境的判断不能只从中国的视角出发，还要从世界的视角出发，有一个所谓“站在世界看中国”的问题。前者，好像到处都是威胁，都在与中国作对，会产生一种强烈的受虐心态，可能导致极端的民族主义情绪。后者将会看到全球化和信息化时代，国际规则和主权观念都在发生变化，中国在融入世界时有一个逐步适应过程，在安全手段和方式上，在我们看来是正常的东西，可能在世界多数国家和集团看来就不太正常。总之，安全方式和手段必然会受到制约。

第三，在营造对我有利的安全态势时，注重随时调整我们自己的政策和策略，通过改变自己来影响世界被证明是一个成功的途径（如70年代初、80年代初外交战略调整和90年代初邓小平南方谈话等），所以，在千变万化的当今世界上，要学会以变应变。用时髦的话说叫与时俱进。

二、长期影响我国安全环境走向的若干重要因素

1.美国因素：

（1）历史上看，美国是对中国历史发展进程影响最复杂的国家，也始终是我打交道的主要对手。

（2）中美两国关系史表明，中美关系要保持非常好的稳定状态一般需要具备三大条件：①两国社会制度和价值观念相同（20世纪上半期中美关系）；②美国强中国弱；③共同的战略利益。无论当前和今后，前两个条件都不再具备，决定未来中美关系走向，主要看第三个条件的具备程度。所以，两国未来的共同利益越多越紧迫，关系就会越好，反之就差。

（3）使中美两国走向关系破裂甚至战争的最大可能因素，就是台湾

问题，但在这个问题上，两国的认知差距和政策目标完全不同，这就使我国安全环境恶化的可能性增加了。

2.地缘经济因素：

从地缘经济的角度看，中国经济快速稳定的持续增长，仍然是改善我国安全环境最有力、也是最有效的一张王牌。我国经济社会协调发展、政治稳定所孕育的安全意义更加重大，担负的安全责任也重如泰山，并对我未来安全环境的走向具有决定性的作用。

（1）经济社会协调发展和稳定首先与国内安全关系重大，发展会带来安全问题，但不发展或发展失调、政局动荡带来的安全隐患、威胁会更多、更大、更直接（邓小平曾说，如果没有80年代的改革开放和人民生活水平的提高，我们就无法顶住苏东剧变的压力，对那些否定改革开放的人来说可谓一针见血）。

（2）中国国际地位的提高，安全环境总体有利态势的获得，主要依靠其20年来改革开放带来的经济繁荣和市场的不断扩大。对外贸易的快速增长、外来投资的不断扩大、企业走向海外市场步伐的加快，成为国外看好中国、特别是西方越来越看重并倚重中国的最重要原因之一。

（3）非传统安全突出，也与中国的快速发展直接相关，这又给中国带来新的安全压力。可谓发展既促进了中国安全，也带来了新的安全问题。如生态环境保护不仅成为中国国内安全的新挑战，也成为90年代以来我外交上的新课题，影响到与周边国家的关系；能源安全形势严峻；金融安全的隐患没有消除；恐怖主义和宗教极端势力、分裂主义势力的抬头等。

（4）传统安全的新挑战也与中国的发展有关。美国在亚太加强军事部署与西方“中国威胁论”的出现和扩散直接相关，这种部署也是美国所谓预防性遏制政策的体现，即阻挠或延缓中国崛起的速度和力度。从而使地区军事安全形势的不稳定和不确定因素增加了。

总之，不发展会带来安全问题，发展也会带来安全问题，我们处在一个发展的过渡时期，即由发展中的社会主义大国向强国的历史性转变，国内的改革和发展也处在关键时期，因此，不发展的安全威胁没有消除，发展引起的新安全挑战接踵而至，这就是我国安全环境的现实写照。

3.地缘政治因素：

从地缘政治的角度看，我国是当今世界大国中地缘安全环境最复杂的国家之一，在这方面可谓“先天不足”，并将会长期影响我国安全环境的改善。

中国是个背陆面海、陆海兼备的大国，与世界其他大国相比，中国的地缘环境较为复杂和恶劣。

（1）边界线长，有长达2万多公里、世界第二的陆地边界，大陆海岸线长达1.8万多公里；

（2）邻国多，陆上与14个国家接壤，海上相邻的国家有6个；

（3）强邻多，世界25支最强军队中有8支在我国的周边；

（4）我国与一些邻国在边界、领土、领海和边境地区的民族宗教问题上多有纠纷。

中国是世界上邻国最多的国家之一、强邻最多的国家之一、边界纠纷最多的国家之一，全世界11个上亿人口的国家有7个在我国周边，军事力量排在世界前25位的国家中就有8个在我四周；历史上的主要大国都侵略过中国，两次鸦片战争中的英国，八国联军的西方诸强，一战前的沙皇俄国，二战时的日本，战后的美国，以及两霸争雄时期的苏联，现在世界上的主要大国，除了欧盟、美国以外，都在中国周边（日、俄、印）；中国背陆面海，但陆有劲敌虎视，海有岛链环锁。虽为陆海兼备的大国，但从未享有陆海兼有的利益。一位美国学者把中国周边的地缘环境与美国作了比较之后写道："美国的位置使它几乎不会受到外敌的军事入侵，中国的位置却使它千百年来屡遭侵犯。美国的安全问题是在国外，中国面临的最紧迫问题则是在它的边界线上和边境之内。美国军队是在远离国土千万里之外的世界各地巡逻，中国军队操心的却是抗御外敌入侵和国内的安定。"这句话形容美国的部分已经发生了改变，但形容中国的部分依然有效。

近年来中国的周边外交有很大成就，地缘安全环境获得了相当程度的改善。22000公里的陆上边界只剩下不到3000公里未划定，中越划定了北部湾海域，实现了大体对半分的原则（越占52.81%，我占47.19%，双方确定了建立共同渔业区的协定）；与大多数国家确立了睦邻友好合作的长期稳定关系。北有上海合作组织，南有中国与东盟国家达成的建立自由贸易区的共识。

世纪之交，"9·11"之前，中国的地缘安全环境态势可以用三句话来概括：一个安全主方向；两条交叉热点线；四大战略竞争带。

一个安全主方向——

所谓一个安全主方向，就是以台湾海峡为核心的东南沿海方向。这不仅是当前亚太地区安全的焦点，也是美国用以遏制中国崛起的一张王牌（西方舆论把中国的崛起与一战前德国的崛起相提并论）。

两条交叉热点线——

冷战结束以来，世界热点多发地带有移向中国周边之势。在西部大陆地带，由于北约东扩对俄罗斯、欧洲战略空间的不断挤压，由于西部广大的伊斯兰地带，民族、宗教矛盾日益凸显（被称为暴力旋涡区），冷战后，欧亚地缘战略板块的重心出现了从欧洲中部地区和中东地中海沿岸向欧亚大陆腹地内缩的趋势。冲突的多发区逐渐接近中国的西南、西北边境，在中国的西部大陆方向形成了一条西北—东南走向的大陆热点线；在中国东部沿海地区，由于海洋权益的矛盾日益加剧，由于美日加强安保同盟推行遏制中国的政策，沿西太平洋的第一岛链以内的相互连接的几大边缘海地带，也出现了一条东北—西南走向的海洋热点线。两条热点线相交成V字形，对我国的周边安全构成了东西夹击之势。在这两条线上潜在的涉及我国主权权益的民族、宗教和领土争端与美日印等大国力量遏制中国崛起的战略企图形成心照不宣的利益交汇，从而大大增加了化解冲突因素的难度，加重了维护我国周边安全和主权权益斗争的复杂性。

四大战略竞争带——

冷战结束后，两极格局的坍塌、俄罗斯战略力量的收缩，美国战略力量的扩张、地区力量格局的变化，使得我周边的四个战略方向上，都程度不同地存在着大国势力范围的重组和对战略真空地带的重新角逐，存在着潜在的热点和爆发冲突的隐患。在东北亚方向，朝鲜半岛被称为冷战的活化石；日本谋求政治大国进程中的右翼军国主义动向值得警惕，集中表现为日本军事力量的扩充势头；再有就是美日韩所加紧构建的地区政治军事同盟。在东南亚方向，东盟各国在遭受到东南亚金融危机的严重冲击后，国内局势都不同程度地发生动荡；东盟对我发展壮大存有疑虑，“中国威胁论”在这些国家仍有市场。美国趁苏联势力在这一地区逐渐消退的机会，加紧了对东盟国家包括越南的拉拢，以抵挡中国日渐增长的影响力，近年来东盟国家政治上的西倾、在军事上靠美的倾向有所发展；这一地区南海海域的争端在美日等西方大国背后插手的背景下，形势也变得更趋复杂。这里四国五方存在着事实上的军事占领，五国六方有主权要求，六国七方有经济争端。东南亚国家在南海问题上试图以整体力量对我，南海争端事实上已国际化。在南亚方向，印巴两国围绕克什米尔地区的争端短时期难以弥合，两国军队在边界上严重对峙、时有交火，双方的核军备竞赛还在升级，目前还不能排除爆发较大战争的可能性（美中情局长特尼特3月19日在国会听证会上警告说，印度和巴基斯坦目前爆发战争的可能性是自1971年以来最高的，而一旦双方开战，常规战争有可能升级为核冲突）；中印边界争端依然僵持（目前我仍未划定的陆上边界约有3000公里，其中中印边界地段就占有2000公里），印度以我国为潜在作战对象，大力发展中远程核导弹，在中印边界保持了大大优势于我的兵力和装备，并继续暗中支持达赖集团分裂西藏的活动；值得注意的是，近来美印两国打得火热，双边关系正在迅速升温。美印在战略上各有所需，牵制中国则是其共同的目的；俄罗斯在南亚地区也加紧做传统盟友印度的工作，建立面向21世纪的“俄印战略伙伴关系”，使印度在大国竞相拉拢的情况下左右逢源，地区野心进一步膨胀。在中亚方向和阿富汗地区，民族分裂、宗教极端、国际恐怖三股势力活动猖獗，并加紧向我境内渗透，对我国西北边陲威胁增大。中亚里海地区的石油资源大大提高了这一地区的战略地位，形成了美俄中日等大国力量在这一地区的战略角逐态势。

在这四个战略地块上，旧的冷战格局已经瓦解，新的地区力量组合正在进行。大国势力进进出出，攻守态势不断变化。我周边这四个战略方向上的潜在热点和局部动荡就好比一个桌子的四个脚，四个脚如果不稳固，桌子就难以摆平，就会对我国的总体安全环境带来不良影响。

从当前和今后一个时期看，“9·11”事件为我们提供的战略机遇是十分明显的，主要表现为中国安全环境的三个减缓上：

中国被视为美国主要战略对手的压力减缓；

中美关系冲突和对抗的程度由于受到反恐斗争的牵制而有所减缓；

美国对我主要安全方向的战略推移的步伐将有所减缓。

可以肯定的是：“9·11”事件确实给我们提供了一个改善中美关系，进而改善安全环境的机遇，但不能肯定的是这种改善是战略性的还是策略性的，是长期的还是短期的。这在很大程度上取决于美国面临的恐怖威胁程度，如果说，美国面临的威胁是长期的严峻的，中美战略利益的合作的紧迫性就会加强，反之就会减弱。

“9·11”事件的发生及美国的后续行动，从长远看对我国安全构成的潜在威胁也是不容忽视的：

一是美国借反恐的旗帜和势头称霸，气焰嚣张，优势地位明显，美强我弱的态势继续存在。对我的潜在压力和长远威胁将会随反恐战争的得手而增长。美国以反恐划线，用反恐掩盖其继续扩张称霸，使我面临在反恐与反霸复杂关系中进行政策选择的困难；

二是美国在地缘战略上顺理成章地完成北约东扩，借反恐将它的势力开进中亚、南亚和东南亚，不仅在欧亚大陆中部确立了优势地位，实现了欧亚大陆东西两翼的战略对接，而且顺势完善了对我的周边围堵之势；

三是美俄借机改善相互关系，使中国在中美俄大三角关系中的主动地位遭到一定程度的削弱，使《中俄睦邻友好合作条约》和上海合作组织机制的积极成果有可能在一定程度上被抵消。在美俄关系改善的形势下，美会更加关注中国的所谓威胁。美《四年防务评估报告》强调：除巴尔干地区外，欧洲基本处于和平状态。俄对北约不再构成大规模常规军事威胁，存在着与俄合作的机遇。保持亚洲的稳定均势是一项非常复杂的任务，“某个拥有庞大资源的军事竞争者”将在这一地区出现；

四是美国在动用其主要力量集中打击国际恐怖主义之际，很可能在亚太地区加速扶植日本与美分担义务，加紧构筑依然不放松对我的防范和战略部署。首先，加大对东亚地区的军事关注和投入。美国提出东亚滨海区的概念——其四年防务评估报告指出：“防止敌对势力主导关键地区，特别是欧洲、东北亚、东亚沿岸（从日本南部经澳大利亚至孟加拉湾的弧形地域）和中东与西南亚”，是美“持久的国家利益”。东亚沿岸（从孟加拉湾到日本海）是具有特殊挑战的地区（所以，没有“9·11”事件，美国军事战略和安全战略的重点肯定已摆在了东亚西太平洋沿岸）；其次，接触加遏制变为遏制性接触；再次，对台政策由战略模糊转向战略清晰；另外，由加强双边军事同盟转向构筑亚洲的多边军事同盟组织。再有，推出战略核态势评估报告，加大对我的战略威慑力度——由威慑向实战转变，由有核向非核转变，由核军备威慑向核实战威慑转变。

（2003年12月）

中国崛起与中国责任

刚刚过去的2005年，“中国崛起”成为国际媒体出现频率最高和最流行的词汇之一留在人们的记忆中。这一年，各种国际会议都在谈论中国崛起，西方媒体史无前例地对中国的发展进行大篇幅、立体式报道，中国问题研究也成了国际学术界的热点。这一切说明，无论人们愿意与否，“中国崛起”都已经成为一个世界性的课题：所有的人都必须面对，包括我们自己。崛起的中国对世界将带来怎样的影响？在与世界的和谐共处中如何扩大积极影响，减少崛起可能带来的负面冲击？中国崛起不仅引起世界关注，也带来不容我们回避和必须回答的重大课题。

一、国际社会如何看待中国崛起的世界性影响?

自上世纪90年代以来，伴随着中国的不断发展壮大，国际社会对中国的关注程度越来越高。其中，中国崛起对世界的影响成为议论的中心话题。主要存在两种观点：

第一种观点认为中国崛起将对国际社会产生消极影响。这一论调统称为“中国威胁论”。“中国威胁论”从军事、经济、文化、生态等方面反映了国外部分学者、政界的观点，以及对中国走向强大的恐惧心理。据有关专家考证，“中国威胁论”的始作俑者是日本防卫大学副教授村井龙秀，他在1990年日本《诸君》杂志上发表题为《论中国这个潜在的“威胁”》一文，从国力角度把中国视为一个潜在的敌人。“中国威胁论”在西方的第一次大规模泛滥开始于1992年。当年的9月17日，美国《政策研究》杂志刊登了费城对外政策研究所亚洲计划协调员罗斯·芒罗的《正在觉醒的巨龙——亚洲真正的威胁来自中国》一文。1997年美国出版的《即将到来的美中冲突》一书掀起了第二轮"中国威胁论"。"中国威胁论"第三次甚嚣尘上是在1998～1999年，主要代表性事件有：《考克斯报告》、"李文和案件"、"政治献金案"以及美国前中央情报局中国问题专家特里普利特和前共和党国会对外政策助手爱德华·廷珀莱克合写的《鼠年》《红龙跃起》两书。2002年7月12日美国出炉的《美国国家战略报告》和《中国军事力量年度评估报告》掀起了第四轮"中国威胁论"高潮。

近年来，"中国威胁论"呈现出几个重要特点：一是地区分布比较广泛。不仅存在于发达国家，也存在于一些发展中国家；不仅存在于世界大国中，也存在于一些中小国家；不仅存在于欧洲、美洲、大洋洲等地区，在我周边国家中也有相当的市场；不仅存在于"非敌非友"或"亦敌亦友"的国家，也存在于友好国家之中。二是散布"中国威胁论"的动机大不相同，个别死抱冷战思维的强国或政治家明显带有遏制中国的政治目的，可谓居心叵测。但多数中小国家乃至周边一些国家，主要基于对日益走向强大的中国存在某种疑虑和担心。三是"中国威胁论"的内涵和外延有扩大之势。从"军事威胁"、"制度威胁"到"经济威胁"、"能源威胁"、"环境威胁"、"人口威胁"、"文化威胁"等，不一而足。四是"中国威胁论"此伏彼起，但2005年呈现出明显下降的趋势。

第二种观点认为中国崛起将对世界产生积极影响。十多年来，"中国威胁论"的声音始终存在，但近年来有所减弱，取而代之的是"中国机遇论"。这同中国国内改革开放取得进展，贯彻"可持续的科学发展观"，以及外交战略更加务实、更加理性、更加成熟直接相关。概括起来，国际舆论关于中国崛起对世界的积极影响主要有四个方面：一是认为中国崛起不仅"改变中国的政治"，"并使全世界的政治改观"；二是认为中国崛起将"改变亚洲的经济态势"，有可能使21世纪真正成为亚洲的世纪；三是认为中国崛起给世界经济发展带来福音，中国成为对世界经济增长贡献最大的国家；四是认为中国崛起将给美国、日本等发达国家提供更多的发展机遇。

从国际社会的反映中可以看出，无论对中国崛起怎样看待，但有一点共识，即中国崛起将改变世界。对每个中国人来说，这既是我们的骄傲，但又是我们的负担。它意味着：中国在国际社会中的地位和作用将日益提高，中国的国际影响力将不断扩大。与此相伴的，则是中国对国际社会担负的责任和使命将更加重大。未来中国的一言一行、一举一动不仅关系到自身，也将关系到地区的和平与稳定、世界的繁荣与发展。正因如此，中国需要“任凭风浪起，稳坐钓鱼船”的大国素质，需要“韬光养晦”的低调作风，需要“如履薄冰”的谨慎态度，既不挑头又不回避国际作用，既符合国情又不辜负国际社会的期望，有所为、有所不为地承担起国际责任。所以，我们有必要认真思考：如何扩大中国崛起的积极影响，尽可能减少或者降低可能带来的不利因素。

二、走符合中国国情的发展道路，让自己安心，让世界放心

纵观发达国家的传统发展战略，无论是欧美还是日本，尽管国情不同、发展条件各异，但有两个共同的显著特征：一是通过资源（特别是不可再生资源）的高消耗来支撑经济的高增长；二是以生活资料的高消费来刺激经济的高增长。这一传统模式始终遵循着效率优先、增长优先、竞争优先和物质生产优先的原则，即追求资本生产率而忽视资源生产率；追求利润最大化而忽视对生态环境的保护；强调GDP的增长而较少考虑分配不公和自然资源的损失；追求扩大工厂规模、企业效率、产品数量以及竞争优势，严重忽视对自然、人类健康、外部环境的损害以及对贫困人口的人类关怀；重视大批量生产、大批量消费、大批量排放、大批量浪费，而忽视服务质量和使用价值。其结果是严重忽略了环境破坏所带来的潜在成本，给可持续发展带来巨大困难。这一发展模式所带来的弊端已经凸显，一再被今天的全球气候变暖、各种灾难频发、资源匮乏紧张、国际难民大量涌现等人类生存危机所证明。显然，中国崛起如果重蹈传统模式的老

路，尚且不说中国是否具备欧美国家当时的历史条件，能否真正实现崛起的目标，即便有此可能，这也绝不能成为21世纪中国崛起的模式选择。因为，它不仅对拥有世界人口1/5、人均资源占有量只及欧美国家的几分之一甚至几十分之一的中国来说，几乎很难行得通，对世界来讲，也是一种灾难。

新中国建立后，中国的发展战略被一些经济学家称为"追赶战略"，主要经历了两个不同阶段，一是计划经济时期的"追赶战略"，包括20世纪50年代的"赶英超美"战略和60年代的"四个现代化"战略；二是转轨时期的追赶战略，突出表现为20世纪80年代初提出的"三步走构想"。这一战略比较符合中国国情，加速了中国的经济社会发展，大大缩小了中国与发达国家的经济差距。但是，这一战略仍然以物为中心，把经济高增长作为最重要、最优先的目标，并以资本高投入、资源高消耗、污染高排放为代价，从而导致城乡之间、地区之间发展差距拉大，居民收入分配不公以及环境破坏严重等问题。

进入21世纪后，中国传统追赶战略的弊端日益显现：人口与资源、经济发展与生态环境之间的矛盾更加突出，成为中国现代化发展的最大制约因素。由于中国已经成为世界上最大的实物经济体和制造业国家，随着工业化的加速，中国自然资源和原材料的需求大幅度上升，资源供需矛盾，尤其是对土地、水资源、优质能源和大宗矿产品的需求压力突出。中国各类人均资源占有量不同程度远低于世界人均水平，但却是世界上自然资源损失最大的国家之一，是世界耗水量第一大国（占世界用水总量的15.4%），每日污水排放量居世界第一（相当于美国的3倍），能源消费和排放量居世界第二位。很多统计资料表明，过去20多年，中国的综合国力虽然有了很大的提高，但国力发展却极不平衡，经济与社会、经济与环境、"硬国力"与"软国力"、经济与国防等四个方面的发展都程度不同地存在着不协调、不平衡、不全面甚至无序的状况，并且引起了国际社会的广泛关注和担忧。

事实表明，21世纪中国崛起，既不能沿袭高能耗、高污染、低效率的前苏联式的重工业化模式，也不能模仿和采用高消费、高消耗、高排放的发达国家的现代化模式，必须开辟出一条既适合国情，又符合世情的新的发展道路，这条路应该是“和谐、绿色的发展之路”，即牢固树立“以人为本”的现代理念，以国力的协调发展为动力，以社会的和谐进步为基础，以共同富裕和促进人类普遍繁荣为目标，以建立资源节约型的国民经济体系和适度消费、公平消费、绿色消费的生活体系为途径，以民主与法制为手段，确保中国崛起的可持续性与和平性。让中国自己安心，也让世界各国人民放心。

三、国家利益与国际主义相结合，承担更大的国际责任

在实力政治仍占主导地位的当今世界，“国家利益”仍然是指导国家行为的最高准则，也是十分普遍的原则，无论是大国还是中小国家，无不以自己的国家利益为优先考虑，制定并实施对外政策。中国也不例外。

新中国成立以后，毛泽东等第一代领导集体，在捍卫国家利益方面，既不乏果敢的军事行动，也不乏气势恢弘的战略运筹。不管是面对武装到牙齿的“白老虎”——美国，还是面对以国际主义名义奉行大党主义、大国主义和霸权主义的“红老虎”——苏联，都让世人看到并感受到了在事关中国国家利益面前决不妥协退让的东方巨人的大义凛然精神。但是，在理论上，“国家利益”概念曾一度被等同于“狭隘的民族利己主义”而遭受批判。当“国家利益”概念在世界上被广泛使用的情况下，我国最权威的《辞海》在1965年、1979年、1989年、1999年的四版当中，竟没有收录这一词条。“国家利益”在理论上成了一大禁区。

实践中，在处理意识形态与国家利益、对外援助与国家利益等关系上也曾出现游离和扭曲现象。60年代，受“世界革命”等传统思想的束缚，我们的很多对外行动更多地被理解为是为了巩固无产阶级专政，为了解放世界上三分之二的苦难兄弟，并经常出现用“阶级利益”和“革命利益”取代国家利益的情况。因此，在外交实践中一度出现超出自身国力承受的限度，甚至超出援助国的实际需要，宁可“自己勒紧裤带”也要不惜代价

对外援助的“左”的现象，这实际上是对“无产阶级国际主义”原则的误解和扭曲，并造成国力透支。

1989年10月，邓小平对来访的美国前总统尼克松谈话时第一次明确提出：社会主义国家也要“以自己的国家利益为最高准则”，不仅在理论上实现了一大突破，其意义可以同社会主义市场经济理论相媲美，而且也为中国新时期外交战略谋划提供了基本出发点和落脚点。此后，在国际舞台上，中国开始理直气壮地维护自己的国家利益。

但是，这并不意味着从此可以抛弃国际主义原则，逃避作为一个正在崛起的大国所应承担的责任和义务。事实上，历史上西方大国崛起过程中，把国家利益原则发展到极致的极端表现，就是狭隘的民族利己主义，甚至为“法西斯主义”提供了某种口实和依据，导致历史悲剧的反复上演。这种极端的国家利益观在现代的表现就是“极端民族主义”，它与爱国主义具有本质的区别，不仅误国误民，最终也将损害国家的根本利益，而且为世界和平、稳定与发展所不容。

在邓小平的国际战略思想中，国家利益观具有四个方面的重要内涵：一是制定和实施我国的外交战略必须坚持以自己的国家利益为最高准则；二是必须坚持国际主义原则，把我国的国家利益和国际主义义务有机结合

起来；三是中国在追求本国国家利益的同时，不损害别国的利益，并且尊重别国的利益；四是在国际关系中，中国不当头不称霸，促进共同发展，扩大共同利益，并通过和平、合作而不是武力、对抗的方式谋求自己的国家利益。今天重温这些内涵具有重要的现实意义。

事实上，在中国古代的传统文化中，中国利益观就与西方的利益观具有很大不同。西方利益观的本质是唯利是图、不择手段、不讲道德。中国古代利益观则讲究“追求仁义，淡泊名利”，“君子爱财，取之有道”，“利而不害，为而不争”。当然，带有典型中国传统文化印记的这种利益观在一定程度上曾经限制了中国人对自己国家利益的科学判断和大胆追求，但也深刻反映出中华民族“天下情怀与道德理性”的高贵品格，并构成了中国优秀传统文化的重要内容，在今天的外交实践中大放异彩，赢得了越来越多国家的理解和尊重。近年来，我国相继提出的“睦邻、富邻、安邻”的“三邻”政策，中国在国际舞台倡导的“天人合一”、“和而不同”、“和合文化”等理念，以及2005年正式提出的“和谐世界”构想，无不带有中国古代传统文化的烙印，也引起了世界广泛关注和积极反响。2005年，“中国威胁论”所以有所下降，一定程度上就是我国外交中弘扬这些理念和展现负责任大国形象的结果。

随着世界政治、经济形势变化，中国在“聚精会神搞建设，一心一意谋发展”的同时，开始积极融入国际社会，更主动地参与国际事务，中国的国际政治观念也从战略对决转向和谐共处、和而不同。并在力所能及的范围内，积极而主动地承担了更多的“全球责任”。

在国家利益观指导下的新型国际主义正在中国外交中得到体现，随着中国崛起步伐的加快，综合国力的增强，国际影响力的扩大，中国只能将国家利益与国际主义有机地结合起来，为承担更大的国际责任做好充分准备。

四、积极参与多边安全合作，循序渐进融入“国际透明”制度

“韬光养晦、有所作为”仍然是我们外交的战略指导方针，它的精

髓是不当头，不挑事，不锋芒毕露，在外交上保持低调作风。但这并不妨碍中国在国际事务中发挥应有的作用，这些作用包括积极参与多边安全机制，与国际社会一道共同构建公平合理的国际安全新秩序。

由于多边安全合作不同于经济、贸易等领域的多边外交，它涉及各国国家主权的核心部分和最为敏感的军事安全，因此其合作的深度和广度在很大程度上受到制约。特别是当今世界多边安全合作的主导权大多掌握在西方大国手中，所制定的规则更多地考虑了强国的利益，很少或没有兼顾弱国和中小国家的利益。某些大国竭力构筑对己有利的全球或地区多边安全机制，并经常利用防扩散、军备透明度、两用技术出口控制、条约核查等机制限制别国，甚至干涉别国内政，把此作为实现本国战略利益的工具和手段，这就给多边安全合作蒙上了阴影，也使多边安全合作的公正性与合理性大打折扣。

近年来，国际军控与裁军的焦点越来越转向所谓“军事透明度”问题。但西方国家从自身的战略利益出发，常常把重点放在军事透明度措施和限制措施上，使军事透明度在促进国际信任，缓和紧张的国际关系，帮助各国确立合理军备水平的同时，又带有明显的展示军事强国的强点，暴露军事弱国的弱点，从而增强军事强国的威慑力，削弱军事弱国的防御能力的一面。正因如此，强国一定的“军事透明”是威慑的一种手段，弱国一定程度的不透明也是威慑的一种手段。更何况，到目前为止，包括美国在内的任何一个国家从来也没有真正做到“军事透明”。

上述这些，都给中国参与多边安全合作带来了两难，使中国在一些国际安全制度中处于事实上的不平等地位，制约着中国的进一步合作。

虽然国际安全制度和地区多边安全合作存在着许多不公正不合理之处，但我们仍然应该从战略的高度来深刻认识和把握这一趋势。

多边安全合作作为当今世界多边外交的重要舞台，作为国际安全形势发展的重要趋势，已经为越来越多的国家所重视，并有越来越多的国家参与其中。中国作为一个正在崛起的、发展中的大国，无论从实现自身利益的主观诉求和维护世界和平、地区稳定的客观需要的角度出发，参与多边安全合作都是大势所趋，人心所向，这种参与对中国来说既是挑战，也是机遇。在一定意义上也需要解放思想，克服思想认识上存在的诸多误区和片面性。我们不能只看到西方大国借多边安全机制推行霸权主义政策的一面，看不到或很少看到它代表着和平发展的时代潮流，体现着大多数国家的愿望，而且在一定程度上也具有遏制霸权主义，促进国际安全新秩序形成的积极意义；不能只看到它是有关国家特别是西方大国用来束缚其他国家的工具，而看不到或很少看到它对参加各方都会起到一定的约束作用；不能只看到一些国家争夺主导权的争斗，而看不到或很少看到参与有关规则的制定对维护国家外部安全环境、实现安全利益所具有的意义；不能只看到参与进去可能会失去在一些具体问题上的自主权，而看不到或很少看到这种参与也将使国家在更大范围内和更长远的时期得到安全保障。

随着各国建立地区安全机制的呼声日益增高和筹建步伐的不断加快，参与多边安全对话机制和“国际透明”制度已经不是一个选择的问题，而是一个无法回避的客观事实；不是一个应急性的权宜之计，而是一种具有战略意义的深谋远虑。对于中国来说，与其被动地回应，不如主动地参与；与其左顾右盼，不如当机立断；与其把关注点放在防范自已受约束、受损害上，不如更多地考虑如何在多边安全机制中发挥建设性的作用，通过提出自己的构想和参与制定“游戏规则”争取对己有利的主动地位。

在对待安全合作中的“信任措施”和“军事透明度”等具体问题上，要努力做到：以我为主，循序渐进，趋利避害，力争改革。在政策上，既要有所为，又要有所不为；在内容上，既要有所透明，又要有所不透明；在步骤上，既要有所跟，又要有所不跟；在方式上，既要有所合作，又要有所斗争。总之，必须坚持从中国的客观处境出发，从维护国家安全的现实需要着眼，权衡利弊，循序渐进，决定取舍。

总之，只要准确地把握好参与多边安全合作与坚持独立自主原则之间的“平衡度”，就能在多边安全合作中维护国家的根本利益和长远利益，不仅不会损害，反而会进一步增强中国的国家安全。

五、充分利用全球化时代的复杂性特点，分散压力，化解矛盾，打破强权国家对中国崛起的遏止和围堵

中国政府反复不断地承诺并宣示：中国走的是一条和平发展（和平崛起）之路，中国的发展没有也不会对任何人构成威胁，并从战略理念更新、新发展模式选择、制度建设保障以及融入国际体系等多方面采取措施加以贯彻和落实。其目的是：既保证中国顺利实现21世纪的战略目标，崛起为世界强国，又促进世界和平与发展，避免历史上因大国崛起而导致的重大冲突与战争，使中国崛起成为世界之幸、世界之福。

尽管如此，西方国家中仍有那么一些人和势力出于霸权更替的历史偏见、传统的冷战思维以及强权政治逻辑，极力渲染“中国威胁论”，随意夸大中国转型时期出现的种种问题和中国崛起所带来的冲击，并利用一切可能加强对中国的遏制与围堵，使中国在崛起过程中始终面临着来自强权政治的压力。就这一点来说，它并不取决于中国做什么和怎么做，甚至也不取决于中国选择什么道路和模式，换句话说，只要中国崛起的大趋势不变，成为世界强国的目标不变，他们遏制中国和围堵中国的战略就不会改变。对此，我们除了要理直气壮地继续发展综合国力、不断揭露其险恶政治目的、开展外交斗争、做好必要的军事准备以外，还需要充分利用全球化时代的特殊背景，在复杂的国际关系中寻求打破遏制与围堵之策。

与冷战时期不同，全球化时代的典型特征就是国际关系日趋复杂，主要表现在三个方面：

一是全球性问题突出，人类面临的共同安全威胁增多。显然，应对这些挑战单靠一国或少数国家的力量是远远不够的，必须通过国际合作特别是大国间合作共同应对。所以，合作已不是中国的一厢情愿，随着中国的继续崛起和在国际事务中发挥着越来越重要的作用，与中国合作日益成为包括美国在内的世界大国之必须，而不是可有可无或愿意与否的一种选择。自身价值的提高为中国争取主动、扩大共识、化解矛盾和冲突，最终

打破遏制与围堵提供了更加广阔之舞台。

二是国家间的利益相关性增强。全球化的重要后果之一，就是导致国家之间经济、政治和安全上的“你中有我，我中有你，一荣俱荣，一损俱损”等更加紧密的相互依存关系。随着中国的快速发展，中国给世界带来了最直接的贸易和市场机会。据统计，2001年到2005年，中国累计进口超过2万亿美元，相当于为相关国家创造了4000万个就业岗位；据估计，未来五年中国进口额可能累计超过4万亿美元，将为相关国家创造8000万个就业岗位，并主要集中在欧美日和东亚地区。此外，在2005年的全球经济增长中，中国的贡献超过1/5。摩根斯坦利的报告显示，过去十年，中国质优价廉的商品使美国消费者节省了6000多亿美元。80年代，邓小平曾提出：“当今世界是开放的世界，中国的发展离不开世界。”今天我们欣喜地看到，当今中国是开放的中国，世界的发展也离不开中国。这是一个翻天覆地的变化，它意味着中国已经成为世界经济和地区经济增长的新的“发动机”，意味着外部世界对中国的依存程度在不断提高。如果说，过去在相互依存的国际体系中，中国对西方国家的依存度高于西方国家对中国的依存，那么随着中国崛起步伐的加快，经济实力的增强，这种情况正在改观，不平衡的相互依存正在向比较平衡的相互依存发展，这将导致中国对西方国家经济乃至政治影响力增强，到那时遏制与围堵中国将变得不可能。

三是国际制度的地位和作用增强，国际体系对国际关系的制约力上升。全球化时代的这一深刻变化，使得任何大国要想完全抛开国际制度，置国际基本规则于不顾，而一味搞单边主义，变得更加困难。随着中国以更加自信的姿态融入国际制度，并在其中发挥着日益重要的作用，使中国在一系列制度安排中，利用矛盾，化解矛盾，分散外部压力成为可能。

值得注意的是，近年来，西方国家越来越多的有识之士开始认识到，当今中国不是前苏联：因为前苏联实行的是僵化的高度集中的计划经济体制，中国实行的是市场经济；前苏联与西方世界基本处于隔绝状态，中国对西方世界全方位开放；前苏联与美国激烈争霸，并搞军备竞赛，中国从不争霸，并始终以经济建设为中心；前苏联走的是一条霸权之路，中国走的是一条和平、发展与合作之路；前苏联追求的是势力范围，中国追求的是和谐世界；前苏联处在冷战对抗的格局之中，现如今的中国处在相互依存日益加深的全球化时代。所以，像当年遏制、围堵苏联那样来对待中国，几乎是白日做梦，最终将落得“搬起石头砸自己脚”的下场。

这些认识本质上揭示出国际关系的一条普遍法则：当遏制与对抗成本高于接触与合作成本时，遏制将不攻自破。所以我们的应对之策，就是不断提高反华势力遏制中国之成本，而充分利用全球化时代的复杂性矛盾，就是提高遏制中国成本之有效之举。

（2006年2月6日）

西方别再把中国看成另类国家

建国60年来，尤其是改革开放以来，中国的国际角色和形象发生了深刻变化，由国际体系的愤怒者、旁观者、反对者变成了积极参与者和建设性的改造者。但在西方眼里，中国外交的另类角色形象似乎没有根本改变，中国面临的压力也在持续增大，这在很大程度上制约了中国继续走向世界的进程，限制了中国作用的深入发挥。

所谓“另类形象”，主要是指按西方价值理念、行为方式、文化传统、历史惯性的标准衡量，中国外交理念、行为方式的所谓格格不入或不被理解接受。这种另类形象主要体现在意识形态领域。进入21世纪以来，在我们“发展对外关系不以意识形态定亲疏”、“以自己的国家利益为最高准则”时，西方国家却在某些领域强化意识形态色彩，有意凸显中国作为最大共产党执政国家的形象，不断对中国施加压力。西方国家在政治上对中国施压主要源于西方意识形态的固有偏见。也就是说，不管中国怎样做、如何说，西方国家总会以“最大共产党国家”来塑造世界对中国的基本认知，建构同中国不可能成为盟友的基本政治关系。

正是这样一种塑造和建构，中国提出的和谐世界理念，被一些西方人解读为“拉拢世界各国反对美国主导的新工具”，或者是“用和谐世界的说法迷惑世界”，当所有国家都麻痹时，中国悄然崛起把所有人压在底下。中国的和平发展，被解读为“历史上的大国崛起无法摆脱国强必霸的周期，更何况是中国”？中国融入经济全球化，被视为“新殖民主义的海外扩张”；“韬光养晦”也被解读为中国在卧薪尝胆，一旦时机成熟，将颠覆世界。凡此种种，并不以中国的主观意志为转移，也不取决于我们说什么和做什么。近年来中国企业海外并购的屡屡失败，除了众所周知的价格、经济原因以外，背后的意识形态因素是无法回避的。可见，把中国塑造为另类国家，把中国外交塑造成另类外交，如果不是别有用心，就是戴着有色眼镜看待中国，而无视中国的巨大变化。

当然，我们也要看到，中国被塑造为“另类”也有我们自己的主观因素。“和谐世界”理念基于中国几千年的传统文化，也基于中国和平共处五项原则的延续和发展，但如何让其他国家所理解和接受，确实是一个难题。仅仅站在中国的历史文化角度和特定环境、语境条件下进行解释显然是远远不够的。

回顾500年的世界历史，大国崛起一般都经历三个重要历史时期：准备期、摩擦期和接纳期。失败的国家大都败在第二个时期，即大国崛起的摩擦期。在这个时期，内外反崛起力量开始联合打压新兴崛起力量，如果顶不住压力，战略选择发生重大失误，就会败在这个时期。我们要看到，新中国成立以来特别是改革开放前20年，我们顺利度过了第一个时期，即大国崛起的准备期。现在我们正在经历第二个时期。这个时期是危机频发的时期。有人说，美国当年经历这个时期有65年，德国、法国、英国经历了40～45年，日本经历了30年，中国可能还要经历5～10年。我认为这个看法过于乐观，中国可能至少还要经历20年左右。所以未来10年很可能是中国崛起最困难的时期，也可能是内外安全压力持续增大的10年。中国所经历的这个阶段也可叫“将起未起的阶段”，我们还走在崛起的路途之中，在国家利益拓展的同时如何化解“中国威胁论”，消除其他国家对中国的疑虑和猜忌，减少摩擦，是中国外交面临的重大课题。

60年来，中国外交取得的最大成就，就是为中国经济发展创造了一个总体和平的良好局面，近30年中国外交更凸显了经济外交的鲜明特色，但如何把保障经济发展与更有力地维护国家安全有机结合并保持平衡，仍然是我们面临的一大挑战。另类形象的被塑造显然不利于中国外交，改善另类形象需要与世界紧密互动，更需要我们自己的主观努力。在这方面我们还有许多事情要做，而且可以做。

（《环球时报》，2009年10月9日）

关于建立东北亚多边安全机制的几点思考

一、亚洲多边主义的发展及特点

亚洲是多边主义的后来者，但各国都将多边对话与协商机制作为安全战略的重要部分。虽然亚洲地区的多边机制起步晚，但发展快。这是因为亚洲国家都认识到，没有积极的多边主义和成熟的多边外交，就不会有有效的安全合作。也只有使多边磋商机制朝着多边安全体系转变，由经济向政治、安全发展，形成有规则、有作用的多边合作机制，才能发挥整体影响。

多边主义在亚洲地区发展的主要原因是：国际权力结构变化；国际社会矛盾突出；国际组织作用上升。多边主义和多边外交已成为国际关系和各国外交的基本形式之一，与单边、双边构成国际关系和国家外交的三大基本形态。

1.地区多边安全机制大体有四类：军事同盟、大国协调、合作安全、集体安全。

从性质、目标和范围看，军事同盟是一种以均势对抗求安全的传统模式，而大国协调则将多边主义局限于大国之间，不能充分体现中小国家的安全利益。合作安全和集体安全从建立国际规范和制度出发保障所有国家安全，是一种共同安全、综合安全，体现了国际关系发展的进步趋势。

从功能看，军事同盟和集体安全制度化程度高，具有强制机制，难以降低安全困境的影响，冲突预防能力低，但危机管理能力较强。大国协调与合作安全强调非正式合作，制度化程度低，缺乏强制机制，冲突预防能力强，但危机管理能力弱。

显而易见，四种多边安全机制之间存在密切关系，主要差别是制度化程度。

2.亚洲是世界上一个独特的地区国际体系，不同于欧美、中东、非洲国际体系。

冷战时，亚洲安全合作基本模式是以美、苏为中心的双边军事同盟。冷战结束后，亚洲国家，特别是东亚国家军事现代化步伐加快，事实上形成地区军备竞赛局面。其合理性在于，两极格局瓦解，东西方对峙消失，各国须更多依靠自身力量对付安全威胁。其问题是在地区各国尚未建立信任措施与安全合作时，仍陷入“安全困境”。然而，随着冷战后亚洲安全关系性质变化，发展新型安全机制，维护地区安全秩序，成为了客观需求。亚洲，特别是东亚，多边主义、地区合作、国际合作已为大多数国家所接受，多边外交的量和质有很大发展，一些地区多边机制也在逐步制度化。多边主义的国际合作形式和规范成为发展趋势，据统计，亚太地区各种轨道的多边安全活动近年来每年有200多次。其次是多边主义和地区合作的观念和国家政策及安全体系等内容与形式都在变化和发展。多边主义不仅是为了突破安全困境，更是为了规范国家行为，形成国际体制。地区多边安全对话与制度安排，以会议、协议、宣言、组织为形式，对有关国家的安全地位、安全环境、安全政策产生重大影响。

地区安全合作不同于经济、贸易领域的多边外交，涉及国家主权核心部分的自我约束和自主让渡，更复杂敏感，其深度和广度都受到一定的制约。目前亚洲的多边主义显得更灵活，合作模式也更特殊。亚洲国家更重视非制度化和非机制化的形式。目前，亚洲的多边主义，更多是观念层面，而不是行动层面。

虽然亚洲各国对多边主义认识并不完全相同，多边合作发展的形式、层次和阶段也各异，但多边主义的战略性、制度性、结构性、功能性、社会性发展趋势明显，各国共识在增多，都强调协调国家行为，推动国际合作，形成国际规则，建立国际制度，从而丰富了多边主义外交实践和理论体系，有利于改革国际组织，完善世界秩序。多边主义的外交风格是谦虚谨慎，外交形式是协调合作，外交目的是互利共赢，即运用现有的国际机制，建立有效的危机预防机制和管理机制，统筹地区战略和全球方针。

3.亚洲多边主义的特点。

亚洲多边主义具有以下几个明显特点：

（1）安全观念转变。各国意识到多边主义不等于削弱主权，不是单方面控制或被控制，而是相互制约。因此大国主导不一定有效，一致规则才能有效，即主张民主的多边主义，也就是从新的战略视角，考虑新的地缘政治、经济、安全和文化，提高多边外交的法律和道义约束力，使多边协议对大国强国的约束力大于双边协议，也就是说大国是希望通过多边主义推行国家政策，而小国是希望通过多边主义保护国家利益。

（2）制度需求增强。从体系层次上，各国关注的是国际制度对其国家行为的影响。而从单位层次上，各国重视的是国家行为对国际制度的策略。多边国际制度使国家趋于合作，国家利用国际制度争取合法利益，使成员国具国际责任感。除加强间接协调、中介斡旋外，开始探讨直接干预的可能性。平衡自身发展、对外影响及国际责任的关系。

（3）合作形式多样。多边政治对话磋商机制、非正式论坛、多国首脑会议、国际组织、国际制度等不同模式，政府、民间、全球、区域、一般、综合、专业等不同层次，广泛参与，寻求合作，维护和平，共同发展。

（4）地区意识上升。在国际制度框架内，采取集体方式和多边行动，就世界问题政治对话，协调治理。

亚洲地区多边安全框架还具有以下三个特点：

（1）尚未形成多边同盟、大国协调及集体安全机制，但近年来合作安全发展较快。

（2）以ARF为代表的泛亚太合作安全机制，缺乏制度保障，不能有效进行危机管理。

（3）不把有争议的重大安全问题列为议题，无力解决影响地区安全的重大矛盾，在关键问题上往往抛开多边主义，选择更为可靠的双边合作。

就当前亚洲地区安全组织的现状来看：

（1）各种机制并行发展，各自发挥影响，但作用不平衡，不协调，以大国为主导的组织仍占中心或支配地位，并有所巩固和加强，初步形成多层次的安全框架。

（2）大国矛盾变化和关系调整是直接影响地区安全机制发展和安全走向的决定性因素，安全利益、责任和权力分配上的协调难度大。

（3）淡化军事作用，加强政治功能，建立非军事性的地区安全合作管理机制的趋势在增加。

合作安全机制在亚洲的发展是地区安全形势状况、结构特点和具体条件所决定的客观现象和合理选择。但问题是，合作安全能否发展为有效的地区多边安全机制，构成牢固的地区安全秩序支柱。多边主义是安全合作的形式，而不是性质。如欧洲的北约和欧安组织都是多边安全机制，但性质不同，也决定了其目的、范围、功能、秩序的不同。

亚洲地区的合作安全也有其局限性。主要表现在：

（1）功能缺陷。是低效率的多边主义，难以成为地区安全秩序的基础。只能局限于信任措施建立、一定程度预防冲突和危机，不能进行有效的危机管理。对成员无约束力，对危机无行动力。

（2）领导缺陷。亚洲合作安全基本由东盟主导，而欧洲安全和欧安组织的制度化进程是美欧主导。

（3）制度缺陷。制度化程度低，人称“软地区主义”：强调合作的非正式性和灵活性，以非正式对话和磋商为主，对制度化谨慎、渐进；强调平等和协商一致原则；坚持不干涉内政原则。缺乏集体行动能力，不能处理跨国安全问题。

（4）历史缺陷。军事同盟在亚洲地区安全秩序中仍占主导地位，对合作安全的发展形成制约。

虽然合作安全不能从根本上保障地区安全和稳定，但在多边同盟、大国协调和集体安全等多边合作机制无法建立的情况下，合作安全是唯一可行的亚洲多边合作机制，虽不是有效的多边合作机制，却是增加互信、减少同盟体系和均势政治消极影响、扩大大国合作、最终建立制度化多边安全机制的途径，可能成为未来建立有效的多边安全机制的基础。一旦条件成熟，合作安全有可能转化为集体安全。

二、“东北亚安全合作机制”的构想

冷战期间，东北亚地区出现了三个不同类型的安全机制。一个是由《朝鲜停战协定》维系的内向型多边安全机制，另外两个是目标相向的外向型安全合作机制，即以《安全保障条约》和《共同防御条约》为基础的美国—日本、美国—韩国同盟关系和由《友好互助合作条约》作后盾的苏联—中国—朝鲜同盟关系。

随着大国关系调整和冷战结束，苏中朝同盟关系发生了结构性的变化，韩国与苏联和中国实现了关系正常化。但由于朝鲜同美国和日本的不正常关系依然如故，“朝鲜停战机制”转化为和平机制的努力未能取得任何进展，朝

鲜半岛局势以核问题为主要标志，上升为冷战后东北亚安全领域的首要问题。同时，中国的迅速发展，又给东北亚地区各国提出了新的安全课题。对此，美国、日本和韩国一方面提出建立内向型地区多边安全机制的必要性，另一方面不断地加强其外向型的同盟关系，致使东北亚各国陷入了越来越严重的“安全困境”。

但在另一方面，冷战结束后，东北亚国家相继加入了第二轨道的新型多边安全合作组织，如亚太安全合作理事会（CSCAP）、东盟地区论坛（ARF）、东北亚合作对话（NEACD）等。同时，多数东北亚国家致力于建设旨在消除对抗、寻求合作、不针对第三者的新型双边关系。诸如，中日“致力于和平与发展的伙伴关系”、中韩“全面合作伙伴关系”、中朝“传统友好合作关系”、中俄“战略协作伙伴关系”、中美“建设性合作关系”、日韩“21世纪新伙伴关系”、韩朝“和解合作关系”、韩俄“面向21世纪和未来的伙伴关系”、韩美“综合性和充满活力的同盟关系”、朝俄“友好合作关系”，以及中日韩合作关系。

因此，目前东北亚的安全结构整体上是非对抗性的。未来可能会出现的第一轨道东北亚多边安全合作机制，也不会是外向型的机制，而是调节内部关系的内向型机制。在未来相当长的时期内，这种内部关系将主要地围绕着朝鲜半岛局势展开。具体地说，就是如何处理朝鲜半岛和解合作与自主和平统一进程，以及与周边大国的关系。

三、六方会谈成为新的多边合作机制的可能性

随着局面的变化，六方会谈未来转型的方向性问题也相应地提上了议事日程，条件正在日趋成熟。

首先，世界其他地区都有相应的安全对话机制，唯独在东北亚地区没有。因此，从长远来看，为了维护东北亚地区未来的和平与安全，有关各国在该地区建立一个长效的安全对话机制，就更广泛的安全议题进行对话、磋商，加强互信，应为必然的趋势。

其次，东北亚地区安全对话机制的形成将为各国解决历史、领土等问

题的解决提供一个有效的外交平台。

目前，东北亚地区各国之间的问题错综复杂。一方面历史问题一直困扰中日韩三国，日本政府对自己过去发动的侵略战争的态度，严重伤害了中国、韩国人民的感情，也使其与中、韩政府之间难以建立高度的互信。另一方面，该地区有关国家之间存在大量的领土问题。日本与中国在钓鱼岛和东海划界问题上存在领土争议问题，与俄国之间存在北方四岛领土问题，与韩国也存在独岛的主权之争。此外，该地区在军事、防扩散等问题上也是面临着众多的挑战。

第三，建立长效的安全对话机制，有利于维护各国的利益，有利于加深各国之间的经贸合作，取得共赢局面。

尽管东北亚地区是世界上最有活力的经济贸易区之一，有关各国之间经贸关系密切，各国的国民经济互相依赖程度非常深，但是，脆弱的政治与安全关系对未来该地区的稳定与繁荣构成了潜在的威胁。目前，尤其是日本强硬的外交政策和国防政策已经引起了东北亚其他国家的担忧。

所以，建立长效的安全对话机制，消弭争端，加强彼此之间的交流与沟通，增进互信，将有利于维护各国的利益，有利于加深各国之间的经贸合作，有利于摆脱大国外交之间的零和游戏，取得共赢的局面。

到目前为止，六方会谈已经初步显现出在解决东北亚地区安全问题上的作用，成为一个解决该地区安全焦点问题的良好外交平台。如果朝核问题在未来得到解决，六方会谈有可能水到渠成转变为一个和平会议，成为东北亚地区的安全对话机制。

虽然第四轮六方会谈仍没有取得实质性成果，但有关各方，尤其是朝美双方要尽快为解决核问题制定一个牢固框架的意愿，为六方会谈取得最后成功带来了希望。同时，六方会谈还充分地显示了东北亚各种双边关系在解决共同面临的安全问题方面的积极作用。可以期待，通过六方会谈，东北亚国家共同努力，平等协商，为建立新型的地区安全合作机制，走出“安全困境”带来更大的可能性。

当然，共同利益的存在，并不意味着东北亚地区安全机制能够一蹴而就地得以实现。其中的关键问题在于能否形成一种“和而不同”的战略文化，能否形成个别国家的战略利益与地区整体要求的战略利益之间的一种平衡。在发展水平、国力强弱、文明背景以及当前各自战略目标有所差异的背景之下，如何学会尊重客观的历史与现实，把握既存格局的发展逻辑，特别是对于无论战略竞争对手还是战略伙伴而言，如何学会站在对方的角度思考问题，增加相互理解与相互信任，是形成地区多边安全机制的漫长道路上的题中应有之义。

四、中国在建立东北亚多边安全机制问题上的原则和作用

1.基本原则。

第一，必须明确界定多边安全机制的国际属性，不使之成为干涉他国内政的工具。东北亚地区未来的多边安全机制应是一种解决本地区主权国家间共同面临的安全威胁的一个平台，也可经当事方同意为解决本地区主权国家间矛盾与冲突提供帮助。但不能随意地将属于各主权国家的内政方面的问题强制性地纳入多边合作机制内解决，尤其是必须坚决反对将台湾问题纳入东北亚多边安全合作的范畴。

第二，必须坚持《联合国宪章》宗旨和原则以及公认的国际关系准则，应坚持将通过对话和平解决争端的原则，追求各国间的合作安全、综合安全、共同安全，将合作共赢作为未来多边安全机制追求的根本宗旨。而不能成为某一方或几方依靠军事实力，追求己方绝对安全、绝对利益的工具。

第三，有关国家应明确未来的多边安全机制与其现有的双边军事同盟之间的关系。东北亚地区现有的双边军事同盟的产生和发展有其深刻的历史背景和复杂的现实原因。但是，逐渐将现有的双边军事同盟的合作范围限定在不针对第三方的双边范围内，不再随意地介入涉及第三国的地区安全事务，将是未来东北亚地区多边安全机制得以建立、并能在地区安全问题上有效地发挥作用的必要条件。

2.有所作为，争取主导。

目前最现实的选择恐怕是如何将六方会谈向机制化的发展推动。在这一方面中国应继续有所作为，并积极行动，争取主导。

如果说我们期待六方会谈能够解决朝美问题，不如将眼光放得更长远一些，各方同心协力将这一涉及东北亚安全局势的六方会谈机制化。所以，从短期看，六方会谈的功能是稳定地区安全局势；长期看，要想获得地区和平就必须将六方会谈机制化，而其中关键的润滑剂是中国的战略选择。

六方会谈作为平台，已经提供给各方进行对话或者谈判的一个应急机制。这既是当前六方会谈的特点也是其不可克服的弱点。一方面，这一会谈模式的出现是国际政治中的一个创新，它为彼此敌对的朝美双方提供了一个沟通的渠道，在一定程度上缓和了朝鲜半岛的危机局势，对东北亚地区安全环境起了积极的作用；另一方面，期待通过六方会谈来解决朝核危机与朝美冲突，这本身就是对六方会谈的一个误区。事实上，六方会谈的出现，是为了应对朝核（朝美）危机的扩大而力图缓和地区安全局势的一个应急措施，它本身并不具有完备的机制与制度支撑，如果不是由于中国的极力斡旋，六方会谈能否启动将是一个很大的疑问，而朝美之间对话渠道的不畅必定会导致朝鲜半岛安全局势的恶化。

六方会谈之所以引人注目不仅是因为朝核（朝美）危机，还在于此外没有别的平台对东北亚安全局势进行调控。正是由于它的唯一性，使得它的地位非常微妙，一旦六方会谈不能启动，那么朝鲜半岛（甚至东北亚地区）的安全局势就将处于一个失控的混乱局面。因此，从一个较为长久的历史时空看，必须将六方会谈升级为一个涉及东北亚地区安全领域定期的对话或磋商机制。这样，无论是朝核危机还是朝美冲突或者发生涉及东北亚地区安全领域的其他争执，都可以在一个定期磋商的机制中进行对话或者谈判。存在着这样的对话、磋商机制将使东北亚安全环境处于一个可以预测、调节、掌控的范围之内，不至于出现地区安全局势失衡的局面。

一旦六方会谈最终能够建设成为机制化的东北亚安全组织（或者论

坛），由于与会国在国际政治中所处的国际地位与地缘特征，将使得新的东北亚安全机制具备与众不同的多层次特性：全球层次、区域层次、国家层次。这样的安全机制将不仅有力地保证了中国周边的和平安全，而且能够极大地拓展中国的国家利益和国际影响力，因为在这三级层次的合作中将不可避免地烙上中国的印记，从而间接地提升了中国整体的国际影响力。因此，对于六方会谈最重要的发起国与斡旋国来说，中国长久的战略目标就不应该仅仅关注当前的朝核（朝美）危机，而在于推动东北亚整体安全机制的建立。

确保东北亚和平稳定的安全局面是中国最大的战略利益与战略目标。这既是中国的长期战略与国家利益所决定的，也是当前东北亚国际政治的现实所需求的。然而，要想实现这样的战略目标，作为六方会谈的核心组织者来说，中国的战略规划就显得尤为重要与迫切。

显然，与当前国际社会关注的热点不同，我们不能仅仅停留在朝核（朝美）危机本身上，应该将危机纳入到中国的国家战略目标中去，利用这一危机本身，创造性地建设东北亚安全机制，使得东北亚整体的安全环境变得有利于中国长期的战略目标。因此，中国的战略目标不应单一化，而应该在一个更高层次、更宽广的战略框架中去认识六方会谈的意义。虽然当前中国的安全环境与国际环境为建国以来较好的时期，但是，应该充分认识到，冷战后前苏联解体所遗留的战略空间目前正在为美国所填补。因此，美国在事实上更加提升了对华遏制的潜在军事与政治实力。有学者认为美国当前正在对华进行战略围堵，在某种意义上这是客观存在。因此，中国对六方会谈进行长远的战略规划时，一定要从中国整体的战略环境与东北亚地区地缘政治的现实入手，主动出击，努力拓展中国的国家利益与战略空间。

推动六方会谈是中国在国际事务中力图有所作为的开始，也是中国参与国际机制建设为数不多的行动之一。因此，要进一步推动六方会谈自身的制度建设，应该主动出击，努力推动建立一个定期磋商的东北亚地区安全机制。当然，更重要的是中国应该成为这个新的安全机制的主导者。

总之，中国所要考虑的应当是如何在未来多边安全机制中保持自主性。在这一点上，通过朝鲜停战协定、联合国安理会、亚太安全合作理事会、东盟地区论坛、东北亚合作对话、中美朝韩“四方会谈”、中日韩合作，以及六方会谈进程，中国已经积累了丰富的经验。但具体的成本一收益问题，需要进行更加仔细的计算。

（2006年6月24日）

警惕新冷战在亚洲爆发

亚洲的潜在热点和爆发点较多，成为新冷战温床

两极格局瓦解以后，由于北约东扩对俄罗斯战略空间的不断挤压，加之欧亚结合部的民族、宗教矛盾日益凸显，欧亚地缘战略板块的重心出现了从西欧和中东向欧亚大陆腹地内缩的趋势。在这个地域内存在着三条“弧形热点线”：一是中东波斯湾前苏联势力范围南缘热点线；二是中东、中亚伊斯兰新月形热点线；三是南亚次大陆热点线。从中亚的塔吉克斯坦、经西南亚的阿富汗到印巴次大陆的克什米尔地区，由中印边界、经缅甸到东南亚，形成了一条亚洲大陆热点线。随着海洋权益争夺的加剧，加之美日加强军事同盟带来的不确定因素，在亚洲东部，沿太平洋的第一岛链走向构成了一条海洋热点线，即东起日俄北方领土之争，到日韩竹岛（独岛）之争，以及朝核危机和半岛的军事对峙，东海、黄海、南海有关国家的海洋权益之争，再到台湾海峡的统独之争等，潜在和现实的热点、爆发点较多，而且具有相互影响、相互作用的连带效应。一旦处理失当，发生军事冲突甚至战争的可能性很大。这些潜在热点既有历史遗留问题，也有民族宗教矛盾，还有大国的介入，错综复杂，成为新冷战的温床。

传统冷战中，美苏军备竞赛虽然没有导致世界大战乃至核大战，但公认的事实是，由于他们之间军备竞赛愈演愈烈，使国际形势高度紧张，世界大战的危险始终存在，它就像悬在人类头上的一把“达摩克利斯剑”，人们不得不生活在战争恐怖的阴影之下。

两极格局瓦解后，世界大战的结构不存在了，大战的可能性在不断减小，但战争的威胁并没有消除，一些地区人们的恐惧感也未减轻。究其原因无非有四：一是冷战结束后，局部战争不降反升，其频率和数量远远超过冷战时期；二是民族分裂主义、极端主义、恐怖主义等三股势力大行其道，成为局部动荡的根源之一。三股势力越是猖獗的地区，人们的安全感就越是下降，这已经成为普遍规律；三是一些大国插手干预地区事务，特别是借反恐实现扩张的野心膨胀，是导致动荡和冲突的重要原因之一，也为新的冷战埋下了隐患。

进入21世纪以后，亚洲一些国家不惜投入巨资发展军备，纷纷加快了利用高新技术实行质量建军的步伐，特别是重点加强海空军力量及发展中远程制导武器。日本和印度已成为世界上大型常规武器的最大进口国。东盟国家以海空军为重点，加速武器装备的更新换代，提高独立防御作战能力。我国的台湾也是当今世界上众所周知的最大的军火购买地区之一。亚洲地区已隐然出现了新一轮军备竞赛，它虽然与传统军备竞赛的内容和形式不尽相同，但给地区安全带来的不确定和不稳定因素却是一样的。

亚洲也是当今世界三股势力的滋生地和活跃地之一，特别是西亚、中亚、东南亚等地区，恐怖主义猖獗，暴力恐怖活动不断，使本已复杂的地区安全形势和国际关系更加难以把握，这些新的不稳定因素更增加了新冷战爆发的可能性。

“9·11”事件为美国实现其21世纪全球战略提供了一个新的机会。这以后，亚洲成为美国主导下的反恐战争的主战场。而相关国家也利用这一事件搭美国“反恐便车”，以加快实现自己的战略意图，由此使亚洲的地缘政治环境和力量对比发生了新的变化，也增添了新的变数。

朝鲜核试爆如果导致核扩散升级，将意味着新冷战爆发

核扩散不是冷战结束后的产物，冷战时期就已开始，但冷战结束后，核扩散的危险比冷战时期大大增加了，在亚洲地区表现得尤为突出。

除了苏联解体带来的冲击效应导致核扩散以外，民族主义泛滥和地

区冲突不断也促使一些国家研制自己的核武器。近年来，这一势头在亚洲有增无减，与该地区地缘政治变迁、冷战遗产较多、力量对比失衡、民族宗教矛盾复杂、大国争夺激烈、局部安全恶化等因素具有直接关系。而核扩散本身又反过来加剧了局部的紧张，从而构成了新冷战的一个怪圈，即安全环境恶化——核扩散——进一步恶化——再扩散，实际上是导致了更大的“安全困境”。从上世纪90年代朝鲜核危机到印巴成为有核国家，再到近年来的伊朗核问题，以及时有传闻的中东和东亚一些国家的核计划等，都成为地区安全形势紧张的导火索之一，并使相关国家和地区陷入“安全困境”。

朝鲜不顾国际社会的强烈反对，执意进行核试爆，并不是偶然的。作出这一决策，既同朝鲜半岛作为“冷战的最后一块冰川”的处境分不开，也同美国长期制裁和封锁朝鲜的政策相联系，更同朝鲜对其安全形势的基本判断密切相关。说到底，朝鲜是想通过这样一个惊天之举，向世界特别是向美国表明自己已经成为一个名副其实的有核国家，以此来争取和美国等有核国的平等抗争地位，并增强自己的安全系数。但在和平发展已成为时代主题的当今世界，在绝大多数国家都反对核武器并加入核不扩散体系的情况下，试图通过核武装来维护安全的想法已越来越不合时宜。更何况，对一个资源有限、国土狭小、实力较弱、核能力与大国比相距甚远的小国来说，核武器能否真正发挥其威慑作用非常值得怀疑。

朝鲜核试爆标志着其跨越了核门槛，不仅会恶化朝鲜的国际生存环境，也使亚洲的经济繁荣、政治稳定面临新的挑战。如果这次核试爆导致亚洲的核扩散进一步升级，形成安全领域的恶性循环，使亚洲的“安全困境”更加突出，那无疑意味着亚洲新冷战的爆发。

美苏冷战对峙的双方目标明确，尽管双方都处于核威慑的危险之中，但很容易达成核平衡，进而形成某种冷战秩序。但是，倘若新冷战在亚洲爆发，将存在更多不确定因素，更难以实现某种秩序。因此，这个与冷战遗产相关的新冷战，却可能比冷战更危险，需要国际社会高度警惕。

（《环球时报》，2006年10月16日）

构建和谐东亚

东亚目前既是世界上经济发展最快的地区，也是政治关系和安全情况最复杂的地区之一。这一地区的和平、稳定和繁荣离不开东亚各国的作用和它们之间的合作，也离不开在这一地区发挥重要作用的美国的合作。在经济全球化、非传统安全因素的重要性日益上升的背景下，东亚区域合作也呈现方兴未艾之势。近年来，中国经济迅速发展，在睦邻、安邻、富邻、谋求共同发展的周边外交政策下开展了多边外交活动，中国越来越成为东亚的稳定力量和发展的动力，对这一地区的热点问题的解决、大国关系、东亚多边合作的发展走势起着日益重要的作用。

东亚一向被视作是安全困境最突出的地区，这种看法强调了东亚各国实现相互安全的困难，但是随着非传统安全在安全概念中所受重视程度的提高，单纯地强调安全困境未免以偏概全，因为在非传统安全领域中各个国家之间更多地进行着合作。而且，即使是在传统安全领域，也不乏各国合作的尝试。

一、徘徊于传统与非传统之间的东亚安全合作

传统的安全范式将安全局限在政治和军事领域，认为保障国家安全，实现国家利益的主要手段是加强武力和进行战争。新安全范式将安全的内容和范围扩大化，布赞（Barry Buzan）在其《新安全论》中，将经济安全、社会安全和环境安全置于与军事安全、政治安全同等重要的地位。刚刚出版的国内第一本关于非传统安全的专著《非传统安全论》将非传统安

全界定为“由非军事因素引发，直接影响甚至威胁本国发展、稳定与安全的问题”。据此，我们可以将安全分为两大类：传统安全和非传统安全。布赞所说的经济安全、社会安全和环境安全就属于非传统安全范畴。当前，合作在东亚的传统安全领域和非传统安全领域都有体现。

东亚也许是当前世界上安全隐患最多的地区：朝鲜战争带来半岛的南北分裂至今没有解决；日本否认侵略造成的中国、韩国、朝鲜等对它的疑虑；这里还有许多未解决的领土争端，如日俄北方四岛之争，日韩竹岛（独岛）之争，中日钓鱼岛争端，中国和东南亚国家的南中国海问题，而中国统一台湾还将面临着与美国和日本的冲突等。为解决这些问题，各国均进行了对话协商等尝试，大大减弱了各国在这些方面的冲突，但是目前尚未从根本上寻找到出路。

安全中的合作是广泛存在的，即使是被看作安全困境典范的朝核问题也体现出了强烈的合作倾向。作为对第一次朝核危机的解决，关系一度紧张的美朝达成《核框架协议》，朝鲜冻结现有核计划，作为补偿，美国为朝鲜修建两座轻水反应堆并每年向朝鲜提供50顿重油，这种“以经济换和平”的方式使朝核问题一度平息。2003年4月，朝鲜趁伊拉克战争之际，以公然承认拥有核武器为筹码，要求与美国签署互不侵犯条约，美国则希望通过威慑和施压迫使朝鲜单方面让步，朝鲜坚持己见，拒不退让，新一轮朝核危机再现。为解决危机，2003年8月，中、美、俄、日、朝、韩6国在北京举行了朝核问题六方会谈。但是冰冻三尺，非一日之寒，作为首次会谈，这次会议没有取得突破性进展，可是六方会谈机制的正式启动是对美国与朝鲜之间采取的相互威慑、升级对抗的方式的否定，揭开了新一轮通过多边会晤方式共同合作解决朝核问题的序幕，成为寻求缓解半岛安全困境的一次开创性尝试。纵观两次朝核危机，不难发现，十多年来半岛局势遵循了一条“紧张—协商—缓和—紧张”的发展轨迹，虽然要从根本上解决半岛问题困难重重，但这并没有减少各国为解决安全困境所进行的努力。如果各方能以新一轮的朝核危机为契机，建立东亚的核不扩散机制以至更广泛的多边安全合作机制，将有助于解决朝鲜半岛的安全困境，更会带动东亚其他遗留问题的解决。但是由于现在第二轮六方会谈迟迟不能举行，朝核问题还有很大的不确定性。

东亚安全所存在的困境，又迫使东亚各国从非传统安全中寻找安全出路，传统安全的合作困难并未阻碍非传统安全合作的进行。经济安全方面的合作。以金融危机为例，1997年东亚金融危机不仅对亚太经济造成了灾难性的冲击，而且导致许多国家社会动荡、政局不稳，严重影响了整个东亚的安全形势。危机暴露了东亚经济的脆弱性，同时也增强了各国对经济安全的关注，推动了东亚经济安全合作的发展。1997年12月，东盟和中日韩（10+3）在马来西亚首都吉隆坡举行领导人非正式会议，会上各国对亚洲金融危机进行了讨论。2000年5月，在泰国清迈举行的“10+3”财长会议上，通过了《清迈倡议》（Chiang Mai Initiative），各国同意通过货币互换，建立共同外汇储备金来应对可能遭受的货币投机性袭击，预防货币危机的爆发。“《清迈倡议》标志着东亚国家在区域金融合作方面迈出了实质性的步伐。”

社会安全方面的合作。这一点突出地表现在反恐和抗击“非典”上。在反恐方面，早在2001年6月上海合作组织成立之时，中、俄、哈、吉、塔、乌六国就签署了《打击恐怖主义、极端主义和分裂主义上海公约》。“9·11”袭击后，东亚加强了在反恐方面的合作，在2001年和2002年首脑会议上东盟两度发表了反恐宣言。反恐也带动了各国在社会安全其他方面的合作，例如，中国与东盟在反恐问题上的共同立场和利益，推动了双方在包括反恐在内的非传统安全领域合作的加强。2002年11月第六次“10+3”领导人会晤期间，中国与东盟各国领导人发表了《中国与东盟关于非传统安全领域合作联合宣言》，启动了双方在包括贩毒、非法移民、海盗、武器走私、国际经济犯罪、恐怖主义等非传统领域的合作。推动东亚社会安全合作的另一个典型事例是非典型性肺炎（简称“非典”）的流行。2003年上半年“非典”肆虐东亚，东亚再次面临非传统安全侵袭的挑战，东亚各国对此采取了联合行动。2003年4月“非典”尚未大规模爆发之际，东盟和中日韩卫生部长就举行了特别会议，商议合作抗击“非典”。紧接着，东盟和中国于29日就“非典”问题召开特别会议，发表了抗击“非典”的联合声明，宣布了采取共同行动的措施。随后不久，5月16日，东盟和中日韩还通过了民航防“非典”决议。正是由于各国的通力合作，才使“非典”的蔓延得到了有效的遏制。

环境安全方面的合作。环境问题给社会所带来的越来越严重的现实的和潜在的威胁提高了人们对该问题的重视。近些年东亚诸国饱受诸如沙尘暴、酸雨等环境灾难的危害之苦，从而促进了中日韩环境问题合作的加强。中日韩三国环境部长会议已召开了五次，在防治沙尘暴、东亚酸沉降、大气和水污染、土地沙漠化等方面取得了切实的成效。特别是2003年12月的第五次三国环境部长会议上，三国决定建立信息共享的地区性环境检测网络，各方在联合公报中还表示下一步将建立东北亚的酸沉降监测网、沙尘暴预警体系等。可以预见，随着经济的发展，环境问题的突出，中日韩以及东亚的环境合作将加强。

通过上面的分析不难看出，东亚安全始终在传统与非传统之间徘徊，而传统安全合作中的“山穷水复”又反衬出非传统安全合作的“柳暗花明”。

二、东亚没有欧洲那样的安全机制，也不大可能建立那样的机制

从冷战后的情况看，东亚存在着不稳定的因素，存在着出现动乱甚至军事冲突的可能性。如果把冷战后的东亚与欧洲作一个对比，那么可以明显看到东亚存在两个必须重视的问题。

首先，欧洲已经基本上不存在传统的安全威胁。东亚则不同，不仅传统安全问题和非传统安全问题并存，而且两者的严重程度几乎是一样的。这种特点使得有关国家在接受新安全观的同时，仍然坚持传统的安全观，甚至继续将其视为主流。

所谓传统的安全问题严重存在，一方面表现在朝鲜半岛和台湾海峡两个问题上，这两个热点不曾降温，并时有紧张局面出现；另一方面是东

亚一些国家间的领土领海纠纷依然存在，并且在短期内看不到根本解决的可能性。作为这种纠纷的反映，地区内军备增加快、增幅大。传统安全问题的存在是导致冷战后传统的军事同盟政策在东亚呈现强化趋势的重要原因。

无须回避，东亚仍然存在着两种制度的对立和斗争，世界上的社会主义国家除了古巴外，都在东亚。美国在东亚不肯根本放弃其冷战政策，在某些特定时期或一些安全议题上凸显意识形态斗争，从而经常会加剧地区紧张局势。

非传统安全问题在东亚地区的增加也是有目共睹的，包括恐怖主义、分离主义、种族冲突等引起的紧张、动乱和冲突不断，贩毒、走私、贩卖人口等跨国犯罪的势头难以遏止，能源、生态、环境等类的问题日益严重。由于非传统安全问题严重威胁着东亚地区的稳定，在客观上形成了推动有关国家在安全领域加强合作的巨大动力，并促使它们不得不认真考虑追求合作安全的必要性和重要性。

其次，在欧洲，存在着冷战后延续下来并可借用的安全机制和体制，如北大西洋公约组织等军事组织。该组织尽管也存在着不少矛盾和问题，但仍然能够基本有效地解决欧洲的安全问题，大致协调欧洲国家的防务政

策。东亚却不存在这类的安全体制和机制。当前在这一地区拥有重大影响的美国，从来没有像在欧洲那样，主导地区的安全事务。美日军事同盟作为冷战中遏制苏联和中国、后来是单纯遏制苏联的工具，在冷战后虽然经过重新定义，但它与北约显然不同，也从没有担当过北约在欧洲所担当过的重任。

美日军事同盟与北约的另一个重要区别是，它在东亚有时会起到破坏地区稳定的作用，原因就在于它的指导思想基本上是冷战式的，而东亚的安全环境比冷战时代要复杂得多。另外冷战后欧洲也没有一个国家像日本那样，热衷于在美国的军事同盟保护之下，谋求地区军事大国的地位。而恰恰是这个国家，在历史上曾经给东亚许多国家造成刻骨铭心的痛苦和灾难，又不肯认真对待历史问题，因而从未得到东亚其他国家的信任。

可见，东亚安全形势是非常复杂的，维持东亚稳定也是一件高难度的事。东亚安全形势的复杂性反映了这个地区发展的一些基本特点，它一方面使传统的、冷战式的安全观念和结构得以保存，另一方面，在区域经济一体化的影响下，东亚也在孕育着建立一种能够关照整个地区的安全形势，以及能够维护地区基本稳定的安全结构。同时，正是由于没有一个现成的、像北约那样可以利用的安全体制，东亚地区的安全更凸显出制度性安排的难度，这就需要相关国家在透彻了解现状的基础之上，作出具有创造性的努力。

三、东亚安全合作存在着三个相互抵触的基本形式，而且同时并存，相互竞争

所谓对现状的透彻了解，首要的是必须了解，维护东亚稳定的任何制度安排都必须考虑这样一个历史事实：长期以来，东亚地区的安全形势是由地区外的强权左右的。在19世纪到20世纪初是欧美列强，后来又增加了日本。20世纪30年代起日本成为东亚地区最大和最具破坏性的安全威胁，并最终因战败而沦为美国的保护国。第二次世界大战以后，美苏两国一度扮演主角，美国建立了以美日同盟为主轴、包括众多双边和多边军事同盟

的遏制阵营；苏联则以中苏同盟和其他一些同盟关系为依托，组成了对抗美国的联盟。直到后来中国脱离苏联阵营并与美国关系正常化，从而形成了中美苏的战略三角关系，从此列强左右东亚安全形势的局面才开始改变。

历史的进程表明，直到冷战结束，东亚的安全形势从本质上说都是由大国关系决定的，东亚的稳定是靠大国之间不断变动的均势维系的。冷战后全球形势不断发生变化，东亚安全环境也在变化，但是大国关系至少到目前为止，仍然发挥着关键性的影响。只不过在安全环境已经发生变化的情况下，大国关系也呈现出不同以往的新特点。

冷战后有关大国在东亚地区有着一些相互影响、相互抵触的主张或政策，并被付诸实践。它们主要包括：美国在追求单极主导或追求在东亚的霸权；中国、俄罗斯，甚至包括日本等，或直接或间接地都在主张多极化；美国企图建立起以军事同盟为基础和主要内容的安全体系；区域内一些国家主张或实际上遵循以合作安全为蓝本，构建东亚安全体系等等。有学者指出，这些主张或政策的实践结果，导致了冷战后东亚的安全机制中包含了三个看上去相互抵触的基本形式：霸权、均势与合作安全。

上述有关大国的不同主张或政策固然是源于它们各自的国内政治、国家战略，从另一个角度说，也可看作是对东亚复杂的安全环境作出的反应。正是因为既有国内政治的根据，也是为了应付客观环境的需要，所以它们都是有生命力的，很可能会在东亚地区并存并同时发展很长时间。东亚地区安全机制的未来发展必然要取决于霸权、均势与合作安全这三种不同形式的发展。

四、均势安全是现实主导，但合作安全将主导未来

接着要回答的问题是：霸权、均势和合作安全这三种形式是共同起着同样的作用，还是分别起不同的作用？答案是后者。我认为，三者之中，均势在当前维护东亚基本稳定中起着主要作用，而且今后一个时期很可能仍是如此。而从未来的发展看，东亚安全体系中合作安全的内容将逐步增

加，并最终占主导地位。这也就意味着霸权图谋将衰亡。做这样的预测基于两个基本判断。

首先是冷战后有关大国之间的合作在逐步加强，在它们之间逐步形成了全面的、利害并存的关系。有关大国在东亚和东亚外的区域中，几乎都面临共同或类似的安全威胁，同时在经济全球化的过程中，逐步构建起相互依存的关系，尽管这经常是不对等的相互依存。这种发展导致大国间的合作增加，而敌意在不断减少。冷战后中美关系的演变是典型的例证。

其次是这个地区面临的非传统威胁日益突出，解决东亚地区的安全问题必须走合作之路。任何国家仅依靠自身的力量或仅依靠传统的军事同盟，均无法有效地应对诸如恐怖主义、地区动乱、走私贩毒等问题。在区域经济一体化日益深化的背景下，那种追求单边主义、我行我素的政策，是难以奏效的。近年来东亚国际关系的演变，尤其是“9·11”事件后的演变，一再证明了这点。

正是逐步扩大的共同利益、面临的共同威胁、一个国家或传统的军事同盟无法应对非传统安全威胁等因素，决定了任何大国在东亚地区都很难自行其是。东亚建立起以合作安全为主体的安全体系，是合理的选择；东亚走合作安全之路，是必然的结局，不过这个过程肯定是漫长的。

五、在扩大非传统安全领域合作的同时，探讨在传统领域的“非零和式”的安全合作模式

东亚安全形势的复杂性反映了这个地区发展的一些基本特点，它一方面使冷战式的安全观念和结构得以保存；另一方面，东亚也在孕育着建立一种新的安全形势和安全结构。

东亚安全中的合作是广泛存在的，即使是被看作安全困境典范的朝核问题也仍然存在着强烈的合作倾向，六方会谈机制在朝鲜核试验后并没有死亡，而且仍在发挥作用。我们仍然在期待着即将举行的六方会谈能取得进展。但同时，我们必须承认，传统领域的安全合作在东亚确实难度较大，所以迫使东亚各国从非传统安全合作中寻找安全出路。如经济安全方

面的合作已经取得很大进展；社会安全方面的合作也在深入，这一点突出地表现在反恐和抗击“非典”上；环境安全方面的合作。环境问题给社会所带来的越来越严重的现实的和潜在的威胁提高了人们对该问题的重视。近些年东亚诸国饱受诸如沙尘暴、酸雨等环境灾难的危害之苦，这促进了中日韩环境问题合作的加强。中日韩三国环境部长会议已召开了多次，在防治沙尘暴、东亚酸沉降、大气和水污染、土地沙漠化等方面取得了切实的成效。特别是2003年12月的第五次三国环境部长会议上，三国决定建立信息共享的地区性环境检测网络，各方在联合公报中还表示下一步将建立东北亚的酸沉降监测网、沙尘暴预警体系等。可以预见，随着经济的发展，环境问题的突出，中日韩以及东亚的环境安全合作将加强。

通过上面的分析不难看出，东亚安全合作的另一个特征就是：始终在传统与非传统之间徘徊，而传统安全合作中的“山穷水复”又反衬出非传统安全合作的“柳暗花明”。

所以，安全合作未来的发展取决于几个重要因素：一是各方的安全观念，特别是利益观。是追求“相对利益”还是“绝对利益”？应该是后者；二是地区一些重大危机的走向，如朝核危机；三是地区大国及主要战略力量之间的共识；四是如何处理遗留问题。

要建立东亚区域安全机制，应当从以下几点着眼：（1）加强现有的东盟地区论坛，东盟与中日韩“10＋3”机制及亚洲安全会议的职能，将区域内各国间的分歧与争端纳入上述一系列具有广泛代表性的机制之中来解决，并在机制框架之内逐步形成有效具有可操作性的原则和规范。（2）对现有的军事同盟关系和次区域机制（如东盟和美日安全同盟机制、美韩同盟机制等双边、多边军事同盟机制）进行整合，并纳入一个更有广泛代表性的机制之中，使之服从于东亚总体安全机制构建的需要。（3）东亚各国需加强安全对话、防务交流与合作，增加透明度，建立军控合作机制，使各国国防建设达到所谓的进攻—防御平衡（offence-defense balance）。因此，建立和完善军控机制，以军备控制来制约军备竞赛，必然成为缓解东亚安全困境的重要手段之一。（4）加强地区国际规则的完善，引入公正的国际法体制，确立一个互信合作的地区共识及行之有效的行为规范。解决“安全困境问题”的关键在于对“选择困境”的限制，以使“背叛”的选择成为不可能。

在非传统安全合作不断扩大的同时，各方应该探讨传统领域的安全合作模式。中美两军两个阶段的海上联合搜救演习或许会给我们很多启示。

（2006年12月8日）

周边因素是影响中国安全的最重要因素之一

影响一国安全环境的国际、国内因素很多，也很复杂，并处在不断的变化之中。但是，对一国安全环境起决定性作用的是地缘政治因素。一国的地理位置决定了它周边安全环境的复杂程度，也决定了它在世界格局中的地位。这是一国安全环境带根本性的特征，其影响具有恒久性。所以，周边地区状况如何，周边国家关系亲疏，周边外交成效怎样，在很大程度上影响着中国的安全环境及未来走势，也影响着中国发展战略目标的实现（“周边”有狭义和广义、大周边和小周边之分，笔者在这里讲的“周边”指的是小周边、狭义的周边，即周边邻国）。

一、中国是当今世界大国中地缘环境最复杂的国家之一，既“先天不足”，亦“后天可塑”

中国是陆海兼备的东亚大国，现有陆地疆域960万平方公里，海洋权益约300万平方公里。中国地缘环境之复杂，举世公认。既有“先天不足”的一面，也有“后天可塑”的机遇。

所谓“先天不足”是指：中国是世界上邻国最多的国家之一，强邻最多的国家之一，边界纠纷最多的国家之一。

中国周边邻国之多在世界上仅次于俄罗斯，陆上同14个国家接界，海上相邻的国家有6个。

全世界11个上亿人口的国家中有7个在中国周边。

军事力量排在世界前25位的国家中有8个在中国周边。

公开宣称拥有核武器的8个国家中4个在中国周边（印度、巴基斯坦、朝鲜、俄罗斯）。

当今世界五大潜在热点冲突地区（中东波斯湾、中亚、南亚次大陆、台湾海峡、朝鲜半岛）中的4个在中国周边。

世界主要战略力量，除了欧盟和美国以外，都在中国周边（日、俄、印、东盟）。

中国背陆面海，但陆有强国接壤，海有岛链环锁。虽为陆海兼备的大国，但从未享受陆海兼备的利益。

地缘环境的复杂是客观事实，也是影响中国安全环境的长期、稳定的因素。但这并不意味着中国面临的安全威胁会日益严重，更不会必然导致中国与周边国家关系恶化、甚至冲突或战争。因此，“后天塑造”就成为中国安全环境好坏的重要一环。

所谓“后天可塑”，是指近年来中国外交本着“大国是关键，周边是重点，发展中国家是基础，多边是重要舞台”的总体战略，依据“睦邻、富邻、安邻”的“三邻”周边政策，稳定周边、立足亚太、放眼世界，地缘安全环境获得了相当程度的改善。如通过和平谈判，本着互谅、互让、共赢的原则，中国与陆上邻国的边界问题绝大部分得到解决，22000公里的陆上边界只剩下2000公里左右尚未划定，目前实际只同印度尚存有全面的边界争端。近年来中印关系的改善及在边界问题上达成的原则协议，为两国和平谈判解决这一问题奠定了政治基础。目前，中国同所有邻国的关系都得到了程度不同的改善，并已同大多数国家确立了睦邻友好合作的长期稳定关系。

二、无论历史上还是今天，周边地区的和平稳定对中国安全环境都具有直接、重大的影响

从地缘政治的角度看，周边地区是中国的安全屏障和战略缓冲地带；从经济发展的角度看，周边地区是中国主要经贸伙伴和重要市场之一；从大国关系的角度看，世界主要大国都在中国周边，又是稳定周边、立足亚

太的重要一环。

中国位于世界地缘政治的中心舞台——欧亚大陆的东部，是典型的陆海复合型国家。长期以来，浩瀚的太平洋、漫长的陆地边界既给中国对外交往提供了便利，同时又使国家安全面临双重风险和挑战。近代以来的100年间，西方依仗着资本主义大工业制造出来的坚船利炮，开始从陆上和海上同时蚕食中国，中国边防和海防同时告急，面临着数千年来未有之变局，遭遇着数千来未有之强敌，导致安全危机持续不断，最后几乎到了被瓜分殆尽的境地。以东亚地区为例，近代以来东亚发生过四场大规模的局部战争，即甲午战争、日俄战争、日本侵华战争和朝鲜战争，每一场战争都和朝鲜半岛问题有关，都将中国被动卷入，使中国人民生命财产遭受重大损失，朝鲜半岛的任何风吹草动始终牵动着中国安全和发展的神经。

新中国的建立，从根本上改善了中国的周边安全环境，但中国地缘环境的复杂性与生俱来，周边环境好坏影响着中国的和平发展。在整个冷战时期，中国始终是美苏两个超级大国借重和制衡的对象，这一方面说明中国国际战略地位的重要，另一方面又说明了中国安全环境的险恶。两极格局瓦解和冷战结束使中国长期以来面临的北方威胁解除了，中国周边环境再次得到根本改善，从而保证了中国全方位改革开放政策的实施。

进入21世纪以后，中国与周边国家安全和发展互动关系进一步加强。一方面，中国经济的快速增长有力地带动了周边国家的经济发展；另一方面，周边国家的繁荣与稳定是中国抓住并利用好战略机遇期的重要条件之一。周边地区的安全环境对中国实现21世纪战略目标的意义更加重大，地位和作用进一步增强了。

首先，中国与周边国家的相互依存关系在不断加深，已经形成了“你中有我，我中有你，一荣俱荣，一损俱损”的密切联系。2006年，中国十大贸易伙伴当中的7个都是中国的周边近邻，分别为日本居第三位，中国香港居第四位，东盟居第五位，韩国居第六位，中国台湾居七位，俄罗斯居第八位，印度居第十位。中国十大出口市场中的7个也是中国周边国家或地区，从第三到第八位分别是香港、日本、东盟、韩国、中国台湾、俄罗斯，印度居第十位。以东盟为例：自1991年至2005年底，中国与东盟整体的贸易额以年均25.8%的速度增长，2005年底，双方贸易额已达1300亿美元，比1991年增长16.4倍。2006年，再度创下1608.40亿美元的新高，同比增长率为23.37%。与此同时，中国一东盟自由贸易区建设进入实质性阶段。

其次，中国经济的健康快速增长，一方面使中国抵御外部风险的能力提高了，但另一方面，对外部环境变化的敏感性也增强了。一国经济发展对外依赖程度愈高，自身的敏感度也就愈高，这是普遍规律。今天中国经济的对外依存度已经达到70%左右，使中国经济脆弱性的一面也凸显出来。而十大贸易伙伴中的7个都是中国周边国家或地区，因此，保持周边稳定事关中国经济能否长期稳定的大局。

第三，历史一再证明：周边稳，则中国安，周边乱，则中国损。与周边国家保持睦邻友好合作关系，是新世纪中国周边安全战略唯一正确的选择。历史上，中国与邻国在领土、领海和边境地区的民族之间多有纠纷。自秦汉以来，中华民族不断遭到异国异族的入侵，边患始终是困扰历代历届中国政府的一大难题。新中国成立以后，我们坚持和平共处五项原则，

本着互谅互让、既考虑历史又照顾现实的方针，同许多周边国家划分了边界，在一定程度上解决了影响中国同周边国家关系的边界争端。20世纪80年代，中国进入到改革开放的新的历史时期，邓小平明确提出：以和平方式解决国际争端。近年来，

在互利、共赢的基础上，中国同俄罗斯、越南等国就陆上边界问题达成了协议，并完成或正在完成边界的勘界工作，这一长期困扰中国的难题正在趋向于和平解决，从而为中国创造了一个长期稳定的周边环境。

三、与邻为善，与邻为伴，是中华民族的传统美德，也是营造中国周边环境良好氛围的必备条件

同周边国家打交道，就如同和邻居交往一样。邻居不能选择，但心态可以调整，政策可以选择。“先天不足”无法改变，但“后天塑造”却事在已为。以什么心态去看待邻居，以什么方式和邻居相处，以何种政策去对待邻居，这不仅可以选择，而且大有作为。

冷战结束后，随着中国综合国力上升，国际影响力扩大，源于日本、美国的“中国威胁论”开始出现。近年来“威胁论”的声音虽有减弱，但在周边国家中仍有一定市场。

实事求是分析，以遏制中国发展为目的、有意诋毁中国形象的“中国威胁论”，只是少数反华势力的恶意炒作和宣传，大部分国家和民众要么对中国的发展不适应、不了解，要么出于某种担心和疑虑，对中国发展提出这样或那样的疑问和问题，是可以理解的，也是正常的。对此我们首先要放平心态，客观理智地分析和对待，不能无动于衷，但也不必勃然大怒。同时，中国需要多做释疑解惑的工作。但更重要的是以自己的行动来证明中国发展不仅不是周边国家的威胁，而且是难得的机遇。近年来，中国以“和谐世界”主张为指导，主动开展周边外交，提出“睦邻、富邻、安邻”的政策，增加对包括一些周边国家在内的发展中国家的经济援助，减免他们的债务、负担，谈判建立自由贸易区等举措，就是抵消“中国威胁论”的最好证明。

中国有句俗话：己所不欲，勿施于人。中国不愿意别人把自己的发展看作威胁，更不愿别人时时处处防范中国，甚至遏制中国。同样，我们也不能把周边国家的实力增强和发展繁荣一概视为威胁和挑战。“三邻政策”不是一个外交姿态，不只是说说而已，而是实实在在的政策主张，需要扎根于国民的心态之中，落实在与周边交往的行动之中。这也是作为一个大国应该具备的素质之一。美国前助理国防部长约瑟夫·奈说过：如果美国把中国看作敌人，中国就会百分之百的成为敌人；如果把中国看作朋友，中国至少有百分之五十的可能成为朋友。

从近年来的外交实践中可以看到，发展中国家对中国的信任度在逐渐提高，这并不是偶然的，是多年来中国以自己快速的发展、真诚的交往、不附带任何政治条件的援助换来的。2006年年底在北京成功举办中非合作论坛，非洲绝大多数国家的首脑聚集在北京，中国令世界刮目相看。中非之间这种真诚的友谊是几十年平等相待、荣辱与共、和睦相处的结晶。目前，中国与周边国家的关系也正朝着高度信任的方向发展，这与中国近年来卓有成效的周边外交，与邻为善、与邻为伴、宽以待邻、严于律己的对外政策密不可分。

周边的富裕、甚至强大，不是中国之灾，而是中国之幸，中国之福。因为一个贫穷的周边，就可能是动乱之源、动乱之根，也是极端主义、分裂主义、恐怖主义的温床，就不可能有真正的周边安全与稳定。邻国是否威胁，取决于实力和意图，只有实力而没有意图并不会构成威胁。反过来讲，如果有意图，即使没有实力，那也会使四邻惶惶不安。以正确的外交战略同周边国家建立良好的互动关系，是消除威胁的重要途径。

（《环球时报》，2007年4月）

居安思危：应对我国安全环境的复杂性挑战

近年来，胡锦涛反复强调：各级领导干部，尤其是军队的领导干部，要培养战略思维能力，提高战略谋划水平，要拓展自己的战略视野。实际上就是要求领导干部要培养了解大局、把握大局乃至驾驭大局以及长远、科学的分析力和判断力。那么，什么是大局？进入21世纪以后，中央提出要统筹两个大局：一是国内大局，一是国际大局。这是从范围上来讲的。如果从内容上来看，今天的“大局”也包括两方面内容：经济发展和国家安全。经济发展战略和国家安全战略构成了21世纪初国家的“大战略”。从国家安全的角度出发，如何正确判断我国当前面临的安全环境，是进行国家安全战略运筹的基本前提条件之一。下面主要从三个方面来作分析：

一、当前我国安全环境的复杂性和面临的主要威胁

1.总体判断。

要总体把握今天我国面临的安全形势，首先要有一个参照物，即参照系数，主要是和冷战时期及冷战结束初期相比。冷战时期的安全形势可以概括为三句话，也是三个特点：总体严峻，局部改善，安全问题相对单一。和这样的特点相比，我们今天的安全形势也可以概括为三句话：总体稳定，局部严峻，安全问题趋于复杂且局部安全风险在加大。

为了便于理解，我们先对冷战时期的三个特点作一个简单的历史回顾。这里所说的“总体严峻”主要有两层含义：头一层含义，就是美苏两

个超级大国激烈争霸，虽然没有导致世界大战，但是世界人民始终生活在世界大战乃至核大战的危险之中，由此导致的国际形势的总体紧张局面没有改变，这也是冷战时期的最大特点。那时，不管我们中国的主观愿望如何，主观努力怎样，我们没有实力也没有能力改变冷战格局导致的总体紧张局面，这是总体严峻的第一层含义。后一层含义是，新中国成立以后，直到上个世纪80年代前期，我们始终没有摆脱外敌对我国边境不断骚扰，并有可能对我国本土发动战争这样一个现实、重大的军事威胁，这种军事威胁始终没有解除。

20世纪50年代这种威胁主要来自美国。美国通过东北亚的朝鲜半岛、正东台湾海峡和东南亚，构筑了一个所谓“新月形”对华军事包围圈。50年代初期新中国刚刚建立不久，我们就被迫打了一场抗美援朝战争；60年代，用毛泽东的话说，我们的威胁“来自四面八方”。一方面，美国的威胁没有解除，来自苏联的威胁上升了。50年代，中苏两党意识形态分歧，到60年代导致两国关系彻底破裂，1969年的“珍宝岛事件”使两国兵戎相见；同时，60年代初，我们进行了一场对印度的自卫反击战，整个60年代中印关系紧张；在东面，国民党蒋介石到台湾以后，不断叫嚣“反攻大陆”、“三民主义统一中国”，先后制订过1000多种反攻大陆的军事方案，60年代是这种方案最多最集中的时期。到70年代，总体严峻没变，但局部改善了。这一时期，虽然苏联对我们的威胁持续上升，但是中美关系解冻，中日建交，中国和西方国家的关系在毛泽东领导的后期都得到了不同程度的改善，为后来邓小平对西方国家实行开放政策奠定了基础。

可见，冷战时期我国安全环境的特点主要有：威胁来自于传统领域；威胁主要来自于周边大国；方向明确，性质严重。

和冷战时期我国安全环境的特点相比，今天我们面临的安全形势，首先是总体稳定。这个总体稳定不是抽象的，至少有以下几个具体表现：冷战结束后，打世界大战的结构基本不存在了，世界大战的可能性很小，今天没有哪个大国的政治家还认为世界大战迫在眉睫，也没有哪个国家把国防和军队的建设目标放在准备打世界大战上，大家都在准备打局部战争，特别是信息化条件下的局部战争；苏联解体后，来自于北部的威胁解除了；这些年来我与周边国家的关系得到了不同程度的改善，尤其是陆地边界问题，绝大部分得到了解决。为了巩固总体稳定局面，中央做出了一个重大决策，在我们西部建立了“上海合作组织”。在东部我们加入了“10＋1”、“10＋3”东盟地区论坛，相当于在中国东西两翼构筑了两个重要的安全平台，推动我国周边安全环境日益向机制化方向发展。但应该看到，在总体稳定的同时，我国安全环境“局部严峻”的一面也在发展，而且越来越复杂化了。

2.所谓“局部严峻”主要指的是东部。

我认为，我国的现实威胁主要来自“两个具体方向”和“一个重点地区”。“两个具体方向”一是指东北亚，一是指海洋，而重中之重仍然是台湾海峡。冷战结束后的东北亚地区一直处在不确定的状态之中，局势时紧张时缓和。前一时期朝核危机给我们带来了安全困扰，当前这一危机得到了极大的缓解，美朝关系在加速改善，但同时也给我们提出了新的问题和挑战。同时，海洋安全问题突出，台海局势处于“高危期”。

3.安全环境的未来走势。

如果简单概括为一句话，就是越来越复杂化了。这也是与我们以前安全形势的最大区别。“越来越复杂化”有几个具体的含义。在过去，特别是毛泽东时代，我们只面临一类安全威胁——军事和政治威胁，可以概括为两个方面，一个是国土安全，一个是内部安全。在边境地区，会面临外敌的骚扰和外敌有可能对我国本土发动的战争。新中国成立以来，我们的防御基本上是国土防御。从我们的老祖宗所创造的汉字，就可以看出这种防御思想是几千年延续下来的：“國家”的“國”，一“口”人手拿一支“戈”，即武器。一个人手拿一件武器保卫国土，这是一种典型的国土防御观。“武力”的“武”，止戈为武，就是你不进来，我不出去。过去毛泽东讲过：“人不犯我，我不犯人，人若犯我，我必犯人。”但是今天的情况有很大的不同，最近几年，我国面临的传统威胁不仅没有消除，而且还有所回升（台湾问题，既是传统威胁，也有非传统的安全挑战，这是两个威胁集于一身的问题），我们又开始面临非传统安全挑战，即经济安全、金融安全、社会安全、生态安全、能源安全、文化安全、信息安全等问题越来越突出了。两类安全威胁同时上升，而且相互交织、渗透，在一定条件下，还可能相互转化，这是复杂化的第一个表现。

安全形势复杂化的第二个表现：内外安全的界限模糊，并且相互制约。也就是说，国内安全问题的国际化和国际安全问题的国内化这两种趋势都在发展。国内安全问题处理不当，很可能导致地区不稳定；反过来地区安全问题处理不及时，很可能造成国内重大的安全隐患。内外安全、传统与非传统安全的界限出现了模糊化的新趋势。

安全形势复杂化的第三个表现：我国是当今世界地缘环境最复杂的大国之一。研究中美关系的著名美国学者罗伯特·罗斯，曾经比较过中美两国不同的地缘环境。他认为，美国的地缘环境相对来说比较优越，而中国的地缘环境相对恶劣。美国处在北美大陆，首先是美国的邻国很少，邻国越少，麻烦就越少，这是一个常识。美国南北只有两个邻国，一个加拿大，一个墨西哥，这两个国家不仅是美国的盟国，而且还是美国的弱邻，所以不能想象有朝一日他们之间会发生领土争端、主权权益之争，甚至兵戎相见，这是不可想象的，也就是说不大可能。美国东西两侧有两大洋，一是大西洋，一是太平洋，这两大洋在历史上就是美国天然的安全屏障，两次世界大战的战火所以没有燃烧到北美大陆和美国本土，原因很多，其中一个原因是得益于两大洋的保护，因为那时人类的军事科学技术还没有像今天这么发达，还没有远程打击能力，更没有精确制导武器，所以大洋就成为国家的天然屏障和缓冲地带。反过来说，中国不一样。首先中国有一大批邻国，中国是当今世界大国中邻国最多的国家之一，而且强邻不少，情况复杂。在中国的邻国中，既有当今世界最发达的国家之一——日本，也有当今世界最贫困的国家。在40多个最不发达国家当中，有将近10个国家都是中国的邻国。他还列举了一些数据：当今世界有25支最强大的

军队，其中8支在中国的周边；当今世界人口超过1亿的国家有11个，其中7个在中国周边；当今世界公开宣称拥有核武器的国家有8个，其中4个在中国周边；21世纪世界有5大潜在热点冲突地区，其中4个在中国周边，除了中东波斯湾以外（现在就是热点），其余4个都在中国周边：从中亚开始，到南亚，到台湾海峡，到东北亚朝鲜半岛。所以中国的地缘环境可以说是“先天不足”。罗斯在他的书中得出这样的结论：美国的位置使他几乎不会受到外敌的军事入侵，中国的位置却使它千百年来屡遭侵犯。美国的安全问题是在国外，而中国面临的最大紧迫问题则在它的边界线上和边境之内。美国军队是到远在国土千万里之外的世界各地巡逻，中国军队操心的却是抗击外敌入侵和压制国内的动乱。如果说罗斯描述的美国部分有点过时了，因为“9·11”事件打破了美国国内安全的神话，今天美国的安全问题不仅在国外，也在国内。但他描述的中国部分没有过时。今天中国的国家安全，既有内忧，也有外患，但内忧大于外患。胡锦涛为军队提出的新世纪新阶段的四大历史使命中，第一大使命就是：军队要为党巩固执政地位提供重要的安全力量保障。这是一个总的判断。

当前的安全形势，既不同于冷战时期，也有别于冷战后初期，这就要求我们必须以实事求是的精神，辩证的态度，复杂的眼光，尽可能做出全面准确的判断，在看到机遇的同时，更要看到挑战和不利的一面。胡锦涛在“6·25”重要讲话和十七大政治报告中都明确提出了两个“前所未有”，一个是我们国家正面临前所未有的机遇，一个是我们国家正面临前所未有的挑战。我们应该做好应对两个、甚至多个方向同时发生危机的战略准备。

二、今后一段时期国家安全面临的两大困境

国家安全可能将面临两大困境。一是大国崛起的困境，主要表现在两个方面：国家实力增强和国家利益拓展带来的困境。国家实力的增强对于任何一个国家来讲都是好事，对于中国来说尤其如此。这不仅是新中国建立以来，也是几千年来中国人梦寐以求的事情。但随着国家实力的增强，国际地位及影响力也必然扩大，正因如此，也引起了相关大国包括一些中小国家的质疑和恐惧，对中国的戒心大大增强。可以看到，二十多年来，中国在综合实力增强的同时，面临外界的压力不是在减小，反而在加大。这就是当前形势给我们带来的第一大困境，即实力的增强一方面改善了我们的安全环境，另一方面也导致了"中国威胁论"的甚嚣尘上。如今，"中国威胁论"五花八门，不仅美日有，包括一些发展中国家也有程度不同的"中国威胁论"。近两年来，"军事威胁"、"能源威胁"、"生态环境威胁"、"文化威胁"、"信息威胁"不一而足。近来，西方媒体又大肆炒作"中国食品威胁"、"中国制造威胁"，一些西方媒体把"Made in China"（中国制造）妖魔化，解读为"小心使用"，就是说当你拿到"Made in China"的时候，这个东西可要小心使用，因为它不安全。这就给我们带来了新的安全困扰，使我们处在两难选择之中。

大国崛起困境的另一个表现就是国家利益扩展带来的挑战。二十多年以来，随着改革开放的不断深入和中国越来越融入经济全球化，中国的国家利益已开始超越国家的领土范围，向外大大拓展了，拓展的方向主要有三：海外市场、海洋和外太空。全球化时代，国家利益的拓展是一个自然、合作、互利共赢的过程，与古代历史上的帝国战争、资本主义时代的殖民扩张和帝国主义时代势力范围的争夺具有本质区别。那时的扩张是血与火的强夺、大国强国的专利，导致对抗和战争的结局。全球化时代，利益的拓展是国家与国家之间利益的相互延伸和相互融合，是所有加入全球化进程国家都共同享有的权利，也是共同承担的义务。在这里，广大中小国家第一次实现了真正意义上的国家利益拓展，其结果是合作、双赢、共

赢成为普遍现象。所以，全球化时代的国家利益拓展具有名正言顺的法理和现实依据。

国家利益拓展客观上要求国家的安全能力要与之相适应。但现在我们面临的问题是：国家利益拓展了，但维护国家安全的实力和能力还达不到这样的要求，这之间尚存在差距。差距是什么？差距就是安全风险，一个国家的利益与实力、能力之间的差距越大，安全风险就越大。不仅在维护传统安全方面，在维护非传统安全领域，包括气象水文方面的实力、能力也都还达不到国家利益拓展的客观要求。因此，一个国家的安全边界，不是领土边界，而应该是利益边界。也就是说，国家利益在哪里，就应该有相应的安全能力和手段保卫国家利益，否则，国家利益将面临随时丧失的危险。我们今天面临的困境是：我们的利益走得很远，但相应的安全能力和手段跟不上。这不仅指传统安全能力和手段，更指非传统安全能力和手段。新世纪新阶段的人民军队，不仅要具备打赢战争的能力，还要具备遏制战争、应对危机、维护和平的能力，从某种意义上说，后一种能力要求更高、难度更大。

中国国家安全面临的第二大困境来自于制度创新。作为当今世界最大的共产党执政国家，西方对中国的和平演变战略是不会改变的，但同时，中国又要加入以西方为主导的国际体系当中。中国面临的两难选择显而易见，既要被以西方为主导的国际体系所接纳，同时又不改变中国社会主义国家的性质，不改变共产党执政的地位，根本出路在于实现制度创新，在坚持四项基本原则的基础上，探索出一条具有中国特色社会主义的改革发展之路、市场经济之路、政治民主化之路。

这两大困境将是今后一段时期困扰中国国家安全的主要问题，大国崛起的困境将影响中国的经济发展和综合国力的继续增强和国际地位；制度创新的困境将影响中国的政治稳定，进而影响国家的长治久安。中国国家安全面临的许多威胁都将因这两大困境而长期存在。如何缓解这两大困境，是我国国家安全战略筹划的关键所在。

三、思考和启示

1.和平不等于安全。和平条件下的脆弱安全甚至不安全状态，可能成为今后一段时期中国安全环境的新特点。

长期以来，在我们的思想认识当中，有一个认识误区，就是简单地把“和平”等同于“安全”了，简单地把“和平环境”等同于“安全环境”了。其实这是两个既有联系又相区别的概念。相联系表现在：和平就是不打仗，没有战争。一个国家或一个民族不能总处在战争状态，否则一切无从谈起。谈不上国家的富强和人民生活水平的提高，谈不上民族振兴和国际地位。从这个意义讲，没有和平就没有安全。

但有了和平就一定会有安全吗？那也不一定。和平被解释为“没有战争的状态”，安全被解释为“没有或很少受到威胁的状态”。换句话说，不打仗就一定不面临威胁吗？不一定。在没有战争的状态下，国家安全至少可以划分为三个等级：比较安全、脆弱安全、不安全。未来五到十年，中国很可能处在一个没有大规模战争、总体和平条件下的脆弱安全状态之中，甚至不排除在局部出现不安全状态。比如周边的几个潜在热点爆发或“三股势力”（极端民族主义、分裂主义、国际恐怖主义）猖狂活动可能导致的局部动荡等等。这里既可能是传统安全威胁引起的，也有可能是非传统安全威胁引发的，如生态环境引起的国家之间的外交冲突、能源争夺引起的局部军事冲突等等。所以，一个国家可以获得和平，但可能没有安全。获得和平的方法和获得安全的方法有时是不一样的，甚至有时也可能是根本相反的。为了获得和平可以永远不打仗，这叫“为和平而和平，可能和平亡”。但有时为了获得安全可能还真的不得不打一仗，这叫“为安全而和平，可能和平存”，这就是历史的辩证法。当一个国家和民族有能力拒绝别国不合理要求的时候，才能获得真正的安全。它给人们的最大启示是：没有和平，安全难以保障；而有了和平，安全也不一定得以保障。改革开放以来，中国已经历了二十多年的和平建设时期，但局部威胁有时呈上升趋势。所以，确保战略机遇期和中国的崛起，需要营造一个既和平又安全的内外环境。这是新时期中国安全目标的内在需要，要求虽高，但不得不为之。

2.发展不等于安全。落后有落后的安全威胁，发展有发展的安全挑战。

2006年，以胡锦涛为首的党中央第一次明确提出“安全发展”的理念，提得非常好，也非常及时，实际上就是要求我们在继续解决落后安全问题的同时，随时应对发展以后面临的新的安全挑战。“安全发展”理念的提出绝不是空穴来风，是有强烈针对性的。近三十年来，我国的经济实力在不断增强，人民生活水平在不断提高，社会发展也取得了历史性进步，但在安全上却付出了沉重的代价。这个代价至少表现在两个方面，一是“狭义安全”代价，二是“广义安全”代价。从狭义上讲，就是一段时期安全生产事故的频繁爆发，尤其煤矿生产事故更是后果严重。2006年10月，胡锦涛在中央政治局第三十次集体学习讨论会上，明确讲了这样一段话：“人的生命是最宝贵的。中国是社会主义国家，发展不能以牺牲精神文明为代价，不能以牺牲生态环境为代价，更不能以牺牲人的生命为代价。安全生产关系人民群众生命财产安全，关系改革发展稳定的大局。”从广义上讲，二十多年来，一方面我们的经济实力在增强，这是举世公认的事实；但另一方面，国家面临的局部威胁和挑战也在增加，国家安全的风险某种程度上也在加大，这就给我们提出了一个重大问题。邓小平曾说：经济搞上去了，中国的一切问题就都好办了。这句话的意思非常明确，即经济是一切的基础，没有经济发展，什么都谈不上，这是真理。但一些人却把它误读为，经济搞上去了，中国的一切问题就都自然而然解决了。把经济搞上去，简单地理解为GDP的提升。在这里，“发展”被浓缩为“经济”，“经济”又被浓缩为“GDP”。事实上，经济上去了，并不意味着其他所有问题都能自然而然地解决，它只是为解决其他问题奠定了雄厚的经济基础，不能取代其他能力和手段。比如，经济只是为安全提供重要的物质基础，但它不能替代安全的手段和能力，这就是我们二十多年来一条重要的经验教训。我们的经济搞上去了，但是在相当一段时期，国家安全能力和手段尚存在明显差距，至少一段时期严重滞后于经济的发展，这是导致国家安全风险局部加大的一个重要原因。“落后就要挨打”，落后就不安全。但是今天我们要反过来思考这样一个问题：先进了、发展了就一定会获得安全吗？那也不一定。落后有落后的安全威胁，发展以后会带来新的安全挑战。什么是发展以后带来的新安全挑战？上个世纪六七十年代，我们的国情可用八个字概括：地大物博，人口众多。但今天看来，人口众多没有改变，但地也不大，物也不博。这种局面是经济发展造成的，正是由于经济高速增长和大规模的工业建设，才带来了能源和生态环境的安全问题。今天，国家落后的安全威胁没有完全消除，我们又开始面临发展以后带来的一系列新的安全挑战，尤其是在非传统领域的安全挑战。所以，没有安全的发展，是脆弱的发展，既不能持久，成果也随时面临丧失的危险。“安全发展”理念的提出，为各领域、各部门、各行业牢固树立大安全意识，增强安全防范能力提出了新的、更高的要求。

3.改善安全环境，既取决于我国与外部世界的安全互动关系，也取决于自身的政策选择，但根本上取决于国内协调、有序、均衡、全面的发展。

改善安全环境无非有三条途径，一是与外部世界的安全互动，比如说“新安全观”、“和谐世界”理念的提出，就是通过观念的改变树立中国良好的国际形象，与外部世界形成安全上的双赢、共赢局面，来改善我与外部世界的安全关系。再比如我们自身的政策选择，也是科学发展观的具体表现。近三十年来，我国取得的巨大成就之一就是实力的增强，而重要教训之一是在一段时期国力发展的某种失衡。曾有人列举过我国发展中的四大失衡局面：第一，经济发展和社会发展的失衡。二十多年的年均GDP是9.4%，但是在一段时间，在社会其他领域（公共卫生、社会就业、教育等）的投入相当低。所以中央才提出了“科学发展观”。第二，经济发展和生态环境保护的失衡。某种意义上可以说我国二十多年的高增长是以牺牲环境为代价的，这种模式不可能再继续下去了，否则也不可能真正实现我国的发展战略目标。这是中央提出“科学发展观”又一个重要背景。第三，硬国力与软国力的失衡。第四，经济发展与国防建设在一段时期的严重失衡。上个世纪末中央提出经济和国防协调发展的新战略才逐步改变了严重失衡的局面。应该说这是一个重大的战略转变，由“忍耐”转变为“协调发展”。对此，人们的认识已经很深刻了，现在的关键问题是如何把协调发展的思想落实到机制建设上来，即以相关的法律条文规定协调发展，以相关的组织机构落实协调发展，以相应的资源配置保障协调发展。它给我们的重要启示是在实力政治仍占主导的当今世界，在陈水扁等“台独分子”不断挑衅一个中国原则的形势下，在我国防实力与军队肩负的使命仍然存在差距的情况下，我们必须理直气壮地发展国防实力，使经济建设与国防建设协调发展，真正在制度上加以落实，这是我们今天面临的一个重大课题。

（2007年12月）

伊朗的军事力量及现状分析

伊朗地处中东战略要地，北临里海，东与巴基斯坦和阿富汗交界，西与伊拉克和土耳其接壤，南濒波斯湾和阿曼湾，扼守着“海湾的咽喉”——霍尔木兹海峡。伊拉克战争后，在美国的军事多米诺骨牌游戏中，阿富汗骨牌和伊拉克骨牌已先后倒塌，对其中东宿敌——伊朗实施军事打击的条件业已成熟。然而，面对巨大压力，伊朗毫不示弱，国防部长沙姆哈尼曾明确表示：“伊朗不是伊拉克。”伊朗的军事防御能力也引起世界广泛关注。

伊朗是中东地区的大国，其人口是伊拉克人口的2.5倍多，面积相当于伊拉克的4倍，综合国力也是海湾地区最强的。近年来，伊朗发展在中东、海湾地区也比较突出，经济年增长率超过5%。随着伊朗经济的迅速发展，伊朗军事力量也有了相应的提升。但伊朗的真正实力始终处于严格保密之中，特别是在近年来的多次军事演习中，宣称和展示的现代化武器装备也是真真假假、虚虚实实，令世人难以印证。很多西方军事家认为，伊朗方面展示的先进装备“水分较大，夸大其辞”。但在波斯湾地区，伊朗的军事强国地位是不容置疑的。

一、伊朗的军事实力和军事体制

伊朗的武装力量由正规军、伊斯兰革命卫队和准军事部队组成，但伊朗从未正式公开其武装力量的编制情况和装备种类，国际有关军事研究机构或军事学者从各种渠道获取的信息差别较大，得出的数据也不尽相同。

据估算，伊朗军队的总人数超过90万人。其中正规军40万人，革命卫队25万人，准军事部队25万人。①

正规军分为陆、海、空三个军种。革命卫队由地面部队、海上部队、陆战队和航空部队组成。准军事部队由人民动员军和宪兵组成。伊朗的正规军事力量由正规军和伊斯兰革命卫队组成，这种特殊的军事体制使伊朗成为目前世界上唯一拥有两支正规武装力量的国家。伊朗宪法规定：宗教领袖（现任宗教领袖为赛义德·阿里·哈梅内伊）兼任武装力量总司令，通过国家最高安全委员会和武装力量总参谋部指挥全军。军队和革命卫队的总司令由最高宗教领袖通过总统任命。自从第一次海湾战争爆发后，伊朗就一直在发展自己的军事力量，并拥有了中东最强大的导弹库和首屈一指的武装部队。

1.伊朗正规军。

陆军是伊朗武装力量的主体，总兵力约40万人。主要编成为：军司令部4个，装甲师4个（各辖装甲旅3个、机械化步兵旅1个，炮兵营4～5个），步兵师6个（各辖步兵旅4个，炮兵营4～5个），独立空降旅1个，独立特种兵旅3个（可能编成为1个师），独立突击旅1个，炮兵群5个，空对空导弹营12个。②

伊朗陆军的机械化程度较高，装备有主战坦克近1000辆③，包括较为先进的“祖菲卡（ZULFIQAR）”坦克（此种坦克由伊朗自主生产，已进入批量生产阶段）和T-72型坦克。陆军还装备有包括“眼镜蛇”EE-9侦察车、BMP-1/-2型步兵战车以及装甲运输车在内的各类车辆1285辆。④此外，伊朗陆军拥有数量庞大的M-101A1型105毫米榴弹炮、D-30型122毫米榴弹炮等压制火炮，以及无坐力炮和高射炮，还拥有一定数量的“陶”式、AT-3“耐火箱”式、AT-4“塞子”式等反坦克导弹和SA-7/-14/-16型

①“Iran-Defence”，*Military Technology*，January 2008，p.266.
②陈坚主编，《世界各国军事力量手册》，第67页，解放军出版社，2006年。
③同上。
④陈坚主编，《世界各国军事力量手册》，第68页，解放军出版社，2006年。

地空导弹。[⑤]

伊朗陆军航空兵拥有固定翼飞机17架，机型为“塞斯纳（Cessna）”185型、F-27型、“猎鹰”20型和“指挥官”690式；直升机223架，包括AH-1J反坦克直升机、CH-47C型和Mi-17/-8援助直升机以及AB-205A、AB-206和贝尔214型多用途直升机。[⑥]

伊朗海军现有兵力1.8万人，拥有各类舰艇294艘，包括3艘俄制“基洛”级常规攻击型潜艇，3艘“阿尔文德”级导弹护卫舰，56艘巡逻与小型作战舰艇，7艘水雷战舰艇，10艘两栖战舰艇，25艘支援辅助舰艇和200艘各型小艇。海军航空兵约2600人，装备了各型固定翼飞机和直升机51架。海军陆战队约2600人，编有陆战旅2个。[⑦]在岸防导弹方面，伊朗海军有3个旅（可能还有革命卫队的1个旅），总共部署了12个导弹营，装备了至少14枚HY2/“蚕”式和C-801/802导弹。其中有些发射装置被部署在波斯湾战略要地阿布穆萨岛。[⑧]伊朗海军基地主要有阿巴斯港、阿布穆萨岛、布什尔港、霍梅尼港、哈尔格岛、安宰列、马沙赫尔和查巴尔。近几年来，为增强对霍尔木兹海峡的控制封锁能力，伊朗海军着重加强了在阿布穆萨岛海军基地的兵力和装备部署。

伊朗空军现有兵力3.5万人，另有1.5万人的预备役部队，编有7个战斗机飞行中队，9个战斗/攻击机飞行中队，1个侦察机飞行中队，1个空中加油机飞行中队，5个运输机飞行中队，另有反潜巡逻机飞行单位、教练机飞行单位和直升机飞行单位。[⑨]空军拥有各型飞机900余架，其中各类作战飞机300余架，包括先进的F-14“雄猫”和“米格”-29等第三代战斗机。伊朗空军的防空部队拥有数量庞大的空地导弹和空空导弹，其中AGM-65A“小牛”空地导弹超过3000枚，还拥有ZSU-23型23毫米、37毫米高射炮。[⑩]

⑤陈坚主编，《世界各国军事力量手册》，第67页，解放军出版社，2006年。
⑥同上。
⑦陈坚主编，《世界各国军事力量手册》，第68页，解放军出版社，2006年。
⑧*Military Technology*, World Defence Almanac. January 2008, p.267.
⑨同上。
⑩陈坚主编，《世界各国军事力量手册》，第68页，解放军出版社，2006年。

2.伊朗伊斯兰革命卫队。

在伊朗的正规军队当中，事实上存在着两支力量，一是国家的正规军，一是伊斯兰革命卫队，这种武装力量的二元结构特征也是当今世界独一无二的。伊朗伊斯兰革命卫队成立于1979年5月5日。这支军队是伊斯兰革命胜利后，以最高精神领袖霍梅尼为首的政教合一的新政权，为捍卫革命胜利成果，防止曾效忠巴列维王朝的旧军队叛变复辟，而建立的一支直接听命于最高精神领袖，绝对效忠于伊朗新政权的所谓“真主的军队”。两伊战争期间，为加强革命卫队，霍梅尼下令卫队建立自己的陆海空三军，从此革命卫队进入快速发展壮大的阶段。两伊战争结束后，革命卫队已从最初的几万人扩大到十几万人，由装备轻武器的单一步兵发展为一支军种齐全、装备较齐备的独立武装力量。1989年7月，正规军和革命卫队合并，组成松散的联合。20世纪90年代，伊朗对国防组织机构进行了较大调整，以宪法形式确认了卫队的合法地位，并对正规军和卫队的职能进行了明确分工，规定卫队的主要职能是捍卫伊朗的伊斯兰政权和保障国内安全，但在伊拉克战争后，随着伊核问题演变，美伊关系紧张，革命卫队的职能有了新的扩大，装备也获得很大改善，其地位更加突出，甚至有凌驾于正规军之上之嫌。

据分析，革命卫队地面部队的兵力约有1万人，其主要职能是保障国内安全，也兼有与正规军配合抵御外来入侵的职能。地面部队编有20个师（其中大部分为步兵师，少数为装甲师和机械化步兵师），另有若干独立

旅和一个独立的空降旅。

革命卫队海上部队现有兵力约2万人，在霍尔木兹海峡的战略要地阿尔·法尔西亚赫、赫哈卢勒岛、锡里岛、阿布穆萨岛、阿巴斯港、拉腊克岛设有基地。主要装备有：瑞典制造的“巴哈马尔·马林”级武装快艇40艘，每艘快艇都装备了反坦克导弹、无坐力炮和机枪。“沪东”级导弹艇10艘，装备了C-802型舰舰导弹。岸防部队主要装备了海岸炮和“海鹰”-2型岸舰导弹。[11]海上部队的陆战部队有兵力约5000人，编为1个旅。[12]

革命卫队的航空部队掌握着伊朗的战略导弹部队。导弹部队的1个旅装备了“沙哈林”-1/-2型导弹，并配有12～18个卫星发射装置；1个导弹营装备了6个独立的发射装置，每个发射装置配备了4枚“沙哈林”-3型中程弹道导弹，3枚战略中程弹道导弹。[13]

3.伊朗的准军事部队。

伊朗的准军事部队由人民动员军（类似于民兵）和宪兵组成。人民动员军约20万人，多为青年志愿者，战时可动员约100万人。也有军事观察家认为，如果把妇女和儿童包括在内，人民动员军可动员约1000万人。伊朗的宪兵（边防和安全部队）有4万人，隶属于内务部，装备有若干架“塞纳斯”185/310型飞机，24架AB-205/206直升机，90艘巡逻艇和40艘其他小型船只。[14]

4.伊朗的兵役制度。

伊朗实行义务兵役制。根据伊朗征兵法的规定，男子年满20周岁必须进行兵役登记，年满21周岁开始服兵役。兵役期为25年，即由21岁起役，46岁除役。其中现役2年（海军为28个月），第1预备役4年，第2预备役14

---

⑪陈坚主编，《世界各国军事力量手册》，第69页，解放军出版社，2006年。
⑫Christopher Langton, ed., *The Military Balance 2007* (London: Routledge Group, 2007), p.225.
⑬同上。
⑭陈坚主编，《世界各国军事力量手册》，第69页，解放军出版社，2006年。

年，第3预备役5年。

二、伊朗的防务政策及其演变

伊朗的防务政策紧密围绕称雄海湾这个大目标而展开。以伊斯兰革命为分水岭，防务政策的演变可以划分为两大时期，即巴列维王朝统治时期和伊斯兰革命后政教合一政权时期。在后一个时期，伊朗又根据冷战后周边安全环境和国际大环境的变化，对防务政策不断做出新的调整。

1.巴列维王朝统治时期的防务政策。

伊斯兰革命前，伊朗在巴列维王朝的统治下一直奉行联合美国、防范苏联和压制伊拉克的防务政策，其核心是与美国建立同盟关系，这是由伊朗当时所处的安全环境和意欲称雄中东的战略目标决定的。

从历史上看，伊朗的威胁往往来自北方。沙俄曾三次同伊朗开战，两次瓜分伊朗领土。第一次世界大战期间，沙俄也曾一度入侵伊朗，直到十月革命后才撤出。因此，波斯民族和俄罗斯民族在历史上宿怨很深。20世纪六七十年代，苏联推行向印度洋、非洲之角的南下扩张战略，引起伊朗的恐惧。特别是1975年后，苏联加快了南下扩张的步伐，加紧对伊朗渗透，蓄意干涉其内政，在伊朗国内制造骚乱，直接威胁到伊朗的国家安全和波斯湾石油外运航道的安全。在这种情况下，伊朗一方面加强在北部边境的兵力部署；另一方面从美国大量引进先进的武器装备，如携带不死鸟导弹的F-14战斗机，有效吓阻了苏联“米格”-25飞机在苏伊边境的越境行为，缓解了北部边境的安全压力。同时，美国在战略上也需要伊朗。时任美国总统的尼克松曾明确指出：“伊朗是波斯湾地区的军事和经济大国，是欧洲和亚洲之间的桥梁，是通向印度洋、南亚和中东的通道，处于具有潜在威胁性的一个关键地区，具有重要的战略地位。”美国需要伊朗成为遏制苏联南下的屏障，并在波斯湾地区充当美国的“代理人”和地区“宪兵”。正是这种战略上的相互需求使伊朗和美国结为盟国。

与此同时，压制和削弱伊拉克也是伊朗防务政策的目标之一。在海湾地区，伊朗与其近邻伊拉克之间长期存在边界纠纷、民族矛盾和宗教分歧，积怨很深，加之两国都想称雄海湾，把持地区事务的主导权，双方关系一直处于紧张状态，两国之间爆发的边界冲突数不胜数。巴列维王朝统治时期，伊拉克与苏联交好，双方签订有友好合作条约。伊朗为遏制苏联南下，同时为打击库尔德反政府武装（伊拉克是伊朗国内外库尔德反政府武装的支持者）和争当地区盟主，在美国支持下，利用自己在国土面积、人口数量、经济实力和军事地位上的优势，在涉及两国一系列纠纷和矛盾（如划界问题）上同伊拉克进行较量并取得主动，压制和削弱了伊拉克，巩固了自己波斯湾盟主的地位。

这一时期伊朗防务政策是以伊美同盟为基础，以苏联为最主要对手，充当美国在地区内的"宪兵"，并获得了美国大量的先进武器（这一时期伊朗90%的武器装备来自美国）。美国还向伊朗派驻了超过1000名的军事专家和顾问。在美国的帮助下，伊朗建成了一支装备精良、训练有素的军队，同时为国防工业的现代化打下了重要基础，一跃成为波斯湾地区数一数二的军事强国。

2.政教合一政权下的防务政策。

1979年伊朗爆发伊斯兰革命后，宗教领袖霍梅尼推翻巴列维王室的统治，建立起政教合一的政权。此后不久，伊朗和伊拉克之间就爆发了旷日持久的战争。伊朗防务政策发生重大变化，彻底推翻了原先以伊美军事同盟为基轴的防务政策，在坚持反苏立场的同时，提出以反美为主线，旨在争取对伊（拉克）战争胜利的新目标。

霍梅尼上台伊始，就宣布伊朗不再充当美国在波斯湾的"宪兵"，接着采取大幅削减军费开支、压缩与美军火交易、扣押美国人质、与美断交等一系列举措，彻底推翻了伊美军事同盟。同时对旧军队进行广泛清洗，罢免大批亲美军官，消除美国在伊朗军队内的影响，严防美国情报机构对伊朗新政权的颠覆破坏，并声称要与美国进行长期斗争，直到"彻底摧毁美国的利益"。

伊朗宗教政权与美国关系交恶后，苏联做了不少工作试图拉拢伊朗，都被伊朗拒绝。霍梅尼公开称苏联是“恶魔似的超级大国”，强调“伊朗赶走美国是为了建立伊斯兰政府，而绝不是为了用苏联取代美国”。苏联入侵阿富汗后，伊朗强烈谴责苏联的侵略行径，同时加强了对苏联的军事防范。

这一时期伊朗的防务政策紧密围绕着两伊战争而展开，赢得对伊拉克战争的胜利是其军事战略的重中之重。霍梅尼执政不久，伊朗卷入和伊拉克之间长达八年（1980年9月至1988年8月）的战争，这是对伊朗新政权的严峻考验。在战争过程中，伊朗全国总动员，几乎把全部兵力都投入战场。旷日持久的战争造成了巨大的损失，使伊朗的经济遭到重创。到战争后期，伊朗为弥补装备不足，不惜采用人海战术，驱使大批具有宗教狂热的青年走上战场，造成巨大的人员伤亡。最终，双方由于战争消耗太大，无法再支持下去而接受停火。伊朗宗教政权从这场两败俱伤、不分胜负的战争中吸取了深刻的教训，开始反思伊朗的防务政策。

两伊战争结束后不久，东西方冷战结束，国际格局发生剧变。1991年爆发的海湾战争，使伊朗的周边安全环境发生深刻变化。伊朗国内由于受战争和西方制裁的影响，经济复苏迟缓，失业率居高不下，人民对政府的不满情绪有所增加。以上这些因素都促使伊朗对其防务政策做出新的调整，使其更为现实和理性。这一时期防务政策的主要特点：对外加强对美防范的同时，避免与美国发生直接军事对抗；继续警惕宿敌伊拉克的潜在军事威胁，通过各种方式削弱和颠覆萨达姆政权。对内重视发挥武装力量特别是伊斯兰革命卫队在维护伊斯兰政权和国内政局稳定中的作用，从法律上确定了革命卫队的合法性，明确规定了卫队的主要职能是捍卫伊斯兰政权，维护国内秩序和稳定。并形成了极具伊朗特色的“一国两军”的国防体制，并不断加强伊斯兰革命卫队在国家政治生活中的地位和影响力，使其职能扩大，武器装备改善。

3.冷战结束以来伊朗防务政策的深刻调整。

“9·11”事件发生后，美国打着反恐旗号先后发动了阿富汗战争和伊拉克战争，并在极短的时间内推翻了塔利班和萨达姆政权，极大改善了伊朗的战略地位和地区及周边安全环境，但同时也使伊朗面临来自美国和以色列的更严峻挑战。2003年伊朗核问题浮出水面，五年来该问题几经反复，至今仍悬而未决。伊核问题久拖不决，一方面使伊朗承受越来越大的制裁压力，另一方面使伊朗面临越来越紧迫的军事打击威胁。在这样的背景下，伊朗对其防务政策进行了重大调整。

第一，突出一个主要敌人——美国，重点加强对美国和以色列的军事防范。“9·11”事件后，美国发动的伊拉克战争推翻了伊朗的死对头——萨达姆政权，从而解除了伊朗的心头之患，但来自美国的压力却不断加大。伊朗“核问题”的实质是“伊朗问题”，作为美国实现大中东战略的最后一道障碍，更迭伊朗政权是美国的最终目的。所以伊核问题只是给美国提供了一个很好的借口。鉴于此，如果伊朗在铀浓缩问题上不做任何妥协和让步，美国和以色列对其实施军事打击就不可避免。在这种背景下，伊朗重点加强了对美国和以色列可能实施的军事打击的防范和应对能力。在军事部署方面，增加在南线波斯湾沿岸的兵力部署，增强海军海上机动作战的训练，特别是霍尔木兹海峡的控制能力；在武器装备发展方面，近年来伊朗加快了自主研发和生产的步伐，特别是始终把导弹的研制和生产列为重中之重。目前伊朗已拥有中东地区“最大导弹库”之称，数量较多，种类较全。美国在中东地区的军事基地都在伊朗导弹的射程之内；在军事准备方面，近年来，针对美国和以色列可能发动的军事打击，伊朗举行了多次大规模军事演习，不断完善伊朗的最新防务理念，提升军队战斗力。

第二，在“导弹地带”军事理论指导下，提出“前沿防御、有限威慑”的新军事战略方针。20世纪90年代，伊朗军方提出了“导弹地带”理论。这一理论认为，在波斯湾这样封闭性区域内部署宽大的、成批次的弹道导弹发射地带，充分发挥导弹突击的威力，能够控制传统模式的局部战争的发生，或者遏制战争规模升级。在伊朗看来，这一理论如果能够付诸实施，伊朗就能获得对本地区安全较大的发言权。在“导弹地带”理论的指导下，伊朗军事战略也由“全面提高，最低威慑”调整为“前沿防御，有限威慑”。强调在平时运用导弹武器对波斯湾地区内的美国和以色列目标实施全天候的“有限威慑”，达到有效制止战争的目的；一旦战争爆发，又能在短时间内对区内多个敌对目标实施打击进行“前沿防御”，变被动防御为主动进攻，达到以攻为守的目的。

三、伊朗军事防御能力评估

随着伊朗强硬拒绝执行联合国安理会1803号决议，伊朗核问题再次陷入僵局，外界关于伊美之间必有一仗的声音也越来越大。但伊朗毕竟不同于伊拉克，伊朗仍具有一定的反制手段，也成为美国和以色列不敢轻举妄动的重要原因。

1.伊朗具有“地利”之优，国土面积广大、地形复杂的特点使任何地面入侵难以快速推进。同时又具备一定的国防实力基础。

伊朗的国土面积164.5万平方公里，是伊拉克44万平方公里面积的近4倍。伊朗是高原山地相间的国家，山地占总面积的54.9%。中央部分为平坦高原，北部沿里海有厄尔布尔士山脉，护卫着首都德黑兰北部；西部有扎格罗斯山脉把伊朗与伊拉克分隔开；西南部的许多平行山岭，是波斯湾北岸的天然屏障；东部地区是沙漠和荒地覆盖的盆地。较大的国土面积和复杂多样的地形地貌，为伊朗提供了较大的战略纵深和复杂的战场环境，使得敌人的地面入侵难以在短时期内快速推进，将为伊朗武装力量发挥本土优势与敌人周旋赢得时间。

此外，伊朗的国防工业具有相当实力基础，很大程度上得益于冷战时期的美苏争霸和苏联解体。人才方面，在伊斯兰革命前的亲美政权时代，美国为伊朗培训过上万名军事技术人员。伊朗空军还从美国获得了数目

可观的“霍克”改进型地空导弹、“麻雀”、“响尾蛇”、“不死鸟”空空导弹和“小牛”型空地导弹等。苏联解体后，伊朗又从俄罗斯高薪引进了军工专家，并采购了许多俄式装备。资金方面，伊朗现政府高度重视国防建设（特别是在两伊战争后）。国防开支占GDP（5992亿美元）的2.5%，约为149.7亿美元（根据2006年的数字估算）。[15]技术方面，伊朗绕开西方国家的重重封锁，积极从各种渠道引进军事技术，同时不断提高自主研发能力。目前，伊朗已能生产导弹、雷达、大炮、机枪、军舰、微型舰艇，维修国外制造的飞机发动机、航空电子设备和其他飞行设备。伊朗还具备生化武器的生产能力，能够大量生产芥子气、光气、血液毒剂、神经毒剂，并积极开展炭疽杆菌和有毒生物素的研制。在核问题上，伊朗顶住来自国际社会的巨大压力，誓将其铀浓缩计划进行到底。

2.伊朗扼守着海湾的咽喉——霍尔木兹海峡，一旦遭受打击，伊朗具有一定的封锁海峡、切断波斯湾石油外运航道的能力。

伊朗扼守着波斯湾的唯一出口——霍尔木兹海峡。波斯湾长约1000公里，平均宽200公里，平均水深60米，最窄处霍尔木兹海峡是一条“人”字形的狭窄水道，位于阿拉伯半岛和伊朗南部之间，长约125公里，宽约46公里，宽度最窄处仅38.9公里。作为波斯湾通往印度洋的唯一出口、波斯湾石油运往西欧、美国、日本和其他各地的唯一海上通道，霍尔木兹

⑮The International Institute for Strategic Studies ed.*The Military Balance 2007*（London：Routledge Group.，2007），p.224.

海峡是当今世界名符其实的战略要地。每天有数以百计的运油船经过这条海峡，每年有7.5亿吨石油通过这里运往世界各地，占全球石油出口量的40%。某种意义上，谁控制了霍尔木兹海峡，谁就控制西方经济乃至世界经济的“生命线”。伊朗所处的地理位置，使他天然地与这条“生命线”的安危密切相关，这正是伊朗成为美国眼中钉、肉中刺的原因之一，也是伊朗能以强硬姿态应对西方军事威胁的一个重要筹码。

由于受到狭小水域的限制，长期以来，伊朗海军没有把发展大型军舰作为其装备规划的重点（所以至今只有数艘老式驱护舰和3艘“基洛”级潜艇），而是把重点放在发展小型舰只上。伊朗认为，得天独厚的地理位置，使伊朗海军无须投入大量兵力和舰船，即可实现威胁甚至切断波斯湾石油外运航线的目的。所以，建设一支精干有效、更具小型化和快速反应能力的现代化海军是伊朗军事发展的重点之一。为此，伊朗海军采购了大量机动灵活、善于突击的战斗小艇，被称之为“海上游击队”。小艇战斗群不仅机动性强，而且艇的干舷较低，能够躲避反舰导弹，可以在己方岸舰导弹的掩护下，形成对波斯湾航道和海域的封锁和半封锁状态。

近年来伊朗的许多军事演习就是围绕着封锁海峡而展开，演习的基本内容是：伊朗遭受侵略，海军立即封锁霍尔木兹海峡，在岸舰导弹的支援下，装备有反舰导弹的各类舰艇对企图接近海峡的敌舰实施密集打击，随后海军的布雷艇在海峡内布满水雷，使这条输油命脉彻底瘫痪。

3.伊朗拥有中东地区最大的导弹库，也是其反制美、以可能入侵的重要“撒手锏”，用导弹进行“闪击”式报复的能力不可低估。

伊朗是海湾地区的军事强国，但其军力与美国相比显然不在一个量级上。所以伊朗十分重视发展导弹力量，特别是精确制导的中远程导弹。经过多年的经营，伊朗已拥有中东地区最强大的导弹库，射程可以覆盖美国在海湾地区的所有军事基地以及以色列的战略目标。导弹已成为伊朗应对美国和以色列军事打击的“撒手锏”。

目前，伊朗最具威慑的导弹主要有三大系列，即“流星”、“飞毛腿”和“征服者”以及正在研制的隐形导弹，射程分别为200到1300公里以上。

“流星”-3型导弹射程超过1300公里，如果使用导弹发射车机动发射，射程可达到1500公里，能够覆盖以色列、土耳其和驻中东地区的美军基地。如果把该型导弹部署在伊朗西部地区，几乎整个中东和海湾都在其打击范围之内。西方军事观察家认为，伊朗还在继续研制射程更远的“流星”-4和“流星”-5导弹，前者射程可达2000公里，后者将达到5000公里，欧洲中部及北部一些地区都将在其射程之内。

“飞毛腿”系列导弹也被称为德黑兰的阻吓武器。目前，伊朗装备“飞毛腿”B型导弹有300多枚、“飞毛腿”C型导弹有60多枚。前者射程为325公里，后者为550公里，可打击美军驻阿富汗的基地。西方军事专家认为，虽然“飞毛腿”导弹的精确度不高，但数量庞大，实战中的威胁不可小觑。

“征服者”系列导弹被称为伊朗的“守护神”。该导弹使用固体燃料，是一种新型中短程导弹，射程约200公里。伊朗军方人士声称它是“世界上打击精度最高的导弹之一”。目前，“征服者”A-110型地对地导弹生产线已经投产。

除以上三个系列的导弹外，伊朗还在积极研制一种隐形导弹——“科萨尔”巡航导弹。据伊朗军方声称，这种导弹可以避开雷达的探测，既能打军舰又能打飞机，可以大大提高伊朗军队对波斯湾地区内移动的舰船和飞机的打击能力。

一旦美国或以色列对伊朗进行军事打击，伊朗将在第一时间内使用导弹实施“闪击”式报复。届时，伊朗将可能发射数十枚甚至数百枚导弹，攻击美国及其盟国在海湾地区的军事设施和战略目标，包括军事基地、油库、炼油厂、发电站和淡水处理厂。美国在海湾地区的作战舰艇也将受到伊朗反舰巡航导弹多波次打击。伊朗从俄罗斯引进的最先进的S-300型防空导弹，可以在防空雷达不开机的情况下，利用激光和红外追踪打击美军和以军的飞机。从技术角度讲，美国的攻击能力虽强，但不可能在短时间内摧毁伊朗所有的导弹发射系统，而且美国部署在中东地区的防空导弹和其他防御系统也不可能拦截住伊朗发射的所有导弹。美国前中央司令部司令阿比扎伊德曾这样描述伊朗导弹的实力："在美国中央司令部的管辖区内，伊朗弹道导弹的数量最为庞大。这些大规模杀伤性武器能够对本战区内的美军构成严重威胁。"

4.伊朗将在全球掀起针对美国及其盟国的恐怖袭击浪潮，这可能成为其反制美、以军事打击的重要手段之一。

如果说对于伊朗导弹的攻击，美国还有导弹防御系统可以应付的话，对于伊朗可能发动的恐怖袭击美国将防不胜防。目前，伊朗对于伊朗和阿富汗之间的边境控制得很严，目的是防止恐怖分子越境进入伊朗后再转移到别的地方。一旦伊朗遭到军事打击，可能改变这种对美国有利的现行政策，开放从阿富汗到黎巴嫩的通道，给伊斯兰极端组织打开大门，放任他们对地区内亲美的阿拉伯国家和以色列、甚至是欧洲和美国本土的各种军事和民用目标展开恐怖袭击。伊朗还可能在国内挑选具有宗教狂热的青年，进行相应的训练，在需要的时候把他们派往国外执行恐怖袭击任务。这种比正规军事打击更难防范的恐怖袭击，不仅会导致人员和财产的损失，还会在受袭击国或可能受袭击国的民众中造成极大的心理恐慌，严重影响社会秩序和政局稳定。

伊朗国防部长纳贾尔曾公开表示："伊朗已对美国政府可能的任何侵略方案做好具体准备，伊朗的武装力量已准备好对任何侵略予以坚决回击。"还说："为了保证地区安全，伊朗将还击任何可能来自以色列方面的侵略。"但另一方面也要看到，伊朗作为一个遭受西方制裁达30年之久的国家，防务方面有自己的软肋。

首先，伊朗的军事实力无论从硬件还是软件来说都无法与美国和以色列相比，巨大的实力差距将使伊朗很难长时间抵御美、以军事打击，一旦开战，军事上胜负基本没有悬念。

其次，西方国家长达30年的武器禁运，使伊朗从西方引进的武器装备常年得不到正常的零配件供应和维护，严重削弱了伊朗武装力量的战斗力，这种情况在伊朗陆、海、空三军都存在，空军表现得尤为突出。例如，伊斯兰革命前伊朗从美国购买了79架F-14A“雄猫”战斗机，到1978年全部交货完毕。该种飞机是先进的三代战机，装备了机载AWG-9雷达和AIM-54“不死鸟”远程空空导弹，具有很强的超视距空战能力和多目标攻击能力。F-14A战机是美国格鲁门公司专为美国海军生产的舰载战斗机，全世界只有美国和伊朗两国拥有该型号的战斗机。伊斯兰革命后伊美关系交恶，由于飞机零备件得不到更换，飞机的完好率很低，在两伊战争中，伊朗空军的F-14A战机基本没有参战，严重削弱了伊朗空军的战斗力。这种情况至今仍困扰着伊朗。

最后，伊朗在自身防务制度上存在矛盾或缺陷，可能直接影响战斗力的发挥。伊朗是目前世界上唯一拥有两支正规军事力量的国家，伊朗正规军和革命卫队互不隶属且地位相当，造成了指挥协调上的不顺畅，在两伊战争时期表现得尤为明显。伊朗政府意识到了这个问题，于1992年成立了单一的联合指挥部，加速正规军和革命卫队的一体化管理。但由于两支部队具有同样的军种编制，且两支军队的地位是平行的，唯一不同的是革命卫队是绝对忠于伊朗宗教政权的“真主的军队”，是深受伊朗现政权信任的“嫡系”部队，而伊朗正规军是从旧军队脱胎而来，在伊朗最高统治者心中是“旁系”部队。这种差别，使两支部队在心理上产生无形的对立，在未来的战争中仍有可能对伊朗的作战指挥产生负面影响。

总之，伊朗要依靠现有的国防力量和防御能力抵抗美国或者以色列的军事打击仍是困难重重，并面临严峻挑战。

（2008年6月25日）

后金融危机时代我国国际安全环境走势分析

在经历了2009年严重金融危机以后，目前的世界经济呈现出明显企稳回升的势头。这场危机不仅给世界经济带来沉重打击，也对世界政治和安全造成广泛而深刻的影响，使我国面临的国际安全环境更加复杂和多变，我将面临新的机遇和挑战。

一、综合安全环境更加复杂

当今世界处在大分化、大改组、大变革的时期。受金融危机的深刻影响，世界经济和金融体制的改革在所难免，世界格局、大国关系、国际机制、国际安全竞争态势都可能出现新的变化，使我面临的国际大环境更加复杂。

世界经济产业结构面临重大调整，绿色经济正在成为世界经济新的增长点和国际竞争的重点领域：

总体上看，全球经济的增长模式、产业分工、新兴产业发展以及国际政治经济秩序等都将发生重大变革。主要表现为：经济增长模式面临调整，出口导向型发展模式将不再是推动经济增长的引擎，提高国内需求占国民经济的比重将成为未来出口导向型国家拉动经济增长的必然选择；动力格局酝酿新变化。由于发达国家和发展中国家遭受危机冲击的程度相异，加之发展阶段和发展潜力不同，未来两类国家经济增长的趋势相对会有所变化。发达国家经济将在较长时期内处于低迷状态，发展中国家经济增长冷热不均。对于多数发展中国家而言，尽管受国际金融危机冲击很大，但那些国内经济规模较大、财政和金融状况稳健、外汇储备充实的国家将有条件保持经济长期增长；产业结构开始新一轮的调整升级。各主要国家都把产业结构调整升级作为应对危机的重要举措，新一轮产业结构调整升级的序幕已经拉开；新能源革命方兴未艾，绿色经济将引领世界经济发展的新潮流。包括美国在内的西方发达国家陆续出台多项政策发展新能源产业，不仅把它作为应对金融危机和产业结构调整升级的一项重要举措，而且开启了重塑本国经济竞争力的新方向。伴随新能源发展而来的是更加严格的环境保护规则尤其是温室气体排放规则，从而给发展中国家尤其是中国带来巨大压力。

美国实力相对削弱，但其一超地位短期内不会改变：

这次金融危机对美国经济的冲击巨大。但总体上看，美国的实体经济并没有遭受致命损伤。同上世纪80年代相比，美国经济的国际竞争力比那时要强得多。美国仍然是世界第一大制造业大国，这个地位短期内无人取代；制造业的核心竞争力——劳动生产率的竞争力，美国仍然处于领先地位；美国制造业劳动队伍的缩小同职工技能的升级相伴随；美国的高新技术产业，如信息通讯业、生物工程、纳米技术等，目前仍然走在世界前列；新能源和节能环保产业则有可能脱颖而出，引领世界经济发展模式的变革，奥巴马的经济政策也正是把宝押在这里。更为重要的是，美国两百多年来建立的创新体系在历次应对危机时都发挥了巨大作用。虽然美国干预世界的能力有所减弱，但一超地位不会有根本改变。

新兴国家群起效应更加突出，传统大国与新兴大国的关系将主导未来世界格局走向：

“金砖四国”、“展望五国”和“新钻十一国”等新兴力量呈现出群起态势，他们的崛起正在打破几百年来西方主导的传统战略格局，冷战后国际力量对比一度严重失衡的局面得以改观，大国关系出现新的分化组合。新兴力量崛起对大国关系的影响是长期、复杂的，短期内，传统西方大国仍占据主动地位，并具有主导大国关系走向的实力和能力。但从长期看，新兴国家的广泛参与和加强合作，必将改变大国关系格局，可能主导未来大国关系走向。与此同时，金融危机也使大国关系更加复杂。一方面，危机使大国合作的紧迫性、必要性增强了，从而进一步促进大国合作，并使这种合作朝着长期化、制度化的方向发展。另一方面，危机也使大国之间的矛盾和摩擦增加，大国之间围绕着主导权的争夺进一步加剧。值得关注的是传统大国与新兴大国之间的合作与冲突可能主导未来世界格局走向。

大国之间围绕着网络、海洋、太空、地缘上的争夺趋于激烈：

全球地缘竞争呈现新态势，主要战略力量和地区强国全面调整外交和安全战略，加紧地缘争夺：美国继续推进阿巴新战略，北约东扩、部署反导系统、弱俄遏俄的战略没有改变；俄罗斯不断深化与伊朗、委内瑞拉、古巴等反美国家的全面关系，在战略和策略上加强对美的反遏制攻势，双方竞争初步呈现互有攻守的新局面；英法德等欧洲大国加强对亚洲和非洲的战略投入；日本民主党上台执政，日美同盟基轴不会改变，但民主党政府追求“对等的日美同盟关系”的结果必然导致与美矛盾和摩擦增多，日本将加强与包括中国在内的亚洲国家的关系，“近美入亚”、继续拓展日本在地区乃至世界的政治影响力将是日本的战略选择。同时，战略“新边疆”竞争向纵深发展。北冰洋周边五国加强对北极的争夺。美、俄、英、澳、智利等国加紧研究和制订新的南极政策。全球范围内海洋争夺日益激烈。除美、俄、英等传统海洋大国外，越南、马来西亚、菲律宾等众多中小国家也纷纷加紧制订和实施海洋开发战略。外层空间竞争进入新阶段，外空军事地位进一步提升，外空武器化趋势更加明显。此外，网络争霸日趋激烈。继美国宣布建立网络战司令部之后，韩国军方也宣布将建立网络战指挥中心，并将于2012年投入使用。英国则出台首个国家网络安全战略，计划征召包括黑客在内的网络精英保护网络安全，并成立网络安全办公室和网络安全行动中心。法、德、日、印等国也都在加强对网络战的研究，均已基本形成自己的网络战理论和发展规划，相继成立网络战机构或部队。在美军成立网络司令部的刺激下，全球网络战领域的竞争将趋于激烈，并成为世界主要国家争夺的新领域。

二、我安全与发展的机遇和风险同时加大

中国经济将进入新一轮快速增长期，但可持续发展的矛盾和问题更加突出，发展的风险加大：

我国政府应对危机的各项措施取得明显成效，我国成为第一个走出危机的大国，发展前景被世界看好。但我国经济的增长模式没有发生大的改变，产业结构不合理、地区发展不平衡、过于依赖投资拉动、内需不振等问题没有得到真正解决，未来国民经济发展仍将面临长期制约。特别是随着经济规模的不断扩大，资源消耗、环境污染等问题将进一步突出，水资源、可耕地等要素的短缺更加明显，实现国民经济可持续发展的压力和紧迫性进一步增加。在国际分工、国际规则制定方面，我国的相对弱势地位短期内难有改观。我国处在经济改革和发展的关键期，也是高风险期，出现经济危机与金融动荡的风险进一步增加。

我国国际地位和影响力不断提升，但所承担的义务和责任也更多，在国际体系中受到的制约明显增加：

我国经济率先走出危机有力地提高了我在国际社会中的地位，有效地增加了我软实力。同时，我在国际和地区事务中的影响力进一步增强。无论是气候变化等全球性事务还是朝核、伊核问题等地区安全事务，我国的态度和立场受到越来越多的关注。但伴随着地位的上升，我也面临国际社会、特别是美国等西方国家要求我承担更多国际责任和义务的压力。这种压力主要表现在三个方面：首先是“金融责任”。要求我继续购买美国债、加大对IMF注资、加速国内经济发展方式转变、加大金融市场开放力度、在重建国际金融秩序方面与美步调一致等等。其次是“外交责任”。美国通过各种途径表示，奥巴马当务之急是拼经济，希望我在一些重大国际事务中承担或分担更大责任。除在朝核、伊核、苏丹、缅甸等问题上继续加强协调配合外，又新增若干新要求，比如参与阿富汗反恐，并对阿富汗提供必要的经济或粮食援助；要求我在稳定巴基斯坦局势方面加大力度，加强中美合作；要求我参与斡旋印巴克什米尔冲突等等。三是“气候

责任”。美国等一些西方国家将气候变化、新能源开发视作重塑形象、重振国内经济的重头戏，因此急需中国的合作，但因我与西方国家发展阶段的落差等诸多因素，双方在气候变化方面的合作不会一帆风顺。

我国国家利益继续向海外拓展，但面临的外交难题进一步增加，安全压力上升：

加速融入国际体系的步伐为我国的发展提供了更大的空间，使我国能够更加有效地利用国际政治、经济等资源为实现发展目标服务，从而在根本上有利于我发展与安全。同时，海外利益的扩展也加强了我与其他国家的利益交织和融合，增加了利益关系的复杂性，扩大了共同利益基础，有助于控制与减少我和其他国家的对抗性矛盾。但同时，海外利益扩展也使我更多卷入一些原本与我关系不大的地区性矛盾，甚至与其他大国发生利益纠纷，如处理不当，都会影响我安全环境。

我周边安全环境总体继续趋向稳定，但重要战略方向的地缘格局酝酿调整，周边安全存在重大隐患：

我周边安全环境总体稳定的基本格局没有改变，机制化保障有所加强。上海合作组织、东盟地区论坛等我周边地区的主要多边安全机制和“10+1”、“10+3”等形式的多边区域合作继续深入发展，机制化程度进一步提高。多边框架越来越成为地区各国解决问题、加强合作的重要平台。中国和东盟的自由贸易区建设也开始进入一个收获期、成熟期，从而使我周边安全环境中的机制化保障进一步加大。

同时，我周边安全环境中也存在着一些重大安全隐患，周边形势更加复杂。在东北亚、中亚、南亚、东南亚等重要战略方向的地缘政治格局酝酿调整，甚至发生新的重组，对我国家安全构成深层次冲击。领土与海洋权益争端既有历史遗留的老问题，又在新的条件下出现新的争夺态势。特别是围绕着我与日本在东海划界、油气资源开发、钓鱼岛归属的争端趋于复杂；南海问题的国际化进程进一步加快，我权益遭受损害的情况更加严重；中印领土争端存在隐患等等。加之恐怖主义、极端主义与分裂主义等“三股势力”的合流趋势在加强，“藏独”等活动仍十分猖獗，我西部安全稳定面临巨大挑战。

美国新战略从反恐为中心明确转向反恐与应对大国挑战、全球性问题并重，客观上使中国面临的战略压力不降反升。美国反恐战略重心“东移”至阿富汗、巴基斯坦等中国西部边陲，直接冲击中国周边安全、增大内外安全因素互动的概率，深度影响中国西部地缘战略环境和总体发展战略。

台海形势持续缓和，两岸关系继续呈现和平与发展的潮流。但“台独”势力还很活跃，“台独”的危险没有消除并仍对我主权安全构成重大威胁，两岸中国人都必须时刻保持高度警惕。

非传统安全地位的上升为我参与国际合作提供了更多空间，但也对我安全构成重大挑战：

非传统安全问题在国际和地区安全中的地位进一步上升，客观上有利于我增加开展国际合作的领域，非传统安全的全球维度也有助于加大我与其他国家的共同需求，增加国际关系、特别是大国关系中的合作因素。但非传统安全问题中，有很多是我首次遇到的新问题，其全球性特点也加大了我处理的难度，一些国家可能以此为杠杆向我施压，使我面临巨大挑战。比如全球气候变化、信息安全、恐怖主义等等，我们必须加大应对有关挑战的准备和力度。

三、“周边因素”是影响我安全环境的最重要外部因素之一

影响一国安全环境的国际、国内因素很多，也很复杂，并处在不断的变化之中。但是，对一国安全环境起决定性作用的是地缘政治因素。一国的地理位置决定了它周边安全环境的复杂程度，也决定了它在世界格局中的地位。这是一国安全环境带根本性的特征，其影响具有恒久性。所以，周边地区状况如何，周边国家关系亲疏，周边外交成效怎样，在很大程度上影响着我安全环境及未来走势，也影响着我发展战略目标的实现。

我国是当今世界大国中地缘环境最复杂的国家之一，既“先天不足”，亦“后天可塑”：

我国是陆海兼备的东亚大国，现有陆地疆域960万平方公里，海洋

权益约300万平方公里。我国地缘环境之复杂，举世公认。既有“先天不足”的一面，也有“后天可塑”的机遇。所谓“先天不足”是指：我国是世界上邻国最多的国家之一，强邻最多的国家之一，边界纠纷最多的国家之一。地缘环境的复杂是客观事实，也是影响我安全环境的长期、稳定的因素。但这并不意味着我面临的安全威胁会日益严重，更不会必然导致我与周边国家关系恶化、甚至冲突或战争。因此，“后天塑造”就成为我安全环境好坏的重要一环。

所谓“后天可塑”是指：近年来，我国外交本着“大国是关键，周边是重点，发展中国家是基础，多边是重要舞台”的总体战略，依据“睦邻、富邻、安邻”的“三邻”周边政策，稳定周边、立足亚太、放眼世界，地缘安全环境获得了相当程度的改善。

无论历史上还是今天，周边地区的和平稳定对我国安全环境都具有直接、重大的影响：

从地缘政治的角度看，周边地区是我国的安全屏障和战略缓冲地带；从经济发展的角度看，周边地区是我国主要经贸伙伴和重要市场之一；从大国关系的角度看，世界主要大国都在我周边，又是稳定周边、立足亚太的重要一环。

我国位于世界地缘政治的中心舞台——欧亚大陆的东部，是典型的陆海复合型国家。长期以来，浩瀚的太平洋、漫长的陆地边界既给我国对外交往提供了便利，同时又使国家安全面临双重风险和挑战。近代以来的一百年间，西方依仗着资本主义大工业制造出来的坚船利炮，开始从陆上和海上同时蚕食中国，中国边防和海防同时告急，面临着数千年来未有之变局，遭遇着数千年来未有之强敌，导致安全危机持续不断，最后几乎到了被瓜分殆尽的境地。新中国的建立，从根本上改善了我国的周边安全环境，但我国地缘环境的复杂性与生俱来，周边环境好坏影响着我国的和平发展。进入21世纪以后，我与周边国家安全和发展互动关系进一步加强。一方面，中国经济的快速增长有力地带动了周边国家的经济发展；另一方面，周边国家的繁荣与稳定是我抓住并利用好战略机遇期的重要条件之一。周边地区的安全环境对我实现21世纪战略目标的意义更加重大，地位和作用进一步增强了。历史一再证明：周边稳，则中国安；周边乱，则中国损。与周边国家保持睦邻友好合作关系，是新世纪我国周边安全战略唯一正确的选择。

与邻为善，与邻为伴，是中华民族传统美德，也是营造我周边环境良好氛围的必备条件：

同周边国家打交道，就如同和邻居交往一样。邻居不能选择，但心态可以调整，政策可以选择。“先天不足”无法改变，但“后天塑造”却事在己为。以什么心态去看待邻居，以什么方式和邻居相处，以什么政策去对待邻居，这不仅可以选择，而且大有作为。我国有句成语：己所不欲，勿施于人。我们不愿意别人把中国的发展看作威胁，更不愿别人时时处处防范甚至遏制中国。同样，我们也不能把周边国家的实力增强和发展繁荣一概视为威胁和挑战。“睦邻、富邻、安邻”的“三邻政策”不是一个外交姿态，只是说说而已，而是实实在在的政策主张，需要扎根于国民的心态之中，落实在与周边交往的行动之中。这也是作为一个大国应该具备的素质之一。以正确的外交战略同周边国家建立良好的互动关系，是消除我安全威胁的重要途径之一。

（2010年3月2日）

朝鲜半岛局势：云雾中现出一缕阳光

在“天安号”事件和延坪岛炮击事件的“催化”下，2010年，朝韩双方军事演习不断，外交叫板不绝，紧张对峙的局势持续到了2010年度的最后一天。2011年初始，朝韩各自表态，双方呼吁和平，半岛局势呈现新的转机。朝鲜半岛局势将走向何方？是持续紧张还是趋向缓和？

各方努力，局势转危为安

朝鲜《劳动新闻》、《朝鲜人民军》和《青年前卫》三家报纸1月1日联合发表元旦社论表示，朝鲜维护东北亚地区和平及实现整个朝鲜半岛无核化的立场和意志“不变”。今年朝鲜将高举“全民族团结起来，开创自主统一新局面”的旗帜，大力开展旨在改善朝韩关系和实现祖国统一的斗争。为此，必须尽快缓解朝韩之间的对抗状态，消除朝鲜半岛出现的战争危险，维护和平，同时积极推进朝韩之间的对话和合作。韩国总统李明博1日在元旦讲话中表示，2011年能够实现朝鲜半岛和平，继续发展经济。他用成语“一气呵成”形容韩国应抓住机会迈入发达国家的行列。

韩国第二次在延坪岛举行实弹射击训练时，朝鲜以“不值得回应”保持了克制，使一触即发的半岛局势得以缓和。朝鲜还出人意料地同意联合国核查人员返朝。这表明，朝鲜方面对朝韩之间的军事对抗和紧张状态有清楚认知，主导意见持不冲突的立场，不希望事态继续恶化。但朝鲜的“妥协”，并不是因为“害怕”。从政治方面看，朝鲜已经达到了某些目的。朝鲜此前的警告和行动虽然未能阻止韩美的系列军演，但在国内充分宣传了韩国和美军的威胁，从而有助于进一步统一普通民众在此问题上的认识。

战争对于韩国来说，也非理想选项。韩国政府难以承受朝韩之间爆发战争所产生的代价。李明博政府对朝强硬举措很大程度上是因为饱受韩国国内舆论和民众有关国防安保不力的指责。而在韩国一系列强硬措施后，韩国的战略同盟——美国越来越担心韩国的反应会导致朝鲜半岛局势的失控。有美国媒体就指出，李明博政府目前的态度令奥巴马政府感到顾虑，部分官员担心过于强硬的韩国可能进一步引发不可控制的局面。而对于马上就要面临如何应对连选连任局面的奥巴马政府来说，显然不希望朝鲜半岛发生更激烈的冲突甚至是战争而将美国拖入泥沼。同时，韩国国内对李明博的强硬态度也存在一定争议。

同时，中俄的外交努力也是主要原因之一。俄罗斯不论是对事件的表态还是在联合国安理会上提交的草案，均表现强烈促和意识，要求朝韩双方尽力克制。中国在这次事件中，始终以一个负责任大国的姿态积极斡旋，力促双方克制，以避免事态进一步升级和失控。事实证明，中国的努力和主张是建设性的，在维护半岛乃至东亚和平与稳定大局上作出了积极贡献。

心结难解，美国握战与和大权

朝鲜半岛再次出现危局，说到底是由这一地区错综复杂的国际关系引起。

首先是朝韩关系的转变。2008年2月，李明博就任韩国总统后，放弃前两任总统金大中和卢武铉推行的对朝“阳光政策”——没有并吞意图、不准许军事挑衅、追求和平共存，开始采取强硬的“对朝政策三原则”，将朝鲜弃核和实行改革开放作为向其提供经济援助和发展南北关系的前提。这一政策，导致两国关系迅速恶化。

李明博就任韩国总统后的近3年间，朝韩之间的矛盾一直在加剧。而延坪岛炮击事件，更是成为李明博政府对朝政策的转折点。11月29日，他在一次讲话中说："韩国国民清楚地认识到，忍耐和宽容只会让朝鲜的挑衅行为变本加厉。历史告诉我们，屈服于威胁得到的'屈辱的和平'，最终会带来更大的灾难。"他还说，现在"看清了朝鲜的真面目"，"我们还认识到，很难期待朝鲜会自行放弃军事冒险主义并弃核。面对任何威胁和挑衅都不退缩，才能实现真正的和平"。某种意义上说，半岛危局的出现，一定程度上是李明博政府对朝强硬政策的恶果。

其次是难以化解的朝美矛盾。美国认为，朝鲜半岛是其向东亚大陆渗透的桥头堡，因而必须掌握处理该地区事务的主导权。为此，美国不断强化美韩、美日军事同盟，频繁举行针对朝鲜的军事演习，并于近年开始将军事战略的重心向西太平洋地区转移。这些举动，对朝鲜的生存形成了严重威胁。与此同时，美国联合韩国、日本和其他一些西方国家，对朝鲜进行长期制裁，试图在经济上将其打垮。面对美韩、美日的威胁，朝鲜被迫采取"先军政治"，并全力发展核力量。这反过来又威胁到韩国、日本和美国东亚驻军的安全，加剧了朝美矛盾的不断升级。

再次是难以调和的朝日积怨。朝鲜和日本的积怨，在某种意义上甚至大于朝美矛盾。历史上，日本对朝鲜半岛进行过长达36年的殖民统治。朝鲜方面认为，当前经济发达、正在谋取大国地位的日本，仍有侵略朝鲜半岛的野心。更何况，在美国组建的"反朝统一战线"上，日本一直是个急先锋。此外，"绑架人质事件"也是朝日之间的一个难解之结。

半岛问题说到底还是朝美关系问题。美国在很大程度上决定着半岛局势的发展走向，掌握着半岛战与和的命运。半岛局势的适度紧张但又可控最符合美国的战略利益。“天安号”事件和延坪岛事件，美国成为最大的获益者。借此，美国抛开了朝鲜，拉住了韩国，拴死了日本，牵制了中俄。2010年，美国加强了美韩、美日军事同盟，“重返亚洲”，一路高歌猛进，军事上的谋局布势也得以顺利推进。美国因素将对半岛局势始终起着决定性的影响。

缓和与紧张交替，半岛局势仍扑朔迷离

2011年的朝鲜半岛仍然是国际社会最关注的热点之一。半岛局势能否缓和下来、六方会谈能否重启、美朝与朝韩等关系会否改善等问题，牵动着地区安全与稳定以及各大国的神经。从目前的形势判断，2011年的头两个月，半岛局势可能会呈现缓和的趋势。双方领导人都作出了希望半岛局势缓和的明确表态。1月19日，中美两国首脑会面，维护半岛的和平稳定符合各方利益，半岛局势是两国首脑会晤的重要议题之一，中美会竭力避免半岛再发生意外；同时，朝韩两国都在准备过春节，按多年惯例，这期间任何一方一般不会主动挑衅。

但是，朝鲜半岛局势仍存在着许多难以预料的风险和挑战。一方面韩国将继续保持咄咄逼人的态势，提出以韩国为主导的半岛统一论，美韩军演的强度前所未有，不断地触及朝鲜的底线。另一方面朝鲜也面临2012年“打开强盛国家大门”的关键时刻，决不会面对韩国的压力退却。因此，尽管发生大规模冲突或者全面战争的可能性不大，但朝韩趁对方不备而挑起冲突事件的可能仍然存在。

2011年，虽然朝鲜北南都有直接对话的希望，但受国内政治影响，北南对话的变数很大，不确定因素很多，不论是官方还是民间公共外交，北南之间的直接对话阻力重重。

虽然过去朝韩关系也不断重复着紧张与和解关系的过程，但与经历数年的紧张和对峙不同，2010年朝鲜半岛局势的发展却是一波三折，甚至可以用“诡异”来形容。2010年年初，李明博在新年演说中表明了对韩朝关

系的期待，朝鲜也在新年共同社论中表示应改善朝韩关系，但3月突然发生的“天安号”事件，令北南关系陡然紧张。到了8月，韩国开始向朝鲜提供水灾救援物资并举行离散家属会面，紧张的气氛又有所和缓。而11月23日，延坪岛炮击事件再次令朝韩关系急转直下。

2011年半岛局势的发展很可能和2010年相似，缓和与紧张交替，对话与对抗共存。特别是六方会谈仍然举步维艰。美韩日为重启六方会谈设置了五个先决条件，而朝鲜尽管没有直接提出先决条件，但朝鲜真正想要的是同美国签署和平协定，实现停战机制向和平制度的转变。虽然各方都表示六方会谈是解决半岛问题唯一可行的方式，但各方的不同诉求却为重启六方会谈设置了重重障碍。

2011年的朝鲜半岛局势仍扑朔迷离。

（2011年12月）

战略机遇期并非“天上掉馅饼”

近年来，随着我国安全形势特别是周边安全环境发生重大变化，对于我国是否还拥有发展战略机遇期的问题引发了广泛而深刻的讨论，甚至有人认为我国的战略机遇期窗口已经关闭。我认为，对于战略机遇期的判断及抓住并利用好机遇期的关键在于自身，而非完全由客观条件所决定。

一、如何认识中央关于战略机遇期的判断

1.战略机遇期的判断是个政治判断。

将战略机遇期简单地理解为技术层面的或者经济等某个领域的发展机遇期，不符合中央对于战略机遇期的最早判断和长远战略考虑。回首过往，我们可以看到，邓小平当年关于改革开放的决策与其作出和平发展的战略判断以及世界战争打不起来的判断在时间点上是不一致的。邓小平在党的十一届三中全会时就已经作出改革开放的伟大决策，而关于和平发展、世界战争打不起来的判断则是在1985年年底的中央军委扩大会议上才明确提出的。之所以说邓小平对于和平发展的判断是一种政治判断，主要基于以下两方面的原因。

首先，世界大战能否打起来，并不是必定要发生或必定不发生的客观事实，而是取决于各个大国包括中国与整个世界格局之间的互动关系，即它是不断发展和变化的一种趋势，是可以通过国家的行动和努力改变的。因而对于需要改革开放、集中精力抓经济建设的中国而言，就应该而且必

须把主要精力放在改革开放和经济建设上来，不断努力引导周边国家和国际社会为自己创造所需的和平环境。

其次，改革开放的战略决策一经作出，就明确了我们的目标就是要集中精力搞经济建设，从“以阶级斗争为纲”转移到以经济建设为中心上来，这就决定了我们需要一个和平的、没有世界大战的外部环境，而通过主观努力去积极争取就变得十分重要。此时看问题的角度就有了新的变化，不仅要看到美苏争霸导致世界局势紧张的一面，更要看到美苏力量相对均衡成为了制约战争的重要因素。

进入新世纪以来，中央作出战略机遇期的判断首先是个政治判断，从政治上确保21世纪中国能够继续一心一意谋发展、聚精会神搞建设，能够继续沿着发展的大目标前进，力图把全党的认识再度集中统一到和平发展的大前提和大背景之下，以便我们能够集中精力办好自己的事。

2.战略机遇期的判断是个大势判断。

所谓战略机遇期，是关系到中华民族前途和命运的一个重大历史契机。这种判断不仅是对现在所面临环境的客观分析，而且也是对未来整个世界大势和国家发展大势的判断。未来世界发展大势就是和平、发展、合作，尽管在某些时期、某些阶段会有矛盾、冲突甚至局部战争，但这些都改变不了世界总体趋势。当年邓小平关于和平发展时代主题的判断，也是基于国际形势正在发生本质变化的前提下作出的。这个判断实际上就是世界大战打不起来，因为冷战结束后，引发世界大战的条件——“两极格局”已经不复存在。大国之间的矛盾、冲突、合作与对话虽是并行不悖的，但大国之间发生全面战争的可能性越来越小。这种对于大趋势的判断要求我们从战略长远的角度出发，不要被一时一地所发生的重大事件所干扰、所迷惑，要顺着大趋势坚定不移地走下去。同样，党的十八大作出的战略机遇期的判断也是对世界大趋势和我国面临的大的外部环境的总体判断。

3.战略机遇期的判断是个辩证判断。

这里讲的辩证判断并不仅是我们所说的机遇和挑战并存，而是指在一定条件之下危机与机遇之间的相互转化。危机并非一成不变，它可能会向两个方向转化：如果应对得好，危机将可能成为国家和民族实现重大跨越的机遇和千载难逢的机会；但若应对不好，安全风险便会随之进一步加大。有时，虽然无法控制和避免某些危机的发生，但也不应害怕危机，在遇到危机时，也往往是解决危机、实现跨越的最佳时机。战略机遇期不会从天而降，我们必须关注和研究在何种条件下危机会转换为机遇，努力从危机中创造战略机遇。

二、如何处理战略机遇期与国内外重大危机事件之间的关系

1.透过现象看本质——我们并非只有危机，更有机遇。

“战略机遇期的时间窗口已经关闭”的观点，是基于国际上的两件大事所作出的判断：一是欧美债务危机，一是西亚北非剧变。但是战略机遇期和欧美债务危机、西亚北非变局到底有怎样的联系？能否因为这样一些变局和变化，就说战略机遇期结束了呢？其实并非如此。

在未来三到五年内，欧美债务危机对美国、欧洲而言，意味着他们将把主要资源和精力放在脱困疗伤、重振经济、战略收缩、体制变革上，这是一个不得已的战略选择。中国虽然也处在经济发展的困难和转型时期，经济持续高速增长也有很大难度，但基于过去30多年的积累，我国比欧美的处境要好得多，7%～8%的增长率仍然要高于西方国家，我国在经济上仍然具有相对优势，这便凸显了我们的机遇。西亚、中东、北非的剧变也会对我国经济产生影响，而且这个影响可能会持续一段时间，但无论怎样它产生的冲击是潜在的，而非现实的。改革开放30多年的实践启示我们：对于危机的处理以及抓住并利用好战略机遇期，关键在于战略选择、政策制定和策略运用，而非完全由外部和客观条件所决定。如果我们不走改革开放的路子，即使外部环境很有利，我们也取得不了今天的成就，但我们

坚持了改革开放政策不动摇，坚持以经济发展为中心不动摇，即使外部环境一时出现恶化，我们也能应对自如，稳坐“钓鱼台”。

目前，我国周边形势趋于复杂，这是我们面临的客观事实，但我们也必须透过现象看本质——在看到环境趋于复杂严峻的同时，也要看到周边环境当中还孕育着新的希望。如南海局势升温，钓鱼岛危机事件发生，但台海形势仍然是呈现缓和的趋势；在北部，中俄战略协作伙伴关系继续巩固；在西部，上合组织的深化和扩大都面临着机遇。

2.制定正确的政策和策略，是紧紧抓住并利用好战略机遇期的关键。

战略机遇期会存在多久，以及是否会真正属于我们，关键取决于我们自身的战略选择、政策制定、策略运用。历史上大国崛起的历程也证实了这一点。大国崛起都经历过机遇期，但为何有些国家夭折了，而有些国家却崛起了？这主要取决于大国在关键时期的战略选择是否正确。国家崛起需经历三个重要的历史时期。一是大国崛起的准备期。我国改革开放30年顺利度过了这一时期。二是大国崛起的摩擦期。来自于国内外的反崛起势力开始对崛起国进行打压，如果顶不住压力，战略选择发生重大失误，就会败在这个时期。所以这个时期往往也被称为大国崛起的关键期、转型期、高危期、孤独期、矛盾凸显期，也是大国崛起中危机频频爆发的时期。三是大国崛起的接纳期。历史的经验值得注意，未实现崛起的国家都失败在第二个时期，即在大国崛起的摩擦期中遭遇失败，而失败的原因是多方面的，有客观的也有主观的，而根本上是主观原因，即战略选择的失败。中国现在正处于和国际社会、周边国家战略摩擦的高发期，所以我们应该清醒地认识到，我国崛起中的巨大考验时期已经来临，机遇前所未有，挑战也前所未有。我们只有经受住考验，才有可能实现崛起目标。

（《红旗文稿》，2012年第23期）

中国处于改善安全环境关键期

就国家安全环境与中国战略机遇期这一话题，作者与《参考消息》展开对话：

安全环境无本质变化

《参考消息》：您觉得我国目前的安全环境和十年前提出“战略机遇期”这个概念的时候相比，主要有哪些变化？

孟祥青：应该说变化还是比较大的，但是没有本质的变化。冷战结束以后，中国的安全环境可以概括为三句话，叫“总体稳定、局部严峻、安全问题趋于复杂”。“总体稳定”是指，两极格局一瓦解，打世界大战的结构便不存在了。“局部严峻”是指在不同时期，我们在不同方向上确实还存在着严重的威胁。比如说，在2002年我们提出“战略机遇期”以后，紧接着就面临着陈水扁上台、“台独”势力发展、台海形势紧张的局面。冷战后一个很大的变化，就是安全问题趋于复杂，这跟冷战时期的安全问题单一不一样了，也就是说，近年来我们面临着传统和非传统安全威胁同步上升的局面。

新世纪以来，特别是我们这些年在某些方向的安全风险确实在加大。比如南海的形势，可以说最近几年都是在持续升温。钓鱼岛争端中日本的小动作也不是从今天才开始。这都证明了我们面临的来自于海洋的安全风险明显加大。

安全问题比上世纪90年代更加复杂。安全问题的复杂性主要表现在四个“相互交织”上。

第一是传统与非传统安全威胁相互交织。这种相互交织不仅表现在相互影响渗透，而且在一定条件下可以相互转化。

第二是国家安全威胁和社会安全威胁相互交织。过去我们讲国家安全威胁都是高政治领域的安全层次，比如说在国家层面上，面临的威胁可能就是其他国家对我们的领土入侵。但是这些年我们看到低政治领域的安全威胁也在上升，影响社会不稳定的因素在增加。

第三是现实威胁和潜在威胁相互交织，并在一定条件下相互转化。

第四是国内面临的威胁和国际面临的威胁相互交织，而且出现了新的态势——国内问题的国际化，国际问题的国内化。

辩证看待机遇与挑战

《参考消息》：基于目前我国国家安全环境所面临的挑战，很多人认为我们的战略机遇期已经终结了。您对此怎么看?

孟祥青：2002年中央作出战略机遇期的判断，是有许多科学依据的。在国内，因改革开放，经济发展取得了辉煌的成就。上世纪90年代，我们保持了十年的高速发展。从国际上来看，和平发展的时代潮流没有变。所以我们这样一个判断是依据当时国内外形势作出的。

从更高的层面来讲，我认为判断战略机遇期首先要基于三点：

第一，战略机遇期的判断是一个政治判断。也就是说，它不是简单地从某一个经济指标角度出发来判断，也不是单纯地针对某一个具体事件判断，更不是从技术层面来判断。

第二，中央作出的这样一个战略机遇期的判断，我认为它是对大趋势的判断。不仅是对我们当前的内外形势，也是对未来的国内环境和大的国际环境所作出的判断。大的国内环境，就是中国改革开放这个政策不会动摇。另外，我们面临的是全球化的时代背景，这个跟过去完全不一样了。全球化的时代背景里，尽管一些国家，包括西方某些国家，会采取各种手段，对我们进行限制、制约或围堵，但是全球化的这个平台本身就给我们提供了很好的机会。

第三，它也是个辩证判断。最近几年，我们在强调两个“前所未有”——“机遇前所未有”，“挑战前所未有”。任何机遇里面都有挑战；反过来，任何挑战里面都有机遇，它是辩证的。比如说从2002年以来，我们遇到了一些重大的危机事件。国际上，有美国入侵伊拉克，有中东北非的剧变，以及国际恐怖主义的盛行。在国内，有“3·14”事件，有“7·5”事件，还有一系列大的自然灾害等。当时很多人都感觉到对我们的冲击很大，好像机遇期失掉了，但是回过头来看，我们最终都战胜了各种艰难险阻，中国这艘航船仍然沿着和平发展的航道前行。上述事件虽然是危机事件，但同时也给我们提供了很多机遇，使中国的国际地位不断上升，国际影响力不断扩大。这就是一种辩证的态度，它说明，战略机遇期判断本身就包含着我们的战略选择和政策制定。基于这样一些根据，可以看出，战略机遇期是一个政治判断、大势判断、辩证判断。

对美国不可反应过度

《参考消息》：相对于中东、北非以及欧美来说，美国重返亚太对中国的影响会比较直接一点。您觉得美国重返亚太对中国战略机遇期的影响有哪些呢？很多人觉得这是一个挑战，您觉得如何把这个挑战转化成机遇呢？

孟祥青：美国在提出“重返亚太”或“亚太战略平衡”后采取了一系列举措。应该说中国因素是美国重返亚太的主要考虑之一，或者说是重大的诱因之一，但它不是唯一的目标。具体分析的话，美国重返亚太包括几个方面，一是经济，二是政治，三是外交，四是军事。

人们可能更关心的是美国在军事上的重返亚太，应该说对中国的压力很大。美国战略重心东移，重返亚太，确实有强烈针对中国的一面，这一点我们绝不能回避，而且要做好各种准备。但是作为涉及经济、军事、外交全面性地重大战略部署，挤进东亚一体化进程，重新振兴经济，重塑后反恐时代军事部署，防止盟国军事体系崩盘等，也都是重要原因。而且有一个非常明显的事实，上世纪90年代开始，像日本、韩国、澳大利亚、菲律宾、泰国这五个盟国都出现了不同程度的脱美入亚，或者叫疏远美国、拉近中国的这样一个态势。因此，奥巴马重返亚洲战略的一项工程就是，利用矛盾，恩威并施，重塑盟国的体系。所以它把冲绳美军南移到关岛，将驻韩美军联合作战指挥权延长到2015年等，这些都有公然针对中国的一面，但是也有暗中控制盟国的意图。

所有这些，不管是针对中国，还是暗中控制盟国，都是服务于一个目标，就是美国的新的亚太战略布局。如果按照这样一些复杂的背景、复杂的动作来进行解读和深入地分析研究的话，我们就会发现，在对待美国这轮亚太调整针对中国的一面，或者是对中国战略包围的这样一面的时候，我们确实要作斗争，但是这种斗争要有理有利有节，同时又不能做出过度的反应。如果做出过度的反应，比如说自乱阵脚，把主要的精力放在美国的亚太战略转移上，甚至影响我们发展的这样一个大环境，影响我们的国内经济建设，这些都会是美国乐见其成的。因为美国看到，它以最低的成本同时实现了吓住中国和稳定盟国的目标。我们的周边，北边的中俄关系，东南的两岸关系，都处在历史的最好时期，西北边还有上合组织。这些方面都给我们提供了应对美国战略东移的机会。

主权争端须坚守底线

《参考消息》：钓鱼岛争端和南海争端将会给战略机遇期带来哪些影响?

孟祥青：南海问题和钓鱼岛问题是我们利用、抓住战略机遇期必须跨越的一个门槛。在维护南海主权、钓鱼岛主权问题上，我们要做长远的打算，坚守我们的底线。要让这样的宣誓主权的行动进一步地扩大化、制度化、法制化、长期化，决不能在主权问题上有任何妥协让步。另一方面，我们要看到，虽然南海和钓鱼岛的紧张局面在升温，但是只要不发生全面战争和冲突，它不会影响我们的战略机遇期。我们讲抓住战略机遇期，实现和平发展战略，并不意味着会一帆风顺，更不意味着我们不会遇到发生这样的矛盾和冲突。关键在我们如何进行战略选择，如何提出我们的策略，如何来面对这样的挑战，如何提高我们管控危机的能力。比如说，这次在黄岩岛争端中，我们取得了突破，我们控制了黄岩岛。在钓鱼岛争端中，我们占据了主动，打破了日本历经百年所谓的“实际控制”，今天我们已经进入了钓鱼岛24海里毗连区和12海里的领海，在钓鱼岛海域我们已经事实存在了，这是一个重大突破。

另外，我们继续在维护国家主权问题上坚守我们的底线，坚持我们的原则，不做出妥协退让。因为我们有许多有利的条件，除了刚才讲的以外，还有几点。第一，我们陆地边界的纠纷基本解决了，14条陆上边境线中的12条已经全部划定，现在还有两条没有划定，一个是中不边境，一个是中印边境。第二，台海形势基本稳定了，这就使我们可以集中精力来应对南海和钓鱼岛问题。第三，近些年来，我们的海上能力和军事现代化得到了快速发展和提升，一旦钓鱼岛问题或者南海争端升温，我们做好了最坏的准备，我们也有这样的能力和实力。这些都为我们最终解决上述问题创造了有利条件，而且这些恰恰也反映了我们的机遇。

主动出击抓住机遇期

《参考消息》：您觉得我们如果要有所作为的话，具体应该怎么做？面向未来，如何营造更好的国家安全环境？

孟祥青：大国崛起一般要经历三个阶段：准备期，摩擦期，接纳期。而我们今天正处在与国际社会，特别是周边国家地区战略摩擦的高发期。在摩擦期，来自于内外的一些反崛起力量开始打压我们，如果顶不住压力，战略选择政策制定发生重大失误的话，这个崛起就会夭折。所以这个时期也被称为大国崛起的转型期、关键期、高危期、孤独期、矛盾凸显期，也是大国崛起中危机频频爆发的时期。我们今天正处在这样一个战略摩擦期，也就是说，现在是我们能不能实现21世纪中华民族的崛起，能不能从根本上改善安全环境的最关键的时期。

要想顺利度过这个时期，一是靠战略选择，二是靠正确的政策，三是靠谋划的运用。战略选择要正确，不能发生重大失误。依靠外交加强国家与国家之间的互动，建立不同的机制来营造、夯实我们周边的安全环境。通过坚持走和平发展道路，高举和平和谐合作的大旗，通过国家之间的良性互动和一系列的机制建立，来把我们的周边安全环境营造得更好。

《参考消息》：有人认为，战略机遇期是动态的，是要靠争取的，甚至必要时不惜使用武力，这个问题您怎么看？

孟祥青：战略机遇期不是等来的，也不是天上掉下来的。要维护战略机遇期，就要主动出击。在抓住利用好战略机遇期上，要大有作为。

在此期间，我们要有几点认识应该厘清。

第一，战略机遇期并不意味着没有冲突。历史上没有一个大国在崛起的过程当中没有任何矛盾。

第二，要提高控制危机的能力。有了冲突和矛盾，甚至发生了一些局部的战争，但不能让这样的冲突和危机影响我们大的发展目标，更不能损害我们国家的核心利益。

第三，要防止国际社会利用我们抓住战略机遇期的心态来做文章。比如，今年以来南海局部紧张局势持续升温，钓鱼岛争端加剧，都反映了一些周边国家的战略误判。他们都普遍认为，中国在抓战略机遇期，会把经济建设作为第一要务，不可能对外采取强硬举措，更不可能动武等等。

他们对我们的这些判断，也值得我们深思。我们要向国际社会明确地表明自己的态度。

第一，坚持和平发展的战略，高举和平和谐合作的大旗，在外交上，坚持独立自主的和平外交政策绝不动摇。

第二，我们要向国际社会明确地申明，走和平发展道路，坚持和平的外交政策，绝不以牺牲国家的主权和安全为代价。

第三，中国坚持防御性的战略，坚持后发制人。我们绝不打第一枪，但是也绝不允许你打第二枪。

第四，我们在维护主权方面采取的所有行动，如果控制得好，是不会影响和损害我们的战略机遇期的。

（《参考消息》，2012年12月14日）

营造既和平又安全的外部环境

今天的中国正处在一个战略摩擦期，也就是说，现在是决定我们能否实现21世纪中华民族全面复兴，能否从根本上改善国家安全环境的最关键时期。

“未来十年很可能是中国发展最困难的时期，也可能是内外安全压力持续增大的十年。”作者在与《瞭望》新闻周刊记者的对话中重申这一观点。

“拣了芝麻丢了西瓜”是战略筹划最大失误

《瞭望》：当前国际战略形势显现出哪些主要特点?

孟祥青：大国关系在相当程度上直接反映世界格局的基本骨架和走向。冷战结束后，大国关系不断分化组合，其基本规律是，每当发生重大国际事件，大国关系就要随之进行调整。

主要有三个原因：一是作为当今唯一超级大国的美国，其战略调整对大国关系具有直接影响；二是包括中国、印度等国在内的一批新兴力量崛起，为大国力量格局注入新的因素；三是全球化的深刻矛盾呼唤“全球治理”，围绕建立什么样的国际新秩序的不同立场，成为大国关系利益格局新的划分标准。

其中，美国的政策始终起着重要作用。“9·11”事件后，美国借助反恐构筑霸权新体系，推行“民主价值观”，一度在全球范围内展开战略扩张。但在阿富汗和伊拉克接连打了两仗后，美国陷入了长期的战略困境，并为金融危机、财政危机所累。为此美国提出“亚太再平衡”战略，并因此直接影响了国际战略形势和大国关系。

《瞭望》：叙利亚问题一波三折，中国对此有何战略考量？美国的战略设想又是什么？

孟祥青：叙利亚位于中东地区核心地带，几乎是该地区所有矛盾的焦点，坚持和平解决叙利亚问题与反对任何使用化武的行为是我们的一贯立场，符合国际社会的共同利益，也符合国际法原则，今后不会改变。

美国接受俄罗斯建议，“以化武换和平”，其根本原因在于美国国内金融危机影响深重，美国政府在财政上捉襟见肘，是否再度陷入战争，必须考虑财政开支的因素。这是从美国的国家利益出发的。同时，美国当前的战略重点在东亚，叙利亚只是其要“看住”的地区。美国当然希望叙利亚现政权垮台，但决不希望现在就垮台。因为美国目前仍然找不到能够取代叙现政权并为美所能接受的反对派。一旦叙利亚陷入混乱，成为恐怖组织的温床，那就成为美国的噩梦。所以，目前的形势也是美国反复权衡利弊之后作出的抉择。

《瞭望》：有一种说法，认为美国有着非常清晰和复杂的战略规划，操纵了大多数国际危机，以达成其战略目标。你怎么看？

孟祥青：不可否认，美国的战略目标比较明确，战略规划比较全面。但若认为美国可以操纵大多数危机来“为我所用”，恐怕过高估计了其战略能力。事实上也没有哪个国家具备这样的能力。美国的战略筹划并没有那么精准，他们时常犯错，有时候是将错就错，伊拉克战争留下的烂摊子、班加西美国领馆遭袭事件等等，都是有力的证明。在这一点上，没有必要去神话美国。

《瞭望》：您对中国周边安全环境的基本判断是什么？

孟祥青：一句话来概括，总体稳定、局部严峻、安全问题趋于复杂且风险加大。

我们有许多有利的条件：第一，陆地边界的纠纷基本解决了，中俄关系处在历史的最好时期。第二，台海形势基本稳定了，可以腾出部分战略资源。第三，近些年来，我们的海上能力和军事现代化得到了快速发展和提升。一旦钓鱼岛问题或者南海争端升温，我们做好了最坏的准备，相信我们也有这样的能力和实力。这些都为我们最终解决局部严峻的安全问题创造了有利条件。

做战略筹划时，“拣了芝麻丢了西瓜”是最大的失误。当年中国政府做出“搁置争议”的战略选择，是为了营造和平的外部环境，促成中华民族伟大复兴。民族复兴的任务非常艰巨，机遇稍纵即逝，今天国际形势发生了一些新的变化，具体政策策略做出适当调整是必要的，但根本目标仍是要创造和平并且安全的外部环境，为实现中华民族全面复兴的战略目标提供有力保障。

中国安全环境面临的机遇和挑战同在，机遇大于挑战。关键在于我们的主观努力，主观努力的关键在于我们能否坚持正确的战略方向，能否保证战略决策和政策选择不发生大的失误。说到底，最大的挑战来自于我们自己。因此还是要重温邓小平当年那句话：办好自己的事情。

未来二十年中国将处于“脆弱安全”时期

《瞭望》：当前我国周边安全环境面临的主要威胁有哪些？

孟祥青：威胁主要来自于海洋。目前，我国周边环境存在着一些不稳定和不确定因素，西部有三股势力的威胁，西南有印巴边界和中印边界争端，东北亚的朝鲜半岛局势时紧时缓，发生突发事变的可能性不能排除。但我认为，当前我国周边安全环境的主要威胁来自于海洋。进入21世纪以来，海洋对于我国的经济发展和国家安全的地位和作用日益上升，但我国面临的海洋安全形势不容乐观。一些岛礁被占领、海域被侵犯、资源被掠夺的情况在南海和东海尤为突出。

由于中国对300万平方公里海洋权益控制范围十分有限，在实际争端中处于不利地位。

《瞭望》：怎样解决钓鱼岛问题？

孟祥青：钓鱼岛问题既涉及中日之间一百多年的历史恩怨，又涉及当今错综复杂的亚太战略格局，解决起来并非朝夕之功，中国必须做好“持久战”准备。

解决领土争端，历史上有过各种模式，既有兵戎相见，也有和平谈判，不论采取哪种模式，都必须以实力为后盾。没有强大的综合国力，没有强大的国防和军事力量，即使坐下来谈判，也只能被动地接受强权的条件。因此，中日钓鱼岛争端既是硬实力的较量，又是软实力的博弈。扎扎实实做好本职工作，不断提升包括军事实力在内的综合国力，方是解决钓鱼岛问题的根本之路。

《瞭望》：您曾经提出一个“脆弱安全”的概念？

孟祥青：“脆弱安全”介乎于“比较安全”和“不安全”之间，这可能是今后一段时期中国国家安全的新特点。

从历史维度来看，大国崛起一般要经历三个阶段，即准备期，摩擦期，接纳期。而我们今天正处在与国际社会，特别是周边一些国家战略摩擦的高发期。在摩擦期，来自于内外的一些反崛起力量开始打压我们，如果顶不住压力，战略选择和政策制定发生重大失误的话，这个崛起就可能夭折。

新中国成立以来，特别是改革开放前二十年，我们顺利度过了准备期。接下来的第二个时期，也被称为转型期、高危期、孤独期，是“脆弱安全”的时期。我们今天正处在这样一个战略摩擦期，也就是说，现在是决定我们能否实现21世纪中华民族全面复兴，能否从根本上改善国家安全环境的最关键时期。

有人说，美国当年经历了这个时期有65年，德国、法国、英国经历了40～45年，日本经历了35年，中国可能还要经历5～10年。我认为这个看法过于乐观了，这个时期中国可能至少还要经历20年左右。我国正处在“将起未起”的阶段。

改善安全环境，根本上取决于国家实力增强

《瞭望》：简而言之，如何改善中国周边安全环境？

孟祥青：这既取决于我们与外部世界的安全互动关系，也取决于自身的政策选择。我们倡导“新安全观”，就是要以一种“非零和”式的合作安全观构建中国与外部世界的新型关系，这是我们新时期改善周边安全环境的战略性举措。

但从根本上讲，安全环境取决于国家实力的增强，取决于我国国力协调、有序、均衡、全面地发展。“能战方能止战”，历史经验已经充分表明，谋略只能解决战术问题，实力才能解决战略问题。

《瞭望》：举一个例子，共建“丝绸之路经济带”，对于中国有何长远意义？

孟祥青：这条丝绸之路东连亚太经济圈，西接欧洲经济圈，是世界上

经济潜力最大最长的一条经济走廊。中亚几国在过去一段时期内被甩在快速增长的世界经济之外，中国与之共建“丝绸之路经济带”，将对世界经济产生重大影响，也将对世界格局产生冲击。

同时，中亚对于中国的安全形势影响非常大。2014年美国计划从阿富汗撤军，可能带来的影响包括：第一，“基地”组织、塔利班会不会卷土重来并向我国西部辐射？第二，阿富汗是目前世界最大毒品生产国，国际毒品会不会向我西部渗透？第三，国际犯罪组织在这个地区也很猖狂，这个地区未来面临宗教极端势力、国际恐怖势力、民族分裂势力“三股势力”的威胁。

为应对这样的安全形势，这条丝绸之路除了打通经济带之外，还将进一步推动上合组织框架内的安全合作。

《瞭望》：有一种看法，认为国内问题优先于国际问题，进而认为中国仍不应过多在国际上“发声”、“出头”。但实际上国内问题和国际问题已经密不可分。

孟祥青：党的十六大提出统筹国内、国际两个大局，对形势的判断非常准确。近年来，国家安全形势的一个新特点就是：国内问题国际化，国际问题国内化，二者呈现出相互交织和渗透的状态。比如人权问题，这是一个内政问题，但却无法避免外部世界的关注了，今天我们已经加入了联合国有关人权组织，并和美国等国开展了人权问题的对话。这是全球化的影响。

又比如钓鱼岛争端，本来是一个外交问题，但处理不好就可能变成国内问题，影响国内社会稳定。同样，国内一些突发事件如果没有及时得到妥善处理，容易形成国际舆论压力，后果可能是给中国对外开放和国际形象造成负面影响，进而影响中国未来的经济发展、外交地位和国家安全。这都是相互联系和相互交织的关系。

（《瞭望》，2013年9月）

2013年世界军事安全形势：波澜不惊，热点依旧

2013年，世界军事安全领域维持了总体平稳的基本态势，国家间大规模军事冲突或局部战争等不可控事态并未出现，但影响世界军事安全的不稳定因素也明显增多，中东问题、恐怖主义威胁等既有热点问题并未消退，局部动荡此伏彼起；大国间围绕战略“新边疆”的争夺日益激烈，战略博弈更趋常态；各主要军事强国加快推进军事转型，区域内军备竞赛有所抬头。特别是我周边已成为当今世界热点较为集中的地区之一，朝核问题再度凸显，东海形势持续恶化，海洋安全形势变数陡增，安全风险有所增大。

一、地区局势缓和与动荡相互交织，中东仍是主要热点

在大局稳定的背景下，中东乱局持续、地区冲突频发成为影响全球军事安全的主要因素。同时，恐怖主义威胁、半岛局势走向以及战略“新边疆”争夺等对地区安全产生深刻影响。

1.埃及乱局再现，叙利亚危机有惊无险。

进入2013年，埃及局势曾一度相对平静，但7月3日埃及军方废黜穆尔西总统，随即引发穆尔西支持者大规模示威游行及一系列连锁反应，穆尔西的支持者和反对者多次发生严重暴力冲突。虽在埃及军政府的强力弹压

下，总体局势可控，但局部地区冲突频发，并造成大量民众伤亡，仅8月14日针对穆尔西支持者示威的清场行动就有800余人死亡。长期的冲突对立严重割裂了埃及社会，动荡和混乱短期内难以消除，大规模骚乱乃至武装冲突的风险增高。

年内，叙利亚政府军与反对派武装继续交战，双方围绕阿勒颇和首都郊区等多个战略重地展开激烈争夺。在冲突中，叙境内多次发生化学武器袭击事件，仅8月份在大马士革郊区有超过1400人死于沙林毒气袭击。此事件在国际社会引起巨大反响，以美为首西方国家军事干涉叙局势的可能性增大。但由于俄罗斯的强烈反对，加之叙加入禁止化学武器组织并同意消除化武，使叙利亚避免了美国等西方国家可能的军事打击。但应看到，由于美、俄等境外势力已深度介入叙利亚局势，其走向更加波谲云诡。目前叙国内军事冲突仍在持续，通过政治解决叙危机的希望愈发渺茫。

在伊朗，温和保守派的鲁哈尼总统上台后，一改前任内贾德在伊核问题上的强硬立场，采取与美接触对话的姿态，使美伊间多年僵局出现一丝松动。11月24日，经过长期艰苦谈判，伊朗与伊核问题六国（美、英、法、俄、中、德）签署协议，同意以部分弃核换得取消部分制裁。这一协议被认为是伊朗十年来在伊核问题上的“首次突破”。但由于美国国会12月又通过对参与或资助伊朗核开发人员的制裁方案，使得谈判再度陷于停滞，刚刚达成的协议也面临变成一纸空文的风险，伊核问题走出困局尚待时日。

2.恐怖主义威胁难以根除，反恐任务依然艰巨。

纵观全年，虽然有舆论认为世界已进入后反恐战争时代，但恐怖袭击仍然此伏彼起，中亚、中东等多个地区暴力事件频发，部分地区（如阿富汗）的反恐形势有所恶化，成为影响地区安全稳定的主要因素。

目前，阿富汗境内美军正按计划撤军，2014年阿富汗将从美军手中正式接管安全事务，并举行大选。塔利班组织为提前抢占美军撤离后留下的权力真空地带，其各种行动趋于频繁和活跃。仅在喀布尔市内，3月、6月和7月就接连发生多起自杀式炸弹袭击，造成大量民众伤亡。虽然塔利班也曾于6月宣布在卡塔尔首都多哈设立和谈办公室，阿富汗和美国政府随后表态将派代表前往多哈同塔利班展开对话，但频发的暴力袭击使本已动荡不堪的安全局势依旧险象环生。

同时，伊拉克、黎巴嫩、利比亚、也门和巴基斯坦等地也多次发生恐怖袭击事件，不仅造成大量伤亡，也使一些国家政府面临着更大的安全压力。8月，美国因恐怖威胁一度关闭了多家驻中东北非地区使领馆。

此外，由本土恐怖分子实施的暴力袭击也成为2013年恐怖主义发展的新动向。美国波士顿马拉松爆炸案、加拿大袭击列车等事件表明，本土恐怖分子的行动更隐蔽、更难预测，也更容易在社会上制造不同民族、不同信仰之间的分裂，从而形成暴力的恶性循环。可见，目前全球反恐形势依然严峻。

3.朝核问题再度凸显，国内政局变化给半岛局势再添变数。

2013年2月，朝鲜无视外界各方强烈反对，执意进行了第三次核试验。此举引发国际社会特别是韩、美、日等国高度关注，半岛局势迅速紧张。3月7日，联合国安理会通过第2094号决议，严厉谴责朝鲜第三次核试验，并加强和扩大了对朝制裁。作为对朝鲜核试验的回应，韩美举行大规模联合军演。3月到4月的“关键决心·鹞鹰”演习，共有约1.3万名美军和

20万名韩军官兵参加，为历年来罕见。8月举行了“乙支·自由卫士”联合军演，以提高韩美对朝联合防御作战能力和危机应对能力。但大规模军演，不仅没有起到威慑朝鲜的目的，反而激化了半岛紧张局势。同时，在朝鲜国内，金正恩接连进行内部人事调整，年底前的张成泽事件凸显了朝鲜政局的复杂和多变，半岛形势走向仍充满不确定。

4.主要大国抢夺战略制高点，“新边疆”竞争日益加剧。

2013年，世界各大国继续围绕网络、太空和极地等战略新边疆展开激烈争夺，加大战略关注和投入，抢占制高点。

为了增强网络安全，各大国纷纷加大投入。2013年3月，美国网络战司令部司令亚历山大宣布，美国将增加40支网络战部队，进一步提高网络空间作战在美军作战体系中的地位。美国还计划未来4年投资230亿美元用于网络安全。5月，日本出台“网络安全战略”，提出将在自卫队设“网络安全卫队”，组建日本网络安全中心等。俄总统也授权安全部门成立防黑客系统。

5月，美国前特工斯诺登出逃，将美“棱镜计划”曝光，在美各界及国际社会掀起轩然大波，凸显了网络时代信息安全的脆弱性。“棱镜门”丑闻是美国对欧洲乃至全球信息霸权独享和控制的体现，造成了包括美国国内和世界范围内的网络信息安全恐慌，使全球信息安全面临新的挑战。

在太空领域，美国、俄罗斯等国积极筹划或抓紧建设能在太空进行作战的“天军”部队、“机器人”部队。年内，美接连试飞X-37B空天飞机，加快太空军事武器的研发和装备，以抢占太空战略优势，谋求自身的“绝对安全”。日本新近通过的国家安全战略中，也明确提出要“增强太空安全利益”。

此外，由于蕴含丰富经济、战略资源，极地也成为美、俄、加、挪威和丹麦等国争夺的热点。10月，俄罗斯决定成立并部署北极部队，重建北极地区的军事基础设施。俄总统普京强调：“回归北极，应掌握所有手段来保护自身安全和国家利益。”面对俄罗斯在极地问题上的强硬姿态，美、加等北极周边国家联手与俄展开争夺。11月，美国出台《北极战略》，要求各方“通过军事活动意图上保持透明以及参与双边和多边演习来建立信任”。同时，美加强北极军事力量存在，在阿拉斯加部署2万多美军，保持C-130运输机和弗吉尼亚级核潜艇的常态化存在，并建立起北极区域与美本土的战术通信系统。

二、各主要大国加快军事转型，战略博弈日趋激烈

面对国际形势新变化，全球各战略力量从自身需要出发，加快调整军事战略，推进军队转型发展。

1.美军积极推进军事变革，加快亚太地区战略布局。

2013年美国的国防基础预算为5266亿美元，较上一年度减少250亿美元，年度军费削减累计达到了460亿美元。在军费大幅削减的背景下，美军仍积极推进军事改革转型，优化兵种结构，以亚太为重点，调整兵力部署，并继续保持军事优势。

第一，提倡战略创新、提高作战效能。2013年5月，美国防部出台“战略评估和管理审查”报告，提出对美军现有的作战预案进行全面评估，进而全面检讨和修改在世界各地的作战方案。报告强调，新的作战预案要考虑到美军的转型需求，充分发挥技术优势，在军费减少的情况下，以更少的人员，发挥出更高的作战效能。

第二，调整军事发展重点，优先加强海空军力量。为在削减军费的背景下继续保持军事优势，2013年，美军取消了海基X波段雷达、陆军“阿帕奇”直升机等大型采购项目，集中资源加强海空力量建设，发展新的作战力量。10月11日，美最新型核动力航母“福特号”下水，其综合作战效能远超现役的“尼米兹”级航母。同时，大幅增加特种作战、全球快速打击系统以及新概念武器研发领域的投入。

第三，加快亚太地区军事部署，继续推进战略重心东移。在2013年5月召开的香格里拉会议上，美国防部长哈格尔明确表示，在2020年前美国

60%的海上力量和60%的空中力量都将部署在亚太地区。

2. 日本不断突破“专守防卫”，日益走上扩军备战的不归路。

安倍上台以来，以钓鱼岛争端为借口，不断炒作“中国威胁论”，从而为其修改和平宪法，走军事化大国道路提供依据。

第一，加强西南诸岛军事部署，提高机动防卫能力。日本在提升战略预警侦察能力的同时，计划在最西南端的与那国岛建设雷达基地，在自卫队那霸基地成立“空中监视部队”，在靠近第二岛链的硫磺岛建监听站，以加强对中国海、空军监控。同时，以第一空挺团、西普连等精锐部队为雏形，效仿美海军陆战队，积极打造能够快速机动行动的日本两栖作战力量，增强离岛防卫作战能力。

第二，深化日美军事同盟关系，在情报共享和联合指挥体制上加强合作。为适应外向型军事发展需求，日本加快改革完善指挥决策体制。2013年年底，日本正式启动“国家安全保障会议”，并设立“四重臣会议”，下设“安全保障局”，以减少决策中间环节，提高指挥效率。日本国会强行通过《特定秘密保护法》，为日美加强情报合作奠定了法律基础。同时，通过主战装备通用化、联合演训日常化、作战行动预案化等措施，积极发展日美联合作战能力。2013年3月，日本还将陆自快反部队司令部迁入驻日美军位于座间的司令部内，以进一步深化联合指控体制。

第三，推进主战装备更新换代，提升海空作战能力。2013年，日本自卫队装备更新速度明显加快，仅3月份就有“福岛号”扫雷艇、“室户号”布雷舰、“照月号”驱逐舰和“瑞龙号”潜艇等4艘新型舰艇服役。8月6日，日本下水了二战以来最大的军舰“出云号”，尽管日本仍然称之为“直升机驱逐舰”，但实际上就是航空母舰，其排水量2.7万吨，并可搭载F-35隐形战斗机、反潜直升机等。待正式服役后将使海自综合作战能力得到进一步提升。此外，自卫队还重点采购P-1反潜巡逻机、F-35战机，升级F-15战机和F-2战斗机，强化周边海空域警戒监视；继续完善反导系统，着手为2艘“爱宕”级加装“标准-3”系统，在冲绳地区常态化部署2套陆基“爱国者-3”系统，提升岛屿作战防御能力。

3.俄军进一步打造战略核威慑力，不断提升日常战备水平。

近年来，随着国内政治经济局势不断好转，俄罗斯复兴大国的愿望更加迫切。作为支撑大国地位的象征，发展核力量始终是俄罗斯增强战略威慑力的首选。

2013年伊始，俄罗斯第四代战略核潜艇“北风之神”级首艇正式入役太平洋舰队，9月和12月又先后有两艘“北风之神”级战略核潜艇和一艘885型“白蜡树”级多功能核潜艇入役。俄罗斯在强势推进海基核力量建设的同时，也不断强化陆基战略力量。俄军重新装备了三个战略导弹师，并配备有第五代洲际弹道导弹系统“白杨-M”和“亚尔斯”，使俄军突破反导系统的能力进一步增强。

为了使俄的战略核力量更具威慑力，10月30日，总统普京突击组织了一场战略核遏制力量、空天防御部队、海军以及远程航空兵的大规模演习，展示了俄战略核威慑和反应能力。2013年2月至7月，俄军先后对四大战略方向常规力量实施四次大规模战备突查，通过“不打招呼”紧急拉动、不预设时间及科目等形式的突查机制，检验俄军日常战备水平，并取得良好效果。

4.印军继续加强海洋军事力量建设，触角越来越多地延伸到亚太地区。

印军在“东进”战略牵引下，近年来明显增加了军事投入，特别是海洋力量建设取得进步，远洋作战能力有所提升。

2013年8月12日，完工仅30%的印度首艘国产航母“维克兰特号”下水，该舰仅建造费就22亿美元，加上舰载机和武器系统，总造价将超过50亿美元。11月16日，印度正式从俄罗斯接收了“维克拉马蒂亚号”航母，成为亚洲唯一同时拥有两艘航母的国家。同时，印度自行研制的第一艘国产核动力潜艇也在8月进行了海试。

此外，印度加快实施“东进”战略，印军与越、非等国军事交流明显增多，并积极寻求地区内盟友。2013年6月，四艘印度军舰访问了越南和菲律宾。5月，印度总理访日期间，与日本达成“海洋问题上进行合作”与定期举行海军联演的共识。12月，印海军与日本海军在孟加拉湾举行联合军演。

三、我国周边成为当今世界热点较为集中的地区之一，局部安全压力有增无减

2013年，我周边安全总体稳定，并有所改善，但海洋方面的挑战仍然不少，东海形势继续紧张，钓鱼岛争端引发擦枪走火的风险始终存在。

1.周边热点有升有降，日全面升级安保战略明显针对中国。

2013年，中日围绕钓鱼岛争端进入僵持对峙阶段，数次面临擦枪走火危险。日方对我舰船进行抵近侦察，屡屡干扰我正常执法或训练船只。我国基于维护领空安全的考虑，依据国际法原则和国际惯例设立东海防空识别区，日本借机大肆炒作。12月17日，日本政府召开国家安全保障会议和内阁会议，通过了《国家安全保障战略》、《防卫计划大纲》和《中期防卫力量整备计划》等三份重要文件，把矛头直指中国。

新防卫大纲提出“统合机动防卫力”概念，旨在提升海、陆、空自卫队联合作战能力；防卫力量整备计划则列出了一系列新式武器采购清单和军力调整方案。根据这两份文件，陆上自卫队不仅将增兵5000人，还将被整编为三个机动师团、四个机动旅团和一个“水陆机动团”，配备更多的高机动战车。最引人关注的是“水陆机动团”为新组建单位，主要配合海空力量专门执行夺岛作战任务。另外，为加强针对东海尤其是钓鱼岛方向的侦察和兵力投送能力，日本还计划购买52辆两栖战车、17架“鱼鹰”运输机、3架“全球鹰”无人机、首批F-35隐形战斗机和3艘濒海战斗舰，同时增加建造2艘“宙斯盾”驱逐舰和5艘潜艇。为实现上述计划，日本政府不顾国内经济疲软和财政困难，编列了总额为24.67万亿日元（约合1.5万亿元人民币）的巨额防卫预算。国际舆论普遍认为，安倍政府抛出的安保

新战略，主要目的就是为牵制和打压中国。日本一系列倒行逆施的举动将给我国乃至整个东亚地区安全环境带来重大挑战。

南海问题较之去年有所降温，并呈现相对缓和局面。但非律宾政府拒绝与我举行双边磋商，一意孤行，将南海问题提交国际法庭进行所谓“国际仲裁”，使这一问题更加复杂。与此同时，非继续推进南海问题的国际化和多边化，试图拉拢其他声索国和东盟组织与中国对抗，并加强同美国、日本等国的军事合作，购买较先进武器装备，提升本国军力。

在西南方向，10月印度总理辛格访华，对中印双方增进互信、进一步夯实安全合作基础奠定了新的基础。但在中印边境有争议地区，印度政府动作频频。11月12日，印批准组建一支8万余人的“山地打击军”，部署在印中边境地区，试图在区域内形成对中国的兵力优势。

2.美频繁举行联合军演，积极介入我周边事务。

2013年，以美为主的双边或多边联合演习、训练在我周边接连举行，数量与频率均呈递增态势。美海军作战部长曾表示，仅美海军每年在亚太地区就与20多个盟国和伙伴举行约170多次联合演习以及600余次联合训练，且演练数量与规模均在扩大。在各类演习中，美军不但在参演人员、武器装备方面占据主导，而且演习主题、内容和方案也多由美军设计。

2013年，美先后与菲律宾在南海或南海周边举行了“肩并肩2013”和“克拉克2013”等联合军演，并在我黄岩岛附近海域举行了“两栖登陆”演习。通过联合搜救、海上拦截、岛礁登陆等科目演练，重点磨合了美菲两军间的协同作战能力。同时，美还积极拉拢日、韩，借军演巩固原有的军事同盟关系。针对钓鱼岛争端态势，日、美多次有针对性地举行联合夺岛实战演习（如1月份的“铁拳”联合夺岛演习和6月份的“黎明闪电”联合军演）。通过军演，美军手把手向日军传授登陆作战的战法运用。此外，根据形势的新变化，美韩例行“关键决心·鹞鹰”和“乙支·自由卫士”两场年度军演在内容和科目上作了调整。

借助各类联合军演，美军既强化了在地区内的军事存在，又提振了日、非等国的底气，使我周边安全形势更加复杂，面临的挑战增多。

3.周边多国军费开支增长迅速，军控形势严峻复杂。

近10年来，亚太成为军费开支增长较快的地区之一，军费总量翻了一番。2013年，周边多国军费开支继续保持增长势头，军备竞赛有所加剧。

较之2012年，2013年日本增加防卫预算至少1000亿日元，达4.7万亿日元，这是过去11年来日本首次增加防卫预算。印度军费开支增加14%，达431亿美元。越南增长了30%，达37.8亿美元。菲律宾增加12.5%，达29亿美元。俄罗斯增长25.8%，达643亿美元。印尼增加18%，达81亿美元。

此外，周边一些国家加大装备采购力度。越南为提升海上作战能力，加快组建潜艇部队，并同俄签订6艘“基洛”级潜艇采购合同，2013年接收2艘。同时越南还计划采购美制P-3C型反潜巡逻机，以提高反潜侦察能力。菲律宾从美引进的第一艘“汉密尔顿”级巡逻舰正在列装，未来还计划采购常规动力潜艇、轻型巡逻舰、扫雷舰等装备。

综上所述，2013年的世界总体和平、局部冲突，总体稳定、局部紧张，总体缓和、局部动荡。展望2014年，世界军事安全形势的大格局不会改变，但不稳定和不确定因素仍然较多。叙利亚国内军事冲突短期内难见和解希望，国外势力的插手干预更使局势走向扑朔迷离；全球反恐战争虽已结束，但恐怖暴力事件不会消除，恐怖主义仍是各国安全面临的重要威胁；美国将继续加快亚太军力部署，深化与日、韩、澳等传统盟友关系，并加强与印尼、越南、菲律宾和新加坡等国的军事合作；东海、南海以及朝鲜半岛都存在引发地区冲突的风险。新的一年，最大的不确定性将来自于日本。如果日本继续在危险的道路上滑行，它必将成为地区和平的最大破坏者和最主要威胁源，国际社会应时刻保持高度警惕。

（2014年1月）

三

关于海洋安全问题

GUAN YU HAI YANG AN QUAN WEN TI

海上反恐与海洋安全新秩序

近年来，海盗活动与恐怖主义相互勾结，对各国海上的活动及海洋通道安全日益构成严重威胁，美日等国借打击海上恐怖主义，相继出台一系列倡议，企图主导未来的海洋安全新秩序。《联合国海洋法公约》正式生效已有11年了，各国围绕海洋权益展开了新一轮的角逐。我国作为一个世界性的海洋大国，应制定积极主动的海洋战略，积极参与海上安全合作，推动建立公正、公平、合理的海洋安全新秩序。

一、海上恐怖主义日益猖獗

自从有了海上贸易，就有了相伴而生的海盗活动，18世纪末，由于各国海军实力的壮大，海盗活动曾一度销声匿迹。20世纪七八十年代以来，特别是冷战以后，随着国际贸易的飞速发展和世界各国之间经济、贸易联系的加强，海盗活动又死灰复燃。1989年之前，海盗的攻击多年都维持在年均7起左右，到1989年上升到28起，1991年为50起。1991~2001年全球水域大约有2375起海盗攻击或试图攻击事件，平均每年约215起左右，并且，海盗活动与20世纪后半叶再度兴起的恐怖主义相互勾结，形成海上恐怖主义活动，对沿岸国及当事国经济发展、社会稳定和海上航运构成严重威胁。当前的海上恐怖主义主要有以下一些特点：

第一，海上恐怖主义活动区域较为集中。有资料显示，海盗和恐怖主义团伙长期在同一地区合作，包括阿拉伯海、南中国海以及西非沿岸海域。其中东南亚水域是全球海盗攻击频率最高的地区，从1991~2001年大约发生1567起海盗事实和试图攻击事件，约占世界范围内海盗攻击总数的66%左右。当前，每天有1/4的全球贸易要经由马六甲海峡完成，其中包括运往东亚海运石油的一半和全球液化天然气的2/3，每天约有600艘货船驶经这处咽喉要道，运载的货物包括运往欧洲后处理工厂的日本核废料，也包括运往中国的原材料。然而，日益猖獗的海上袭击事件使这条最繁忙的海上通道同时也成为世界上最危险的通道之一。

第二，海上恐怖主义具有更大的破坏性。恐怖分子干扰全球经济的最有效手段之一就是打击石油、天然气等能源供应。到目前为止，约2/3的石油和天然气通过海洋运输。相对防卫较好的陆地目标而言，海上能源供应线较为脆弱，容易成为袭击的对象。而且，重要的海上运输通道往往航道狭窄、船只拥挤，在这些地区一旦发生针对油轮的恐怖袭击事件，可引起轰动性的连锁效应。一些研究人员指出，以船舶为目标的特大海盗式恐怖袭击事件会使国际贸易陷入瘫痪。

第三，带有政治目的的海上恐怖主义组织更为严密，手段更为凶残，危害更为巨大。与恐怖主义结合的海盗团伙都有牢固的基地和可靠的情报来源，并在事前制定详细的计划，在行动中往往不惜代价，不计后果。2000年美国“科尔号”军舰被炸，2002年法国油轮遭袭，都是典型的海上恐怖袭击事件。一些恐怖组织甚至利用海盗在海上攻击核原料运输船以制造大规模杀伤性武器。泰国《曼谷邮报》报道，近年来，载有放射性原材料的船只在马六甲海峡遭到海盗抢劫的案件不断增加，而“基地”组织有可能是这些案件的幕后操纵者之一。

第四，针对我国商船的海盗和恐怖袭击事件增加。我国是世界十大海洋运输国之一，外贸对海洋运输业的依靠程度达70%左右。从20世纪90年代末开始，从统计资料看，我国船只遭到海盗袭击的事件每年大概在3～4起左右，但该数字并没有包括所有受袭的中国船只。许多中国的船务公司为在关税或其他方面享受优惠，经常将船只在巴拿马、洪都拉斯等地注册。因此，在海洋上行驶的具有中国背景或与我国有利益关系的船只远远超过在中国注册登记的进行远洋运输或捕鱼的船只的数量。1998年11月13

日，香港船务公司一艘在巴拿马注册的“长胜号”万吨货轮途经台湾海峡南口水域时被一伙由国际海盗集团直接操纵指挥的海盗集团劫持，该货轮23名中国船员全部被杀害。2003年3月20日，我国“福远渔225号”在斯里兰卡东北水域遭全副武装的8艘海盗船攻击，包括15名我国船员在内的17名船员被害失踪，船只也被击沉。

第四，国际社会缺乏强有力的打击手段。对海上恐怖主义打击力度不够，首先是由于国际法的限制。目前国际社会对该问题的认识停留在打击海盗的层面，对于海盗的定义，世界范围内得到公认的是1982年联合国制定的《国际海洋法》公约第101条对“海盗行为”的定义，但该定义过于狭隘，严格按照国际法统计的世界每年发生的海盗案件数量不足以让沿岸国家认清打击海盗的迫切性。其次，海上反恐方面的合作由于涉及更多的主权问题而难以实施。比如说，商船遭受的大多数袭击不是发生在公海，而是在国家的辖区内海域，时间往往是在船只停泊或抛锚时。外国海军通常不能为了追逐海盗而跨越国界。在马六甲海峡等区域，这个问题尤为突

出。东盟各成员国往往各自为战，阻碍了相关国家对该地区海上恐怖主义势力的联手打击。另外，马六甲海峡与新加坡海峡以及南海某些区域的疆界划分迄今尚未完全定案，某些区域的海盗行为管辖权仍存争议。

二、美日等国企图借海上反恐主导海洋安全新秩序

海上恐怖主义既是挑战，也是机遇。如同“9·11”事件为美国进入提供了千载难逢的机会一样，海上恐怖主义也为美国构建由其主导的海洋安全新秩序提供了一个契机。“9·11”事件以来，与地面反恐战争相呼应，美国在海上反恐方面采取了一系列的措施，可以概括为“一项公约三个倡议”。

《国际海上人命安全公约》原本是基于泰坦尼克号的教训而出台的国际公约，着眼点在于船舶的安全航行，与反恐没有直接关系。“9·11”事件后，反恐对策和安全问题成为重大议题，美国政府也将海上反恐提上日程。在美国的坚持下，总部位于伦敦的国际海事组织对有关船舶安全航行的国际条约进行了集中修改，修改后的公约让港口肩负起实施反恐的义务。

三个倡议分别是《防扩散安全倡议》（PSI）、《集装箱安全倡议》（CSI）和《区域海事安全倡议》（RMSI），这三个倡议由布什政府相继提出。

《防扩散安全倡议》（PSI）是“9·11”恐怖事件发生后美国出台的反恐政策的重要一环，是布什总统2003年5月在访问波兰时提出的，它是美国向盟国呼吁建立的一种国际体制，目的是对正在朝鲜、利比亚和伊朗等发展中国家扩散的核武器、生化武器在运输阶段予以阻拦。PSI多国海上训练曾在澳大利亚、地中海、阿拉伯海及东亚海域举行。海上不扩散体制正在建立中，它既是美国主导的不扩散体制的一部分，同时也是美国主导的海洋安全秩序的一部分。

《集装箱安全倡议》（CSI）于2003年开始实施，它规定，运送到美国的集装箱、货船在主要装运港进行装运时，需接受美国官方的事前检查

和确认，没有这一环节，集装箱就不能运往美国。大多数对美出口国都与美国签署了CSI协定。

《区域海事安全倡议》（RMSI）是为防止马六甲海峡和周边海域遭受恐怖袭击，而由美国海军提出的构想，是一项在这些海域部署美国海军、海军陆战队和特种部队的计划。该计划于2004年3月由驻亚太地区美军总司令托马斯·法戈上将在美国国会披露，这项计划如果得以实现，东南亚海域就可能出现美国海军的海上基地。

对于修改后的《国际海上人命安全公约》、PSI和CSI，大多数国家表示了原则上的赞同，但RMSI公布之后，东南亚地区出现两种不同的反应，新加坡和泰国把美国海军的存在视为海洋安全的前提，对倡议持赞成态度；马来西亚和印度尼西亚对倡议持反对态度，他们认为美国在马六甲海峡周边建立海上基地会侵犯本国的主权，因而倍加警惕。应当关注的是，新加坡、马来西亚和印度尼西亚三个马六甲海峡沿岸国家逐步开始在打击海盗和海上反恐方面进行合作，可见，大多数国家一方面在反恐对策方面表示同美国合作，另一方面对美国的单边行动持谨慎和戒备态度。

日本也正在不断加强海上保安厅的作用，以促成亚洲海洋安全的新秩序。日本通过派遣海上保安厅巡逻艇和飞机参与马六甲海峡及周边海域的打击海盗行动，积累了在亚洲进行反恐合作的经验。同时，日本海上保安厅的实力也居世界前列。2004年10月26日在东亚海域举行了PSI多国海上训练，此次训练由日本外务省主办、日本海上保安厅担任主角，海上自卫队为此动用舰艇和飞机。这是东亚地区的首次PSI海上训练，日本借此向国内外展示其在海洋安全方面的重大作用。但是，日本尚不处于通过行使军事力量来与亚洲合作的阶段，同时，亚洲国家也没有足够的心理准备接受日本的军事力量来防范海盗和恐怖活动。

三、中国的海洋权益及面临的严峻挑战

21世纪是耕海牧洋的时代。1995年世界上距海洋100公里以内的地区，大约集中了全世界60%以上的人口。随着陆地资源的进一步减少甚至

枯竭，沿海地区在人类活动中的作用和地位将更加突出。据“罗马俱乐部”预测，陆地上的锌、锰、钨、银等矿藏资源只够人类使用几十年。海洋占地球表面积的70.8%，蕴藏着取之不尽用之不竭的资源。随着技术的飞速发展，人类对海洋的开发利用水平越来越高，海洋与人类生存发展的关系越来越密切。

国家的海洋权益是海洋权利和海洋利益的总称，其中海洋权利属于国家主权的范畴，是国家的领土向海洋延伸而形成的权利，海洋利益是由海洋权利产生的各种经济、政治和文化利益。中国是一个陆海兼备的大国，拥有18000公里的海岸线和6500多个沿海岛屿。根据《联合国海洋法公约》规定和我国的主张，我国拥有近300万平方公里的管辖海域。在这辽阔的海域里，蕴藏着丰富的矿物资源和生物资源，包括42万亩的海洋渔场面积，近两亿亩30米深度以内的海水养殖面积；我国近海的生物种类极为丰富，已记录的物种达两万多种，我国有记录的3802种鱼类，海洋中就占了3014种；我国已探明的海底矿床835个，近海石油资源储量约为255亿吨，天然气储量约14万亿立方米，再生能源仅近海潮汐能即达1.1亿千瓦。

改革开放20多年来，我国的经济结构发生重大变化，与海洋的联系日益密切，我国海洋经济总产值已由1979年的64亿元增长到2004年的12841亿元（约合1541亿美元），占GDP比例为3.9%，已与传统海洋强国日本大体相当（2000年为1000亿美元），为美国的一半（2000年为2000亿美元）。我外贸依存度已从1978年的10%提高到2003年的60%，其中货物进出口的90%、石油进口的近80%要通过海洋运输来完成。2003年，我国进口原油已接近1亿吨，对外依存度上升到35%，我国从1992年起就成为世界第一渔业大国，2004年中国海盐总产量、沿海主要港口全年吞吐量继续保持世界第一，全国海洋船舶工业继续快速增长，居世界第三位。

随着中国国家实力的增强，国家利益不断拓展，中国面临更多的海外利益如海上通道的安全、在外公民的人身安全等，从地区分布状况看，中国海外利益已经扩展、延伸至全球。中国谋求海外利益，就要追求海上通道的安全。许多具有重要战略意义的海峡，如直布罗陀海峡、霍尔木兹海峡、曼德海峡、龙目海峡、马六甲海峡、新加坡海峡、台湾海峡等，对于急需能源的中国而言都是“石油海峡”。其中，马六甲海峡对于中国尤为重要。中国进口原油主要来自中东、非洲和亚太地区。2001年从三地进口总量为6026万吨，其中中东地区原油为3386万吨，占56.2%，非洲地区为1355万吨，占22.5%，来自上述地区的原油都须经过马六甲海峡。亚太地区868万吨，占14.4%，其中来自印尼和马来西亚的少部分原油需经过马六甲海峡。据测算，每天通过马六甲海峡的船只近6成是驶往中国的船只，其中绝大部分是油轮。

然而，由于国际海洋法尚存在不完善的地方，以及受历史上“重陆轻海”的传统思想的影响，当前中国海军在规模、力量和技术上与许多国家存在一定差距，中国的海洋权益受到严重损害，主要表现为岛礁被占领、海域被分割、资源被掠夺和海上通道安全无法保障等。

第一，中国的海洋主权问题没有得到解决。在中国的海洋主权中，除战略意义最重大的台湾问题，从北到南，中国与6个海上邻国存在领土争议。在南沙群岛，除我国控制着7个礁和台湾驻守的太平岛外，共有42个岛礁被其他国家侵占。其中，越南占领了西部和西南部的29个岛礁；菲律宾占领了东北部的8个岛礁；马来西亚占领了5个岛礁；印尼和文莱分别侵入我国南沙海域约5万和3千平方公里。由于国际法的原则是以陆定海，所以一个岛屿的主权归属可以决定这个岛周围以200海里为半径的海域的主权和主权权益的归属。日本曾拨300亿日元去挽救一个距离日本本土1700多公里的“冲之鸟岛”，其目的就是获得这个小岛周围的广阔海域。

第二，中国海洋资源被掠夺的情况严重。中国南海地区海域广阔，油气资源储量巨大，南海周边国家通过引入外部资金，多年来对属于中国领海范围的南海油气田资源进行了疯狂的掠夺性开发。到上个世纪90年代末期，周边国家已经在南沙海域钻井1000多口，发现含油气构造200多个和油气田180个，1999年年产石油4043万吨、天然气310亿立方米，分别是中国内地1999年整个近海石油年产量和天然气产量的2.5倍和7倍。

第三，海上通道安全受到挑战。由于中国无法保障海洋运输依存度较

大的马六甲海峡的安全，所以形成中国的“马六甲困局”。首先，由于独特的地理性质，马六甲海峡是海盗出没最频繁、全球海上恐怖活动最猖獗的地区之一。自1991年至2003年，全球1921起海盗劫船事件中有60%以上都发生在马六甲海峡附近，2003年，全球445起海盗袭击事件中就有1/3发生在这里；其次，中国对马六甲海峡依存度较高，谁控制了该地区，谁就把手放在了中国的战略石油通道上，就能随时威胁中国的能源安全。马六甲海峡现为新、马、印尼三国共管，十分狭窄，易于封锁。在美国的全球战略中，马六甲海峡是必须控制的世界16大咽喉水道之一。美国与新加坡在军事领域长期以来一直保持着良好的合作关系，双方各种层次的交流十分频繁，并且定期举行联合军事演习。新加坡的樟宜海军基地还长期为美国第七舰队提供后勤补给服务，并在1992年美国将苏比克海军基地交还给菲律宾后，逐渐成为美军东南亚基地群的中心。美国则视新加坡为监控南中国海和进入印度洋的战略前哨。由此出发，美军舰队可以在24小时内穿过马六甲海峡，向西驶入印度洋或到达海湾地区，向东则可游弋于南中国海，樟宜海军基地在今后很长时期内将成为美国海军监控南中国海局势和前往印度洋的“桥头堡”。去年，美国海军提出了《区域海事安全倡议》（RMSI），根据该计划，美国将向马六甲海峡派驻海军陆战队和特种部队，以防止恐怖主义袭击。

四、以海上反恐为契机，推动建立国际海洋安全新秩序

为规范各国在维护海洋权益方面的活动，建立公正、公平、合理的海洋安全新秩序，1994年《联合国海洋法公约》（简称《公约》）正式生效。《公约》是当代世界各国在海洋上从事一切活动都必须遵循的主要国际法律。截止2005年1月，已有147个国家和实体批准了《公约》。《公约》一方面对传统的基本海洋法律制度，例如领海、毗连区、大陆架和公海等，进行了细化和完善；另一方面制定了许多新的海洋法律制度，例如专属经济区、群岛国、岛屿、国际海底区域等制度，极大地扩大了沿海国对海洋的管辖权。

《公约》生效以来，各国对海洋资源的争夺也日趋激烈，一是各国和国际组织纷纷调整海洋政策，迎接《公约》带来的新的机遇和挑战。各国纷纷审视自己过去的海洋政策，着手制定新的海洋发展战略。如美国于1998年和2000年两次召开全国海洋工作会议，通过了海洋法案，成立了国家海洋政策委员会，重新审议和制定了美国新的海洋战略。二是调整海洋管理体制，实施海洋综合管理和统一执法。1996年，韩国将十几个中央政府部门的涉海部分合并，成立了海洋水产部，该部设立海洋警察厅，实行统一海上执法；1997年加拿大决定海岸警备队由海洋与水产部指挥，对海洋实行综合管理。三是着力扩展海洋管辖范围，占领海洋资源开发的制高点。各国围绕《公约》所做的种种努力，其核心和焦点，归根结底就是为了维护和实现国家的海洋权益。

今年是《公约》生效的第11个年头，围绕《公约》所展开的各国维护海洋权益的斗争也进入了另一个阶段，2004年3月美国借反恐提出的驻军马六甲海峡的RMSI计划，与之前的PSI和CSI，体现了美国所倡导的海洋

安全新秩序。最近，日本的学者也积极地鼓吹应借海上反恐的名义主导亚洲的海洋安全新秩序。各国所提出的不同的海洋安全新秩序体现了各国所要维护的海洋权益，是各国为了各自的海洋利益所展开的又一轮博弈。

我国于1996年5月15日正式批准加入《联合国海洋法公约》，在批准《公约》之前，我国已于1992年颁布了《领海及毗连区法》。在批准《公约》的同一天，我国政府颁布了大陆领海的部分基线和西沙群岛的领海基线，进一步明确了我国领海的范围。在批准《公约》之后，我国于1998年颁布了《专属经济区和大陆架法》。至此，我国有了覆盖所有管辖海域的基本法律，使《公约》赋予沿海国对其管辖海域的各项基本权利在我国国内法律中得到了比较具体的体现。但是，面对我国海洋权益受到严重侵犯的现状，仅有法律保障是远远不够的，我国应制定积极主动的战略，采取更为有力和有效的措施，切实维护我国的海洋权益。

1.强化海洋安全意识，制定并完善海洋安全战略。

自16世纪以来，海洋战略在世界所有沿海国家中都被列为重中之重，史学家从大国兴衰成败的规律中得出一条经验：强于世界者必盛于海洋，衰于世界者必先败于海洋。19世纪末，美国的战略家马汉曾指出，任何一个国家或联盟，其力量如果足以控制公海，就能控制世界的财富，从而统治全世界。同时，他认为，如果一个国家的人民对海洋没有感情，对经商缺乏才能，就不能大力推行海洋战略。但是，由于受到传统的“重陆轻海”、“重北轻南”的思想的影响，中国人的海洋意识依然十分淡薄，“海权”这个概念对中国人来说尚未被充分理解和消化。当前中国经济迅速发展，中国的海洋利益逐步遍及世界，海洋的开发和利用对于中国未来的可持续发展意义重大，内部需求动力和外部压力增加了中国确立海权概念、制定海洋安全战略的紧迫性。在海洋油气资源的开发上，中国应从长远战略上进行考虑，改变“重北轻南”的局面，渤海作为中国没有争议的内海，其油气井应作为后备战略资源加以封存，把南海特别是南海争议区作为油气资源开发的重点。

2.在国际法的框架内，维护我国的合法权益。

维护我国的海洋权益应在国际法的框架内进行。第一，中国所要维护的“海权”是作为国家主权自然延伸的海上权利（sea right），而不是具有霸权性质的海上权力（sea power）。海上权利是依法享有和行使的利益，是国家主权的自然延伸；海上权力是一种强制力量，在国际社会中只有联合国或联合国授权国家和机构才具有资格使用这种力量，没有联合国的授权，便是一种海上霸权。第二，中国是一个负责任的大国，维护国际社会的安全、稳定、有序是中国义不容辞的责任和义务，所以，中国应当致力于在现有国际秩序的基础上，积极参与国际规则的制定，推动建立公平、公正、合理的新秩序，这也有利于维护我国的国际形象。第三，中国立足于在法律的框架内维护合法权益，可以打消或减轻沿海国家对我国崛起的疑虑和恐惧，防止其联手对付中国。

3.以打击海上恐怖主义为契机，推动海洋安全新秩序的建立。

历史上国际秩序的变化往往是在国际战争之后，以国家间的实力对比为基础。在和平与发展成为时代主题的今天，虽然世界仍未摆脱强权政治的阴影，国家实力依然是一国推行其外交政策的基础和依托。但是，随着经济全球化的深入发展，国家间的相互依存关系加深，国家间的共同利益增加，这就为国际行为体通过谈判、磋商形成新的国际秩序提供了可能性。在我国海洋权益遭受侵犯较为严重的南海地区，日益猖獗的海盗和海上恐怖活动成为沿岸国和当事国经济发展乃至社会稳定的严重威胁，海上反恐已成为各国的共识，中国应当以此为契机，加强与东南亚各国的沟通、协商与合作，推动建立并主导地区安全机制，为解决海洋权益争端提供条件。

上海合作组织的成立可以为南海问题的解决提供某种借鉴。上海合作组织的发展是从“4+1”（中国与俄罗斯、哈萨克斯坦、吉尔吉斯斯坦、塔吉克斯坦）谈判到“上海五国”再到上海合作组织的一个不断发展演变的过程。最初的边境安全问题是中国与俄、哈、吉、塔四个前苏联国家之间建立合作机制的原始动力，随着合作的发展，打击恐怖主义、分裂主义、极端主义三股恶势力成为五国的重要议题。2001年，“上海五国”发展为上海合作组织，并在之后成立了一些主要的组织机构，如设在北京的秘书处和设在塔什干的地区性反恐怖机构，而上海合作组织也逐步跨越了安全领域而向经济合作的方向发展。

在南海问题上，中国与东南亚国家存在合作的基础，利益的一致性是合作的前提，而关键在于使国际合作制度化。关于国际合作问题，肯尼思·奥伊提出了“互惠概念”（the concept of reciprocity）和五个目标，即为合作提供动因、监督合作行为、奖励合作者、有效地进行联系和完善多层次博弈。他还指出，国际机制不是取代“互惠”原则，而是强化“互惠”原则，并使之制度化。目前，在中国与东南亚国家之间有“10+1”、“10+3”等次区域安全对话机制，这些机制的存在加强了中国与东南亚国家的相互信任，但在解决中国与上述国家的海洋权益争端方面作用有限。首先，无论是东盟地区论坛还是“10+3”，起主导作用的都是东盟国家，它们一方面从地区安全的角度出发，将中国纳入由其主导的安全机制，另一方面又对中国心存戒备；其次，东盟地区论坛的成员国差异性较大，除了中国与东盟国家，还包括美、俄、日，以及朝鲜等国家，利益分歧较为明显，难以发展成为一个组织严密、高效的地区安全组织。2002年中国与东盟国家签署了《南海各方行为宣言》。在宣言中，各方同意避免采取可能导致南中国海局势紧张的行动。但是，之后有关各方在南中国海为获得优势地位而采取了各种策略的做法，暴露了该宣言的脆弱性。中国不能寄希望于用一纸宣言来解决双方的争端，而应当积极采取一系列后续行动，从具体的合作领域入手，找到调解各方利益的工具。

4.在非传统安全领域广泛开展与有关国家的军事交流与合作。

近年来，亚太国家就打击海盗和海上恐怖活动的军事合作有所加强。2000年11月8日，日本和印度两国在印度东海岸港口城市马德拉斯附近的公海举行历史上首次反海盗联合演习。“9·11”事件之后的几个月里，新加坡和马来西亚对马六甲海峡的航道加强监督，印度和美国海军也在海峡北端进行联合巡逻。2003年6月印尼、马来西亚和新加坡等国决定设立区域反海盗中心并加强相互之间信息交流、三国海军协防等措施，以遏止海盗的犯罪活动。2002年6月，我国海军东海舰队首次举行了防海盗演练。2004年3月，我国与法国在青岛的黄海海域举行了海上联合军事演习。今后，我国应加强与东南亚国家的地区性军事合作，可考虑与该地区国家相关部门进行联合打击海盗演习等。

5.借助新军事变革，加强海军能力建设。

维护我国的海洋权益需要有一支强大的海上力量为后盾，正如马汉所言：“光有法律而没有力量就得不到公正；法律的合理与否不取决于力量，但其有效性要由后者赋予。”针对未来在南海地区所要履行的职责和任务，海军应重点加强两方面的能力：一是发展远程投送能力，加快我国海军由近海走向远海的战略转变。“远程兵力投送”是国家根据一定的战略目标，运用一定的运输能力，将一定规模的作战力量向威胁国家利益的相关空间区域实施的联合、立体和远程的机动，拥有远程投送能力。这既可以显示我国维护自身利益的决心和能力，具有一定的战略威慑作用，对潜在的危机形成某种制约，影响事态的发展方向，同时，适时的远程投送能力也可在利益相关的危机地区形成军事部署，使我国安全利益不受损害或减低损害程度；二要提高快速反应能力，针对现代恐怖主义复杂性、隐蔽性和突发性的特点，建立适应未来海上反恐需求的应急行动部队，使之能够在较短的时间内对危机作出反应。

（2005年5月17日）

中国需要全民海岛知识大教育

近来，笔者在和朋友聊天中，谈到日本向钓鱼岛派驻巡视船和菲律宾国会通过《领海基线法案》，将黄岩岛和南沙群岛部分岛礁列入菲律宾版图的事件，大家在愤愤不平的同时，也提出了一些困惑。比如，有朋友问："黄岩岛在什么位置？""中国这么大，为一小岛而争执不休，究竟意义何在？""中国到底有多少海岛？南沙群岛属于我国的现代法理依据是否充分？""对海岛拥有主权到底意味着什么？"等等。这些问题的提出让我思绪万千，心情久久不能平静。我想起近年来媒体就国民海洋观念淡薄问题有过广泛报道，如：中国某大城市90%的大学生认为，中国版图只有960万平方公里的陆域国土面积，而不知道300多万平方公里的管辖海域；北京市"世纪坛"这一宏伟建筑，依然把祖国疆界限制为"960万"；上海市"东方绿舟"教育基地知识大道上，有历代中外名人雕像，其中伟大航海家有哥伦布，却没有郑和……我国的海洋问题专家和安全问题专家也在不断呼吁增强国民的海洋意识，有关部门也做了许多有益工作来普及国民的海洋知识，但目前看来，国民海洋意识薄弱问题远未解决，笔者认为，有必要对国民普及海岛知识，以增强海洋安全观念。

作为海岛最多的国家之一，中国岛礁被侵占的形势比较严峻

按照《联合国海洋法公约》，沿海国家最大可管辖以下六大海洋区域：港口、内海、领海、毗连区、专属经济区、大陆架等。据此规定，中国拥有近300万平方公里的海域，中国是世界上海岛最多的国家之一。在

300万平方公里的海域中，分布着成千上万的岛屿，各个海岛的面积大小不一，大的有几万平方公里，小的仅数平方米。面积大于500平方米的海岛就有6500多个。岛屿总面积约8万平方公里，约占我国陆地面积的8%。中国除了有漫长的18000多公里的大陆海岸线外，岛屿海岸线长于14000公里，有常驻居民的岛屿460多个，人口近4000万。其中台湾、海南岛及港澳地区就有3000多万人。这些大大小小、星罗棋布的岛屿，像一颗颗璀璨的明珠，镶嵌在祖国300万平方公里的蓝色国土上，成为中华民族锦绣版图上闪闪发光的瑰宝。

但是，由于历史和现实的复杂原因，在属于我国300万平方公里的海洋权益中，有接近一半存在争议，海域被分割，岛礁被占领，资源被掠夺的情况比较普遍。我国版图上划的海上传统疆界“九段线”已经名存实亡。我国的6个海洋邻国，对我国的海洋国土和权益均提出不同程度的无理要求，总面积达100多万平方公里海域。我岛礁被占领的情况中，以钓鱼岛和南沙群岛的形势最为严峻。以南沙群岛为例，越南占了29个，是占据最多的国家；菲律宾占了8个，是占据最早的国家；马来西亚占了5个，

是占据最肥的国家。此外，还有印尼和文莱分别占了2个和1个。一些邻国在南海本来应该属于我国管辖的海域实施海洋资源开发，年产石油从1000万立方米猛增到4000万立方米。在东海，日本则极力主张以所谓的“中间线”划分界线。前不久，日本政府首次向钓鱼岛派常驻可搭载直升机巡视船的决定以及菲律宾国会通过把黄岩岛和南沙群岛部分岛礁列入其版图的决议，进一步损害了中国主权，使我面临的形势更加严峻和复杂。由于长期缺乏强烈的海洋和岛礁主权意识，缺乏强有力的应对机制和有效管理措施，致使在海洋权益争端问题上，给人留下一味“任其自然”的印象。

海洋权益特别是岛礁归属对民族振兴之重大战略意义已被世界公认

众所周知，英国作为一个岛国，海上力量发展比较早。16世纪末，在“谁统治了海洋，谁就能控制世界”这一观念的驱使下，走上了海洋扩张的道路，并一度成为世界上最强大的国家。二战后，英国虽沦为二流国家，但海洋意识和岛礁归属意识不减当年。1982年，首相撒切尔夫人在顶住国内外舆论的压力下，发动对阿根廷的马岛战争，使用武力收回马尔维纳斯群岛。德国的威廉二世公开宣称“德国的未来在海上”，并大力发展海军；1960年法国总统戴高乐在法国国会上提出了“向海洋进军”的口号；世界著名的海权理论创始人、美国海军中校马汉（1840～1914年）在潜心研究了大量的历史事实后，悟出了这样一条道理：“所有帝国的兴衰，决定性的因素在于是否控制了海洋。”1961年美国总统肯尼迪在国会上发表了“为了生存，美国必须把海洋作为开拓地”，提出“若不明智地利用占地球70%的海洋与海床，美国未来的安全与繁荣将会黯然失色。”……

古今中外的历史一再表明，凡大力向海洋发展的国家，皆可国势走强；反之，则有可能沦为落后挨打的地步。昔日的海上强国葡萄牙、西班牙和荷兰，当年的日不落帝国英国，二战后的两个超级大国之一苏联，和现在的唯一超级大国美国，无一不是走的海上兴兵强国之路。

随着陆地资源的减少和不断枯竭，随着新技术革命的冲击和高科技领域的发展，使人类对海洋的认识日臻深刻，围绕海洋权益、岛礁归属和海洋资源的争夺将在一些地区，尤其将在一些海洋大国和强国之间更加激烈地展开。

中华民族五千年的文明史，更是直接证明中国的统一、稳定、繁荣和昌盛与海洋休戚相关。中华民族的兴衰和耻辱均与海洋密切相连。秦朝的统一，西汉的强盛，唐朝的繁荣，明朝以后的“海禁”，清朝末期的挨打，以及近代海防危机和现代海洋权益之争，无一不折射出海洋对中华民族历史进程的重大影响。认真总结历史经验可以看出，重陆轻海是中华民族在过去四五百年间由强到弱、大国地位不保，以及1840年鸦片战争后的100多年间沦为一个半封建半殖民地国家的重要原因之一。

根据《联合国海洋法公约》的规定，岛屿归属将直接影响国家的领海主权和所管辖海域的范围，是关系到国家和民族根本利益的重大问题。

普及海岛知识和增强海洋观念刻不容缓

当今世界有200多个国家，其中152个是沿海国家。沿海国家大小不同，发展程度不同，海洋对这些国家的作用也不同，因而各国的海洋观念差别也很大。海洋对于沿海大国的作用更为重要和特殊，因此许多大国都有各自的海洋战略观念和思路，把建设海洋强国作为立国的根本大计。因此，在国民中普及岛礁知识和广泛开展海洋观念教育就成为普遍做法。

我国周边岛国和半岛国家长期以来都在不断加强有关教育、立法和行动。韩国就在距离其济州岛81海里、我国领海基点——海礁133海里的苏岩礁上，花了9年时间，耗资1800万美元，建造了名为海洋科学观测平台，实为主张领海基点的人工建筑物，试图为中韩海洋划界埋下伏笔。早在2004年初，日本岛根县议会通过了2月22日作为“竹岛日”（韩国称独岛）的决议。这充其量只不过是抽象侵权，但韩国对此反应异常迅速强烈，大动干戈，出人意料。从小小老百姓到总统卢武铉，上下一致，举国行动，对日抗议的形式和方法多种多样，总统发表告全国国民书谴责日本的野蛮行径，韩国空军参谋长亲自驾机赴独岛上空巡逻，海洋警察厅增派巡逻船加强对独岛附近海域的戒备，普通民众以剁手指、剖腹以及自焚等极端行为表达了誓死捍卫独岛的决心。日本比韩国有过之而无不及，整个国家从政府到老百姓，早就把海洋视为求生存谋发展的唯一出路。强烈的海洋意识使其相当敏感和超前。在人们还没有丝毫察觉的时候，他们就对距离东京1700多公里的太平洋上几片桌面大小的礁石（冲之鸟）发生兴趣，后来竟花费300亿日元，用钢筋混凝土对其进行加固，建成人工建筑物。日本投巨资抢救这样一个既无矿藏、又无珍兽、更无人居住的小岛，其长远目的是想利用《联合国海洋法公约》的有关规定，企图获取其周围43万平方公里的专属海域，而这比日本本土面积37.7万平方公里还要多5万多平方公里。强烈的海洋意识和海洋国土观念驱使日本人做出了许多令人瞩目之举，如填海和构筑海上机场、海上城市……日本海洋开发建设协会提出的21世纪海洋开发9大建设项目，总投资近40万亿日元，包括海上人工岛、海上航空港、海底隧道、海洋牧场、海上货运机场、海上疗养院、海底粮食储备基地、海洋能源开发和横穿半岛运河等项目。在海洋政策和策略上，也一改过去一味研究如何按照既定规则争取海洋权益的传统做法，而是主动召集岛屿国家开会，讨论制定对本国有利的“游戏规则”提交联合国讨论，提案一旦通过将成为各国必须遵守的国际规则。

韩国对本国国民的海洋意识培养从幼儿园就开始了。为了培养幼儿的海洋意识，经常给他们制作多种有关海洋的玩具。从幼儿园一直到大学，韩国形成了一个系统的海洋观培养体系。日本对其国民进行国情教育的主题是：“我们缺乏土地，没有资源，只有阳光、空气和海洋。”

关注海洋，利用海洋，经略海洋，是中华民族发展史上的不绝之声。15世纪初，我国伟大的世界航海先行家郑和就指出：“国家欲富强，不可置海洋于不顾。财富取之海，危险也来自海上……一旦他国之首夺取南洋，华夏危矣。”我国伟大的革命先行者孙中山先生也曾写道：“昔时之地中海问题，大西洋问题，我可付诸不知不问也，惟今后之太平洋问题，则实关于我中华民族之生存，中华国家之命运者也。人云以我为主，我岂能付之不知不问乎？”海权“操之在我则存，操之在人则亡”。许多年前我们的先人和革命先行者的思想和主张，至今仍具有重要的现实指导意义。在我海洋权益和岛礁主权仍不断遭受侵犯的今天，对国民普及海岛知识，加强海洋权益的教育是利国利民之根本大计，具有长远的战略意义。

（《环球时报》，2009年2月25日）

南海问题的实质及战略思考

近来，南海地区再次成为国人乃至世界关注的焦点：菲律宾国会通过专项法案将我黄岩岛和南沙群岛的部分岛礁划归菲领土，总统阿罗约正式签署该法案；马来西亚总理登陆南沙弹丸礁“宣示主权”；越南政府抗议我批准旅游团前往西沙群岛旅游；美国海军“无暇号”监测船侵入我南海海域进行非法侦察，并引发严重的中美舰船对峙事件。一时间南海风起浪涌。

众所周知，中国最早发现、命名南沙群岛，最早并持续对南沙群岛行使主权管辖。对此我们有充分的历史和法理依据，国际社会也长期予以承认。二战期间，日本发动侵华战争，占领了中国大部分地区，包括南沙群岛。《开罗宣言》和《波茨坦公告》及其他国际文件明确规定日本把窃取的中国领土归还中国，这自然包括了南沙群岛。1946年12月，当时的中国政府指派高级官员赴南沙群岛接收，在岛上举行接收仪式，并立碑纪念，派兵驻守。日本政府于1952年正式表示“放弃对台湾、澎湖列岛以及南沙群岛、西沙群岛之一切权利、权利名义与要求”，从而将南沙群岛正式交还给中国。在此后一系列国际会议和国际实践中，美国一直承认中国对南沙群岛的主权。战后相当长时期内，南海周边地区也没有任何国家对中国在南沙群岛及其附近海域行使主权提出过疑义。如越南在1975年以前明确承认中国对南沙群岛的领土主权。菲律宾和马来西亚等国在70年代以前没有任何法律文件或领导人讲话提及本国领土范围包括南沙群岛。美国与西班牙1898年签订的《巴黎条约》和1900年签订的《华盛顿条约》曾明确规定了菲律宾的领土范围，但并未包括南沙群岛。1951年《非美军事同盟条约》、1953年菲律宾宪法等也对此作了进一步确认。而马来西亚只是到了1978年12月，才在其公布的大陆架地图上将南沙群岛的部分岛礁和海域标在马来西亚境内。长期以来，并不存在所谓的南海问题。

70年代开始，越、菲、马等国以军事手段占领南沙群岛部分岛礁，在南沙群岛部分海域进行大规模的资源开发活动并提出主权要求。从此，才产生了所谓的南海问题。该问题的实质是东南亚某些国家否认我国在南海U形断续线内的主权，从而非法占据并大肆掠夺资源。围绕南中国海主权归属及海洋资源开发，由此产生了争议。争议的主要内容有两个：领土主权争议和海洋资源开发权归属。而这两大内容又相互联系、密不可分。领土主权争议的背后是为了获取资源，而永久、持续、稳定获取资源的重要前提就是争取主权。

首先，南海蕴藏着丰富资源。南海地处热带，渔业资源特别丰富，富含海藻、海带等热带资源以及非常可观的海洋能源和盐业资源。此外，南海还蕴含极为丰富的石油天然气资源。据估计，南沙西南直到沙捞越的广大地区，是亚洲大陆架3个最大的贮油地区之一。20世纪60年代，科学家发现南沙地区拥有丰富的石油资源，其中曾母盆地、沙巴盆地、万安盆地的石油储量丰富，估计总储量将近200亿吨，是世界上尚待开发的大型油藏之一，其中有一半以上储量分布在中国海域。如1967年间联合国东南亚大陆礁层探测团提出报告称，中南半岛和南中国海地区大陆架油矿丰富，其储量相当于中东各国或委内瑞拉加上墨西哥海湾附近与美国东南部沿海油藏之总和，而且含硫量少，品质优良。美国“亨特号”探测船在美国海洋研究所指挥下，曾于1969年6月至8月间，五度在中国南海地区进行探测。根据其探测报告显示，此一海域均以基盘为火成岩的海底山为主，山与山之间均有因沉积物形成的盆地，有储积大量油气的可能性。虽然此次探测所用的仅为普通性质的闪电反射法震测，必须做出更详细的地球物理勘测才可确定，但是此项消息传出后，立即引起了菲律宾及越南武力侵占南沙地区岛屿的动机。

其次，南海具有重要的战略地位。南海是印度洋通向太平洋必经之路，我国和美、日等国能源通道的必经之地。正因为如此，决定了解决南海问题的复杂性、艰巨性和长期性。随着工业化程度的不断深入，各国对能源——石油的需求呈不断上升趋势。作为一个国家经济、国防的命脉，没有哪个国家会对石油的来源和运输视而不见。南海周边国家对南海提出主权要求，主要是确信这一地区蕴藏着极其丰富的油气资源；美国、日本、印度等大国对南海问题的介入则主要是担心中国对南海地区的主权所有将可能导致中国完全控制南海，从而扼住美日的石油命脉，同时也使其遏制中国的战略彻底失败。因此，这些大国总是以各种策略或手段支持南海周边国家和中国对抗。

第三，南海危机在2009年伊始集中爆发有着特殊的背景。根据《联合国海洋法公约》的规定，所有缔约国必须在2009年5月13日之前向联合国大陆架界限委员会提交大陆架划界方案，否则其有关要求就不会得到承认。所以有学者认为，2009年是世界海疆开始重新划定和出现重大纷争的起点。不仅是南海周边国家，世界各主要国家在有争议的岛礁、大陆架、专属经济区、两极地区的种种行为，与其说是真实意图表达，不如说是钻国际法律的漏洞及其未来调整期的空隙，试图通过“不占而宣”或“不宣而占”等手段为自己的“圈地运动”抢得先机。日韩“独岛（日称竹岛）之争”、日本变“冲之鸟礁”为“冲之鸟岛”、英法等对南极提出领土要求、美俄对北极提出领海要求，都是典型的例证。近来，我南海周边一些国家的举动也同这一特殊背景有关。他们采用实际控制、国内立法、国际联盟等多种手段，试图将侵占我南海主权的行为事实化、合法化和国际化。某些国家极力拉盟国美国下水，以期美国能干预南海问题。事实上，美国也确实正在奉行“介入但不陷入”的模糊政策，以便获取最大的好处。此外，日本、印度、澳大利亚等国也蠢蠢欲动，或明或暗染指南海问题，试图从中浑水摸鱼。我南海主权面临空前严峻和复杂的形势。

中国政府一再表示，愿同有关国家根据公认的国际法和现代海洋法，包括1982年《联合国海洋法公约》所确立的基本原则和法律制度，通过和平谈判妥善解决有关南海争议，并已明确写入1997年中国－东盟非正式首脑会晤发表的《联合声明》中。中国政府明确提出“搁置争议，共同开发”的主张，愿意在争议解决前，同有关国家暂时搁置争议，开展合作。2002年11月，中国和东盟共同签署《南海各方行为宣言》，确认中国与东盟致力于加强睦邻互信伙伴关系，共同维护南海地区的和平与稳定，强调通过友好协商和谈判，以和平方式解决南海有关争议。在争议解决之前，各方承诺保持克制，不采取使争议复杂化和扩大化的行动，并本着合作与谅解的精神，寻求建立相互信任的途径，包括开展海洋环保、搜寻与求助、打击跨国犯罪等合作。

但近些年来，越南、菲律宾等国出兵强占南海一些无人岛礁，摧毁中国在南沙无人岛礁所设主权标志，抓扣或以武力驱赶我在南海作业的渔民。今年以来，一些国家又不断挑衅我南海主权。因此，解决南海问题需要新思维和新思路。

我国是陆海兼备的国家，但近代以来从未享受过陆海兼备的利益，不是帝国主义把我们囚困在近边缘海，就是中国自己闭关锁国。新中国的建立，为海洋意识觉醒和维护海洋权益奠定了重要的制度基础。改革开放以后，中国经济越来越深的融入全球化，国家利益也随之拓展，其中拓展的重要方向就是海洋。今天，中国在海洋上有着广泛的战略利益，国防安全的主要威胁也来自海上。面对多事之秋的南海，我们不仅要有充分的心理准备，更要有充分的实力准备。

中国是政治舞台上的大国，但还不是强国。中国崛起所遇到的阻力和困难远比我们想象的要复杂。大国的遏制乃至围堵，一些中小国家的戒备和防范，都给我和平解决海洋权益之争带来了负面影响。但这并不等于说中国在南海问题上持消极等待或无动于衷的态度。国际法中的“领土变更方式”涉及先占、时效、添附、割让、征服以及民族自决、公民投票、收复失地、交换领土等。其中最值得我们关注的是“先占”、“时效”和“收复失地”。“搁置争议，共同开发”是一种友好的宣示，“不以武力相威胁”也同样。但事实上的占有和占领即使是非法的，也有一个时效的问题，随着时间的推移就成了一种沉默的默认，为避免“默认”和“时效”，就要有积极和及时的应对，不能一而再、再而三地坐失“先手”。

基于中华民族的民族性格和爱好和平的传统，在建设和谐社会和构建和谐世界的大背景下，中国处理南海问题的思维取向一定是冷静的、和平的、友好的，而不是锋芒毕露的。现今中国需要的南海，是和平的南海而不是战争的南海。但善良的愿望不能被某些国家所利用，友好的政策不能成为一些国家得寸进尺的机会或工具。为此，在南海问题上也需要新的思维和举措。

一是加强有关立法，并确立“主权归我”作为“共同开发”的前提条件。主权问题属于国家的核心利益，也是基本底线。不承认我主权，就无共同开发之可能，他国任何形式的开发都应视为非法，并予以严正交涉。应加快制订并完善我国的海疆法律，制订有关南海岛屿管理的法律或规定，并鼓励地方政府制订相应的法律法规。尽早确立中国岛礁、大陆架、专属经济区的地理范围、主权原则、维权机制等，并明确昭示国际社会。当然，此举未必能确保我海疆不受侵犯，但却能赋予我维权行动以合法性。包括军事在内的各种宣示和维护主权的措施必不可少。

二是加快我国领海基线勘定。这对于与其他国家的外交斗争以及谈判桌上的讨价还价至关重要。同时，中国的领域区域都要定位坐标，并尽快向联合国提交自己的领海基线主张。

三是加强有效行政管理和控制。自从1996年我国批准《联合国海洋法公约》生效之后，我国宣布了自领海基线起200海里、在领海之外并邻接领海的专属经济区。尽管在严格意义上，专属经济区不被视为国家领土的一部分，但沿海国不仅对其生物、矿产资源享有主权权利，还享有行政管辖权、民事管辖权、刑事管辖权和国际法所赋予的其他权利的管辖。但由于复杂原因，长期以来我在南海的实际管理和控制较弱。面对新形势，通过立法、宣示、巡航、勘测等一系列举动，加强对南海的管理和控制已成为当务之急。近来，中国派遣了最大的渔政船前往南海，对专属经济区巡航管理，对西沙、南沙、中沙护渔护航，对北部湾联合监管，以及对渔业突发事故展开救援工作。这一行动宣示了国家的主权权利，其意义远远超出了渔业权的范围，是维护国家海洋权利的重要体现。

四是加强海军现代化建设。海洋军事力量是大国海洋政治博弈的重要筹码。“海权论”的创立者马汉说得直截了当：“光有法律而没有力量就得不到公正；法律的合理与否不取决于力量，但其有效性要由后者赋予。”海上力量是海洋权利自我实现的工具，特别是自人类进入主权国家时代后，情形更是如此。而建设一支强大的海军必不可少。尽管坚船利炮的发展原则不适用于今天的中国，耀武扬威同样也不是南海问题最终的解答方式，但是建设一个足以保障中国南海利益的硬力量队伍，将是通向南海问题最终解决的必要道路。只不过我们要更加重视硬力量所带来的威慑，而不是它所具有的杀伤力。如何运用和平外交手段，配以强大的海上威慑力量，使南海问题的发展朝着“主权归我”的方向演变，是考验我们智慧和能力的一大课题。

（《中国报道》，2009年第4期）

美搅浑南海居心叵测

2010年7月23日，在越南举行的地区安全论坛上，美国国务卿希拉里·克林顿根据事先准备的稿子，大谈解决南海争端对地区稳定“至关重要”，宣称这一争端妨碍海上贸易的开展，阻碍其他方进入该地区的国际水域，争端解决“涉及美国的国家利益”，并表示“美国支持所有提出主权要求的各国展开合作与协商。我们反对任何国家使用或威胁使用武力”。美国为什么突然对南海问题如此感兴趣？希拉里的理由冠冕堂皇：因为争端妨碍了航行自由、影响地区稳定。在解决争端的方法上，希拉里开的“药方”是：在美国的参与和主导下，进行多边协商与合作，建立解决争端的国际机制。说白了，就是与这一问题直接相关的国家已经无力自己解决问题，要想解决问题，需要更多国家的参与和帮助，需要美国来作出裁判。这一貌似公允的讲话一发表，国际舆论一片哗然，也引起国人的极大愤怒。美国此时高调介入南海争端，可谓是长期预谋，精心策划，背后有阴险的战略目的。

美对南海介入：从幕后到前台

南海地区曾是冷战时期美苏相互对峙、争霸的海域，两国分别在菲律宾和越南建立海军基地。受“越战综合征”的冲击，美国民众在20世纪80年代后期陷入深刻的自我反思，进而产生了“远离东南亚”的情绪。冷战结束后，美军撤离菲律宾。此后，南海在美国的东亚战略中一度处于比较边缘的地带，用美国一位海军专家的话说就是：“南海距离美国1.2万多公里，太遥远了。”1994年，随着《联合国海洋法公约》正式生效，以及中国在东南亚地区影响力的上升，美国对南海的基本政策开始由“不介入”转为“介入但不陷入”。1995年，美国国防部发布了南海政策：督促有关国家和平解决南海问题，强烈反对威胁或使用军事力量解决争端，并表示南海保持和平与稳定对美国而言有着长久的利益，重申美国对“航行自由”的基本利益。打那之后，美国就开始以“航行自由”为借口对南海问题说三道四。自1995年起，美国开始与新加坡、菲律宾、泰国、马来西亚、印尼及文莱6个东南亚国家逐一进行“卡拉特”系列军事演习。该演习由美海军西太平洋后勤补给群统筹，每年年中开始。近年来，特别是奥巴马政府上台后，美国实行“重返”东南亚战略，美军也加大了在南海海域的军事活动。目睹美国南海政策的调整，越南、菲律宾等国近年来一直企图拖美国介入南海问题，以便为其在南海上的无理主张增加底气。但美国此前在南海问题上总体比较慎重，基本上是藏在幕后搅局。今年3月以来，从美国助理国务卿坎贝尔，到国防部长盖茨，再到国务卿希拉里，美国高层政府官员接连对南海问题表态，前所未有的明确强调其在南海的利益。3月10日，在东南亚访问的坎贝尔就南海问题表态说，美国在南海也是有利益的，美方希望维持“航行自由”，希望南海主权争议的谈判应该

是“多边的”，也应涉及所有东南亚国家。在一个多月前的“香格里拉对话”上，美国国防部长盖茨再次阐述了美国的南海立场：对于相互冲突的主权要求，美国不会表态支持哪一方，但反对使用武力，也反对妨碍“航行自由”的行为。明眼人都清楚，这番话显然主要是说给中国听的。在7月东盟地区论坛安全对话中，美国国务卿希拉里再次高调表态。美国对南海争端的介入已经从幕后正式走到了前台。

美搅乱南海：欲浑水摸鱼

众所周知，南海问题由来已久，在过去长达几十年的时间里，从没有听说过在这一地区国际水域的和平航行受到过重大影响；直到今日，也没有其他国家表示他们的贸易航运在这里遭遇阻碍。明眼人都能看到，近些年来，这一地区的国家经济快速发展，海上贸易蒸蒸日上。至于地区稳定，在中国与东盟国家以及其他国家的双边会谈中，大家都说现在没有任何威胁地区和平稳定的事态。更重要的是，早在2002年，中国就和东盟国家发表了《南海各方行为宣言》，并已经有了联合工作组会议磋商。这些行动事实上正在增进有关国家之间的互信，为最终解决争端创造着有利条件和良好气氛。就中国而言，因历史因素与邻国的领土争议，南海并不是唯一一例，在过去的日子里，中国通过与邻国的双边谈判，曾经有效地解决了诸多领土争端。在这些争议解决的过程中，没有武力威胁，也没有丝毫强加于人的行为，堪称解决此类问题的典范。既然如此，美国官方近几个月来发表如此多混淆视听、不负责任的言论，其葫芦里到底卖的是什么药？其实，希拉里的讲话中已经透露出了其中的奥妙，那就是争端的解决涉及美国的“国家利益”。在当今国际事务中，美国的“国家利益”是经常触及到的一个问题，似乎只要一说“国家利益”，美国便有权利干预任何问题，不管问题发生的地方距离美国多么遥远，也不管相关国家是否欢迎美国的参与，美国总要插上一脚。在南海问题上，美国的国家利益究竟是什么？恐怕不仅仅是简单的航运自由或者商业合作，希拉里讲话的真实用意就是通过南海问题的国际化、多边化，将本来清澈的南海搅出一潭浑水，有了这潭浑水，美国便可以名正言顺地介入其中，来个浑水摸鱼，谋取更大的“国家利益”。正如国际舆论指出的那样，美国是在“伏击中国的后院”，“是利用南海问题牵制中国”，是奥巴马政府“重返”东南亚的具体行动之一。

在美国一些人看来，越是挑战中国核心利益，美国的遏制政策就越有成效，就像台湾问题、西藏问题、新疆问题那样，南海问题无疑成了美国对华牵制防范的一个重要抓手。美国奥巴马政府强调外交要用“巧实力”加强自身的领导地位，而在南海问题上使用的“巧实力”就是在中国和东南亚几个国家之间打下一道楔子。

美国大打“南海牌”再次说明：中国虽然在崛起，但先天不足很多，邻国多，历史纠纷和领土纠纷多，与在国际体系中占据优势的西方国家还存在意识形态分歧，与美国相比，中国包袱过多、过重，而美国恰恰一直在利用中国的这些弱点，这无疑会增加中国崛起的成本。对此，我们要时刻保持头脑清醒，居安思危，居危更要思危，不可因取得的成就而陶醉，更不可被一些舆论的追捧所迷惑。

（《兵器知识——防务观察家》，2010年第8期）

和平并不等于安全，发展决不牺牲主权

——中日撞船事件之思考

9月25日凌晨，在钓鱼岛撞船事件中被日方非法抓扣长达17天的中国船长詹其雄安然返回祖国，但由此引发的中日外交风波却远未就此平息。这一原本偶发性的事件，最终演变成一次全面考验中国外交和战略能力的重大危机。日本方面在钓鱼岛海域非法抓扣中国15名渔民和渔船，并将船长扣押长达17天的行径，严重侵犯了中国领土主权和中国公民人权，引起了中国政府和海内外全体中国人极大的愤怒。这一事件也留给我们众多的思考和启示。

日方启动国内法程序开创了一个恶劣先例

钓鱼岛列岛位于中国台湾省东北约92海里的东海海域，是台湾省的附属岛屿，主要由钓鱼岛、黄尾屿、赤尾屿、南小岛和北小岛及一些礁石组成。钓鱼岛自古就是中国领土，“钓鱼岛”的名称也是最先出现于中国明代的典籍中。就连日本在1783年出版的地图也标明钓鱼岛是中国领土。1895年，清政府在甲午战争中战败，被迫将台湾岛以及钓鱼岛等附属岛屿割让与日本。但根据1943年中美英三国首脑开罗会议宣言，日本窃取的中国的领土必须在战后予以归还。1945年7月，中英美三国在日本投降前夕发表《波茨坦公告》，规定日本主权只限于本州、北海道、九州、四国本土以内。

这段历史人所共知。长期以来，日本政府不承认钓鱼岛存在主权争议，其本身就严重违反了国际法。但过去在有关钓鱼岛海域争端事件处理中，日方一般多采取外交途径。而这次撞船事件，日方却直接动用国内法的司法程序，这是导致矛盾激化的主要原因。日方的这一做法，虽然从日本角度看，是其否认钓鱼岛存在主权争议立场的翻版，但从国际的角度看，却是破坏了30多年来中日领导人之间就钓鱼岛问题达成的某些默契和共识，开启了一个恶劣先例。

不管日本政府启动国内法程序的真实目的如何，哪怕日方有一万个疑虑和理由，但不通过外交途径解决此事，而是将之提交日本国内法的司法程序，就是使矛盾激化的主要导火线。而且在我不断升级的抗议之下，日方依然强硬如故，强调司法独立，并要求中方冷静对待。在这种情况下，我将抗议从口头上升到实质性的举措，既为无奈之举，也是以强硬迫使日方返回理性的重要环节。但放回船长并不意味着事件的完结，这一事件最为恶劣之处就在于日本启动国内法的行为，今后决不能允许日本的行为再度重演，否则所开创的这一恶例将起到某种示范效应，不仅在我钓鱼岛问题、而且在南海问题上都将给我带来无法挽回的负面影响。正因如此，要保证日本今后放弃这一做法，就必须要求日方道歉和赔偿，这一立场决不能动摇。

美国暗中助日居心不良

事实上，钓鱼岛之所以成为中日之间的争议性话题，美国难脱干系。二战结束后，美苏冷战到来，美国开始修正其亚太战略，将琉球群岛作为西太平洋战略重心之一。在此战略指导下，美国拒绝了当时中华民国政府要求归还琉球的合理要求，将琉球群岛划为自己的托管领地。鉴于冷战形势的变化，1971年6月，美国同日本签订《归还冲绳协定》，将钓鱼岛同时划归日本。此举立即引起全球华人的强烈抗议。中国外交部于1971年12月发表声明，对此表示强烈谴责。台湾人民更是掀起了声势浩大的“保钓运动”，当时还是台大学生的马英九就曾是台大保钓游行的组织者之一。

面对各方的强烈反应，美国不得不在一定程度上修正立场，表示不承认日本对钓鱼岛拥有主权。但有媒体透露，美国将钓鱼岛划归日本可能有幕后交易。伴随着钓鱼岛海域附近勘探出丰富资源，中日钓鱼岛争端也日趋白热化，该海域频频出现紧张事态。钓鱼岛就好像是美国在东亚打入的一根楔子，时时拨动着中日两国敏感的神经。

而在本次撞船风波中，人们也可以隐约看见日本背后的美国阴影。早在今年8月16日，美国国务院发言人克劳利就曾对钓鱼岛问题表态，一方面含糊表达美国在中日钓鱼岛争端中的“中立”立场；另一方面却肯定钓鱼岛适用《日美安保条约》。美国的暧昧态度显然被日本强硬派解读为美国在钓鱼岛问题上默认支持日本。在撞船事件发生当天，美国国务院发言人克劳利宣称，“美国在钓鱼岛问题上没有立场，希望中日两国和平解决争端。”但在9月14日，恰在日本对是否放还中国船长举棋不定之时，美国前副国务卿阿米蒂奇悄然访问东京。作为美国政坛圈内人，阿米蒂奇曾最早主张钓鱼岛适用《美日安保条约》。据报道，面对当时中日对抗逐渐升级的态势，他表示，日本政府“判断准确，反应适度”，并怂恿日本“增加防务开支”及“提升日美联合军演”。其后，美国国务卿希拉里、国防部长盖茨、参谋长联席会议主席马伦将军也先后表示，美国对亚太

地区负有“安全责任”，同样暗示美国不会对中日可能发生的冲突袖手旁观。身为美国总统的奥巴马虽未直接谈及中日钓鱼岛争端，却也颇具倾向性地表示美国与日本在亚太地区有共同而长远的利益，同时在人民币汇率等问题上威胁制裁中国，并在联合国大会上不点名批评中国，力压中国在中美一些分歧中做出让步。

美国缘何暗中搅和中日纷争？舆论认为，此次中日争端很有可能被奥巴马政府利用，成为其加快战略重心向亚太转移的口实。媒体此前已报道，美日将在年底举行联合军演，演习地点包括钓鱼岛附近水域。从“天安号”事件后美国“乔治·华盛顿号”航母加入太平洋战区，到希拉里国务卿游说东盟各国寻求支持，乃至日前美国核潜艇移师日本，美国战略重心的转移已经初见端倪。

和平发展决不意味着牺牲主权和安全

中日撞船事件及其后续发展再次给我们提了个醒：和平不等于安全，和平环境也不等于安全环境，经济发展绝不意味着牺牲国家主权和安全，而且必须以主权和安全为前提条件。

进入21世纪以来，特别是近年来，随着中国和平崛起的步伐越来越快，中国的国际地位和作用也在不断提高。越是这样，我们就越要坚持走和平发展的道路，就越要坚持“韬光养晦，有所作为”的战略方针，这不仅仅是为了应对国际社会有关中国的各种议论和声音，更重要的是它最符合中国的根本利益和长远利益。

但是，和平发展决不意味着牺牲国家的主权和安全，也不等于一味的忍让。正如温家宝总理在第65届联大一般性辩论上明确指出的那样：“中国讲友好，也讲原则，坚定不移地维护国家的核心利益。在涉及主权、统一及领土完整的问题上，中国决不退让，决不妥协。”如果说长期以来中国让国际社会更多的了解和体会到了中国坚持走和平发展道路并且与世界各国友好相处的决心和意志，那么今后我们也应该更多的让世界了解并体会中国维护国家主权和安全、在核心利益问题上决不妥协让步的决心和意志。这也是两手准备，一手是坚持走和平发展的道路，另一手是维护国家核心利益的坚定决心，而且两手都要硬。

（《兵器知识——防务观察家》，2010年第11期）

解决钓鱼岛问题要做长期准备

钓鱼岛问题既涉及中日之间100多年的历史恩怨，又涉及当今错综复杂的亚太战略格局。中日钓鱼岛争端既是硬实力的较量，又是软实力的博弈。

一系列证据表明，日本政府急迫“购岛”，绝非石原慎太郎和野田佳彦等人的“政治秀”，也绝不是单纯地为了迎合选情，更不是日本政府所谓的“被逼无奈”。非法“购岛”，实际上是一场有预谋、有计划、有组织的行动。

从过去20多年的历史可以看出，在钓鱼岛问题上，日本企图实现“四级跳”：第一级是企图让中方承认“存在领土争议”；第二级是企图通过逐渐蚕食的方式在钓鱼岛附近海域建立“三层防卫圈”（12海里的“绝对禁止区”、24海里的“严格监控区”、200海里的“警戒监视区”），从而实现对钓鱼岛的“实际控制”；第三级是选择时机搞“国有化”，以实现“实际拥有”；第四级是企图在岛上修建各种设施甚至派驻自卫队，以实现“实际占领”。这种企图有计划、有步骤地完成对钓鱼岛的主权宣示，直至实现“实际占领”的策略，被形象地称为“切香肠”方式。

日本为什么想占领钓鱼岛？可以说，这缘于日本对中国崛起的危机感。

日本认为，一旦中国崛起，必将使其面临新的战略困境，因此，必须对中国加以遏制。自1962年日本经济总量跃居世界第二之后，这一位置保持了47年之久。2010年，中国GDP总量超过日本，成为世界第二大经济体。也正是从这一年开始，撞船、命名岛礁、扣押中国保钓人士等事件不断发生。2012年的“购岛”事件，正是这一趋势的延续。

冷战结束和苏联解体后日本战略重心由北向南调整，不断上升的中国成为其防范的重点。钓鱼岛海域是中国进入太平洋的战略要道，也成为日本防范中国链条上的重要一环。日本强化对钓鱼岛及周边岛屿的“防卫”，其主要意图即在于遏制中国，同时也是配合美国“重返亚太”的战略需要。

如今，日本政府之所以敢于推行所谓“购岛”计划，是基于以下研判：一、它认为美国战略重心东移、南海争端加剧等因素会导致中国的战略压力加大。二、它认为中国以经济建设为中心，不会在钓鱼岛问题上有强硬反应。日本前首相安倍晋三就曾放言：“中国不会对钓鱼岛发动武力进攻，因为中国经济发展优先。”三、它认为美国一再放言“钓鱼岛适用于《美日安保条约》”，日本可以放手一搏。四、它严重低估中国政府和人民在钓鱼岛主权问题上“绝不后退半步”的决心与意志，认为中国早晚会吞下日本把钓鱼岛“国有化”的苦果。

日本政府此次“购买”钓鱼岛引发的危机，仍在持续发酵之中，中国政府和人民展现出的维护国家主权和安全的决心与意志，令日方始料未及。但从目前的情况来看，日本对钓鱼岛的图谋在可见的未来不大可能改变。因此，中国必须做好长期斗争的思想准备和物质准备。

环顾当今世界，领土争端存在于许多国家之间。以亚洲为例，大多数国家都存在领土争端和海洋权益之争。纵观人类历史，领土争端的解决都经历了漫长的过程，都伴随着艰苦的斗争，其间还会充满曲折、反复，有的甚至延续百年甚至千年。钓鱼岛问题从产生至今，已超过百年，现在要解决这一问题，既涉及政治博弈、国力较量，又涉及错综复杂的亚太战略格局。由此来看，解决钓鱼岛问题，并非朝夕之功，中国必须做好心理准备。

解决领土争端，历史上有过各种模式，既有兵戎相见，也有和平谈判，不论采取哪种模式，都是以实力为后盾。没有强大的综合国力，没有强大的国防和军事力量，即使坐下来谈判，也只能被动地接受强权的条件。

钓鱼岛问题，历经中日甲午战争和第二次世界大战以及冷战，折射出激烈的国力较量和残酷的国际政治斗争。钓鱼岛问题既涉及中日之间100多年的历史恩怨，又涉及当今错综复杂的亚太战略格局。中日钓鱼岛争端既是硬实力的较量，又是软实力的博弈。扎扎实实做好本职工作，不断提升包括军事实力在内的综合国力，方是解决钓鱼岛问题的根本之路。

（《环球》，2012年第19期）

所谓“中国打破现状”站不住脚

划设防空识别区不违反国际法。现行的国际法对防空识别区没有明确的规定，既不提倡也不反对。根据现行的国际法，一个主权国家有权为维护自己的领空安全提出合理条件，设立防空识别区就是合理条件之一，所以是符合国际法基本原则的。中国不是第一个划设防空识别区的国家，也不会是最后一个。防空识别区已经有半个多世纪的历史，首先划设的是美国，后来是加拿大、澳大利亚、日本等国家。目前世界上有20多个国家和地区都有划设，其目的是为了保护划设地区的安全。我国划设防空识别区，符合国际法和国际惯例，同样是为了保卫我们的国家安全。我们不针对任何特定国家和特定目标，不过如果有的国家非要对号入座，我们也没有办法。

针对中国在东海划设防空识别区，日本无理指责说中国没有与邻国商量而单方面划设。根据国际法和国内法的原则，防空识别区由划设的一国自己确定，根本没有必要跟其他国家商量。当初最早划定防空识别区的是美国，后来日本在美国的安排下也划设了防空识别区，之后日本又扩大了防空识别区。美国和日本划设防空识别区的时候，跟苏联商量了吗？后来日本扩大防空识别区的时候，跟中国商量了吗？那凭什么到中国划设的时候，就要求中国跟你们商量呢？

美国的反应也比较强烈，称这是中国“试图改变地区现状的破坏性尝试”。如果美国人所谓的“现状”是指钓鱼岛争端，那么这个现状不是中国打破的，是日本“购岛”行动挑起事端，导致这一地区局势的紧张，

图解防空识别区

2013年12月6日制

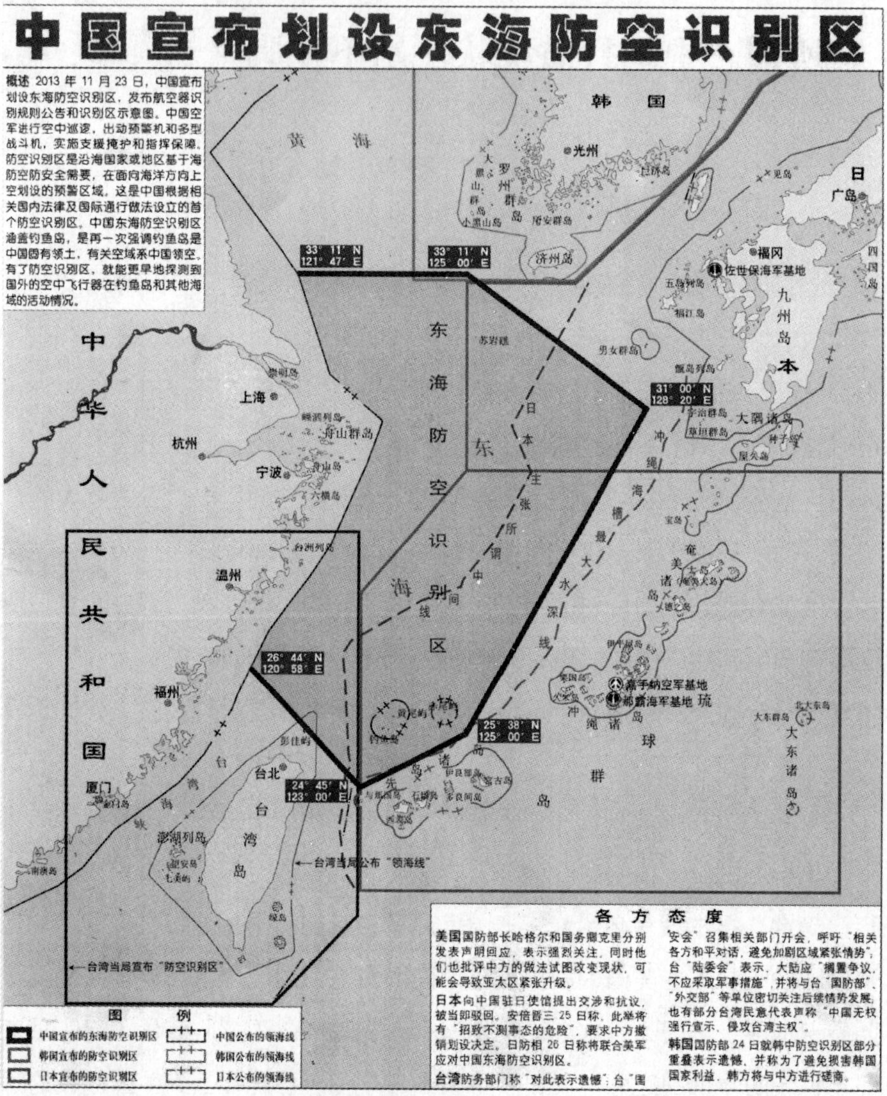

打破现状的是日方，而不是我们；如果“现状”是指日本单方面管辖钓鱼岛，那么这个“现状”中国从来没有承认过，而且多次明确表示过反对；如果说是我们的防空识别区打破了“现状”，那防空识别区也不是我们先划设的；如果是指东海、南海形势的紧张，那么不仅日本负有挑起钓鱼岛

争端的责任，而且对于地区局势的更加复杂化，美国也负有不可推卸的责任——美国所谓的“亚太再平衡战略”，把主要的军事力量部署在亚太，对涉及西太平洋热点问题的一些国家给予支持和纵容，甚至插手干预事态发展。因此所谓“中国打破现状”的说法是根本站不住脚的。

划设防空识别区，首先表明了我们维护国家主权和领土、领空安全的坚定决心与意志，我们发出了一个非常明确的信号，即在涉及国家核心利益的问题上，中国没有妥协让步的余地，中国绝不会以牺牲主权和安全为代价来换取和平发展。第二，划设防空识别区不仅有利于维护我国的利益和安全，而且有利于维护本地区的飞行秩序。比如某些国家的飞机不断地在所谓的防空识别区进行飞行和侦察，打破了该地区的平衡和稳定，而我们划设防空识别区，就是要恢复和保持这个地区的平衡和稳定。第三，在东海划设防空识别区可以为下一步在其他方向划设防空识别区积累经验，奠定基础。这是我们第一次划设防空识别区，以后还会考虑在其他方向划设防空识别区，这是一个必然的趋势。根据国家安全的需求和我们的准备情况，这次的经验可以为下一步的划设奠定基础。

在防空识别区重叠区域的做法一般是互相通报情况，保持密切沟通，其次是在协商基础上建立某种程度的规则，共同处理和管控，避免冲突。正常情况下，飞抵的一方让划设的一方识别，无论是通过地面向有关部门通报，还是在空中通报，都是一种沟通。只有在一方存在敌意，比如不让识别、长期滞空、突然掉头、靠近领空等，才可能引发冲突。

（《国际先驱导报》，2013年11月28日）

我国周边安全环境的新变化与海洋权益面临的新挑战

核心提示：党的“十八大”报告提出了“建设海洋强国”的战略目标，为我国海洋事业的发展指明了方向。而在今年“两会”期间，关于政府工作报告中的涉海内容，代表委员们也都各抒己见，积极献言建策。今天我们请到国防大学战略研究所副所长孟祥青做客演播室，针对我国周边海洋安全问题做一个宏观分析和展望。

主持人：孟所长，首先带我们网友从历史的角度了解一下背景，对比冷战阶段和冷战后我们国家的安全环境有什么不同。冷战阶段我们的安全环境呈现怎样的基本特征？

孟祥青：我们讲冷战时期主要指二战结束，确切说是1947年到1991年，将近半个世纪。美苏争霸，两个超级大国对峙，主要特点有三个：一是总体严峻，二是局部改善，三是安全问题相对比较单一。总体严峻是指冷战时期，虽然世界大战没有打起来，但由于美苏两个超级大国激烈争霸，世界始终处在大战的危机之中，这个时期整个世界环境是比较严峻的。总体严峻还有一个表现，新中国成立以后，从50年代、60年代、70年代，一直到80年代上半期，我们国家周边都有一个或者两个主要对手或者敌人。为了维护国家主权安全，我国都在不同的时期打过不同的对外自卫反击战，维护了国家领土主权。二、局部改善，指70年代初毛泽东主席把外交战略进行了重大调整，由60年代下半期打倒“帝修反”，改成一条线、一大片的战略。“一条线”就是指美国、日本、西欧正好在地图上呈现在一条线上；“一大片”是指亚非拉第三世界国家这帮穷朋友。毛泽东主席讲“联合美国、日本、西欧这条线，团结亚非拉广大第三世界，共同对付苏联的威胁”。我们跟西方国家，包括跟美国关系的解冻，是从那个时候开始改善的，这是局部改善。三、安全问题比较单一，是指冷战时期讲的国家安全概念比较狭义，主要指军事安全，只要外地不入侵中国的领土，不骚扰、不侵略中国，我们就可以说获得了国家安全，所以说安全问题比较单一。冷战时期呈现出以上这样几个特点。

主持人：冷战之后我们国家发展越来越稳定，这个时候我们的安全环境基本特征发生了哪些改变？

孟祥青：冷战时期结束之初，我们的周边安全环境得到很大改变。这个时期周边安全环境可以概括成跟冷战时期相反的三个特点：冷战时期是总体严峻，冷战之后是总体稳定；冷战时期是局部改善，冷战之后是局部严峻；冷战时期安全问题相对比较单一，冷战之后是安全问题趋向于复杂化。每一条都是对应着的。总体稳定是指冷战结束以后到今天为止，大概20多年保持了一个总体稳定的局面，一是世界大战打不起来，1991年苏联解体之后，世界大战发生的可能性很小，还有大国之间爆发冲突的可能性也很小。我们保持了20多年的稳定，20多年我们周边呈现出总体和平的局面。不管大国、中小国家，还是不同制度的国家，关系程度不同的国家，我们同这些周边国家的关系都得到了很大改善。这种改善表现在很多方面，特别是通过长期和平谈判，本着互谅互让的原则，我们与14个陆上邻国的14条陆上边境线目前已经划定了12条，还有两条没有划定：中国不丹和中国印度。

冷战结束之后，我们国家安全状况发生了变化，过去大部分时间我们的威胁来自于北部前苏联、来自于陆地。冷战结束以后，中俄关系发生重大变化，中俄建立了战略合作伙伴关系，我们整个西北部或者说北部基本稳定了，这是我们的战略后方。而我们的主要威胁则来自东部方向、海洋方向、朝鲜方向、台海方向，这些体现的是局部严峻。冷战后最大的变化，就是安全问题越来越复杂。这个复杂化表现在很多方面，比如“十八大”报告中明确指出的生存安全问题和发展安全问题相互交织，传统安全威胁和非传统安全威胁相互交织，现实安全挑战和潜在安全挑战相互交织，还有像国内安全和国际安全相互交织，安全问题表现得更加复杂。比如说国内安全问题国际化，国际安全问题国内化，这两种趋势都在发展；比如说内部发展中的一些重大问题如果解决不好，就可能形成外交上外部环境的挑战；比如说外交上的一些问题或者周边外交问题处理失当，很可能造成国内不稳定因素；比如说大家看到的南海问题、中日关系问题、中美关系问题，都可能会影响到社会稳定。这是我们周边安全环境发生的新变化，总之越来越复杂了。

主持人：那么，当前我们国家周边安全的环境又趋于怎样的发展态势？主要矛盾集中在哪些方面？

孟祥青：最近两年周边安全环境总体稳定，跟冷战之后相比新变化体现在“局部严峻”进一步发展，这发展主要来自于海洋，今天我们周边安全的现实威胁主要来自于海洋方向，而海洋方向的安全挑战确实也上升了，比如说这些年我们看到南海方向的争端正在加剧，东海方向钓鱼岛危机不断升温，海洋方向的形势确实相当严峻。

主持人：南海、东海和黄海三方面热点同时升温……

孟祥青：还有黄海，主要指朝鲜半岛。最近一段时间由于朝鲜第三次核试验使得半岛局势进入紧张化，在黄海、东海、南海三海方向，热点同时升温，在过去是非常少见的。

主持人：当前我们所面对的错综复杂的环境到了比较严峻的程度，东海方面的聚焦点当然是钓鱼岛的话题，2月份安倍访美的时候，各方评论都是在说关于钓鱼岛，安倍没有得到美国对他的支持，我们注意到美国之后的两个反应，在奥巴马与安倍谈完话之后，美国政府并没有召开联合的大型记者会，取而代之的是小范围的媒体见面会，奥巴马对外发布的讲话中也并没有涉及钓鱼岛的相关话题，这让安倍希望美国在钓鱼岛问题上为他撑腰杆儿的愿望落空，坐了冷板凳。您怎么看待安倍对钓鱼岛问题的咄咄逼人？

孟祥青：安倍这次访美抱着很大期望，结果却遭到冷遇。这次安倍确实没有达到他预期的期望值，预期期望值是什么？简单说他想通过这次访美原则上进一步加强美日同盟关系，让美国明确表态在钓鱼岛问题上支持日本，明确表态钓鱼岛问题适用于《美日安保条约》。这样一来他可以实现几个目标：第一，可以向世界宣布，美日同盟牢不可破；第二，可以向中国施压，美国在钓鱼岛问题上是明确站在日本立场上的；第三，在国内政治立场上可以得分，让国内民众看到他这次访美硕果累累，可以增强右翼势力和右翼分子支撑度来巩固他的执政地位。他是想一箭多雕，但是这次没有达到他预期的目标。

另一方面，后来日本媒体透露这次安倍跟奥巴马有私下交谈，奥巴马对安倍的表态还是不错的，首先肯定了安倍政府在钓鱼岛问题上的克制，也就暗示了中国的不克制，奥巴马还表态说美日同盟牢不可破，这让安倍得到一些安慰。日本媒体报道的情况是真是假不得而知，美方对此报道既没承认也没否认，但是有一点可以肯定，美国在钓鱼岛问题上采取的是一种看起来相对平衡，但肯定是倾向于日本的政策。看起来比较平衡是因为美国公开表态两点：第一，钓鱼岛主权问题，我不持立场，那是你们的事情我不管；第二，钓鱼岛问题适用于《美日安保条约》。这两条公开表态好像表明了美国在钓鱼岛问题上谁也不偏不向，实际上却是偏向日本。美国讲钓鱼岛问题适用于《美日安保条约》第5条，第5条规定，日本管辖的领土一旦遭受所谓的侵略，美国有协防的义务。从安全防护角度，协防显然要站在日本一边。不管怎么说，在钓鱼岛争端问题上，美国有严重倾向于日本的一面，这是肯定的。

美国想在钓鱼岛达到的目的到底是什么？两个考虑，一是美国提出来重返亚太。美国提出亚太战略再平衡，军事战略上把主要军事力量向亚太转移，减少军费开支4700～4800亿美元。在严重的金融危机打击下，美国政府可以说是捉襟见肘，想要大规模扩充军备是不可能的。美国采取的战略是未来十年全球收缩，在地区上，是欧洲缩减，亚太加强。亚太是他的重心。美国国防部长一再表示军费减少，但是美军实力不能减，美军要在质量上仍然具有压倒其他国家的优势。在军种上，陆军压缩，海空要增强。这些重点最后放在哪里呢？亚太地区。所以美国前任国防部长帕内塔高调宣称，2020年之前，美国要把60%的军舰、60%的航母部署在亚太。美国总共有11艘航母、6艘航母战斗群部署在亚太。主要力量往亚太部署的根据是美国在冲绳驻军很多年了，这个基地对他来讲具有长远意义。事实上美国在冲绳驻军造成当地居民极大的反感，包括这些年媒体不断曝出美国士兵强奸日本妇女，美军在冲绳的训练造成长期扰民，令冲绳地区经济发展受到极大的影响，因此冲绳居民这些年反美情绪不断高涨，冲绳县政府也不断要求日本政府把美国赶出冲绳基地，所以日本政府也面临着日本国民的压力。而钓鱼岛问题一复杂一紧张，美国终于找到合情合理合法的理由，说日本面临着钓鱼岛问题升温，来自中国的压力和威胁，所以我在这里长期驻军是加强和日本的关系。日本政府也借此拉近跟美国的关系，向中国施压。美国最希望的结局是什么？是中日永远围绕钓鱼岛争下去，而且时不时保持一定的温度，但是这个温度又不至于让它失控导致全面战争，美国就可以长期主导亚太的事务、东亚的事务，中日两国有求于美国，美国在这里发挥主导作用，这是最有利于美国的。

主持人：操纵者还是美国。

孟祥青：钓鱼岛背后的美国因素也是如此，反映了美国的两面性。

主持人：对于安倍访美，美国表现出的反应，我们不能单从表面来解读。那说到安倍政府，它是影响中日关系未来发展的重要因素，安倍的“鹰派”世界观导致中日钓鱼岛问题一直在不断升温，那么，未来安倍对钓鱼岛事件将会持怎样的态度？

孟祥青：安倍政府上台以后在钓鱼岛采取了更加强硬的举措，尽管安倍一再表示出希望跟中国进行谈判，希望缓和中日关系，然而这种表面的表态没有在实践中落实，反而他在行动当中的做法越来越强硬，甚至不断地挑衅，包括他宣布增加1000亿日元军费，合11.5亿美元，这是日本10年来第一次增加防护预算。增加的部分主要用于防范西南离岛，增强钓鱼岛的防控。日本宣布要加强西南离岛防御，准备要部署日本自卫队监视部队，监视部队虽然不是作战力量，但是仍然是军事力量。从地图上看西南离岛位于距离台湾110公里的东北方向，离钓鱼岛200公里多一点。他在这里部署监视部队显然是为了监视钓鱼岛，这使得钓鱼岛问题继续升温。安倍政府为什么在这个问题上采取一系列强硬的举措甚至在某些方面采取敌视中国的政策，这里面有很多原因：一个原因是日本社会出现了集体右倾化。二战结束后，日本社会出现三次右倾化思潮的泛滥，每次泛滥都跟日本经济、社会和整个政治格局发生的变化密切相关。比如说第一次是二战结束以后的50年代，主要是因为日本在二战时期的甲级战犯都被释放了，甚至这些甲级战犯他们还参加了日本的政治生活，日本出现了一种给二战翻案的声音。第二次是80年代，日本战后经历了经济高速发展时期，成为了继美国之后的第二大经济强国，这个时候日本野心开始膨胀，提出“我是经济上的巨人，政治上的矮子，军事上的侏儒”。日本右翼开始呼吁要成为政治大国，成为正常的大国，就是摆脱二战对他的束缚，提出来军事上要松绑，修改和平宪法。第三次是进入21世纪，日本过去一二十年经济萎靡不振，整个日本社会出现了严重的焦虑化情绪，这种严重的焦虑情绪被日本的右翼所利用，所以炒作领土主权问题，要求日本在外交上强硬，也是日本经济不良状态以及整个日本国民情绪焦虑化在政治上的一种表现。通过外交的强硬，弥补这种焦虑，弥补经济不足，所以右翼势力利用这样一种社会状况炒作钓鱼岛问题。

还有一个背景是出身原因导致安倍具有根深蒂固的“鹰派”世界观，这种世界观跟他的成长经历密切相关。安倍这个家族被称为政治世家，一门三将。他的外祖父就是甲级战犯岸信介，50年代末到60年代初当了三年日本首相，他的外叔公也是日本首相。他的父亲是安倍晋太郎，曾经当过日本的外省，差点当了日本的首相。那么安倍从小的经历受谁的影响最大？他自己都承认他的DNA里面遗传最多的是他的外祖父岸信介，他的母亲洋子也说过安倍性格上像他的父亲，政治上像他的外祖父岸信介，所以说安倍从小就受到这样的右翼观的影响。很多右翼的话都出自安倍之口，否认甲级战犯，说战犯不等于犯罪，再就是对慰安妇问题坚决否认，否认二战的历史。再比如对中国南京大屠杀的公开否认，都跟他的世界观密切相关。即使不是安倍上台，野田佳彦采取购岛行动，也使得钓鱼岛问题升温。还有就是在右倾化思潮泛滥的背景下，争夺岛礁对于日本有特殊的含义，这主要体现在地缘政治方面。日本国土面积约38万平方公里，没有战略纵深，而且是南北长，东西窄。有一个日本人讲过，即使在和平年代，大规模的自然灾害日本都承受不起，比如大规模地震发生无处可逃，这就反映了其地缘环境。因为没有战略纵深，这个国家在战争年代是经受不住的。1968年日本明治维新以后，日本把目标瞄准为开疆拓土，争夺生存空间，因此采取了军国主义对外发动战略。二战结束，日本战败，开始把目光瞄上海洋。根据1982年出台的《海洋法公约》，一个岩礁可以拥有12海里海域，一个岛屿还可以拥有2万海里专属经济区。日本有一个冲之鸟礁，在东京南偏西约1730公里处，离日本很远。它就是一个岩礁，主要由几块石头组成，海水涨潮只有一块石头能露出水面，面积相当于1.5米双人床垫。1987年开始，日本先后投资3.5亿多美元，用钢筋混凝土钛合金把这几块石头围起来，建了一个大的人工岛，可谓绞尽脑汁、挖空心思。建完之后，日本宣布说这不是岩礁，而是一个岛了。2010年8月份，日本政府根据国际法的规定正式向联合国提出申请。国际法关于岛的界定有三条：第一，海水涨潮以后也能露出水面，自然形成陆地区域；第二，适合人类居住；第三，适合人类经济发展。事实上冲之鸟礁并不符合，但是日本说现在它符合人类居住了，也适合人类的发展，结果很大一个海域面积被日本划去了。如果假设钓鱼岛以及日本和韩国争夺的独岛（韩国叫做独岛，日本叫做竹岛）被日本抢占了，这些岛周围的海域面积更大，将比日本本土38万公里大好几倍。争夺岛礁背后是为了改善日本的地缘环境，也可以看出日本野心之大。另一方面，日本是没有战略资源的国家，90%以上的石油天然气依赖进口。然而钓鱼岛周围海域有丰富的石油天然气，正好处在中国东海大陆架上。1966年联合国派了科考团到钓鱼岛海域科考，得出的结论是这个海域拥有30亿～70亿吨的石油储量。有的科学家估计不止于此，可能达到100亿吨左右。所以，争夺这些岛也是争夺矿产资源、石油天然气资源。所以，日本在钓鱼岛问题上的立场有更深层次的原因。

主持人：不光是东海，包括黄海、南海争端也呈现出复杂的发展趋势，而且威胁逐渐升级，这三个海域在历史上是第一次同时出现焦点活跃，背后的直接原因是不是美国是始作俑者？

孟祥青：我认为美国确实是引起这几年我们周边南海、东海局部紧张局面，热点升温的一个直接原因或者说是主要原因。奥巴马提出重返亚太以后，美国人作了纠正，把它叫做“亚太战略再平衡”。国际舆论都在议论，美国什么时候离开过亚太？历史上都没有离开过，怎么讲重返？还有重返亚太是不是针对中国？所以美国提出“亚太战略再平衡”，不管名称怎么改，含义是不变的。主要针对过去十年小布什打了十年反恐战争，忽略了亚太地区，美国对这个地区影响力相对下降，与此同时中国外交影响力在上升。亚太地区是当今世界最具活力、发展潜力最大的地区，尤其是东亚地区。美国遭遇2007年严重金融危机以后，为摆脱金融危机重振经济，美国要重新占领亚太地区的市场，这是美国重返于此最重要的一个经济原因。尤其看到在2010年中国—东盟自由贸易区开启以后，中国在这个地区的影响力更大，美国看到失去亚太市场对美国地位不利，对经济发展更加不利。

除了外交经济，还有很重要的方面。美国长期担忧亚太地区这些盟国有离心倾向，事实上90年代下半期以后，西太平洋传统的盟国确实对美国有离心倾向，像日本、韩国几年以前还提出跟美国追求平等的国防关系。美国感觉到在军事上重返就是把军事力量部署在这个地区。特别是美国在经济上捉襟见肘，你看他在亚太经济上投入不多，但是突出表现是军事，这些年美国加强跟同盟国的关系，加强军演，而且开始深入介入南海争端，这成为美国重返亚太重要的抓手和重要的推动力。介入南海争端让这些小国安全上依赖于美国，使得美国在亚太主导地位顺势提升，让日本这样的国家不得不加强与美国的同盟关系，美国就可以继续主导这个地区的事务。在这种情况下，有些国家想经济上依靠中国，安全上依靠美国，脚踏两只船，想从中都得到好处。日本就是利用美国把主要的注意力放在亚太地区来挑起钓鱼岛争端，以为美国可以站在它的立场上让它重新捞一把。南海问题上，类似于菲律宾这些国家就因为美国老大给他撑腰，所以就敢挑起黄岩岛事件。

主持人：日本在美国重返亚太的过程中都配合做了哪些？

孟祥青：日本也是如鱼得水。在美日同盟关系当中，都是美主日从，日本想平等，但从来没有真正平等。所以，美国重返亚太不需要通过日本，但是日本却很好地搭了美国重返亚太的便车。比如说日本右翼势力利用美国重返亚太有求于日本，需要长期在日本驻军的机会，从中得到好处。比如说炒作钓鱼岛争端，逼美国站在日本的立场上向中国施压，以此获得钓鱼岛更大的利益。比如去年9月10日的购岛就是抓住了这样的机会，日本想通过美国重返亚太在这些问题上获得好处。日本企图通过美国重返亚太来提升自己的战略地位。日本长期以来没有摆脱战败国的地位，也从来没有真正深刻反省过侵略历史，所以很难取得邻国，特别是亚洲受害最深的国家，包括韩国、中国这些国家的谅解。他要想在21世纪成为政治大国，想进入联合国安理会常任理事国，连邻居关系都搞不好，何谈成为一个政治大国。他要在亚洲地区，在亚太提升他的地位，只有依靠美国的世界影响力来提升自己的影响力。在军事上，利用美国重返亚太可以让军事上松绑。安倍提出行使自卫权，把自卫队改成国防军，都是在利用美国重返亚太，利用炒作和渲染“中国威胁论”达到这样的目的。日本也是想通过美国重返亚太达到一箭多雕的效果。

主持人：在近一两年的南海争端事件上，你怎么看待美国的态度？

孟祥青：南海争端上，美国表面的政策两条：第一条，主权问题上，岛礁归属问题上我不持立场，它是你们之间的事；第二条，在行动上又明显站在菲律宾一边。美国一再表明不介入黄岩岛事件的立场和态度，但是另一方面美国采取了一项举措，加强和菲律宾军事合作关系，加强和菲律宾联合军事演习。美国答应进一步加强对菲律宾军事投入，特别是去年下半年美国采取一项举措重返苏比克湾，它曾经是美国二战时期西太平洋主要军事基地之一，也是美国第一岛链军事基地重要的一环。冷战结束，整个亚太安全格局发生了很大变化，再加上苏比克湾长期以来有美军驻扎，引起了菲律宾民众强烈反感，90年代初菲律宾民众开始示威要求美军撤出苏比克湾。

1992年以后，美国撤出苏比克湾。1998年美国和菲律宾签订了《访问部队协议》，通过向菲律宾派军舰到港口军事访问交流来体现两国之间还有这样的合作。重要的转折是在“9·11”事件以后，美国认为除了本拉登，东南亚和菲律宾都是恐怖主义的活跃地区。美国打着反恐旗号要求加强与菲律宾的军事合作，菲律宾基于国家安全的考虑也加强与美国的合作。这个时候两国军事合作开始扩大，美国派一些特战队员帮助菲律宾打击国内恐怖主义。

这次美国重返苏比克湾与1992年以前的状况不同，这次叫做半永久性驻扎苏比克湾。意思是不把这个基地长期给美国军舰军事人员，让后勤装备、老婆孩子全都过来，不是这样的驻扎。半永久性的驻扎是美国军舰常态化频繁到菲律宾访问，通过访问加强两国军事交流，频繁进行联合军演。但是美军的后勤给养，包括老婆孩子都不过去，既能减少美国军费，又能加强和菲律宾军事合作。同时，在这个地区一旦发生危机冲突需要美国帮助，美国可以在第一时间做出反应，通过一种新的形式加强和菲律宾的军事合作。这个时候加强军事合作显然给菲律宾继续撑腰打气。表面上美国不持立场，实际上偏袒一面，导致了这个地区形势更加复杂，增加了更多不确定性。也可能给菲律宾这些国家释放更多信号，因为有美国的支持，促使这些国家更加进一步挑衅。

主持人：无论从东海到黄海，再到南海，各个国家对于岛屿产生的一些非常激烈化的争执，最终根源都是美国参与其中，美国恰恰非常精准地抓住了这样一个机会，从中取得他们国家最大化利益。我们谈到美国真正意图其实是在支持这些国家的。根据中央的判断，未来10年至关重要，要在2020年确保实现全面建成小康社会的目标，我国周边安全问题，尤其是海洋周边安全问题至关重要，可以保障我们经济社会稳步前进和发展。我们在应对未来这几年复杂的环境，尤其是海洋周边的安全问题上会有哪些策略?

孟祥青：最近两年周边安全环境发生新的变化，特别来自海洋方向的威胁上升了，热点突出了。我们还是坚持这样的判断，我们仍然处在重要的战略机遇期，仍然不能懈怠，要抓住利用好这样的战略机遇期，这样的判断是科学的。为什么讲科学？进入新世纪以来2002年第一次做出战略机遇期的判断，跟那个时候相比，现在条件发生了一些变化，但是新的变化没有改变战略机遇期，只是内涵和外延发生了变化，我们还是要坚持这种战略机遇期。比如改革开放不可能动摇，而且不断地深化，包括经济体制、政治体制改革。除此之外，我们可持续的发展在未来是可以预期的，尽管适当调低GDP目标，但在未来若干年发展中，我们仍然是发展最快的国家，也是世界发展最大的希望所在，这决定了我们战略机遇期已经存在。但是周边环境对我们战略机遇期影响很大，如果周边发生大的战争，就会破坏我们良好的环境。未来有几条，保持维护尽量延长战略机遇期，"十八大"报告提出2020年全面建成小康社会。第一，要坚持和平发展的战略，这个战略方向不能动摇。历史上大国崛起中都经历过战争，都用战争的手段实现了崛起。通过30年改革开放，通过5000年我们的文化给我们带来的启示，通过500年世界大国崛起中的教训，我们走上了一条新的道路，这就是和平发展的道路，这不是权宜之计，这是大战略，这个战略有利于中国，有利于地区，也有利于世界和平与稳定。这是我们实现目标的前提，在坚持和平发展战略前提下，在外交上继续实行睦邻富邻安邻的战略。第二，坚持走和平发展道路。实行和平发展战略，并不意味着牺牲国家主权安全，并不以牺牲国家主权安全为代价，在这个过程当中坚定维护国家主权安全，尤其维护我们国家核心利益。最近两年无论南海、东海，中央政府采取了一系列重大反制举措，坚定维护国家主权权益。今天在南海、东海维护主权问题上都有所突破、有所斩获、有所进展。今后坚持和平发展、和平外交的同时，坚定地维护国家主权安全，这两者并不矛盾，无非两者之间我们应该探讨更有效的一种方式。第三，我们要尽快制定出台我们的海洋战略，统筹我们海洋的几个方向，要统一筹划，综合施策，要明确我们在这个方向的目标。第四，在坚持和平，用和平对话的方式解决争端的同时，我们要加强军队和国防现代化建设，就是要建设像“十八大”报告所要求的，建设与我们大国地位相称的国防现代化。当然不是武力解决问题，但是这是最后的手段，最坏的手段。当我们遇到巨大挑衅、无法用和平手段保护国家的时候，也要有维护我们底线的能力和权利。我想这些都是未来我们维护周边安全环境，来抓住利用好延长战略机遇期很重要的方面。

（《宣讲家》，2013年3月10日）

四

论美国战略调整与中美关系

LUN MEI GUO ZHAN LUE TIAO ZHENG YU ZHONG MEI GUAN XI

"9·11"事件对我国安全战略的几个重大启示

"9·11"事件不仅给美国，也给世界各国敲响了警钟。如果抛开具体的影响不谈，这一事件对我国的安全启示有四：一是包括恐怖主义在内的非传统领域的安全威胁将处于上升趋势，筹划国家安全必须高度重视非传统领域的安全问题；二是"9·11"事件及美国随后发动的阿富汗战争表明，非传统的安全问题与传统的军事安全越来越密不可分，不仅传统的安全威胁（国家之间的军事对抗）可能导致战争，非传统的安全威胁在一定条件下也可能导致战争。由非传统领域的安全威胁演变而来的军事战争，不一定只在国家之间发生，也可能是国家与非国家行为体之间的冲突；三是一个国家、一个民族不论处于何种国际地位和国际形势下，都应该增强安全防范和忧患意识，"天下虽安，忘战必危"、"居安思危，思则有备，有备无患"；四是国家安全战略的明确制定，左右相通、上下相连的国家综合安全机制的建立和完善非常紧迫地提上了日程，它将关系到中国加入WTO以后能否应对国家综合安全问题上可能面临的严峻冲击和挑战，关系到21世纪初国家发展目标能否顺利实施。因此，"9·11"事件对我国国家安全长远的启示可以有三个重要视角，一是我国国家安全战略选择和定位问题；二是怎样认识和对待国际多边安全合作；三是如何从制度创新入手解决国家安全的根本问题。

一、自主合作：我国国家安全战略的理性选择

国家安全战略，是关于维护国家安全长远的、宏观的筹划。它是指

平时或战时，组织和运用国家武装力量的同时，组织和运用国家政治、外交、经济等综合力量，以实现国家安全目标的艺术和科学。国家安全战略一般由战略目标以及用于达成这些目标的国力手段组成。如果用一个公式来表示，即：安全战略=目标+手段（力量×方针或政策）。国家安全战略是国家意志、国家利益的集中体现，关乎国家的发展、民族的兴衰；国家安全战略是谋略的高超运用，是纵横捭阖的艺术；国家安全战略是国家各个领域具体战略制定和实施的直接前提和保障，不研究这一战略就不能清醒地进行政治、经济、外交、军事、科技等战略的谋划。

第二次世界大战以后，越来越多的国家开始系统研究国家安全理论和国家安全重大问题，并在此基础上普遍制定了国家安全战略，从而实现了国家安全谋划从经验决策到科学决策的转变。由于主客观原因，我国安全理论的研究起步较晚，安全战略的制定尚不规范，安全决策机制有待于发展和完善。

一个国家、一个民族选择什么样的安全战略，包括确立怎样的安全目标和战略方针、采取什么样的安全手段，直接关系到国家的发展和民族的兴衰成败。历史上由于选择了正确的安全战略，救国家于危难之中的经验很多；因为选择了错误的安全战略而葬送了国家前途和命运的教训也比比皆是。1941年的“珍珠港事件”，某种意义上是日本走向失败的一个重大转折。虽然日本赢了这场战役，但却输了整个战争。以色列自1948年建国以来，对其阿拉伯邻国发动过4次战争，占领了戈兰高地和约旦河西岸，控制了发源于戈兰高地的约旦河的大部分水资源。但是，半个世纪过去了，以色列却终日不得安宁，国家安全至今无法得到保障。近年来，以色列采取强硬立场，实际上在很大程度上放弃了“以土地换和平”的政策，阿以矛盾、以巴冲突不仅没有缓解，反而愈演愈烈。美国外交委员会的高级研究员迈克尔·曼德尔鲍姆曾说，以色列“占领的国土扩大了，但却无力使其阿拉伯邻国承认其国家在中东的永久合法地位。尽管以色列人打了胜仗，阿拉伯人的威胁却依然如故”。“1967年后，以色列面临着一种特别严重的安全困境。”以色列虽然赢了战争，取得了军事上的胜利，但不仅没有得到国家安全，反而输了国家安全。这些例子说明，安全战略选择失误可能招致民族和国家巨大的悲剧。

“9·11”事件以后，包括美国在内的整个国际社会都普遍进行了总结和反思，其中“美国为什么屡屡成为国际恐怖主义袭击的主要对象”的议论不绝于耳。对美国长期奉行的霸权战略和单边主义的外交政策提出的批评也越来越多。如果从美国自身的角度深刻反思的话，“9·11”事件给美国最大的警示之一恐怕是国家安全战略选择问题。21世纪初，在各条战线全面、持续地开展打击国际恐怖主义的行动，不仅是美国，也是国际社会保持稳定、发展的重要前提。但就美国而言，如果仍然坚持霸权主导型的安全战略，要获得真正的长治久安也将十分困难。

国家安全战略作为一个主权国家长远、宏观的谋划，往往具有相对稳定性，它不以国内政治短期变动和对外政策局部调整为转移，并且需要有一个基本定位。近代国际关系产生以来，尽管在20世纪中期以前世界各国还没有完整、系统的国家安全战略，但出于维护国家安全的本能，主要国家特别是大国都在不同历史时期通过自己的实践，作出了不同的安全选择。笔者认为，主要有五种类型：霸权主导型、封闭内敛型、挑战扩张型、搭车附庸型、自主合作型。

霸权主导型：把谋求地区或世界霸主地位作为国家安全首要目标的战略。奉行该类型战略的国家，具有全球或地区性强国的综合优势，并有长期主宰世界或地区事务的霸权野心，往往把本国安全与否的判断标准同其霸权地位的巩固、发展密切联系在一起。美国是实施这一安全战略的典型代表。这既是激化国际矛盾，造成国际社会不稳定的一个根源，也是使美国成为众矢之的，反而越来越缺乏安全感的重要原因之一。

封闭内敛型：外部势力封锁与内部自我封闭相结合，基本处在与世隔绝或半隔绝状态。主要依靠自己的军事经济实力，有时也联合其他受到同类外部威胁的国家，造成国际力量均势，对抗霸权国家，维护国家安全。我国在建国后的一段时期以及现实中的某些社会主义国家基本上采取的是这一战略。这种战略既封闭了自己，使国家发展受到巨大限制，同时又造成了一定的国际孤立，最终很难获得安全。

挑战扩张型：这是历史上常被采取的安全战略。奉行它的国家往往具有相当国力，或是潜在的地区性或全球性大国，其安全战略目标非常明确，即取代现存领导者成为地区或世界的新霸权国。16世纪的葡萄牙，17世纪路易十四的法国，18～19世纪之交的拿破仑法国，以及20世纪的威廉二世德国、纳粹德国、日本和苏联等都奉行过这种安全战略。这种战略由于易遭到强国的打压，所以，到目前为止尚无成功的先例。

搭车附庸型：奉行这一战略的国家对现存的“世界领导者”基本采取全方位合作的态度，并遵循“领导者”为国际社会制定的规则和制度，甚至以牺牲部分主权的代价，即以较低的成本获得“霸权国”为其提供的安全保护、稳定的经济发展环境、自由贸易体系等所谓“公共物品”。也称为“免费搭车”。其实，真正的“免费”是不存在的，只是在这些国家看来，搭霸权国的便车成本较低罢了。二战后的日本、德国奉行的就是这样一种战略。这种战略并不是所有类型的国家都可以选择。从历史上看，奉行该战略的国家必须具备四个条件：一是“搭车者”与“车主”有相同或相似的政治制度和价值理念；二是“搭车者”对霸权国来说具有重要的

地缘战略或政治、军事战略意义；三是“搭车者”不仅要把一定的经济主权，甚至部分政治、军事主权都要交予“车主”作抵押和代价；四是“搭车者”必须同所依附的国家在国际战略上保持一致，必要时服务或服从于所依附国家的战略利益。

笔者认为，上述安全战略都不适用于中国。中国既不能走“封闭内敛”的老路，更不能选择“霸权主导”战略；既不能做全面挑战者，更不能做“搭车附庸”者。中华民族的优良传统，社会主义的基本国情，国家利益的根本要求以及当今世界发展变化的大趋势，决定了中国国家安全的战略选择应该是，也只能是“自主合作”。

“自主合作型”安全战略的基本内涵有四：一是奉行这一安全战略必须坚持独立自主的安全原则，不能做任何国家的附庸；二是在全球化时代，“独立自主”也要与时俱进，其内涵应有所变化，外延要有所扩大，实现的途径和手段更加丰富多彩。总之，不坚持独立自主就不能维护国家安全，固守传统的独立自主也不能维护国家安全。必须在融入中坚持，在坚持中融入；三是倡导以“互信、互利、平等、合作”为核心的新安全观，既有别于西方国家的集体安全、同盟安全观，也有别于我国历史上的传统安全观。这种新安全观，在安全主体上坚持主权安全论，在安全内容上信奉综合安全论，在实现途径上努力推动合作安全；四是以合作促和平，以斗争促合作。

“自主合作型”安全战略既能体现“韬光养晦，有所作为”的外交方针，又能体现积极防御的战略指导思想，它是二者在国家安全战略中的具体运用，也是独立自主外交政策和新型安全观的有机结合。“自主合作”并不排斥斗争，但必须有理、有利、有节。这一战略是既合作又斗争、两手都硬的安全战略。

二、参与多边安全合作：积极探讨维护我国安全利益的新途径

对中国来说，国际多边安全合作是一个相对陌生的领域。经历了一个从冷眼旁观、被动回应，到高度重视、积极研究论证并结合国情逐步参

与的过程。虽然起步较晚，但参与的进展较快。在维护地区和平与稳定、防止军备竞赛和大规模杀伤性武器扩散等方面，“中国扮演着一个重要的角色”，发挥了建设性的作用。特别是冷战结束以后，中国对多边安全合作的态度趋向积极，参与的力度在不断加大。在此期间，中国加入了联合国体系中几乎所有重要的政府间国际组织……中国在政府间国际组织中的席位从1977年的21个增加到1996年的51个。中国在非政府组织中的席位从1977年的71个猛增到1996年的1079个。中国广泛参与联合国体系的另一个标志是中国签署和加入了许多多边协议和条约。这样，中国在其现代历史上第一次最终加入了以联合国为中心的全球体系，并广泛参与国际组织的各种活动。

中国作为一个正在崛起的、发展中的大国，无论从实现自身利益的主观诉求还是维护世界和平、地区稳定的客观需要的角度出发，参与多边安全合作都是大势所趋，人心所向，这种参与是中国新时期独立自主和平外交政策的新体现和新发展，对中国来说既是挑战，也是机遇。在一定意义上也需要解放思想，克服思想认识上存在的诸多误区和片面性。我们不能只看到西方大国借多边安全机制推行霸权主义政策的一面，看不到或很少看到它代表着和平发展的时代潮流，体现着大多数国家的愿望，而且在一定程度上也具有遏制霸权主义、促进国际安全新秩序形成的积极意义；不能只看到它是有关国家特别是西方大国用来束缚其他国家的工具，而看不到或很少看到它对参加各方都会起到一定的约束作用；不能只看到一些国家争夺主导权的争斗，而看不到或很少看到参与有关规则的制定对维护国家外部安全环境、实现安全利益所具有的意义；不能只看到参与进去可能会失去在一些具体问题上的自主权，而看不到或很少看到这种参与也将使国家在更大范围内和更长远的时期得到安全保障。

随着各国建立地区安全机制的呼声日益增高和筹建步伐的不断加快，参与多边安全对话合作机制，已经不是一个选择的问题，而是一个无法回避的客观事实；不是一个应急性的权宜之计，而是一种具有战略意义的深谋远虑。对于中国来说，与其被动地回应，不如主动地参与；与其左顾右盼，不如当机立断；与其把关注点放在防范自己受约束、受损害上，不如更多地考虑如何在多边安全机制中发挥建设性的作用，通过提出自己的构想和参与制定“游戏规则”争取对己有利的主动地位。从战略的而不是策略的层面上思考多边安全机制对中国的影响以及中国在其中的角色定位，从国家和世界的长远利益出发，筹谋21世纪中国的国家安全。

当前，国际社会多边安全合作机制的建立方兴未艾。中国面临的压力很大，难题不少，任务相当艰巨。但只要有明确的目标、正确的战略指导和充分的理论准备，中国就能变压力为动力，变挑战为机遇。在加强理论研究和论证的基础上，根据自己作为发展中国家并处在弱势地位的现实，时刻保持必要的警惕性和敏感性。在参与的方式、内容、步骤、时间等方面，以当时的处境和情况自主作出选择，而不能迫于压力被动地或毫无准备地匆忙行事。力争做到：态度积极，政策周密，行动审慎，万无一失。

同时，参与多边安全合作还应该与构筑对己有利的地区安全圈结合起来，与建立公正合理的国际经济政治新秩序结合起来，与国家的崛起和振兴目标结合起来，使这种参与更具有长远的战略意义。

总之，只要准确地把握好参与多边安全合作与坚持独立自主原则之间的“平衡度”，就能在多边安全合作中维护国家的根本利益和长远利益，不仅不会损害，反而会进一步增强中国的国家安全。

三、以制度创新为突破口，以改革为动力，从根本上谋求国家的长治久安

冷战结束后，国际恐怖主义的泛滥固然有许多复杂的原因，除了民族、宗教矛盾在一定程度上有所激化外，国际上南北经济差距扩大，国内贫富两极分化加深不能不说是恐怖主义滋生蔓延的重要社会基础。所以，建立公正合理的国际经济政治新秩序以及公正合理的国内经济政治制度，是解决恐怖主义问题的治本良策。探索具有中国特色的社会主义道路之目的，就是为从根本上消除国家安全的主要威胁提供制度保障。而不断改革、开放和创新是完善这一制度的重要条件。新中国建立后的历史一再证

明：维护国家安全，改善安全处境，不仅要从外部入手，也要从内部寻找出路。

历史学家章百家曾提出过一个重要看法。他说，20世纪以来世界历史有三次大的变动，每一次又都伴随着中国内部的大变革：一战前后的辛亥革命与五四运动；二战以后的新中国成立；苏东剧变、苏联解体前后中国的改革开放和探索具有本国特色的新的道路。而每一次变动又都给中国造成巨大挑战和压力。但中国都是通过改变自己，适应世界潮流，把挑战变成动力，从而争得了历史的主动地位。不仅没有被外部压力摧垮，反而以崭新的面貌影响了整个世界。

这个寓意深刻的历史经验也适用于今天正在走向21世纪的中国。世界又一次处在新旧秩序转换的重大历史事变中，崛起的中国又一次面临着巨大的外部压力和挑战。中国要在夹缝中找出路，办法不仅要从外部寻找，更重要的是适应形势的变化转变自己的存在方式和斗争方略。想当初，毛主席通过调整中美关系，用小球转动大球，一举改变了中美苏大三角格局，将中国拖出了陷于大战的危局；80年代，邓小平提出了"一个中心，两个基本点"的基本路线，对内改革，对外开放，开展全方位外交，在国际上树立中国的改革形象、和平形象、负责任大国的形象、维护稳定与繁荣的形象，使中国的国际威望提高、影响力扩大，在较短时间内大大改善了安全环境；90年代初，邓小平一个南巡谈话，以加速推动中国自身的改革开放为支点，撬动世界格局，随即化解了苏东剧变和"六四"风波给中国造成的困难局面，置美国为首的西方对华制裁于无用之地，迫使其不得不草草收场。这都是通过改变自己调动全局，变被动为主动的大手笔，是值得我们今天在制定21世纪的对策和战略时很好加以效法的。

近年来，我国面临的外部挑战和压力明显增多。在笔者看来，其实这种挑战和压力的增大具有一定的必然性，它恰恰表明中国正处在崛起的关键时期，深刻反映出中国的崛起将给国际旧秩序造成强烈冲击，表明了中国国际地位的提高和世界影响力的扩大。如果应对得当，就可能把这种挑战和压力成功转化为中国历史上前所未有的大好机遇。反之，就可能在挑战和压力面前遭遇挫折甚至失败。

英国著名历史学家汤因比在他三四十年代撰写的巨著《历史研究》中，提出了一个著名理论——“挑战应战理论”。他在仔细地考察了古埃及、古巴比伦、古代中国、古罗马等所有古代文明起源和进化的历史之后，得出了四点重要结论：（1）挑战和压力是人类文明起源和进步的根本动力，没有挑战和压力，就没有人类文明，更没有人类的进步。“创造是一种遭遇的结果，而文明的起源是交互作用的产物。”他举例说：如果“我们把非洲的干旱看作是一种挑战，而这些文明的起源便是应战”；（2）任何一种文明起源和进步的历史都无一例外地表明，在一定程度上，挑战、压力越强，刺激就越大，机遇也就越大，那些安于现状，不愿接受挑战的民族是不大可能走在人类文明进步前列的；（3）挑战给各个民族带来的后果主要有两个，要么被挑战压垮从此一蹶不振，要么在挑战中崛起并且力量倍增，而历史上的先进民族基本属于后一种情况；（4）既要重视挑战，又要把挑战视为一种常态，关键是如何适应和应对它。如果把外部的挑战转化为内部动力，特别是能够建立起迎接挑战并相当完善的良性应对机制，不断地通过改变自身和改造自我推动自身的文明和进

步，再加上压力、挑战面前毫不回避、退缩的勇气、决心和毅力，这个民族就会进入自由王国，就会无往而不胜。他的巨著尽管写于战前，但书中得出的这些重要历史经验也被战后许多国家的历史所证明，因此值得我们深思。

事实上，中国国家安全的重心在内不在外，内忧大于外患。国内诸多不安全因素在很大程度上制约着我国外部安全环境的改善。所以，我国国家安全问题的本原是制度安全。

所谓“制度安全”，就是具有中国特色社会主义制度的生存、发展和创新的根本保障。笔者认为，21世纪初，我国面临的内外挑战归根结底是制度安全问题。不仅解决经济结构不合理、国企改革、加入世贸组织后的冲击、社会稳定及腐败的滋生蔓延等问题，有赖于完善具有中国特色社会主义市场经济体制和建立健全具有中国特色社会主义的民主政治体制，而且，争取台湾岛内的民心，推进国家和平统一进程，拓展我国的国际战略空间，防止西化和分化，应对外部威胁，也在很大程度上取决于具有中国特色社会主义制度能否巩固、发展和创新，是否充满生机与活力。更何况，我国的改革正处在攻坚阶段，国家正经历新旧体制的转型，是充满困难和风险的时期，制度安全问题并未完全解决。中国特色社会主义制度的成败不仅关系到我国的前途和命运，也关系到人类社会主义的前途和命运。

21世纪初的国际形势发展给我们提供了一个制度创新的大好机遇：科技革命一日千里，社会信息化正以人们难以想象的速度普及，经济全球化势不可挡。来自外部的强烈冲击要转化为内部的强大动力，关键取决于制度创新。建立并完善一个充满生机与活力的制度创新体制，尽快吸收人类社会创造的一切文明成果，已刻不容缓地提上了国家战略日程。

总之，维护安全环境，走出安全困境，既要有外交上的大谋略，也要有内政上的大举措。

（2002年1月）

"9·11"后美国安全战略的变与不变

一、"9·11"事件已经过去两年了，美国的全球战略在多大程度上发生了改变仍然是一个争议很大的问题

从两年来美国采取的行动和官方公布的各种文件来看，美国的全球战略目标并没有重大变化，美国国内出现的有关"新帝国"争论的实质，是如何使美国拥有的霸权地位长久地保持下去。从"霸权国"到"新帝国"，对全球主导的方式变了，但实质未变。所谓"全球战略"，如果用一个公式表示的话，就是"全球目标＋实现目标的手段（力量×方针或政策）"。"9·11"事件使美国全球战略变化最大的部分是"手段"，包括如何认识美国的力量和怎样使用这些力量，以及采取什么新的方针或政策。恰恰这一部分，迄今为止在布什班子的内部以及对美国战略学者来说都是一个争议很大的问题，而且也有很多矛盾之处，包括单边主义和多边主义的矛盾，先发制人和威慑的矛盾等等。

二、两年来，美国实际上制订并实施了"两手抓"、两手都硬的安全战略

这是一种"双轮驱动"的安全战略，即在打恐防扩散，保卫本土安全与实现海外扩张这两个方面都出台了新的举措。特别在借助反恐推动美国的新军事革命方面取得了成效。

为了在新军事革命中继续保持领先地位，实现美军建设由"基于威

胁”向“基于能力”的重大转变，使军队编制体制向着精干、合成、高效的方向发展，适应新安全战略要求，美军借助反恐战争加快了军队改革的步伐，出台了一些新的举措。

第一，提出“先发制人”打击的方针，并作为新安全政策的基石写进了布什总统上台以来的第一份《美国国家安全战略报告》之中。报告称，“在无赖国家及受其庇护的恐怖分子”有能力威胁美国及其盟国和朋友或使用大规模杀伤性武器之前，美国必须准备将其阻止；“美国将在威胁完全形成之前就采取行动”，以保护国家和人民不受恐怖分子的伤害；“美国在不断寻求国际社会支持的同时，在必要的情况下也会毫不犹豫地单独采取行动，通过对恐怖分子先发制人的打击行使自卫的权利”。“先发制人”不仅成为国家安全战略报告的重要内容，也是构成“布什主义”的重要方面，这是美国政府继“人道主义干涉”论后抛出的又一新理论和政策。

第二，提出美军由“基于威胁”模式向“基于能力”模式转变。过去美军力量发展的规划是“基于威胁”模式，即是以“谁是敌人”为着眼点；而今后，鉴于对手多元和不确定，美军提出应当把规划转为“基于能力”模式，即以“敌人可能具有何种能力”为着眼点，把目光面向未来，盯着未曾谋面的敌人可能会以未曾见过的手段和方式打击美国及其盟友。这就意味着美国必须针对未来敌人可能获得的能力，构建新的战略态势，发展新的作战能力，提出使用新能力的作战理论。

第三，抛弃“同时打赢两场大规模战区战争”计划，代之以在所有冲突中获胜的新计划。“9·11”事件之后，能够反映美国安全战略和军事战略发生重大变化的文件主要有四个：一是2001年9月30日公布的《四年防务评估报告》；二是2002年1月媒体透露的《核态势审议报告》；三是2002年8月15日国防部提交的《国防报告》；四是9月20日颁布的《美国国家安全战略报告》。四份文件都以不同方式提出，放弃“同时打赢两场大规模战区战争”计划，新的目标是“防御美国本土，在四个至关重要的地区（亚洲、欧洲、中东和西半球）慑止侵略和威胁，在同一时间迅速地打赢两场主要作战行动，处理一定数量的小规模冲突。”“在所有可能发生的冲突中赢得胜利。”今后要“把关注的焦点较少地放在谁将威胁美国，或者在哪里威胁美国；而较多地放在美国将如何应对威胁，以及美国为阻止和对抗这类威胁需要做些什么。”

第四，明确21世纪新的作战目标，对美军能力提出更高要求。2002年8月15日，美国国防部向布什总统和国会提交了长达170页的《国防报告》，制定了美军在21世纪新的作战目标：一是保护包括美国本土、海外部队和盟友在内的至关重要的军事基地，摧毁核生化武器及其运载工具；二是确保美军能够投送到全球各个角落，消灭一切威胁；三是利用美军的侦察和联合作战优势，对敌人的重要机动和固定目标实施快速、高强度的打击，使敌人无藏身之处；四是利用信息技术和创新性理论，开发适应性强的联合作战能力的综合C4ISR系统①；五是确保信息系统的安全，以及能够实施行之有效的信息战；六是加强空间系统及其支援设施的作战能力与生存能力，把美军真正建成一支精干、快速、灵活并具绝对优势的军队。

第五，确定未来武器装备发展和采购重点，继续提升和更新美军军事装备。为了加速实施“非接触性战争”，在布什总统支持下，拉姆斯菲尔德大幅度调整了武器装备研制和采购计划，确定了下一阶段军备发展和采购重点，包括“全球鹰”无人侦察机、“捕食者”无人攻击机、其他无人驾驶航空器、远程轰炸机、海军无人水下舰艇、精确制导弹药等，仅2003财年就将采购10亿美元的“全球鹰”无人侦察机和“捕食者”无人攻击机，并计划把四艘“三叉戟”核潜艇上的战略弹道导弹撤掉，使每艘潜艇上能够装载150枚常规“战斧”巡航导弹、一个特种部队分队，以达到将其用于常规战争的目的。

第六，深化军队指挥体制改革，设立负责本土安全的“北方司令

①C4ISR是情报、指挥、控制、计算机、通信、监视、侦察等6个英语单词词头字母的连写。C4ISR系统由传感、控制、指挥和通信四大部分组成。它是保证指挥员和指挥机关对部队人员和武器实施指挥与控制的“人—机”信息系统。其功能是利用信息网络把战场上的各个作战单元充分地联系在一起，通过指挥控制和协调，发挥出最佳的整体效能。

部”。这是二战后美国国防指挥机构的最重大调整。这项计划创造了历史上的三个“第一”：一是美国的联合司令部第一次覆盖了地球的每一个角落，包括南极；二是自建国以来，美国第一次有了专门负责本土防御的指挥机构——北方司令部；三是各大司令部的辖区既包括了美国本土、美国的盟国，也包括了像俄罗斯这样美国认为必须重点把守的地区。它的成立改变了过去美国本土防御由多家分管的状况。同时，为了优化美军指挥机构的内部运作机制，适应未来信息化战争的要求，真正实现信息流程最优化、信息流动实时化，以及信息处理、存储、使用一体和网络化，美国国防部计划将15个直属部局减为10个，裁减国防部专业机构、参联会和各大司令部的人员，打破现有的封闭和多层次结构模式，加强部门间接横向联系，引进先进的信息管理技术和经验，逐渐形成一个密切协同的整体。

第七，对全球美军进行重新部署，以应对恐怖主义和慑阻其他潜在威胁。“9·11”事件后，美国越来越感到，主要基于冷战考虑而在全球的美军部署与新的安全需要相去甚远，过去十多年来驻海外美军局部、小规模的调整也已不适应新的形势发展，必须进行重大调整。从已经实施或透露出的计划看，调整主要集中在三大地区：欧洲、中东和亚太。其目标是实现美军全球部署的全球化、前沿化、小型化、分散化和机动化，以实现拉姆斯菲尔德提出的“超前新战略”，即机动、快速、高效。

三、美国的安全战略调整仍处在变化之中，并没有到位

一是新军事革命与美国新的安全战略手段既有相互促进的一面，也有相互矛盾，甚至抵触的地方，而在这一方面，美国尚没有找到最佳的契合点。新军事革命的核心是实现军队的信息化，但面对“来无影去无踪”、多采用低技术手段的恐怖组织和个人来说，一支强大的信息化军队能够在多大程度上更加有效地打击恐怖组织或个人，在阿富汗战争中已经引起了人们的怀疑。从深层次的角度看，美军始终走在新军事革命的前列，但迄今为止的成果，包括新的军事理论、新的军事装备和新编制体制，主要是针对传统军事威胁的，对非传统威胁如恐怖主义的新军事理论和装备并不多，这是今后美军必须面对的问题，也是一个难题。

二是“先发制人”无论在理论还是实践中都引起了很大的争议，尚不能肯定它已经成为美国替代“威慑”的新战略手段。目前看，这一方针主要是针对恐怖主义以及所谓“支持恐怖主义的国家”，但后者的界定并没有统一公认的标准，而只是美国一家说了算，并在美国国内存在较大的分歧。同时，它的提出很大程度上是为发动阿富汗战争、伊拉克战争（也许还为今后武力解决朝鲜核问题）制造理论根据，但随着反恐怖战争的初步胜利，伊拉克问题的基本解决，朝鲜核问题和平解决可能性的增加，恐怖主义威胁紧迫性的降低，它的实际价值也会降低。所以，目前看，“先发制人”似乎更像是策略手段，没有充分的根据证明它已经成为美国长期的政策指导。“威慑”在美国的全球战略中仍占有重要的地位。

三是美军改革的一些具体政策和方式确实带有拉姆斯菲尔德以及军方鹰派的强烈色彩，随着美国新一届总统选举的临近和美国政治气候的变化，目前出台的一些政策和措施有可能还会发生改变。但就美军改革的方向看，包括全球军力的重新部署等是不会有大的变化的。即目标不变，手段仍处在变化中。

鉴于此，美国的安全战略调整尚有许多未知数。

（2003年12月）

目标困境是当前美国的战略困境之一

从表面上看，伊战四年后的今天，美国有得有失。“得”表现在拔掉了萨达姆这个“钉子户”，拆散了中东反美、反以的抵抗阵线，在中东地缘战略上取得了重大进展，为建立美国治理下的中东和世界提供了一个新模式——伊拉克模式（用外力实现国内政权变更，然后实施美国的民主政治）；“失”表现在美国在伊拉克陷入了自越南战争以来最大的“泥潭”。四年后的伊拉克，武装冲突不断、教派矛盾激化、恐怖袭击如家常便饭，美国在战前为伊拉克和世界人民所描绘的“自由、民主、繁荣”的景象不仅没有到来，而且相去甚远。美国不得不将更多的人力、物力和财力集中于此，为稳定伊拉克乱局，美国正在付出巨大代价。

2006年年底的美国中期选举，以民主党全面掌控国会而取得胜利，形成了对布什政府新保守主义的某种牵制，促使布什不得不在伊拉克问题、中东政策以及同盟国关系上作出一定调整，策略和手段也比他第一任期相对灵活。但所有举措都未从根本上改善美国在伊拉克和中东地区的处境：以巴矛盾难以化解、伊朗核问题日益凸显、伊拉克前景仍然暗淡、美国大中东和平计划事实搁浅。所有这些一再表明，美国遇到了自冷战结束以来战略上的巨大困境，而这个困境的最突出表现则是战略目标的迷失。

对大国来说，战略选择一定意义上就是目标选择，确立适当的目标是战略制定和实施的关键。目标的偏移和失位，将导致战略行动的盲目和失败。约翰·柯林斯在《大战略》一书中曾以越南战争为例，研究美国大战略的得失。认为美国在越南的失败，在于夸大了所谓“共产主义侵略”，

“本国国家利益被忽视，孜孜以求的是‘建立一个具有强大政府的、独立的越南’”。美国较有影响的著名记者威廉·曼彻斯特也指出：“为什么这么多见解不同的美国人，其中包括四位美国总统（两个共和党总统和两个民主党总统）都认为有义务拯救西贡政府？这个国家，不管怎么说，远在亚洲，离我们五千英里，在遥远的印度支那半岛一片到处是稻田和茂密的丛林的原始土地上，然而，十多年来，华盛顿的历届政府却一意孤行，甚至不顾美国国内的安宁，力图使一些大可怀疑的人物在越南保持统治。”所以，目标的错位，不但使美国陷入“越南泥潭”，而且多年困于“越南后遗症”。民众对政府失去信任，军事上不得不实行全面收缩，美苏争霸落入下风，政治、军事危机与经济的长期不景气交织在一起，使美国陷入了其发展过程中的一个低谷期。美国为此付出了刻骨铭心的沉重代价。

现在的“伊拉克泥潭”和当年的“越南泥潭”具有本质的不同，不能简单类比。但有一点相似之处，即目标的迷失。如果说，当年美国发现利益目标失误，重新对国家利益作出判断，改变了最初目标，从越南脱身，使美国重新获得了一定的主动。那么，今天的美国面临着明知目标难以实现却又无法调整目标的巨大困境，因此近期内不大可能从伊拉克撤出。

当年美国在发动伊拉克战争时，确立的目标是比较明确的，即推翻萨达姆统治，把伊拉克建设成“民主、自由和繁荣”的样板，进而改造中东，整肃伊斯兰，铲除恐怖主义滋生的温床。这个目标可分解为三步走：第一步是推翻萨达姆统治，按照美国的民主自由价值观改造伊拉克；第二步实现所谓“大中东和平计划”；第三步整肃伊斯兰。现在，第一步只完成了半步，剩余的半步短期内看不到希望，那么第二、三步就更加遥遥无期了。所以，四年后的美国不再谈大中东和平计划，如何使伊拉克稳定下来成为当务之急。

一个大国当难以实现自己的战略目标时，往往有两种选择：一是提高自己的战略能力，既包括硬实力和软实力，也包括运用实力的谋略和水平，这实际上是解决战略手段问题。战略实施的重要原则之一是目标和手段的一致性和相互协调。利德尔·哈特明确说过，战略能否成功，主要取决于对“目的”和“手段”是否能作精确的计算，能否将两者精确地结合起来加以运用。目的必须与现有的手段相适应，而手段也必须合理。柯林斯也指出，“目的（利益和目标）和手段（现有的各种力量）的脱节会产生难以估计的风险。”可见，当难以实现目标时，往往是能力不足，在短期内提高并动员一切力量缩小目标和能力之间的差距是降低风险的最好途径；二是调整战略目标。也就是说，当短期内难以提高自己的能力，所能动员的力量也已达到极限，仍然缩小不了目标与能力之间的差距，无法达成战略目标的情况下，对决策者来说就剩下唯一的选择了。即要么降低目标，要么将目标分散化或逐步化。所谓“分散化”，即把大目标化整为零，分解为若干个子目标，分别加以实现。所谓“逐步化”，即把目标分解成阶段性目标，加长实现目标的过程，逐步达到最终目标。要做到目标的分散化或逐步化，需要一个不可或缺的条件，即时间的保证，这在短期内也是不可能做到的，必须将实现目标的时间大大延长，才有可能把目标分散化和逐步化。

时下有许多学者认为，解决今天的伊拉克困局似可援引当年美国在越南所采取的战略举措，即推行战争的本土化，通过将主要作战力量移交给当地政府实现美国军队的逐步脱身。但事实是，今天的伊拉克与当年的越南有着天壤之别。越南离美国当年的核心利益区——欧洲十万八千里，美国完全可以为了确保欧洲的安全而放弃越南。而冷战后的今天，美国的国家利益具有全球性的特征，特别是在苏联解体后，美国更是将中东地区作为其地缘战略的重中之重，更不要说这里富含丰富的石油资源。今天的中东，某种意义上恰似当年的欧洲而非当年的越南，在这里美国无路可退。退则意味着放弃到手的利益，而不退又要面临来自国内和国际的巨大压力。伊拉克之与美正像一个美味的山芋，虽好吃却烫手，食之不得，弃之可惜。

美国目前在伊拉克的困境是：美国的战略能力在短期内不可能有大的提高。尽管美国的综合国力仍然很强，但由于其全球战略目标和军力的全球部署，其力量的分散化日益明显，在多个方向已显示出捉襟见肘。美国在伊拉克的增兵计划已快接近极限。加之2006年的阿富汗局势出现恶化迹象，基地组织死灰复燃，塔利班卷土重来，美国原本打算把稳定阿富汗局势的任务主要交给北约国际援助部队的计划泡了汤。所以，按理说美国所能做的只有调整其战略目标这一种选择了。那么美国能否做到调整其战略目标呢?

目前看来，调整目标也是困难重重。如果美国降低目标，比如尽快从伊拉克撤军，而不管其是否达到安全标准，这对美国来说不仅意味着其伊拉克政策的彻底失败，而且伊拉克甚至整个中东地区就可能长期陷入教派冲突和恐怖主义泛滥之中，巴勒斯坦的哈马斯、黎巴嫩真主党、伊朗、叙利亚等力量就可能对美国在中东的利益构成重大威胁和挑战。所以降低目标对美国风险太大。把目标分散化或者逐步化？这需要太长的时间。而美国目前的内外环境都不允许其在伊拉克、乃至伊朗问题上久拖不决。中东形势不仅留给布什政府的时间不多了，而且留给美国的时间也不多了。假如民主党上台，美国对伊拉克政策可能会做出一些新的调整，但如果伊拉克的局势仍然像今天这样的话，民主党也不可能完全从伊拉克脱身，尽管目前的民主党在国会为布什政府规定了撤军时间表。总之，用“骑虎难下”来形容美国目前的处境是再恰当不过了。

美国正在为四年前的伊拉克战争付出巨大代价，而且直到今天也看不出代价的尽头在哪里，这就是美国的战略困境。

（《现代国际关系》，2006年第11期）

美国对台军售何时了

2010年1月30日，美国宣布向台湾出售“黑鹰”直升机、“爱国者”-3反导系统、“鱼鹰”级扫雷艇等武器，总价值近64亿美元。

正当奥巴马带着去年年底访华的丰盛果实满载而归，正当中美两国热议双方军政交流快速升温的美好前景时，奥巴马政府却在短短三个月之内两次“变脸”，不顾中国政府多次严正交涉和中国人民的强烈反对，继续其前任向台湾出售武器的错误政策，这其中既有美国政府、国会、国防部以及军火商组成的军工复合体的利益链条的推动，也有来自台湾方面的黑手从中大力斡旋。而美坚持对台售武的根本原因，在于其长期实行的“以台制华”、“遏制中国”、阻挠两岸统一的战略，这一战略在奥巴马时代没有改变，也不会改变。

对台军售问题由来已久

50多年来，美国从没有中断过对台湾的武器供应，中间稍有变化也只是从过去的“赠予”转为后来的“出售”。美对台军售可谓绞尽脑汁，费尽心机，概括起来，有几个鲜明特点：一是当我军装备有所发展时，美国就会向台湾提供一些先进武器装备来“保持平衡”。美国从来都不愿意看到中国大陆的军事力量较之台湾形成绝对的优势，因此，它一直关注着海峡两岸的军备发展状况，生怕台湾被大陆“统一”掉，不断为台湾当局出谋划策，提供武力帮助；二是当在政治上需要表态支持“一个中国”原则时，美国就总要卖些武器给台湾，好让台湾当局有些“以武拒统”的本钱。中美建交30年来，两国关系此起彼伏，风雨不断，其根本原因在台湾问题。中国要统一，而美国表面上虽支持“一个中国”，暗地里却帮助台湾拒统，与祖国大陆相抗衡。美国政府在两岸关系上采取的“不统、不独、不战”政策，实质是不统，关键是不战；三是当台湾当局制造新的分裂祖国图谋时，美国的对台军售份额就会明显增加；四是当台湾购买先进武器装备的努力受阻时，美国总要千方百计通过技术合作或出租等形式帮助台湾弥补一些“缺憾”。受中美关系重要性提升等多重因素影响，一旦台湾提出的一些采购目标无法实现，美国就会以技术支援、合作办厂、武器改进、软件支援或出租等办法，来继续增强台湾的军事实力，而且在武器性能上明显高于现有的装备；五是当我军装备有所发展时，美国就会向台湾提供一些先进武器装备来“保持平衡”。中美建交后，为了解决售台武器问题，中美两国政府多次举行谈判。经过激烈讨价还价，两国终于在1982年8月17日达成协议，发表了《八一七公报》。美国政府在公报中承诺“不寻求一项长期向台湾出售武器的政策，向台湾出售的武器在性能和数量上将不超过中美建交后近几年的供应水平，准备逐步减少对台湾的武器出售，并经过一段时间导致最后解决”。但美国政府却没有真正履行过承诺。《八一七公报》发表之后，美国对台军售从未停止过。但考虑到《公报》的限制，美国对台军售则是明一套，暗一套。一方面，美国在售台武器的数量和型号上，尽量给外界一种遵守《公报》的印象；另一方面，却又设法绕过《公报》，暗地里提高售台武器的质量等级，甚至愈演愈烈，直至发展到1992年9月，美国政府竟然公开突破《八一七公报》的限制，向台湾出售价值高达60亿美元的150架高性能的F-16战斗机。从1979年中美建交以后的近20年间，美对台军售总值达到200多亿美元；此后10年间尤其是2001年小布什上台后，美国对台军售无论在数量上还是在武器性能质量上都呈现变本加厉之势：仅小布什任内对台售武就达近100亿美元，内容也从更新换代发展到新式前沿，从防御性扩展到进攻性，如F-16战机、反潜机和“爱国者”反导系统等。与以往历次对台售武不同的是，此次奥巴马当局批准的近64亿美元军售，单笔金额创下近10年来新高，而且这种打包式大额军售一改此前零敲碎打的“分割式”军售策略，姿态无疑显得更加咄咄逼人。经过如此多年的密切“合作”，目前美台之间的军售运作已日益制度化，从计划申请、立案、评估、修订、采购、运输到交货有了一整套严密的“程序”。

独霸全球，建立一个美国支配下的单极世界，是美国政府长期追求的战略目标，而美对华战略则是美国全球战略的一个重要组成部分。长期以来，美国从控制全球的战略需要出发，把东亚和欧洲崛起视为其实现全球战略的最大威胁之一。我作为东亚地区最大的发展中国家，始终处于美国的“关照”之中，而美对台军售作为维持台湾目前这种现状的重要手段，是美对华战略的一张王牌。同时，对台军售也是美国维系美台关系特别是美台实质性军事同盟关系的重要纽带。在对台军售中，美国充分利用大量的对台军售发货机会，加强对台湾专业人员的培训及美台间的协同训练。根据美国国防部规定，凡向美国采购武器的国家和地区均可派人到美国军校受训，费用由当事国和地区自行负担。通过此种方式，台湾军事人员在熟练掌握售台武器装备性能的同时，也加强了与美国军方的协同性训练，达到最终将台湾纳入美国防务体系，实现美台防务“一体化”的目标。以

台制华，遏制中国大陆崛起，阻挠两岸统一，是美国霸权利益所在，奥巴马政府不会有任何改变。特别是在两岸关系明显改善，和平发展成为主流时，美国政府的售武行为更是居心叵测。

美国总有一天要为对台军售付出沉重代价

美长期坚持对台售武，粗暴干涉中国内政，不仅伤害了中国人民的民族感情和自尊，也严重损害了中国国家主权和安全，是对中国核心利益的极大侵犯。近年来，美国总是有人在不断散布所谓“中国威胁论”，而美坚持对台售武是在用自己的行动制造着“美国威胁论”。谁在威胁谁？一目了然。

当然，要最终解决美对台售武并不是一朝一夕的事情。可以肯定的是，今后随着台海局势的变化和美国的战略需要，美国仍然会继续采取各种形式向台湾提供所谓“保持台湾必要的防卫能力需要”的武器装备，而且技术水平会越来越先进；甚至在有些情况下，还会出现其他形式的军事援助。只要台湾问题一天不解决，美国的对台军售就一天不会停止。也就是说，只要中国没有完全统一，对台军售就会是美国长期的、固定的国策。从美国的国家利益来看，为了遏制中国崛起，它一定要把这张牌用到底。在这种情况下，做出有力的反制，是我们唯一的选择。中美关系重，我国的核心利益更重。美国准备把这个问题利用多少年，我们就要准备在这个问题上斗争多少年。我们不仅要给美国，而且要给全世界一个明确信号：当中华民族利益受到侵犯的时候，我们有采取反措施的权利和能力。必须通过反措施，使对方付出相应的代价、受到相应的惩罚。

俗话说：“善有善报，恶有恶报，不是不报，时候未到。”美国一而再再而三的触犯中国的核心利益，一而再再而三的对中国政府和人民的强烈反对置若罔闻，无非是认为“中国没有实质性、有效的反制手段”、“不会因此损害中美关系”。但这一次，美国的如意算盘打错了。针对奥巴马政府一意孤行对台售武的行为，我除了由外交部副外长召见美驻华大使严正交涉外，外交部、国防部、国台办、全国人大外事委员会等部门1月30日纷纷向美国提出强烈抗议和严正交涉，并迅即做出包括暂停中美两军计划内的有关互访安排，推迟中美两军部分交往项目，并推迟双方拟于近期举行的中美副部长级战略安全、军控与防扩散等磋商，对参与售台武器的美国公司实施相关制裁等系列反制措施。中国政府反应速度之快、反制手段之强硬前所未有。可以肯定的是，随着我国实力的不断壮大，我反制能力将进一步提高，反制手段也会更多。总有一天，美国要为对台军售付出沉重的代价。

（《兵器知识——防务观察家》，2010年第2期）

从《四年防务评估报告》看奥巴马时期美安全战略调整

2010年2月1日，美国国防部向国会提交了2010年版《四年防务评估报告》。该报告是奥巴马政府首份重大战略报告，对未来数年的美国军事战略布局和安全战略构想具有指针意义。与2006年的版本相比，新报告除继续关注反恐、反扩散等内容之外，在军事理念、战略重点等方面均有新变化，反映了现政府一些新的战略思想，但美安全战略本质特征和基本框架没有改变。

应对危机的无奈之举

《四年防务评估报告》是美国军方用来分析战略目标和研究潜在威胁的国防政策指导性文件，也是外界了解当前美国军事理论和安全战略意图的重要窗口。与以往相比，该报告具有以下几方面的新调整：

第一，在安全战略的分支目标上，有扩大也有缩小。报告首度阐明现政府对美国安全利益的界定，即“安全、繁荣、普世价值、合作性的国际秩序”。据美国媒体披露，这“四大利益”是尚未出台的《美国国家安全战略报告》的重要内容。“四大利益”也是现政府的安全战略目标。与前任相比，目标扩大了。而在军事目标上，冷战后美军一直奉行“同时打赢两场地区战争”战略，将其作为建军备战的战略指导思想。今年的报告明确提出放弃该理论，指出美国目前面临的是“多元化威胁”，未来战争形态将是战争主体多元化、常规战争与非常规战争界限日益模糊的“混合型战争”。美军要适应这种新的战争形态，提高在不同环境下执行“多样化任务”的能力。

第二，在安全关注的重点上，明显扩大了领域和范围。新报告沿袭了以往对中东、南亚、东亚、欧洲等传统“战略重点区域”的关注，并提出重点关注“全球公地”，即海洋、天空、太空、网络空间。报告认为，美国在“全球公地”的利益日益重要，指出“全球公地自由面临的威胁加大”，“对美构成新的安全挑战”。报告专门提及网络空间安全问题，将“在网络空间采取有效行动”视为美军“六大关键任务之一”，提出制订综合方案，实现集中指挥，考虑将网络空间行动作为应对国与国冲突的重要手段。报告还首次提出，气候变化和能源安全这两大问题是塑造未来美安全环境的重大因素。

第三，在实现目标的手段和途径上，继续奉行外交优先而不是军事优先的原则。更多的以多边合作而不是单边对抗来维护美国的安全利益；以“巧实力”而不是通过强化武力的方式来获得安全；主要采取“预防性遏制”而不是“先发制人”打击的手段来消除或化解威胁。

第四，对华评估总体基调有所变化。报告三次提及中国。与2006年版本中将中国称为“美国最大的潜在军事挑战者”不同，新报告则正面评价中国崛起的意义，认为中国可在重塑亚洲战略版图、提供国际公共产品方面扮演更重要角色，称“美国欢迎一个强大、繁荣和成功的中国的崛起”。但报告显示，美国仍坚持“两面下注”。在提及中美关系的“复杂性”和“不确定性”时，重弹“中国军事威胁论”老调，指责中国发展“反介入”战力、军事透明度“有限”。特别是报告第四部分，“在‘反介入’作战环境中威慑并击败对手”中点了三个国家的名字，即朝鲜、伊朗和中国。把中国作为反介入作战的明确对象，并与伊朗和朝鲜并列。

总体上看，奥巴马安全战略调整既是在美国实力相对下降情况下的无奈选择，也是适应全球化深入发展的现实反应。奥巴马上台之时，美国在“两场战争”和“一场危机”的双重打击下，陷入自冷战结束以来最为

困难的局面。与此同时，随着全球化的深入发展，恐怖主义、气候变化、能源短缺、疾病传播等传统和非传统安全威胁上升，“任何国家，无论其多强大，都无力单独应对这些挑战。”可以说，奥巴马安全政策是美国实力相对下降和全球化深入发展的必然产物，当然这也与民主党强调对话接触、重视多边合作的外交理念一脉相承。

难改美霸权战略本质

奥巴马政府强调“接触、对话与合作”，并不是要放弃美“领导地位”，只是要改变美领导世界的方法，即“通过榜样和行动来领导世界”，以便在美实力相对下降的情况下，通过“外包责任”来减少“霸权成本”。美国安全战略目标没有改变，也不会改变，即巩固并扩大美国在21世纪的霸主地位。变的只是策略手段和实现的途径。奥巴马曾明确说过：“在付出数千人生命和数千亿美元的代价之后，很多美国人可能想要着眼于国内，放弃美国在世界上的领导地位，这是一个我们绝对不能犯的错误。”

同时，不能简单地把奥巴马战略的调整视为战略收缩，其战略调整是有进有退，实质是以退为进。比如，放弃两场战争的构想是美国力不从心的无奈之举，这可以视为一种退，但也是以退为进的举措，使美国更集中力量解决阿富汗问题；结束伊战，宣布从伊拉克撤军，既是一种退却，但更多的是对布什时期错误政策的纠正；宣布“阿巴新战略”，增兵阿富汗，是一种进；奥巴马强调“合作、接触”只是方法、手段的变换；美国战略重心继续东移，重返东南亚等，是进，不是退；尤其是奥巴马反复强调美国的“亚太属性”，努力维护地区力量平衡，加强在亚太地区投棋布子，加强在“三线岛链”方向的军事部署，是典型的进攻态势。

奥巴马强调合作并不是放弃武力手段，巧实力不等于软实力。武力手段从来都是、目前仍然是美国战略的重要选择之一，对奥巴马政府来说，它是最后的选择。奥巴马高调推出的“巧实力”外交理念，不过是给美国传统的“胡萝卜加大棒”政策罩上了一件新外衣。希拉里扬言，“巧实力”就是“面对每种情况，在外交、经济、军事、政治、文化等所有政策工具中，选择正确的工具或组合”，美强调外交不能被视为软弱的表现，“如有必要，美将毫不犹豫地动用世界上最强大的军力，来保护美国的朋友、利益和人民”。

开始回归“鹰”的形象

奥巴马政府的安全战略尚在调整之中，一年多的实践表明，未达预期目标：南亚反恐形势继续恶化，美在阿富汗陷入进退两难境地；美俄之间结构性矛盾依旧突出，双方遏制与反遏制的斗争仍在继续；巴以和谈停滞不前；朝核问题一波三折；伊核问题的和平解决未获进展。布热津斯基在最新一期《外交》杂志上撰文称，奥巴马虽成功重建了美外交理念，但迄今给人们带来的却是“期待多于突破”。用美国媒体的话说：“奥巴马是扇着天使的翅膀而来，最后却不得不回归鹰的形象。”这里既有布什留下的“烂摊子”、奥巴马的时间尚短等客观背景，也有奥巴马战线拉得过长、摊子铺得太大、理想主义色彩过浓、保守势力和利益集团严重干扰和牵制等主观因素。但最根本的原因是奥政府没有真正接受“后美国世界”

已经到来的现实，在国际事务中仍把维护美利益和主导权放在首位，野心太大与实力相对有限的矛盾成为难以逾越的障碍。

今年以来，奥巴马政策保守的一面突出了：如更多展示“巧实力”外交中强硬的一面；加大对俄、中等新兴大国的防范力度；重新调整反恐作战区域和使命任务；重点确保美在中东和南亚地区的国家利益等等。总的看，奥巴马将继续采取积极进取的外交姿态，以实现“重振美国”的战略目标。但摊子大，难题多，加之国内强硬派的掣肘，奥巴马安全战略的推行仍将是荆棘载途、困难重重。

（《兵器知识——防务观察家》，2010年第4期）

美借南海拉拢部分东盟国家牵制中国

中国外交部2010年7月24日猛烈抨击美国对南海争端的干预。7月23日，希拉里在越南举行的一个论坛上宣称美国在南海有“国家利益”，暗示中国在“胁迫”南海周边国家。她特别主张形成一个解决南海问题的“国际机制”，这跟中国反对将南海问题国际化、多边化，而主张当事国一对一双边谈判的立场明显相悖。那么，美国为何要在这个时候就南海问题向我国发难？美国此举背后究竟要达到什么目的？

美拉拢部分东盟国家意在牵制中国

奥巴马政府上台后，把亚太地区作为美国全球战略调整的一个重点方向，特别是美国开始所谓的“重返东南亚”，在21世纪以后，美国已经把全球战略重点——特别是军事部署的重点，由欧洲和大西洋转移到亚太地区和太平洋。第二，美国此时强化南海问题是为其向这片海域进行军事部署，向这些地区转移制造借口，以配合它的军事部署重点的转移。第三，在南海问题上，美国冷战时期的政策发生了重大调整。美国在当今世界海洋当中划分了16条重要咽喉水道，而其中一条水道就是从马六甲海峡到南海，美国认为这些重要的咽喉水道涉及美国的重大安全利益。希拉里所谓美国利益的说法就是为下一步更多地介入南海事务制造根据。当然，她也是在有意地拉拢这些国家，共同牵制中国。

长期以来，中国在南海施行的政策——和平解决南海争端，是我们一贯的政策，而且在21世纪，中国跟东南亚有关国家都初步达成了共同开发的原则协议。所以，美国在此时发表这样的言论显然是不负责任的，而且有挑唆中国和东南亚国家关系的嫌疑。

美插手南海表明遏制中国政策没有改变

冷战结束以后，特别是进入21世纪以来，美国认为其所面临的安全威胁除了大规模杀伤性武器扩散以及恐怖主义以外，还有所谓在区域内正在崛起的大国对它构成了潜在威胁——这显然是指中国和俄罗斯。就是说，对中国实行战略遏制的政策并没有实质改变，美国的对华的两手战略也没有实质改变，即美国要更强化它在亚太地区的战略主导权。除了经济上、政治外交上，美国要介入东亚地区、东南亚地区的事务以外，同时，它加大了在军事上的投入和关注度，这跟它的全球战略利益是相一致的。

中国南海领土无可争议

南海涉及中国的核心利益之一，是中国管辖的海域，包括南沙群岛历来是中国的领土主权，这么讲是有充分法理依据的。比如，根据现代国际法无主先占的原则，南沙显然是中国人最早发现、最早命名、最早管辖的海域和岛礁。新中国成立以来，中国始终履行对南海的管辖，包括对西沙、中沙、南沙群岛的领土主权的诉求。第二，上个世纪60年代以前，世界上的主要国家对中国拥有对南海的管辖并未提出疑义，而在60年代以后，由于巨大的经济利益驱使，才造成了今天所谓南海问题和南沙群岛争端。所以，基于历史和现实确凿的证据和原因，中国政府一贯反对南海问题的国际化。目前，显然美国背后是带有阴险的政治目的——把南海问题国际化就可以使美国更多地进入亚太地区来维护美国的安全，这对中美关系肯定会带来负面的影响。

（2010年7月28日）

美发布的中国军力报告本质未变

2010年8月18日，当地时间16日下午，美国五角大楼公布了向国会提交的题为《与中华人民共和国有关的军事与安全发展报告》。根据美国2000财政年度国防授权法的规定，五角大楼需要自那以后的20年每年向国会提交与中国军力有关的报告。然而与往年相比，今年五角大楼的这一报告标题有了微妙的变化。那么，这一变化的原因是什么？这是否意味着美国对中国的战略政策发生了本质调整？

本次报告题目改动，内容更广，观点中庸，语气稍缓

这次的军力报告题目不是“中国军力报告”，而是使用了“与中华人民共和国有关的军事与安全发展报告”，显然该题目跟以前有一定区别。所以，这就带来了第二个跟以前不同的变化，就是这次报告涉及的内容比以前更加广泛，虽然还是以中国军力的发展为主要内容，但是里面增加了许多新的内容。比如，中国的安全发展，包括对中国能源的路线图，包括涉及中国的经济安全，甚至是中国的社会问题等都作了广泛的阐述。第三个，语气跟以往比有了一定的缓和。美国过去的《中国军力报告》是非常强硬大肆散布中国军事威胁论，这次美国出台的报告在语气上显然作了一定的调整，比如增加了关于中国防御政策，特别是中国军备透明的进步性，也增加了中美军事合作交流等，这些都有利于减少中美之间的不信任等，语气看起来比较客观。与此同时，跟以前相比，这次报告在观点上也显得有些中庸，比如有一些所谓客观的评述，这在以前的《中国军力报

告》当中是非常罕见的。

奥巴马政府强调要用软实力的方法巧妙解决危机

这次报告的变化，是和奥巴马政府上台后，对美国国家安全战略和外交战略调整的大背景直接相关的。奥巴马上台后，出台了新的国家安全战略报告，明确放弃了小布什先发制人的军事打击战略，更多的强调采取接触与合作的政策，来解决美国当前面临的各种危机。特别是奥巴马上台后，国务卿希拉里·克林顿明确提出了美国在新时期用巧实力的方式来重新树立美国的国际形象，解决美国的危机。巧实力当然不简单等同于软实力，也不是过去简单的硬实力，就是充分巧妙地运用美国的软实力和硬实力，在这样一个过程当中，奥巴马政府更多地强调了要用软实力的方法来解决危机，重树美国的国际形象。

美国对华既接触又遏制的两手战略没有改变只是进行了策略调整

从这次军力报告可以看出，美国对中国的指责，包括对中国军备发展的所谓担忧，包括隐藏着的中国军事威胁论调，都没有任何实质改变。出台《中国军力报告》本身，就是一个冷战的思维，从这个意义上看，美国对华既接触又遏制的两手战略没有改变。当然，接触是基于美国现实利益的考虑，对中国发展，尤其是对中国国防现代化的发展进行牵制甚至遏制，应该说是美国对华战略的一个实质，这个报告当中有很多内容可以显示出，比如报告中美国虽然承认中国军事发展的透明度有了进步，但是还远远不够，而且对中国国防现代化、中国军队发展的一系列问题进行毫无道理的指责等，这些都反映了美国在新的形势、新的背景下对中国国防现代化，包括对中国安全发展的冷战思维没有任何实质改变，无非就是在策略手段、运用方式、选择时机上有了一些策略上的变化。

（2010年8月18日）

五

论新科技和军事变革

LUN XIN KE JI HE JUN SHI BIAN GE

伊拉克战争与新军事革命

作为2003年重大国际事件之一的伊拉克战争，是继海湾战争、科索沃战争、阿富汗战争之后，自冷战结束以来美国发动的第四场较大规模的局部战争，也把多年来国际社会、特别是大国间有关新军事革命问题的讨论再次推向高潮。新军事革命日益引起广泛关注，进一步提上主要国家的战略议程，并成为国际竞争的重要领域和当今世界发展的大趋势之一，已经并将进一步给国际安全形势带来复杂影响。

一、关于新军事革命问题的争论与历史沿革

任何重大理论的提出都有其一定的实践基础和深刻的社会背景，新军事革命理论的产生也不例外，它作为一个客观事物，随着20世纪中叶导弹、核武器、卫星和电子计算机等的出现，就开始萌发并悄悄演进。

据有关专家考证，军事革命和新军事革命思想的最早提出是在20世纪七八十年代。“开始时，原苏军的一些军官和将领，面对科学技术进步对军事领域产生的愈来愈广泛的影响，提出了发生‘军事上的革命’的可能性。”[①]最早以专著形式见诸文字的著作，是1973年苏联国防部军事出版社出版的《科学技术进步与军事上的革命》一书。[②]此后，“军事技术革

①梁必骎主编，《军事革命论》，第2页，军事科学出版社，2001年10月。

②该书由苏联上将尼古拉·A.洛莫夫主编，16名作者集体编写而成。尽管书中主要以导弹核武器等新武器装备的出现与运用作为背景，但作者明确表示：“本书试图在介绍新兵器性能的基础上扼要地阐明军事上的革命所引起的一些新的现象。”1982年，战士出版社正式出版了该书。

命”的概念在苏军报刊的文章中越来越多的出现。1979年，时任苏军总参谋长的奥加尔科夫元帅发表了《历史教导我们提高警觉》一文，敏锐地洞察到军事领域悄然发生的新变化，预言先进技术的出现必将引起一场“名符其实的新的军事技术革命”。[③]后人把此称作是“奥加尔科夫预言”。

苏军将领们的看法首先引起了美军的高度重视。20世纪80年代末，美国国防部评估办公室开始评估苏军提出的有关军事革命的观点，并结合美国的情况进行研究。90年代初爆发的海湾战争，不仅使美军亲眼目睹了高技术武器装备的巨大作用和能量，而且也直接感受到了一种全新的战争形态正在产生。这场战争使美国国内掀起了研究新军事革命的热潮，有关论文、论著和研究报告汗牛充栋。1993年，美国著名未来学家托夫勒出版了《战争与反战争》一书，明确提出“第三次浪潮文明”将导致第三次“战略革命”或“军事革命”的观点。同年，美国国防部基本评估办公室主任安东尼·马歇尔等人认为，“尽管技术是军事能力变革的一个方面，但仅有技术还不足以导致真正意义上的革命。大量个案研究表明，只有当新式武器或其他军事装备与战术、作战理论和军队编制的新变化结合起来，才会出现军事能力的重大变革。”[④]他们认为奥加尔科夫所说的“军事技术革命”的含义太窄，建议美国防部将其改称“军事革命”，国防部采纳了他们的意见。此后，“军事革命”（RMA）一词逐步代替“军事技术革命”（MTR），其目的是“摒弃技术本身就能带来重大变化的思想，强调重大的变革所要求的是技术与新作战理论以及为了实践这一理论而产生的新军事编制的结合”。[⑤]从此，新军事革命的理论研究和实践主要在大国中逐步展开。

但是，从“新军事革命”提出的那一刻起，有关争论就没有停止过。归纳起来，美国国内至少存在着四种观点：

---

③王保存，《世界新军事革命》，第14页，解放军出版社，1999年。

④陈伯江，《美国高级将领与著名学者访谈录——大洋彼岸的军事革命》，第294～295页，世界知识出版社，1998年。

⑤陈伯江，《美国高级将领与著名学者访谈录——大洋彼岸的军事革命》，第49～50页，世界知识出版社，1998年。

一是“狭义军事革命”之说，既把军事革命等同于军事技术革命。认为它是可以导致战场发生根本性变化的技术进步；[6]二是“广义军事革命”之说。认为真正军事意义上的革命是技术、军队组织编制和军事思想发展等三者相结合的产物，并能导致军队作战能力提高若干数量级的质变；[7]三是“军队全面转型和战争全面改变”之说。它主要反映了美国著名未来学家托夫勒的看法。认为军事革命是“当新的文明开始兴起，向旧的文明发出挑战，整个社会开始转型，军队在各个层面（从技术、文化到编制体制、战略、战术、训练和后勤）同时发生的深刻变革”。[8]而真正的军事革命应该满足三个条件：应当改变战争的一切方面；不止在一个国家的军队发生，而应同时发生在许多国家的军队；应改变战争同社会本身的关系，这是最重要的标准；[9]四是对军事革命的“怀疑论”。即对当前新军事革命中的一些重要的技术和军事前提提出质疑。其主要代表人物是美国布鲁金斯研究会外交政策中心的高级研究员迈克尔·奥汉隆（Michaelo’Hanlon）。他在《高科技与新军事革命》（*Technological Change and the Future of Warfare*）一书中系统地阐述了他的观点。他认为，军事革命需要广泛的技术前提，而公认的一些前提条件，要么不正确，要么有些夸张，或令人“表示怀疑”。[10]军事革命确实会发生，但在当前来说还为时过早，还需要众多的新技术、作战思想和组织体制革新来促成这种革命。所以，“应当对军事革命保持审慎的态度。”[11]

除以上分歧外，历史上究竟发生过多少次军事革命，其阶段如何划分，人们的认识也不尽相同，国外理论界较有代表性的观点有四，即“三次革命说”、“四次革命说”、“六次革命说”和“十一次革命说”。

---

⑥朱小莉，《军事革命问题的研究》，第5页，国防大学出版社，2000年4月。
⑦同上。
⑧朱小莉，《军事革命问题的研究》，第6页，国防大学出版社，2000年4月。
⑨同上。
⑩［美］迈克尔·奥汉隆《高科技与新军事革命》，第2～3页，新华出版社，2001年2月。
⑪［美］迈克尔·奥汉隆，《高科技与新军事革命》，第33、39页，新华出版社，2001年2月。

"三次革命说"是美国著名未来学家托夫勒在《战争与反战争》一书中提出的，即由农业革命引起的"第一次浪潮战争"；由工业革命引起的"第二次浪潮战争"；[12]由信息革命导致的"第三次浪潮战争"。[13]

"四次革命说"是由美国学者林德博士和以色列史学家克里沃尔德提出的。他们认为，中世纪及其以前是否发生过军事革命已很难考证，而在近代共发生了四次军事革命：1648年滑膛枪出现后的第一次战争革命；1815年来复枪、铁丝网问世后的第二次战争革命；1918年坦克、无线电出现后的第三次战争革命；1991年以后由各种高技术引发的第四次战争革命。[14]

"六次革命说"的代表人物是俄罗斯总参军事科学院的斯利普琴科少将。1993年他撰文指出，从古至今，共经历了五次军事革命，并正在酝酿第六次军事革命：奴隶社会和封建社会出现步兵和骑兵后的第一代战争革命；火药和滑膛枪问世后的第二代战争革命；线膛枪和来复枪出现后的第三代战争革命；军队装备坦克、飞机、新式运输工具和通信手段（无线电）后的第四代战争革命；核武器和导弹装备部队后的第五代战争革命；随着常规精确制导武器和新机理武器的出现，第六代战争将脱颖而出。[15]

"十一次革命说"是美国军事理论家克雷派尼维奇于1994年提出的。他在当年《国家利益》杂志发表的一篇长文中指出，自14世纪以来，共出现过十次军事革命，目前正在酝酿第十一次革命：14世纪上半叶的"步兵革命"；15世纪前期的"炮兵革命"；15世纪末的"帆舰和炮弹革命"；16世纪初的"堡垒革命"；16世纪后半期的"黑火药革命"；18世纪末开始的"拿破仑革命"；19世纪中叶的"陆战革命"；19世纪下半叶的"海战革命"；20世纪上半叶出现航母战斗群、装甲师和远程轰炸机联队后的"两次大战间革命"；20世纪中叶以核潜艇部队和战略火箭军问世为主要标志的"核革命"。目前，第十一次革命已经开始，它将彻底改变军队的

⑫王保存，《世界新军事革命》，第17页，解放军出版社，1999年4月。
⑬王保存，《世界新军事革命》，第10页，解放军出版社，1999年4月。
⑭黄新，《论新军事革命与战略对策》，第17页，蓝天出版社，2002年6月。
⑮王保存，《世界新军事革命》，第18页，解放军出版社，1999年4月。

编组形式和人类的战争方式。[16]

我国军事学术界目前既有接近于托夫勒的“三次”说，也有“四次”或“六次”说。比较有代表性的观点有二：一是我国著名科学家钱学森关于“六种战争形态”的看法，[17]一是由梁必骎主编的《军事革命论》中提出的“四次革命”的主张。[18]究竟哪一种更为合理，尚需进一步研究。

当然，围绕新军事革命的争论远不止于此。90年代下半期以来，特别是“9·11”事件以后，美国国内关于新军事革命给美国带来的正面与负面影响、未来的发展方向以及如何改革美军等问题的讨论多而广泛，争论也十分激烈。号称“新军事革命坚定的支持者和推动者”的美“鹰派”国防部长拉姆斯菲尔德，近来提出的一系列激进改革方案几乎无一例外地遭到政府一些人以及国会的强烈反对，阻力重重，反映出美国国内在涉及下一步美军如何改革等一系列重大问题上并未达成共识，拉氏的一些具体方案夭折的可能性很大，但美军继续推动新军事革命、深化改革的大方向将不会改变。

实际上，新军事革命是在时代的科技、经济、政治、社会等因素的综合作用下所导致的包括战争形态、作战理论与作战方式、军队结构、军事训练、国防体系在内的军事领域方方面面的根本变革。其实质是把工业化时代的机械化军事形态改造成信息时代的信息化军事形态。新军事革命的发生和发展既有技术发展的物质条件，也有战略调整的实际需求；既有理论创新的有力牵引，也有实践探索的直接催生。其历史动因主要有四个方面：

一是技术进步的强劲推动。在技术革命与军事革命相联系的历史链条上，每次划时代的技术革命发生后，随之而来的就是军事革命；与重大军事革命相伴随的，必然是战争形态的历史性飞跃。20世纪后半叶，人类社会掀起了一场波澜壮阔的高新技术革命浪潮。80年代以来，世界各主要国

⑯王保存，《世界新军事革命》，第18～19页，解放军出版社，1999年4月。
⑰黄新，《论新军事革命与战略对策》，第18页，蓝天出版社，2002年6月。
⑱梁必骎主编，《军事革命论》，第8～9页，军事科学出版社，2001年10月。

家都把发展高新技术列为国家战略的重要组成部分，高科技广泛渗透到人们生产和生活的方方面面，使当今社会三年内发生的变化相当于20世纪初三十年的变化、牛顿时代三百年的变化和石器时代三千年的变化。军事领域是吸纳和运用高新科技成果最快、最多的领域，军队的指挥控制能力、远程攻击能力、快速机动能力、精确打击能力和超常毁伤能力都得到了空前提高。飞速发展的高新技术，是推动新军事革命发生和发展最有力的杠杆。

二是战略需求的内在驱动。军事革命是物质和精神相结合的产物。在一定的技术基础上，战略需求的驱动和战略主体的选择成为决定军事革命进程和结局的主要因素。作为这场新军事革命的积极鼓吹者和先行者，美国在两极格局解体后强烈地意识到，历史条件给了美国“最大机遇”。美国可以利用其技术、经济优势，先于其他国家推行军事革命，把美军建成世界上第一支信息化军队，为21世纪能够按照美国的意愿“塑造整个世界”提供强大后盾。在美前国防部长佩里、前参联会副主席欧文斯和前国防部基本评估办公室主任马歇尔等人的极力推动下，美军的作战思想不断创新，武器装备加速发展，体制编制逐步调整，新军事革命取得了实质性进展，远远地走在世界的前列。在这种背景下，其他很多国家，特别是发达国家，为了跟上世界军事发展的潮流，维护本国的国际地位，争取在国际事务中拥有更大的发言权，也步美国之后尘，通过不断优化武装力量结构、加大国防投入、加强新型武器装备开发研制、提出新国家安全构想和军事学说，进行军事领域的改革。

三是理论创新的有力牵引。军事理论的创新，是世界新军事革命的先导和灵魂。从20世纪70年代末开始，世界军事领域各种新思想、新观点竞相出台，传统理论与新兴学说激烈碰撞，军事科学与自然科学、社会科学相互交融，各国之间相互借鉴和交流，呈现出异常活跃的局面。军事理论的创新与繁荣，引导了新军事革命的方向，丰富了新军事革命的内容，加速了新军事革命的进程。

四是战争实践的直接催生。20世纪70年代以来，世界共发生了几百场局部战争和武装冲突。特别是80年代以来的英阿马岛之战，美国对利比亚的“外科手术式打击”、冷战结束后美国发动的四场较大规模的局部战争，对新军事革命的发展起到了巨大的推动作用。这种作用主要体现在：它既促使人们的军事观念发生了变化，也使人们看到了进行新军事革命的巨大军事效益，同时还使人们从实战的经验教训中更加清楚地认识到新军事革命到来的必然性和发展的大方向，进一步增强了推进新军事革命的主动性。研究高技术战争，进行军事改革，提高军队建设质量和效益，成为世界军事发展的一大趋势。

这次新军事革命，如果从70年代初酝酿开始计算，到现在也就30年左右的时间；如果把90年代初的第一次海湾战争看作正式开始的标志⑲，至今也只有12年的时间。所以，就世界范围而言，新军事革命尚处于“幼年期”，就美国等发达国家来看，也只是刚刚进入深入发展阶段。由于这次军事革命的时间并不长，其最终造就的战争形态——信息化战争也只是初显端倪，因此，要准确而全面地揭示其特点还比较困难。但如果对冷战结束后四场大规模局部战争进行一下考察的话，我们就会发现这场新军事革命已经显露出的一些基本特征：如广泛性、深刻性、不平衡性、快速性等等。这场新军事革命的实质“是把工业化时代的机械化军事形态改造成信息时代的信息化军事形态的过程”。⑳

不管人们对新军事革命的看法有多大差异，一个不容否认的事实是：当今世界越来越多的国家已开始推进武器装备的信息化建设，西方发达国家军队武器装备的主体已基本实现了信息化，美国则初步建成了比较完备的信息化武器装备体系。同时，军事理论创新进入高潮，以信息化战争为核心的战争理论，以信息战为主的作战理论、军事战略理论都已开始向信息时代理论形态转变。当然，与此相比，军事组织体制的跨时代变革最为

---

⑲有人把80年代的英阿马岛之战看作新军事革命开始的标志；有人把越战后期使用“灵巧炸弹”视为它的起点；还有人把冷战后第一次海湾战争作为它的发端。对此，见仁见智。

⑳王保存，《世界新军事变革新论》，第9页，解放军出版社，2003年8月。

滞后，工业时代的军队尚未从根本上触动，只是开始减少指挥层次，考虑改变过去那种纵长横窄的“树”状领导指挥体制，向扁平形“网”状领导指挥体制过渡。所以，同历史上的军事革命相比，这场新军事革命是迄今为止最深刻最广泛的一次变革，其影响将极为深远。

二、伊拉克战争：高技术条件下信息化战争形态的进一步发展及其局限

新军事革命的实质是信息化，信息化的战争形态是新军事革命的主要后果之一。

所谓“信息化战争”，是以机械化战争的装备平台为载体，以大量使用信息化武器、信息技术为支撑，以信息为主导，以能量为后盾，以网络为神经触角的战争形态。信息化战争时代，信息、指挥、精确打击突变为战争的主要要素，但这些要素又不是静态的简单组合，而是一个动态的纵横交织、全维一体、紧密衔接的复杂网络，即把陆、海、空、天、电，以及国内外的各种战争作战力量、侦察力量、保障力量和各种战略资源紧密联系在一起，使指挥员、指挥机关与部队之间具备了“实时反馈、实时控制”，以及实时了解“敌在哪里，我在哪里、友邻在哪里”的能力。作战向信息搜集、分类、处理、决策、打击一体化方向发展，发现即意味着摧毁。保障系统与作战系统的联接，将使部队具备实时、灵敏、精确、机动保障的能力。

作为信息化战争雏形的海湾战争，多国部队就动用了包括陆军、海军舰队、海军陆战队、空军力量、民间力量，以及大量军用卫星、全球定位系统、电子战设备在内的多维战场资源。多国部队建立了包括118个机动卫星地面站、12个商用卫星终端、81台交换机、329条话音线路和3条文电线路的互联通信网，每天处理70万次电话和15.2万份电报，使用3万种无线电频率，有条不紊地管理和协调着陆、海、空、天各种军事活动。[21]美军

㉑袁文先，《信息化战争形态与作战样式》，《解放军报》，2002年3月5日，第6版。

为首的多国部队仅通过38天空袭、100小时的地面战斗，就使拥有5000辆主战坦克、5000辆步兵战斗车、3000门100毫米以上大口径火炮、760架作战飞机的伊拉克百万大军土崩瓦解，美军以146人阵亡、467人受伤的极小代价轻而易举地取得了胜利。

12年后的伊拉克战争，被人们称作是“看不大懂的一场战争”，犹如“雾里看花”。就连电视媒体的一些专家现场点评也时常闹出“关公战秦琼”的笑话。究其原因，这场战争同十多年前相比，其信息化特征更加明显了，传统战争思维已很难解释新的信息化战争形态。

伊拉克战争爆发于2003年3月20日，5月1日，布什总统正式宣布主要军事行动结束。至此，战争共进行了40天。但实际上，大规模的战争行动只有短短的26天。

2003年4月底，美国战略与国际问题研究中心（Center for Strategic and International Studies）发表了一份题为《伊拉克战争的“直接教训”》（*The“Instant Lessons”of the Iraq War*）的研究报告。这是美国研究机构有关伊拉克战争的第一份最完整的报告。报告系统描述了交战双方的军事力量对比和作战过程，从战略、战术、军事理论、科技运用等方面对美伊战争进行了分析和总结。报告认为：“美国对伊拉克作战的主要优势在于将地面作战和空中作战联合在一起的能力，从海上对联合作战进行支援的能力，在每次联合作战中快速建立友方基地的能力，以及根据整个战区情况的需要对联合作战的混编的转换能力。不仅仅在于联合，而在于每一次作战中的联合和绝对速度。”与第一次海湾战争进行了38天的空中打击不同，“伊拉克战争则是地面和空中作战同一天开始，对伊拉克领导人目标进行了大量的空中和导弹打击，地面部队在第三天就开进。在第一次海湾战争中，地面部队在第41天迫使萨达姆下令从科威特撤军。而在这次战争中，美国军队以1991年海湾战争1/4的时间就推进了相当于当时的最远距离。他们在第8天向巴格达的进军中推进了近50英里，在第16天进入了巴格达国际机场，在第20天进入了巴格达市中心。”“从海湾战争以来，美国大幅度增强了情报、目标和指挥控制能力的各个方面，同时还花费了12年来监视伊拉克的作战和军事发展情况。对图像、电子情报、通信情报和人力情报的综合能力在阿富汗已经小试牛刀，并且还增强了通信、指挥和情报在各级作战中的融合能力，使美军具有近乎实时的日夜战场情况获知能力。”“美国吸取了从海湾战争和阿富汗战争中获取的教训，在战争期间使用了50多枚卫星，包括20多枚全球定位系统卫星，还有一些通信卫星以及6枚电子光学和通信情报卫星。美国还使用了卫星对导弹发射进行定位，预测导弹目标，并提供预警。”“国家侦察局部署了3颗先进的KH-11型可见光和红外成像卫星，以及2～3颗“长曲棍球”全天候雷达成像卫星，这种卫星被证明在查找出装甲部队机动上非常有效，这些数据和来自J-8联合监视和目标攻击雷达系统的数据一起使用。这些卫星中至少有一枚可以每隔2～3小时对战场情况进行拍照，他们每天通过战场上空的总次数是12次。”“在伊拉克战争中的空中力量的发挥得益于先进的通信、综合、数据处理和分析方法，以及各级的指挥和控制能力。由于吸收了海湾战争和阿富汗的教训，此次国家、战区和战术情报的一体化、处理和发送能力都比海湾战争时有了很大的提高。”㉒

伊拉克战争最突出的特点是信息战略决战，即开战即决战，首先剥夺敌人的信息权。包括了三个主要战略突击行动：一是“斩首行动”及多次直接针对萨达姆本人和国家、军队战略目标的精确打击，反复摧毁伊军的战略战役信息指挥系统；二是第3机步师由南向北迅速向巴格达推进并占领萨达姆机场；三是特种兵、空降兵占领并控制巴格达北部和西部的机场和交通枢纽。用五角大楼的话说就是“上述行动同时爆炸”。“这三项战略行动剥夺了对方的战略信息权利，其结果是伊拉克军队大体是完整的，防御大体也是完整的，但已无抵抗能力，战略全局失控”。㉓

据有关报道，开战两周内，美英联军使用了约6000枚精确制导炸弹，

㉒美国战略与国际问题研究中心（CSIS），《关于伊拉克战争总结报告》，中国网，2002年6月。http：//www.china.com.cn/chinese/zhuanti/csis/354377.htm.

㉓李钢林，《战争变形了》，《世界知识》，2003年第16期，第59页。

约800枚“战斧式”巡航导弹，约占战争使用总量的70%。美国防部宣称，开战第一天打击的战略目标比海湾战争43天打击的目标还要多。在此期间，美英联军最大限度地发动战争机器，最高强度地使用精确制导武器，完全摧毁了伊军的指挥机构、通讯枢纽、政府要害部门及主要执行巴格达防御的麦地那师、巴格达师等主要战略目标。美军第3机步师所以敢孤军深入，主要是做到了“三知一有”，即知道前方有无生化武器、知道有无重兵集团的圈套以及知道伊军的无能，而美军拥有的信息武器可以在遇到风险时迅速排除。所以，美军可以做到耳聪目明，伊军基本是闭目塞听。既不知上级在哪里，也不知下级在哪里；既不知敌人在哪里，也不知友邻在哪里，原因是信息阻断。所以，“有能力打的不去打，没能力打的想打又打不成”，[24]这就是信息化战争带来的结果。

伊拉克战争使冷战结束后已具雏形的信息化战争形态又向前推进了重要的一步。

首先，战场信息高效使用，极大地改变了战场形势。

经过数年航天飞机在太空的翱翔和太空精确定位技术的应用，美军完成了全球数字矢量化地理勘测，实现了地理网络的三军统一标准；与此同时，美军还初步形成了扁平型指挥体制，使作战指挥从传统的树杈结构向栅格结构转变。这两个“跨越”使战场上的信息得到高效益使用，并极大地改变了美军各军种的作战样式。如在支援地面作战行动中，美空军和陆军武装直升机按照火力支援范围设立了支援待机区，在该区内由若干种机型组成空中作战群，根据任务的不同进行兵力编组，从地面部队发现目标请求火力支援，到传输给执行任务的飞行员并实际执行火力支援任务的最长时间为20分钟。据统计，在这次战争中，美英战机70%是临时升空、由地面部队引导实施随机作战的。空中火力突击取代了地面炮兵火力成为地面部队最主要的全程支援火力。由于上述两个突破都是基于系统集成度和

㉔李钢林，《战争变形了》，《世界知识》，2003年第16期，第59～60页。

标准化的突破，最大的特点是不受编制的制约，不受军兵种限制，因而使美军的作战样式趋于高效、精确和灵活。这种新型的战争形态使伊拉克传统而庞大的军队无法与美军实现对称性作战，大批重型作战装备成为信息作战系统打击的“活靶子”。

其次，以信息技术为融合的诸军（兵）种联合作战，成为战争的主要样式。

伊拉克战争爆发前，许多军事专家预测美军仍将采取以空中打击为主的非接触作战样式。有消息称，萨达姆也认为美军地面部队不会很快投入战斗，因而在地面设防上表现不力。结果刚好相反，美英联军在战争爆发后15个小时便大规模出动陆军部队和海军陆战队，在大规模、超强度、高精确的空中火力支援下，面对地面作战准备不充分的伊拉克军队，长驱直入，如入无人之境，在短短的二十几天便占领巴格达。由此可看出，在信息技术的支撑下，以空袭主导、诸军（兵）种参加、接触与非接触作战有机结合的联合作战样式，可以从根本上提高指挥速度、加快作战节奏、增大毁伤效果、提高自身存活率。因而，联合作战艺术在信息技术的支撑下，深入发展，得到更广泛的运用。

第三，武器装备的信息化程度更高，效果更明显。

美军在这场战争中使用了几乎所有最先进的信息化武器装备系统，包括：侦察、预警、导航、定位等强大的卫星天基系统；大功率电磁干扰、网络干扰和无线电干扰侦察系统；隐形战斗轰炸机等隐形战略攻击武器；远射程、抗干扰的精确制导武器等。美国在天、空、海、磁等领域的绝对控制和远程精确制导打击优势，得以充分表现。在这些先进装备中，发挥最为突出的是精确打击武器。在伊拉克战争中，美军使用的精确打击武器是海湾战争中的10倍左右。据统计，在1991年海湾战争中，在美军投放的全部弹药中，精确制导炸弹占8%；在1999年的科索沃战争中，美军使用的精确制导炸弹占了全部投弹量的35%；在阿富汗战争中，美军使用的精确制导炸弹占了全部投弹量的60%。在这一次伊拉克战争中，美英军队使用的精确制导炸弹跃升到约68%。[25]同时，美军地面部队配备的全球定位系统（GPS）也比海湾战争时期增加了许多。“那个时候最多一个连队，或180人才有一台接收机。而在伊拉克战争中，美军为地面部队配备了十万多台精确轻量级GPS接收机（PLGR），至少每九个人，即一个班就有一部。”[26]

第四，伊拉克战争使信息化战争的作战理论得到新的发展和印证。

最近五年的三场战争使信息化战争的作战理论不断丰富和发展。科索沃战争期间，实践并发展了以空中打击为主的“非对称、非接触”联合作战理论；阿富汗战争实践并发展了“全频谱行动”[27]支援的特种联合作战理论；伊拉克战争实践并发展了直击要害为主的空地一体联合作战理论。在美参联会《2020年联合构想》中，美国提出，影响今后20年军事发展的重要因素有二：一是信息技术的发展给军事行动带来的影响；二是适应信息技术革命的能力，即美国如何利用信息技术实现军事上的优势的能力。具体言之，战争的胜利不再仅通过消灭敌人的有生力量来取得，而主要是要通过利用远程精确制导武器打击敌人的指挥、控制、通讯与情报系统等关键设施来取得。

㉕吴翔、李满成，《强调轻便灵活注重信息优势——解读美军事变革走势》，《解放军报》，2003年7月2日。

㉖美国战略与国际问题研究中心（CSIS），《关于伊拉克战争总结报告》，中国网，2002年6月。http：//www.china.com.cn/chinese/zhuanti/csis/354377.htm.

㉗“全频谱行动”是2001年版美国陆军FM3-0号野战条令《作战纲要》中提出的一个新军事概念。“频谱”（spectrum）一词来源于物理学概念，原意是指光的谱系或电磁信号的射频，引申为排列或范畴的意思。美国陆军在新版《作战纲要》中使用的“全频谱”一词是指引申义，即全部排列、全部范围之意。因此，“全频谱行动”，应理解为全部范围的美国陆军行动，即陆军部队在遂行战争或非战争任务时所采取的各种行动，包括进攻、防御、稳定、支援四种类型。全频谱行动理论，以军官为本，强调作战指挥的重要性，即预见能力、表达能力、领导能力及不间断地评估作战效果的能力，强调了信息对指挥官如何把握战斗空间、如何计划和实施作战、如何与敌人战斗的重要性。其实质是为各级指挥官指挥部队高效地完成战争和非战争任务，恰当地选择和运用相应行动样式提供依据。这一理论的提出，是美军事战略调整、军事技术发展、军种利益驱动、战争经验总结的产物。

在伊拉克战争中，美军不断创新战法，强调快速机动，注重“同时展开”，即从陆、海、空多维空间同时对伊展开攻击，并着力开辟“地面走廊”，不在一城一地上纠缠，保障先头迅速兼程北上，直指伊作战重心巴格达。这种战法由于是拉姆斯菲尔德提出并推广的，因而被称为“拉氏战法”。与鲍威尔在1991年海湾战争中运用的“杀鸡用牛刀”的战法相比，“拉氏战法”更强调利用美军技术先进、空中支援及时、机动能力强大等优势，投入较少的兵力，以获得与投入较多兵力一样的甚至是更好的作战效果。在新战法中，美军特别强调部队的快速机动。认为：“机动并能占领领土的能力剥夺了敌人取得胜利的第一宗旨——地区控制。一支高度机动和先进的地面部队，能在乡村等分散地区作战，这就使敌人无处躲藏并无法坚持下去。”㉘

在伊拉克战争中，美军拥有强大的“地面机动优势”，其地面部队的机动速度是历次战争中少有的，美军空中机械化兵团的战场机动能力，足以在伊军地面部队作出任何有效的反应之前，以超过伊军“地面机动速度”数倍、乃至数十倍的“空中机动速度”，迅速到达伊境内任何重要的战略目标附近，并完成对其合围与封锁。也正是在这种军事思想指导下，美军采用地面部队机械化开进的方式，美第3机械化师、陆战队第1师、第7骑兵团等利用坦克、装甲车、步战车开进。其中第3机械化步兵师高速挺进，不与伊南部的伊军部队纠缠，开战仅五天，就长驱直入400公里，直逼巴格达。甚至长途奔袭，创造了日行170公里的开进速度，这等于海湾战争时期美军开进速度的三倍，创造了战争史上大纵深突击的新纪录。㉙

总体看来，美国的指挥控制系统使军事力量与中枢神经得到了有效的结合，使联军和兵种之间的行动得到了高度的协调。通讯和协调为基础的联合一体作战思想在战场上也得到了较为充分的体现。

㉘吴翔、李满成，《强调轻便灵活注重信息优势——解读美军事变革走势》，《解放军报》，2003年7月2日。

㉙同上。

第五，适应信息化战争的新军队编制体制结构在伊拉克战争中得到较好的验证。

美军认为：“军事上以多取胜”已成为过去，现在主要是靠“效力而不是数量”。在这种理念的指导下，美军在改革中特别注重体制编制的转型，强调部队的轻便灵活和编制数量上要低配置密度。拉姆斯菲尔德2001年8月17日在五角大楼举行的记者招待会上说：“我要特别指出的是，部队转型……用‘转型’一词时，我主要考虑的是‘结果与能力’，它可能并不涉及某个平台上的技术革新。它也可能仅仅是以某种创造力的方式把一系列平台与部队能力结合到一起，而这种方式可视为‘转型’的特征。”㉚

目前，美军主要通过对部队的组成部分进行改革和重新组合实现编制体制上的调整。伊拉克战争中已经表现出两点与这种调整有关：一是对技术含量更高的空军和海军的作战能力更加重视。拉姆斯菲尔德认为，高技术下的局部战争更加强调军队的精确打击力度和快速反应能力。因此，在战争中需要的是信息权、制空权和少量步兵的配合。二是在军队编制数量上更加强调低配置密度、高需求和资源与增强部队能力的力量（如运输机）之间的要求。首先是要减少重型部队，大力发展“更加轻便、更加机动、更加灵活”的陆军。其次是要建立一支可以快速从美国本土部署到全球战区的地面部队，要求96小时内能部署到位一个旅，120小时内能部署到位一个师，30天内能部署到位五个师。㉛在伊拉克战争中，美军第3机械化师、美军第7骑兵团等部队的编制和装备，特别是第4机械化步兵师正是美军军事变革和编制体制调整的体现。这表明，一支没有辎重束缚的战斗部队能同时攻击伊方多个地点。在非常短的时间内，很快造成伊军的溃败。

㉚转引自张晓军、许嘉，《伊拉克战争与美军新军事变革》，《解放军报》，2003年4月23日。

㉛吴翔、李满成，《强调轻便灵活注重信息优势——解读美军事变革走势》，《解放军报》，2003年7月2日。

但是，还必须看到，由于新军事革命的时间尚短，信息技术的发展还未达到可以使军事领域变革得心应手的程度，即使走在新军事革命前头的美国，也只处在深入发展的起步阶段。冷战结束后，美国通过四场局部战争展现了其新军事革命的成果，并通过战争的牵引推动其新军事革命的继续深入，从而形成了美国所特有的革命靠战争检验、战争推动革命的互动发展模式。对其他国家来说，这种特殊条件是基本不具备的，这也是美国所以能走在新军事革命前列的不可忽视的原因之一。所以，通过考察美军在伊拉克战争中面临的一系列困惑和难题，可以看到当今新军事革命的局限性以及未能解决的一些突出问题。

一是信息技术具有跨越式发展的特征，经济全球化和信息技术的普及使其获取的途径更加快捷。

即使伊拉克这样一个如此弱的对手，也具有一定的干扰美国信息的能力，更不用说未来美国可能面临的其他对手了。信息技术的发展和普及，使后进国家赶上发达国家的可能性增加了，这就意味着军事革命有可能向更广大的国家和地区蔓延。对美国来说，“对手从新技术中得到的好处至少与美国一样多”，“美军当前是无可争辩的世界最强大的军队。……然而由于技术不断传播和扩散，相反的趋势却很有可能出现”。[32]因此美军今后面临的威胁日益增大，包括“敌方巡航导弹、反舰导弹和弹道导弹，用于通信及瞄准的高级卫星技术，水雷与高级柴油动力潜艇，美军对其依赖性日益增强的信息系统与通信系统易受物理攻击和电子攻击的弱点，化学与生物武器的扩散，城市战与步兵战构成的长期挑战，等等。”[33]

《关于伊拉克战争总结报告》也公开承认：“美国和英国并不完全具有太空优势。伊拉克在战争期间仍然通过友好的阿拉伯国家的卫星达到自己转播电视信号的目的。它在战前直接或通过其他手段购买了大量商业卫

㉜约瑟夫·奈在其新著《美国霸权的困惑》中对此有精彩的分析。参见该书中文版第68～69页，世界知识出版社，2002年6月。

㉝[美]迈克尔·奥汉隆，《高科技与新军事革命》，第14、20、19～20页，新华出版社，2001年2月。

星图片，它也可以出于商业目的利用全球定位卫星系统。”“伊拉克至少有四个干扰机用来干扰联军的GPS系统，这些干扰机在战争初期都被摧毁了。……但干扰机存在的事实是一个警告，那就是，针对每项战术和技术的对策都有可能逐步产生。这同时也是一个教训，即GPS的现代化仍然具有很重要的优先性。”“不能忽视一个事实，就是伊拉克是一个有着各种缺陷的国家，美国现在根本无法确定世界上未来面对的对手是否和伊拉克同样虚弱。”“美国在未来任何一场与北朝鲜或俄国、中国对抗的战争都面临着更加严峻的挑战。”㉞

二是再先进的高技术兵器也有其软肋。

信息化武器的最大特点，一是过于依赖信息和系统的完整性，系统过程中的某一链条如果中断，后果将不堪设想。二是高技术装备具有一定盲区，对付低技术和基本没有技术依赖的对手，效果便大打折扣。这在阿富

㉞美国战略与国际问题研究中心（CSIS），《关于伊拉克战争总结报告》，中国网，2002年6月。http：//www.china.com.cn/chinese/zhuanti/csis/354377.htm.

汗战争期间和以后追杀拉登的整个过程中表现得淋漓尽致。

三是接触性作战问题没有解决。

新军事革命追求的目标之一是非接触战，但对未来战争的准备能否仅仅建立在非接触作战的样式上，这是一个值得认真思考和研究的课题。这里的关键问题是非接触战能否最终达成战争的战役目标和战略目标。美军顺利推翻了萨达姆并夺取了巴格达，但至今未能控制整个伊拉克局势。据不完全统计，自2003年8月到9月底，美军在伊拉克日均遭袭击竟达13起之多。截至9月27日，战后美军遭袭死亡人数已达170人，超过战时阵亡人数（139人），更远超海湾战争美军的死亡人数。[35]美国国内越来越多的人认为，美军实际上已经陷入伊拉克“泥潭”。所以，新军事革命不仅要追求非接触战，在特殊情况发生或遇到较强对手时，也要有必要的接触战准备。所以，在信息化条件下如何解决接触战问题，是今后新军事革命面临的又一重要课题，也是一个难题。

四是战争模式的争论远未结束，新军事革命的发展方向仍存在变数。

自新军事革命以来，大多数军事专家似乎有一个共同的认识，即今后的战争将主要分为两个阶段：第一阶段，以远程精确打击破坏敌人的指挥、控制、通讯、情报等重要军事设施。第二阶段，出动一定数量的地面部队展开收拾战场的攻击。其实，第一次世界大战后制空理论付诸实战之后，陆上战争的模式就已大致如此，战争的模式在近一个世纪过去后并没有发生根本性的改变。由此，需要研究的一个相关的问题是，制空权的取得是否意味着陆军作用的降低？在上次海湾战争中，多国部队对伊拉克进行了35085次空袭，其中，对伊地面空袭23430次，机场为2990次，“飞毛腿”导弹基地及相关设施1460次，其他地对空导弹基地1370次，通讯系统1170次，军工企业970次，核生化武器研制地970次，防空设施630次，C3I系统580次，石油设施540次，海军目标370次，电力设备345次，领导人住

㉟唐志超，《美在伊拉克寻找出路》，《环球时报》，2003年9月29日，第3版。

地260次。[36]但在实施轰炸后，美军与多国部队还是投入重兵，从陆上夺取了战争的最后胜利。在阿富汗战争中，美军对塔利班政权最初实施了最猛烈的空中轰炸，但得出的结论是，“甚至最强大的轰炸都不能彻底歼灭防卫一方。”在今天的美伊战争中，美国对伊军进行了高频度、高强度、高精确的空中打击，但仍然绕不开地面部队的全面进入，并主要依靠地面部队肩负维护战后伊局势的繁重任务。

第一次海湾战争是以空中打击为主，以地面部队最后出击收拾残局的模式；科索沃战争则创造了战争史上第一次不通过地面交战即取胜的先例；阿富汗战争是空中精确打击加特种作战的模式；而伊拉克战争则凸显出陆、海、空、天、电联合一体，“同时爆炸”的“精确闪击战”的新特点。至于未来战争模式会是怎样，在美国也是一个争论不休的问题。由此导致对未来军队改革方向的深入辩论。《关于伊拉克战争总结报告》特别提到：“迄今为止，美国军队远没有能够为其未来战斗系统清楚地制订一个军队方案，未来作战系统还在提出无尽的要点和具体军种、设备、费用。甚至根据军方自己提出的，更宽的概念的军队改革方案直到2010～2020年的某个未确定的时间才能实施。”[37]可见，新军事革命仍然存在着一些未知因素，其发展方向仍是一个有待进一步探讨和解决的重大课题。

五是持久战问题是未来新军事革命必须面对的课题。

高新技术武器的产生和应用，为新军事革命提供了物质基础，但同时也带来了战争费用过于高昂的棘手问题。所以，速战速决就成为美军的迫切追求。在伊拉克战争刚进行到第5天，美国总统布什就向国会提交了追加747亿美元的财政预算（其中有534亿用于战争）。战后，美军在伊的维持费用平均每月在20亿美元左右。这场战争已经拖累了美国经济，使美国的经济恢复步履维艰。与此同时，高技术武器的优势造成的优越感，使美

㊱转引自张晓军、许嘉，《伊拉克战争与美军新军事变革》，《解放军报》，2003年4月23日。

㊲美国战略与国际问题研究中心（CSIS），《关于伊拉克战争总结报告》，中国网，2002年6月。http：//www.china.com.cn/chinese/zhuanti/csis/354377.htm.

军士兵和民众对伤亡的心理准备和承受能力越来越低，在未来不确定的战争中，如果战事持久且伤亡增大，美国就有可能出现民心和士气问题。但是连美军自己也承认，未来的对手不可能都是阿富汗或者伊拉克。速战速决作为新军事革命的成果之一固然是美军继续追求的目标之一，但随着新军事革命的蔓延效应日益显现，越来越多的国家投身于新军事革命的潮流之中，美军的绝对优势将最终失去，军事差距的缩小意味着未来战争的速战速决会变得日益艰难。所以，如何在持久战中降低战争成本、获得战争胜利，是今后新军事革命不容回避和必须面对的。

总之，伊拉克战争，也包括冷战后的前三场战争，既凸显出新军事革命的巨大威力，也暴露出新军事革命的缺陷。它说明，新军事革命的进程远未结束，仍然有许多问题有待于解决。

三、新军事革命：未来大国激烈竞争的重要领域

新军事革命极大地冲击了传统军事理念，改变着当今世界军事斗争面貌，无论对军事领域本身，还是对国际安全态势，以及我国的军队建设，都有着重大而深远的影响。

1.新军事革命促进了各主要国家的军事战略调整，争夺军事主动权的较量更加激烈。

伊拉克战争体现了美国近年来的新军事革命成果，高新技术、特别是先进的精确制导武器在战场上发挥了关键的作用。伊战后，许多国家、尤其是大国和军事组织借鉴这场战争的经验，把提高部队快速部署和快速反应等机动作战能力以及陆、海、空等多兵种一体化协同作战能力作为推进新军事革命和现代化军事建设的重点，同时将武器装备的发展放在增强远程攻击能力及打击精度方面，并力争实现武器系统的信息化及智能化，从而加大了军事战略调整的力度。

第一，美军再度加快了全方位调整的步伐。一是对全球军事部署进行新的重大调整，并体现出全球化、前沿化、小型化、分散化、机动化

的新特点；[38]二是酝酿对陆军动“大手术”。计划将10个作战师中的大部分或全部改建成规模较小、易于快速部署的作战部队。每个师由15000人至20000人的规模改为5000人的“战斗队”，能够尽快部署到全球热点地区，便于临时与其他军种搭配协调作战。根据设想，10年之后，美国陆军将成为一支把空降部队、步兵部队与重型坦克、装甲车及其他重火力融为一体的新型部队；三是重新评估美国目前的军事战略，探讨在不招更多部队的情况下大力提高美军的战斗力，使美军的作战能力达到“极限”，并提出了可供选择的五种途径。[39]

上述新的举措虽然带有拉姆斯菲尔德强烈的个人色彩，并遭遇到国会的重重阻力，但在一定程度上也反映出美国新军事革命的客观要求。8月22日，从圣迭戈出发的美军“第一远征打击大队”便是拉氏新军事战略的产物。这不是一支普通的作战部队，而是一支具有更强火力、更加机动灵活、更能适应现代战争需要的部队。可以说，“新型远征打击部队”是拉氏所谓“极限战斗力”的实验平台。迈克尔·奥汉龙直言不讳地说：“拉氏的改革是颠覆性的机构大变革，他跟那些只看看年度、半年度或者3年度报告的前国防部长们不同的是，他所进行的改变是彻底的。他甚至不管布什是否会有第二任，就迫不及待地进行改革。当然，他这样做凭的是两年内打了两场大胜仗。”[40]

第二，俄军认真研究伊战经验，并准备从武器装备、编制体制以及军事理论等方面加大俄军事改革的力度。

俄军事研究人员认为，伊拉克战争以“出乎俄罗斯预料的方式开始，以出乎预料的方式进行，并以出乎预料的结果结束”，伊拉克军队的惨败带给俄罗斯的不仅仅是思想的阵痛，还有对俄国防和军队改革的启示。俄

㊳孟祥青，《美国全球军力重新部署》，《世界知识》，2003年第14期，第21～23页。

㊴邱永铮，《再促军事革命，欲建美军梦之队》，《青年参考》，2003年8月29日。

㊵转引自邱永铮，《拉姆斯菲尔德再促军事革命，欲建美军梦之队》，《青年参考》，2003年8月29日。

罗斯国防部战略研究机构负责人德沃尔金说："我们从这次海湾战争得出的重要结论是，俄武装力量结构过于陈旧，迫切需要进行改革。美伊战争从某个侧面暴露了俄军与美军在作战能力上的巨大差距。"㊶伊拉克战争刚结束，普京总统就任命少壮派军事改革专家布鲁京为总统军事顾问，准备强力推进军事改革。普京总统在向杜马发表的年度讲话中还明确提出："武装部队的现代化"是国家的首要任务。㊷

为此，俄军在军事改革和国防建设方面选择了重点突破方向，即大力发展C4ISR智能指挥系统和高精度大威力武器。俄军已计划在2010～2015年建立未来武装力量的高科技基地，大力扶持军事科研所和武器设计局，并对国家的军工产业政策进行重大调整；与此同时，对现有的军事学说以及相关的军事规章进行修改，新的军事学说将正式提出发展太空部队，建立高科技部队和快速反应部队，大幅度提高部队和兵团的机动性能，夺取和保持制空权，进一步加强军队的质量建设等；加速军队职业化进程，加快落实建立一支训练有素、装备精良、编制精干的职业化军队的改革方案，到2003年年底，军队总员额由目前的120万进一步减至85万人。

第三，欧盟国家通过伊拉克危机和战争，更加深刻地感受到加强自身防御能力建设的极端重要性，进一步认识到，要想在地区和国际事务中有举足轻重的发言权，就必须要有强大的军事力量为后盾。正如欧盟委员会主席普罗迪所说："伊拉克危机把我们引到一个新的十字路口。我们必须选择一条新的道路……如果欧盟希望在国际舞台上发挥更有效和更积极的作用，就必须拥有更有效的防务。"㊸

当伊拉克战争的硝烟刚刚散去，欧盟国家就在防务政策上采取了一系列令人瞩目的动作。法国、德国、卢森堡、比利时四国于2003年4月底在布鲁塞尔召开了关于欧洲共同防务的首脑会议，提出尽快建立欧洲"集

㊶韩晓林、石宝江，《伊拉克战争促使俄军加快改革》，《解放军报》，2003年6月16日，第9版。

㊷同上。

㊸冯俊扬，《伊战冲击世界安全格局 部分国家调整军事战略》，《中国国防报》，2003年6月10日，第2版。

体能力核心”、组成欧洲快速反应力量、成立多国行动司令部等一系列主张。会上，法、德、比、卢四国领导人决定于2004年初步建立集体防务机制，执行统一的防务政策，并逐步扩大到其他欧盟国家。此外，这四个欧洲国家还就加强欧洲防务提出多项建议。其中包括成立一支以法、德军队为主，比利时和卢森堡进行协助的快速反应部队；在2004年6月成立欧洲战略空运指挥部；成立欧盟急救和支持部队等。时隔数日，欧盟15国外长和10个候任国外长于5月初在希腊聚会，一致同意起草欧洲历史上第一个共同安全战略草案。该草案对大规模杀伤性武器、恐怖主义、地区冲突以及难民潮等国际安全问题进行分析与评估，并提出欧盟为解决这些问题可能采取的措施与行动。此外，文件还初步确定欧盟在安全领域与美国和北约的关系。在5月19日举行的欧盟国防部长会议上，欧盟正式宣布其组建的快速反应部队现已具备所设计的行动能力。欧盟原则上已拥有在紧急情况下采取军事行动处理危机的能力。这标志着欧盟在集体防务的问题上迈出了实质性的一步。

第四，日本通过“有事法制”，谋求“先发制人”。近年来，日本为了跻身世界军事大国行列，先后出台了《周边事态法》、《自卫队法修正案》、《海上保安厅法修正案》等法案，将自卫队的活动范围从日本本土扩展到整个亚太地区，并且打破了日本在战争期间向海外派遣自卫队的禁忌，已在相当程度上突破了宪法有关禁止行使“集体自卫权”、“专守防卫”的规定。在此次伊拉克战争中，日本虽然对于美英等国动武表示坚决支持，但是由于受到宪法中有关条款的限制，并没有派兵直接介入战事。然而，日本国会众议院在2003年5月15日通过了包括《应对武力攻击事态法案》、《自卫队法修改案》、《安全保障会议设置法修改案》在内的“有事法制”三法案，6月6日又在参议院获得通过，标志着日本的防卫和安全政策正面临着重大转变。据日本《每日新闻》披露，伊拉克战争后，日本防卫厅将研究重点放在进一步修改自卫队法，使之可以保证自卫队在必要的情况下能够“先发制人”。而此次出台的“有事法制”相关法案也正反映了日本的这一动向。

2.新军事革命导致国际战略力量对比严重失衡，并将延缓世界格局多极化进程。

新军事革命将使各国军事力量对比发生明显倾斜，造成一种强者愈强的不平衡态势，对世界多极化进程产生重大影响。一方面，美国对其他国家的相对优势将更加明显。约瑟夫·奈在其新著《美国霸权的困惑》一书中明确指出：“在军事力量方面，我们是世界上唯一既拥有核武器也拥有常规武器，且能够在世界任何地方作战的国家。我们的军费开支比其他八个军事强国的总和还多。”[44]作为拥有当今世界最雄厚的经济实力、最先进的科学技术和最强大的军事力量的美国，在这样一个高起点上推行军事革命，将进一步巩固军事霸主地位。目前，俄罗斯和英、法等发达国家在军事领域都不具备与美抗衡的能力。在科索沃战争中，美向北约提供了85%的作战飞机、80%的弹药和绝大部分卫星侦察通联手段。[45]欧洲国家普遍担心，由于军事技术和武器装备落后于美，今后很有可能无法与美军在同一

㊹[美]约瑟夫·奈，《美国霸权的困惑》，第39～40页，世界知识出版社，2002年6月。

㊺傅全有，《深入研究世界新军事变革 大力推进我军质量建设》，《军事学术》，2002年第6期，第9页。

战场并肩作战。另一方面，发达国家与发展中国家的差距将日趋扩大。发达国家不仅拥有较强的经济实力和科技实力，而且基本完成了军队机械化建设的任务，正在大力推进军队信息化建设。而广大发展中国家底子薄，基础差，军队现代化水平低，虽积极启动军事变革，但困难重重。在未来军事对抗中，一些发展中国家可能不得不以机械化军队对付发达国家的信息化军队，陷入"只是被动挨打，没有还手之力"的困境。国际战略力量对比的失衡，将刺激美国企图"领导世界"的野心，依仗超强实力，谋求世界霸权，干扰、延缓多极化发展进程。

3.新军事革命正在引发一场以信息建设为核心、以军事高新技术领域为重点、以改革和加大投入为主要手段、以"灵活、机动、高效"为目标的新一轮军备竞赛，国际安全形势更趋复杂。

新军事革命导致的新一轮军备竞赛是围绕着军事技术"时代差"而展开的。美国为保持已经形成的"时代差"，正持续加大投入，全方位推进新军事革命，力图进一步拉大与其他国家的距离。2003年2月3日，美国总统布什公布了美国2004财年国防部预算，要求国会在2004财年为国防部拨款3799亿美元。这一数额比2003年国防授权金额增加了153亿美元。根据这一预算，连同能源部预算及其他国防开支，2004财年美国的国防开支总预算将达到3991亿美元，又创历史新高。[46]英、法、德、日等发达国家和俄罗斯为缩小与美国的差距，也在逐步加大投入，力争在某些领域谋取优势。而许多发展中国家为避免被动挨打的境地，则千方百计发展国力，增强军力，力求尽快消除已出现的"时代差"。这就构成一种各国竞相发展军事力量的局面，也使军事实力在国力竞争中的地位增强，国际关系中军事因素的作用不降反升。正如约瑟夫·奈所说："军事力量在国际关系的一些关键领域中仍然重要。"[47]据统计，1996年全球军费开支总额为6000亿美

㊻王连成、陈银娣，《透视美国2004财年国防预算》，《解放军报》网络版，《军事沙龙》，第9期。http：//www.pladaily.com.cn/item/saloon/4t8d/46.asp

㊼［美］约瑟夫·奈，《美国霸权的困惑》，第68页，世界知识出版社，2002年6月。

元，2001年猛增到8700亿美元。美国的军费开支占全球的36%～45%。2002年，日本军费预算426亿美元，英国384亿美元，法国295亿美元，德国249亿美元，印度156亿美元，俄罗斯90亿美元，都有不同程度的增加。[48]

目前，各国竞争的重点越来越转向军事高新技术领域，其核心是对传统军队进行大幅度的信息化改造，并通过大力发展信息化武器装备，争夺制信息权，抢占军事信息革命的制高点。以军事航天领域为例，处于绝对领先地位的美国已进一步加大投入，正在研发激光反卫星武器，计划在2005年发射第二代全球定位系统，并加紧研制第三代。其他国家也不甘示弱。俄罗斯加快了研制激光、高功率微波和反卫星武器，以及"格鲁纳斯"全球导航系统的步伐。欧洲联合研制的"伽利略"卫星通信系统将于2008年投入运行。日本也计划从2003年开始，连续发射四颗分辨率为一米的侦察卫星，并进行无人驾驶航天飞机的研制。印度在不断提高其运载火箭发射能力和可靠性的同时，正重点研发天基激光武器、月球探测器和新型航天飞机等。

在新军事革命的影响下，国际军事安全形势出现了新的复杂局面：战争形态的重大变化使未来战争愈来愈具有可控性，战争升级为大战和持久战的可能性减小，但同时也使某些走在军事革命前列的发达国家通过武力解决国际争端的内在动力增强，在一定程度上又会助长单边主义和干涉主义；新型军备竞赛也会使一些敏感地区的安全形势不稳，敏感国家间的相互猜疑增加，不利于树立"互信、互利、平等、协作"的新安全观和建立公正、合理的国际安全新秩序；在国际社会面临恐怖主义等非传统威胁的情况下，主要国家的军备竞赛又会使国际恐怖主义有机可乘，给反恐斗争带来不利影响。特别是这种军备竞赛很可能导致新的大规模杀伤性武器的扩散，使传统安全与非传统安全问题相互交织、互相转化，给国际安全形势增加更多的不确定因素。

---

[48]王保存，《世界新军事变革新论》，第40页，解放军出版社，2003年8月。

4.新军事革命将加大我军的竞争压力，我军质量建设和未来作战的任务更加艰巨。

自第一次海湾战争以来，新军事革命至少在主要国家间已经汇成一股洪流，呈现出势不可挡的发展态势。越来越多的国家认识到，只有乘上新军事革命的航船，才能在21世纪的全球战略竞争中占有一席之地，才不会被历史所淘汰。中国能否适应这一新的潮流，能否成功地实施新军事革命，不仅涉及中国军事的面貌能否改变，更重要的是关系到中国在21世纪世界格局中的战略地位问题。

20世纪80年代下半期，我国军事理论界就开始了对军事革命问题的研究。进入90年代以来，呈现出蓬勃发展之势。美国一些人士宣称，中国有关军事革命的论文和研讨会数量是当今世界除美国以外最多的国家，[49]不管此说法是否准确，中国的确是研究军事革命相当活跃的国家之一。

与此同时，冷战结束后的10多年间，中国也付诸了行动，不仅提出了“科技强军”和国防、军队建设“分三步走”的大政方针及发展目标，2003年3月，军委主席江泽民在十届全国人大一次会议上更是明确提出，要积极推进中国特色的军事变革。[50]我国的军事变革开始步入了快车道。到目前为止，中国新军事变革已经迈出了坚实的四大步：一是裁减军队员额，“走有中国特色的精兵之路”；二是精简机构，提高效率；三是逐步淘汰过时的武器装备，发展和装备新一代武器系统；四是变革教育和训练工作，提高部队的战斗力，向“精干、合成、高效”的方向发展。

新军事革命既给中国军队带来了严峻挑战，更带来了重大机遇。

与其他领域的革命有所不同，军事革命是一种有对手的博弈，通常具有强制性、统一性和不可逆转性。这种特殊性决定了一旦军事革命在某个国家发生，就会很快形成一种强大的国际性潮流，迫使其他国家特别是相关国家（盟国、对手或潜在对手国等）加入进来。并且，处于领先地位的国

㊾朱小莉，《军事革命问题的研究》，第170页，国防大学出版社，2000年4月。

㊿孙科佳，《推进中国特色军事变革的思考》，《中国国防报》，2003年9月18日，第3版。

家就会对相对落后的国家构成巨大压力（尤其对被视为对手或潜在对手的国家更是如此），使后者的危机感大大增强，军事革命的紧迫性非常突出。

目前，中国仍然处在相对落后的位势上，面临的竞争压力很大。特别是“我军现役主战装备大部分是第一代装备，第二、第三代主战装备所占比例不大，与发达国家军队存在着‘代差’。美军第一代装备已全部淘汰，第三代主战装备的比例，陆军为52%，海空军达90%以上。美军军费的年人均占有额近20万美元，是我军的四五十倍。发达国家凭借强大的经济实力和雄厚的科技实力，将率先实现军事系统的重塑，使我军加速现代化建设，缩小与发达国家军队差距，任务更加艰巨，难度进一步增大。”[51]与此同时，新军事变革是一个高科技发展的过程，也是一个投入高、风险大的过程，而中国仍然是一个正在崛起的发展中国家，财力还十分有限，不大可能拿出过高的资金投入新军事变革，只能走经济建设和国防建设协调发展的道路，只能是有所为、有所不为，有所赶、有所不赶，这在一定程度上将制约我国的军事变革进程。此外，新军事变革也会涉及方方面面的利益，不可避免地会遇到来自传统体制性因素以及人为因素等的阻力和干扰。我国位势的相对不利、压力增加、时间紧迫，与资金的有限、体制制约之间就会形成一对突出矛盾，如何解决矛盾，冲破“瓶颈”，是中国新军事变革成败的关键。

当然，我们更要看到，推进中国特色军事变革面临着重大的机遇。经济全球化、社会信息化的大趋势带来的相互依存、相互渗透的加深，以及全球高科技信息网络快速发展都为我缩短差距、实现跨越式前进创造了前所未有的机遇。特别是信息技术具有军民两用特点，先进的信息技术产品在国际市场上很容易买到；信息技术塑造的信息社会，实质上是“无国界”的“地球村”社会，技术信息的流动既快又难以阻止。所以，信息技术具有广泛的扩散性，很强的渗透性，这就为我们吸收别国先进的信息技术，加速我军的信息化建设，后来居上提供了必要的条件。更何况这些年

㉛傅全有，《深入研究世界新军事变革 大力推进我军质量建设》，《军事学术》，2002年第6期，第9页。

来，中国的信息化建设已经取得了长足的进步，依托地方的信息技术资源，加快我军的信息工程建设，是实现跨越式发展的又一捷径。

中国改革开放的总设计师邓小平同志生前曾多次讲过一句语重心长的话：不改革中国就没有出路。面对今天的新军事革命挑战，中国军队别无选择。

（2003年10月2日）

试验 X-37B：打造未来空天战机？

2010年4月22日晚，美国研制的人类首架空天飞机X-37B成功发射升空。自此，国际社会围绕着X-37B的各种议论众说纷纭。有人叫它迷你型航天飞机，有人说它是空天飞机或无人太空船，还有人称它为太空战机。但从五角大楼和美国媒体披露的有限资料看，它目前只是一个空天飞机的雏形。从发展的角度讲，它很可能成为人类第一架极具军事价值的太空多用途战机。

保持太空优势的理想选择

X-37B学名是“轨道测试飞行器”，从它研制的那天起就笼罩着神秘色彩。该飞机是由美国航空航天总署在11年前发起研制，重点在于测试下一代航天飞机，建造可多次重复使用的飞行器，试图缩短每次飞行的间隔时间并降低成本。该项目起初有好几个机构参与，但最后由美国空军接管，并成为美国国防部的高度机密。从X-37B模型看，它有点像航天飞机的缩小版，长8.8米，高2.9米，重5吨。无人驾驶，个头只有航天飞机的1/4，但它却有着惊人的速度，最高可达25马赫（1马赫为340米/秒）。如果把航天飞机比作一辆大货车，X-37B就是一辆动力强劲的小型跑车。它不但装备高速飞行用的冲压发动机，还携带太阳能电池板，能在距地面203～926公里的低轨道上运行270天。当X-37B在轨道上运行时，它就像大多数卫星一样，由操作人员在地面监控和发出指令实施控制。

美国现役的3架航天飞机到今年底就要退役了，美国如何继续保持在太空的领先地位，启动X-37B项目显然是最理想的选择，也是美国未来航天领域的一个新发展方向。美国空军女发言人透露，X-37B这次的任务，主要是验证长期太空作业和可持续、可重复使用航天器的一些基本技术，比如独立实现返航和着陆的能力，这也意味着这架无人驾驶的小航天器已正式进入测试阶段。从技术层面来看，短期内它还没有进入实战应用的可能。作为试验品，其动力系统、控制系统、天地往返系统和搭载能力等，都需要通过多次飞行来检验改进，即使用作太空武器搭载平台，也要在该机试验成熟后再做很多武器系统试验。根据计划，美国明年将会把第二架样机投入试验，要把这种空天飞机开发成可实用的作战平台，最快也要到2015年以后。

军事潜质不容低估

X-37B之所以会引起如此大的关注，恐怕是它所具有的军事潜质。从长远的角度看，空天飞机一定是军民两用，而其军事前景不容低估，它有可能发展成未来的多用途空天战机。

同其他航天器相比，空天飞机所具有的优点和潜能十分明显。一是飞行速度快，它是现代高技术作战飞机飞行速度的6～12倍；二是重复使用率高，除消耗推进剂外不抛弃任何部件，且可维修性强，复飞间隔短，数天甚至数小时后就可再次起飞；三是发射费用低，空天飞机每次的发射费用仅是航天飞机或一次性使用火箭的几十分之一；四是机动能力强，空天飞机能将航天器送上任何轨道，并可以向任何方向发射，发射时亦不受轨道要求的限制；五是功能齐全，兼有运载火箭、货运飞船、载人飞船甚至小型空间站的许多功能，它能释放和回收卫星，并能对损坏的卫星进行及时的维护和修理。

由于以上优势，空天飞机除具有潜在的商业价值外，在军事上也具有极其重要的战略及战术应用价值。

第一，空天飞机可作为侦察监视与预警平台。它既可以像军用卫星一样在太空轨道运行的过程中获取敌方情报信息资料，也可脱离轨道反复

在目标区的外层空间飞行，随时掌握作战地区敌情变化，综合各种侦察信息，更及时、更准确地提供战场信息，对导弹发射等进行预警。与各种侦察卫星相比，空天飞机具有更大的灵活性，综合侦察能力更强，实时性更好。

第二，空天飞机还可作为空间武器发射平台。在未来空天作战中，空天飞机不仅可作为各种武器弹药、动能武器、高能激光武器、微波武器等的发射平台，还是天基系统的支援平台，能对敌方陆、海、空、天重要目标进行攻击，对战争的胜负产生至关重要的影响。

第三，空天飞机可作为快速远距离运输机，它既能在大气层内作高超音速飞行，又能进入轨道机动飞行，飞向目标所需的时间将大大缩短。从普通机场起飞，可在一至两个小时之内快速达到全球任何地方，对全球范围发生的地区冲突迅速作出反应。

第四，可用于反卫星或在轨服务。空天飞机利用自身的探测设备，能发现敌方卫星，对其进行跟踪和干扰，使其失灵或将其摧毁；或将它“俘虏”，窃取它已获得的情报，或将它送入错误轨道，或干脆将其带回地面。利用空天飞机的灵活机动性和配备的机械手，可维修或回收在轨军用卫星，或为在轨军用卫星补充燃料，延长其寿命或增强其轨道机动能力等。

第五，可作为战时空间预备指挥所。空天飞机能像空间站那样在轨长期停留，如果配备先进的指挥控制系统，一旦战时需要，可以直接承担起作战指挥控制任务。

战争样式面临新的革命性变化

空天飞机可能成为21世纪的空中“全能超级明星”，特别是随着空天飞机制造技术的日益成熟，一旦将其武器化，将使传统的作战样式产生革命性的变化。

以往，空中与太空始终是两个割裂的战场空间。由于空天飞机具有航空与航天的双重功能和在两个空间层次作战的能力，因而将成为沟通空中与太空战场、将空中斗争与太空斗争融为一体的新型高技术装备。由此将使未来空中军事斗争出现以空天飞机为骨干，在内外两层空间围绕保障己方空间武器、设施，击毁对方空间武器、设施而展开的激烈斗争，传统的防空作战也将向空天一体防空扩展。

美国X-37B空天飞机项目与美政府不久前公布的《四年防务评估报告》和《核态势报告》密切相关，由于这两份报告均系美国家安全战略的指导性文件，可见该项目也反映出美政府在国家安全方面的深层次意图。依据美最新《核态势报告》，核武器在美国家安全中的作用将逐步降低，美会更重视“非核威慑”。在此背景下，具有全球快速打击能力的空天飞机，有可能成为美在“后核武时代”的新“撒手锏”，确保美在核裁军过程中的国家安全以及对盟国的安全承诺。今年2月美颁布的《四年防务评估报告》则指出，包括太空在内的“全球公地”将成为美的战略重点，“攸关美国关键利益”。空天飞机虽然目前还处于探索研究阶段，但它有望成为21世纪最先进、最经济有效的航天运载工具，代表了今后数十年内航天运载技术的发展方向，并且可能成为未来控制空间、争夺制天权的关键武器装备之一。可以预见，它的试验和成功列装将给空天飞行器和地面作战武器系统带来革命性的变化，不仅对现代战争意味着革命性变革，而且美在太空领域的绝对优势将进一步巩固。同时，太空武器化进程和太空军备竞赛也可能无法避免。

（2010年5月4日）

美调整反导计划：以退为进的迂回举措

自9月以来，美国围绕着反导部署不断暴出新闻：先是宣布放弃在波兰和捷克建立反导基地，紧接着提出分四阶段部署能覆盖整个欧洲的新的反导计划，然后传出美有意拉俄罗斯加入新反导系统，10月22～23日美国副总统拜登访问波兰、罗马尼亚、捷克时，与三国领导人重点就建立新的欧洲反导防御系统等问题进行了讨论，三国政府均表示接受并准备加入新的反导系统。

自奥巴马政府上台以来，美国不断调整战略，表面上呈现出一种收缩的态势，而实际上则是美新政府欲占领道义制高点、并对前任政策进行的更符合现实需要的深刻调整。奥巴马政府决定调整在东欧的反导部署，不再在波兰和捷克设立反导基地，并不是简单的“放弃”，更不意味着美国在反导政策上的根本改变，而是以退为进的迂回举措。

首先，建立反导系统，是冷战结束以后特别是进入21世纪以来，美国基于安全威胁新的判断而制定的国家战略，不会因为美政府换届或金融危机而根本改变，更不会因为俄罗斯的反对而放弃。在美看来，“9·11”事件以后，美面临的安全威胁日趋多元化和复杂化，不仅有恐怖主义的威胁，还有大规模杀伤性武器扩散和导弹技术扩散的威胁，这些威胁不仅来自于恐怖组织和极端势力，也来自于类似伊朗、朝鲜等这些所谓“不负责任”的国家，甚至像俄罗斯、中国等这些正在崛起和转型的国家也构成了潜在的挑战。所以，当年美国提出建立国家导弹防御系统和战区导弹防御系统的设想，就是为了防范“未来不确定的并日益扩散和发展的导弹威胁”，以保护美国及其盟国的安全。至于具体防范恐怖组织和极端反美势力，还是防范像伊朗或俄罗斯这样的国家，其实并不重要，重要的是：反导系统既是美国主导下的一把“安全保护伞”，又是盟国之间的一条重要“纽带”，既给美自己增加了安全系数，也加强了美与盟国的战略关系。

其次，反导系统的研发引领了美国整体实力的提升。历史上，通过类似的大型军事项目整合多个领域的科研力量，从而带动了很多相关领域的技术发展，提升了美国的整体实力。尽管这些年来，美国国内围绕反导系统的有效性、技术能力、部署范围和地点、部署的规模和时间等问题争论激烈，但反导计划始终没有放弃，这主要是因为它作为美国的一个长远战略项目，部署这样一个系统对确保美国未来的全球霸主地位至关重要。

第三，美国没有，也不会放弃东欧反导系统。近年来，通过反导系统的研发和部署，美国与东欧国家有了更为紧密的战略关系。奥巴马政府虽然基于多重考虑决定终止在波兰和捷克建反导基地的计划，但仍将加快在东欧的反导部署和合作开发，双方正在商讨下一步的合作方案。此前美国与波兰签署的在波境内部署“爱国者”导弹系统的协议不仅仍然有效，而且根据新计划，捷克和波兰也已经同意，美国于2015年在两国部署改进型陆基“标准-3”拦截导弹。

第四，奥巴马提出的新反导计划是一个更经济实用、更机动灵活、战力更强的“升级版本”。美国新反导系统将按照四个阶段完成部署。第一阶段：在2011年部署比较成熟、马上可以使用的海基“宙斯盾”反导系统、SM-3 Block IA型截击导弹和AN/TPY-2雷达，以应对针对欧洲地区的短程导弹威胁；第二阶段：在2015年同时在海上和陆地部署性能更强的SM-3 Block IB型截击导弹以及更先进的雷达系统，以保护更大范围的欧洲地区；第三阶段：为了应对短程、中程和中远程导弹的威胁，计划在2018年部署完成目前还处于研发阶段的SM-3 Block IIA型拦截导弹的改进版；第四阶段：在2020年部署SM-3 Block IIB型拦截导弹，更好地应对中程和中远程导弹，以及可能打到美国本土的洲际远程导弹。由此可见，新的导弹防御体系并非是对东欧反导计划的简单替代，而是一个功能更为强大的

"升级版本"。据美国设想，到2020年前完成时，该系统将能够应对中程、中远程导弹威胁及洲际弹道导弹对美国本土的威胁，并向美国驻军和盟友提供更前沿、更精确和更快捷的保护。届时美国可以通过部署在欧洲国家及其附近海域数以百计的海基"标准-3"型导弹、陆基"爱国者"导弹拦截来自伊朗的远程导弹，而先前准备在波兰部署的10套导弹拦截装置最多只能同时拦截5个来袭目标。众所周知，布什政府的老反导系统计划在波部署10枚导弹，每枚造价高达7000万美元，主要用于防御远程导弹的打击；现政府提出的新反导系统由30枚导弹构成，每枚造价1000万美元，用于拦截中短程导弹；老反导系统使用的是固定的陆基拦截导弹，新反导系统则由分阶段部署的海基和陆基导弹组成，可移动发射并更具灵活性；老反导系统没有涵盖北约成员国中的南欧国家，新反导系统意欲纳入北约范畴而且可将南欧国家置于保护伞下。在新计划中，海基反导系统成为一个引人关注的焦点。到目前为止，美国进行的陆基反导试验成功率只有一半，相比之下，海基反导系统则相对成熟，目前具备执行侦察、跟踪和拦截弹道导弹能力的战舰就有数十艘。在新计划的第一阶段，美国将于2011年前在欧洲南部的地中海和北部的北海部署至少3艘装备"标准-3"型拦截导弹和"宙斯盾"系统的战舰。这不仅将使从2005年开始试验的美军海基反导系统进入实战部署阶段，而且可以凭借其机动性强、不用占据他国的土地，并能避免复杂法律问题的优势，在美国的反导系统中占有更大的比例，发挥更大的作用。总之，美国没有撤退，而是在迂回。

（《人民日报》，2009年10月30日）

网络争霸更趋激烈

近日，继美国宣布建立网络司令部之后，韩国军方也宣布将建立网络战指挥中心，并将于2012年投入使用。英国则出台首个国家网络安全战略，计划征召包括黑客在内的网络精英保护网络安全，并成立网络安全办公室和网络安全行动中心。法国、德国、日本、印度等国也都在加强对网络战的研究，均已基本形成自己的网络战理论和发展规划，相继成立网络战机构或部队。

从克林顿政府开始，美国就着手信息安全领域的战略部署，把信息安全提升至美国国家安全的战略高度，当时的主题以防护为主。继任的布什政府强化了网络反恐的主题，体现出攻防兼备的特点。从实体战场逐步转向网络虚拟空间，从过去的“实体消灭”转到“实体瘫痪”，这成为美军战略转型的一个特点。美国国防部2005年明确将网络空间与陆、海、空和太空定义为同等重要的五大空间。

奥巴马政府一方面大力削减主要用于大规模战争的传统武器装备，另一方面加快网络战的准备，大幅度增加网络攻击武器的投入。当前，美军将信息网络安全视为今后国家安全面临的主要挑战。今年5月，奥巴马政府公布的网络安全评估报告认为，来自网络空间的威胁已经成为美国面临的最严重的经济和军事威胁之一。美国海军提出了“网络中心战”理论，认为未来的战争将以网络为中心，战场将由信息网、传感网和交战网组成，计算机网络战是其中的一项重要内容。

美军网络司令部隶属战略司令部，负责统一协调保障美军网络安全和开展网络战等与电脑网络有关的军事行动。按照计划，网络司令部最迟将在今年10月进入工作状态，并于2010年年底全部投入运行。美军成立网络司令部，不仅是为了整合长期以来相对分散的各军种网络战资源，更是一种加强网络空间霸权的战略性举动，甚至不排除为潜在对手设置“战略陷阱”的长远考虑。

作为网络战研究和实践最早和最先进的国家，美国已组建了世界上第一批具有实战意义的网络信息战部队。网络战所需要的核心网络技术、专业人才、高额军费支持、一体化指挥系统四大要素，美军已全部具备并走在世界前列。在美军成立网络司令部的刺激下，全球网络战领域的竞争将趋于激烈。

（《人民日报》，2009年7月14日）

“中国梦”蕴含“强军梦”

中国梦的本质内涵是实现中华民族的伟大复兴，而实现民族的复兴离不开强大国防的保驾护航。百年来饱受西方列强奴役的屈辱史告诉中国人民：落后的国防只能使一个国家变得脆弱，脆弱的国家只能被动挨打。

因此中国人民在着力发展国民经济的同时，也不忘建立一支强大的人民军队。新中国刚一成立，中国人民就开启了军队现代化的进程。但是在后来的四五十年，推进军队现代化的速度却放缓了。

如今，中国已经建立起齐全、独立和必不或缺的国防工业，实现了解放军结构性的转变。解放军的作战方式也由以往的单一兵种作战转变为现在的海陆空一体化多军兵种协同作战。

20世纪90年代早期，信息技术在海湾战争中发挥到了极致。由此扣动了中国新军事变革的扳机，促成了军事领域突破性改变的发生。过去数百年来，西方世界在军事武器层面就比亚非拉地区有明显的优势，现在又将智能信息技术官方应用于军事领域以求确保自己一直以来的军事技术优势。

为了适应世界新军事变革的大趋势，解放军必须实现由数量规模型向质量效能型、由人力密集型向科技密集型的转变，高度重视技术进步在提升部队战斗力方面的作用。如果没有科技进步，解放军就无法成为一支随时能投入战斗的强有力的部队。

21世纪相对稳定的国内外环境为中国创造出一个战略机遇期。中国人民从来都没有离实现中华民族的梦想如此接近，也从来都没有像现在对建设强大国防如此充满信心。

然而我们也必须意识到机遇与挑战并存，传统和非传统安全威胁依然制约着国家的发展，影响着国家的领土主权完整的实现。来自西方世界的压力、复杂的领土争端、恐怖主义和分裂主义依然危害国家社会和经济的发展。

正如习近平主席所讲，当前新形势下我们要努力建立一支强大的忠诚于党、纪律严明、来之能战、战之必胜的人民军队。

强大的国防是实现国家富强、民族复兴的前提条件。党在十八大中强调，中国必须建设与其国际地位相称、与国家安全和发展利益相适应的巩固国防和强大军队。但是中国梦，尤其是强军梦的实现，在西方眼里，是中国企图建立军事霸权的表现。事实上，中国自古以来都是一个爱好和平的国家，在坚定地谋求自身发展的同时绝不搞军事霸权和军事扩张。

既然美国有美国梦，欧洲有欧洲梦，那么中国也可以有自己的中国梦。

要想实现中国梦，我们必须以和平文明的方式实现国家的发展，完成社会主义现代化的目标。在这一点上，西方国家无需担心中国的军事现代化会带来任何的威胁。与以往殖民大国不同，中国从未侵略过任何别的国家。相反，中国始终不渝地奉行和平共处、求同存异的外交方针。

作为国家安全的支柱，中国人民解放军紧跟世界新军事变革的潮流，遵循不搞军事侵略和扩张的原则。而且中国坚定地秉承和平共处的原则，积极发展与外军的军事合作关系。

除此之外，中国三十多年经济的腾飞不是建立在“以邻为壑”的外交把戏之上，而是中国主动对外开放的政策使然。中国的外交政策惠及世界也有益于自身。

近年来，特别是国际金融危机过后，中国成为了世界经济增长的引擎。事实和数据已经表明“中国梦”包括“强军梦”的实现不仅不会对世界的和平构成威胁，而且对于中国和世界是一种双赢。

“中国梦”就是要将中国建设成富强、民主、文明的社会主义现代化国家，就是要实现中华民族的伟大复兴，就是要着力维护世界的和平和人类的发展。

显然，中国国防的现代化是实现中国梦必不可少的先决条件。如果有了强大的国防，中国梦的实现就指日可待了。

（《中国日报》，2013年10月16日）